我是教语文的，

我是教人学语文的，

我是用语文教人的。

窦桂梅

· 教育家成长丛书 ·

窦桂梅
与主题教学

DOUGUIMEI YU ZHUTI JIAOXUE

中国教育报刊社·人民教育家研究院 组编
窦桂梅 著

北京师范大学出版集团
BEIJING NORMAL UNIVERSITY PUBLISHING GROUP
北京师范大学出版社

图书在版编目（CIP）数据

窦桂梅与主题教学/窦桂梅著；中国教育报刊社人民教育家研究院组编 . —北京：北京师范大学出版社，2017.1（2023.11 重印）
（教育家成长丛书）
ISBN 978-7-303-20280-5

Ⅰ.①窦… Ⅱ.①窦… ②中… Ⅲ.①中学语文课－教学研究－初中 Ⅳ.①G633.302

中国版本图书馆 CIP 数据核字（2016）第 080276 号

图 书 意 见 反 馈	gaozhifk@bnupg.com　010-58805079
营 销 中 心 电 话	010-58802135　010-58802786
北师大出版社教师教育分社微信公众号	京师教师教育

出版发行：北京师范大学出版社　www.bnupg.com
　　　　　北京市西城区新街口外大街 12-3 号
　　　　　邮政编码：100088
印　　刷：唐山玺诚印务有限公司
经　　销：全国新华书店
开　　本：787 mm×1092 mm　1/16
印　　张：26.5
字　　数：480 千字
版　　次：2017 年 1 月第 1 版
印　　次：2023 年 11 月第 7 次印刷
定　　价：89.00 元

策划编辑：倪　花　　　　　责任编辑：郭　瑜
美术编辑：陈　涛　焦　丽　　装帧设计：陈　涛　焦　丽
责任校对：陈　民　　　　　责任印制：马　洁

教育家成长丛书

编委会名单

总　顾　问：柳　斌　顾明远

顾　　　问：叶　澜　田慧生　林崇德　陈玉琨

编委会主任：杨春茂

编　　　委：（按姓氏笔画为序）

于　漪　　王瑜琨　　方展画　　田慧生

成尚荣　　任　勇　　刘可钦　　齐林泉

孙双金　　李吉林　　杨九俊　　杨春茂

吴正宪　　汪瑞林　　张志勇　　张新洲

陈雨亭　　郑国民　　施久铭　　徐启建

唐江澎　　陶继新　　龚春燕　　程红兵

赖配根　　鲍东明　　窦桂梅　　魏书生

主　　　编：张新洲

副　主　编：赖配根　王瑜琨　汪瑞林

总　序

　　教育是国家发展的基石，教师是基石的奠基者。古人云："国将兴，必贵师而重傅。"兴国必先强教，强教必先重师。党中央、国务院高度重视教师队伍建设。2013 年教师节，习近平总书记在给全国广大教师的慰问信中指出："百年大计，教育为本。教师是立教之本、兴教之源，承担着让每个孩子健康成长、办好人民满意教育的重任。"2014 年，在第 30 个教师节前夕，习总书记到北京师范大学视察并发表重要讲话，指出："一个人遇到好老师是人生的幸运，一个学校拥有好老师是学校的光荣，一个民族源源不断涌现出一批又一批好老师则是民族的希望。"《国家中长期教育改革和发展规划纲要（2010—2020 年)》也明确提出，"有好的教师，才有好的教育"，要"努力造就一支师德高尚、业务精湛、结构合理、充满活力的高素质专业化教师队伍"。"倡导教育家办学"，要创造有利条件，鼓励教师和校长在实践中大胆探索，创新教育思想、教育模式和教育方法，形成教学特色和办学风格，造就一批教育家。"两个一百年"奋斗目标的实现、中华民族伟大复兴中国梦的实现，归根结底要靠人才、靠教育，而支撑起教育光荣梦想的，是千百万的教师。

　　时代呼唤好老师。有一流的教师，才有一流的教育；有一流的教育，才有一流的国家。出名师、育英才、成伟业，是时代赋予我们教育战线的神圣使命。"所谓大学者，非谓有大楼之谓也，有大师之谓也。"好学校、好教育的最重要标准，就是要有好老师。一所学校、一个地区，乃至一个国家，如果教师有理想、有爱心、有学识、有高超的教育艺术，那么即使硬件设施有些简陋，家长、学生也会心向往之。教师是中国梦的奠基者。教师的重要使命，就是为每个孩子播种梦想、点燃梦想，并帮助他们实现梦想。每一间平凡的教室，每一节朴实的课，都不仅是知识的传递，而且是人类文明精神的接续、人生梦想的起航。正是有亿万个孩子梦想的放飞、绽放，中国梦才更加光彩夺目。如果说中国梦最坚实的土壤是学校，那么教师就是最伟大的"筑梦师"，他们用默默无闻、孜孜不倦的智慧劳动，让每一颗年轻的心灵都与中国梦激情相拥。

倡导教育家办学，造就一批好老师，首先要尊重、珍惜我们的本土智慧、本土创造。教育家不是凭空产生的，而是扎根于自己的民族文化土壤，同时吸收人类文明成果，从而创造出独特而生动的教育实践、教育智慧和教育文明。五千年源远流长的中华文明，不但形成了有我们民族特色的教育理论体系，而且涌现出了千千万万优秀的教育家，有被推崇为"大成至圣先师""万世师表"的孔子，有"匹夫而为百世师，一言而为天下法"的韩愈，有"捧着一颗心来，不带半根草去"的人民教育家陶行知，等等。改革开放40年来，随着教育改革的不断深入，教育战线涌现出了一大批杰出教师。他们痴情于教育事业，坚守理想信念和教育良知，在三尺讲台上默默耕耘、刻苦钻研，同时以敢为天下先的精神大胆创新，不断进取、不断超越，形成了各具特色的教育思想和教学风格。正是他们的成功探索和实践，创造了具有中国风格的教育经验，丰富了具有中国特色的教育理论宝库。原由教育部师范教育司组织编写，现由中国教育报刊社人民教育家研究院组织编写的"教育家成长丛书"，就是要向这些宝贵的本土创造性的教育经验致敬。

当前，教育领域综合改革正在深入推进，考试招生制度改革的大幕已经拉开，立德树人、培育和践行社会主义核心价值观成为大中小学教育的头等任务。可以预见，中国教育将发生深刻的变革，将从"中国制造"向"中国创造"转变。"没有革命的理论，就没有革命的运动。"没有适合中国土壤、具有中国智慧的教育理论，就不可能为未来的中国教育改革提供有效的指导。我们的教育要向"中国创造"飞跃，必然要首先创造属于我们自己的教育理论，而不是"言必称希腊"或者老是贩卖欧美的教育理论。170多年前，美国思想家、诗人爱默生发表了著名演说《美国学者》，号召美国知识界："我们依赖旁人的日子，我们师从他国的长期学徒期时代即将结束。在我们周围，有成百上千万的青年正在走向生活，他们不能老是依赖外国学识的残余来获得营养。"由此，美国迈入精神立国阶段。

如今，我们也面临与爱默生同样的情形。随着我国GDP已从世界第二向第一迈进，我们要自觉养成强烈的"中国意识"，独立的中国文化品格，并由此去环视世界，去改造本土实践，去创造属于我们自己的精神养料——这在教育界显得尤为紧迫。"教育家成长丛书"，旨在把我们本土教育实践中蕴含的中国智慧提炼出来，从而形成具有时代意义的中国特色的教育话语体系，再以此去观照、引领、改造中国的教育实践，为伟大的教育改革提供经验、理论支持，也为未来的教育家提供丰富、可资借鉴的精神养料。

让我们为中国教育的伟大未来一起努力吧！

2018年3月9日

前　言

　　见证着中国基础教育半个世纪的春华秋实，代表着中国基础教育教学成果的最高成就——"首届基础教育国家级教学成果奖"，闪耀着李吉林、窦桂梅、吴正宪、张思明、洪宗礼、唐江澎、邱学华、于永正、孙双金、薄俊生、龚春燕等一大批优秀教师的名字。而上述这些教师杰出代表恰恰都是《人民教育》"名师人生"栏目中最受读者喜爱的名师，都是"教育家成长丛书"的作者。

　　"教育家成长丛书"（以下简称"丛书"），是在第 20 个教师节前夕，为了研究、总结、宣传和推广我国众多优秀中小学教师的先进教育思想和鲜活宝贵的教育教学经验，培养造就一大批德才兼备的优秀教师和杰出的教育家，促进教师队伍整体素质的提高，根据教育部党组安排，由师范教育司组织编写的一套凝聚着一大批教育家成长智慧的大型教育丛书。

　　"丛书"自 2006 年问世以来，不但得到国务院和教育部领导同志的高度重视，而且先后印刷多次尚不能满足广大读者的需求。这其中的奥秘何在？

　　当你翻开"丛书"，每一部著作都讲述着一位教育家成长的故事。这些著作主要从"成长历程""思想概述""课堂实录"和"社会反响"等方面全景式反映其教育思想、教育智慧、专业精神和专业人格的形成过程与教学实践过程。这是教育家成长的基本素质所在。

　　当你沿着教育家成长的足迹走近他们的时候，你会融入这些带有"草根色彩"、扎根中华教育实践大地、充满田野芳香的真实感人的教育故事中。

当你从"丛书"中，从这些当年和自己一样的普通教师，成长为今天受人尊敬的教育家的成长过程中受到启迪，当你触摸着自己的心，把学生的成长和祖国的未来紧紧连在一起的时候，你会真切地感受到教育家离我们并不遥远。

当你用整个身心蘸着自己的生活积累去品味"丛书"中的每一部著作的"成长历程"时，在一位位名师不断学习、不断超越自我、不断超越学科教学的求索足迹中，你会读懂"教育是事业，其意义在于奉献"的丰富内涵。

当你研读"丛书"中的每一部著作的"思想概述"，和每一位名师展开心灵对话的时候，都会深深地感受到，一名教师对教育独立的理解与执着的追求有多么重要。从一名普通的教师成长为受人尊敬的教育家的过程中，你会读懂"教育是科学，其价值在于求真"的深刻含义。透过"丛书"，你会看到一代代教师用爱与智慧塑造民族未来的教育理想。

随着我们从"知识核心时代"走向"核心素养时代"，教师教育教学活动的视野已拓展到人的生存与发展的方方面面。教师要结合自己的教学实践去感悟"教育理念是指导教育行为的思想观念和精神追求"，应该把爱化为自己的教育行为，让爱充盈课堂，触摸到一个个灵动的生命，让爱产生智慧，让爱与智慧在学生心中留下岁月抹不去的美好回忆，让教育者和受教育者都感受到教育的幸福。这是"丛书"给我们的启示，也是每位教师应有的胸怀和视野。

时代呼唤教育家。为了进一步把我们本土教育实践中蕴含的中国智慧提炼出来，从而形成具有时代意义的中国特色的教育话语体系，以此去观照、引领、创新中国的教育实践并在更大范围加以推广，"丛书"将由中国教育报刊社人民教育家研究院继续组织编写，希望能够在更广大教师的心田中播种教育家成长的智慧，从而出更多的名师，育更多的英才，成就中华民族复兴的伟业。这是时代赋予广大教育工作者的神圣使命。如果广大教师能在每位教育家成长、探索教育智慧的过程中受到启迪，形成自己的教育智慧，则实现了我们编辑这套"丛书"的初衷。

"教育家成长丛书"
编委会
2018 年 3 月

自 序

成志教育，照耀一生

《窦桂梅与主题教学》最早成书于2004年，其中记录了作为年轻的语文特级教师的我，最早的研究历程。当年那些活泼的探索，即使今天回看，也仍然充满着生命的激情。

语文课程是一门学习语言文字运用的综合性、实践性课程，其功能是多方面的，为此其研究也是永无止境的。近十年来，我对于语文课程研究的追求从未间断。这期间我完成了博士研究生的学业，成了清华附小的校长，所主持的课题"小学语文主题教学实践研究"于2014年获得了新中国成立以来首届基础教育国家级教学成果一等奖。在此过程中，我与团队不断深入研究，逐渐将主题教学完善成以"语文立人"为核心，目标、内容、实施、评价为一体，单篇经典主题教学、群文主题教学、整本书主题教学、主题实践活动为实践样态，从语言建构与运用、思维发展与提升、审美鉴赏与创造、文化理解与传承等方面整体提升语文素养、培养核心价值观，形成核心素养的教与学的实践研究。与当年自发式的探索相比，不论是研究方法、研究视角还是研究成效，都不可同日而语。

特别是2015年正逢我所在的清华大学附属小学的百年校庆，身为校长的我，开始进一步从教育哲学的层面思考学校整体办学。

百年来，清华附小有太多的身影值得我们仰望，有太多的声音仍在耳畔回响，有太多的故事闪耀着教育的光芒。在这厚重的校友长卷中，我们看到了这些长大了的儿童，诺贝尔物理学奖获得者杨振宁先生，中国科学院院士杨卫、张滂、霍裕平、李德平，工程院院士李鄂鼎，共和国将军黄宁、李健、钟道龙，茅盾文学奖获得者宗璞，著名作家王元化、李岫，奥运会冠军何姿、王鑫、施庭懋、周吕鑫、劳力诗，还有罗锦鳞等一大批艺术家、专家学者、各界精英以及默默奉献在祖国和世界各地的普通工作者。无论何时何地，百年历程中的每一位校友都是我们附小永远的骄傲！

我们在认真梳理这底蕴丰厚的历史脉络，接受历史的洗礼与教育的时候，有两个内涵丰富、形象丰满的大字越来越清晰地显现在我们的面前，那就是"成志"。

清华附小的前身是 1915 年创办的成志学校，注重培养学生树立远大的志向，故"成志"从一开始就深深地融入到了附小人的血脉之中。[①] 新中国成立后，特别是 21 世纪以来，学校鲜明地树立"让儿童站在学校的正中央"的教育理念，为此明确了"立人为本、成志于学"的校训，提出了"为聪慧与高尚的人生奠基"的办学使命，逐年修订《清华附小办学行动纲领》，注重引导儿童从兴趣到志趣再到志向，为成就未来人生奠定坚实的基础。

应该说，附小百年"成志"的历程中，成就儿童的为人之志的背后，成就了教师的育人之志，成就了学校的教育之志，进而实现了"三个引领"。

首先，突出价值观塑造的引领。在纪念国家抗日战争胜利 70 周年及附小百年发展史的今天，清华附小让儿童把第一枚纽扣系好，将以爱国主义为核心的社会主义核心价值观教育，与百年附小文化，都浓缩在了一部校史剧《丁香花开》中，在鲜活的情境中，汲取历史文化精髓，感受人物光辉品质，为儿童烙下精神价值的成长胎记。带着历史的记忆起航，驶向伟大的民族复兴之梦的彼岸。

其次，加强课程改革的引领。从建校初期基于"完全人格之教育"，开设体育、算术、英语等课程，到西南联大时自主开发教材与教具；从新中国成立后参与"五四制"改革，到为生命奠基的"三个超越"；从语文"主题教学"荣获首届基础教育国家级教学成果一等奖，到形成儿童"身心健康、善于学习、审美雅趣、学会改变、

---

① 1937 年抗战爆发后，成志学校随清华大学南迁。在撤离前的最后一节课上，当傅任敢校长谈到"今天上课已不能再升我们的国旗"时，全校一百多名学生都泣不成声。西南联大那个特殊的岁月，锤炼了清华附小刚毅坚卓的意志和更加坚定的家国情怀。

天下情怀"的五大核心素养的"1＋X课程"整合，清华附小始终紧跟国家教育改革发展的步伐，敢为人先。

最后，坚持公益引领。早在成志学校建校之初，时任清华大学校长的周诒春先生就创办专门接收贫民子弟的成府小学，这种公益情怀从未间断。今天，推进北京新教育地图，在朝阳、昌平创办分校。启动了"教育扶贫在线共同体"，已在全国1086个县级教育机构、辐射88％的贫困县，在2520个乡镇中小学建立了3800多个远程扶贫教学站。每年有数百位来自偏远地区的老师及少数民族老师，在附小长期"跟培"，形成有情感温度的公益文化氛围，同时带动了儿童的公益情怀，走向共同的精神家园。

"志者，心之所之也。"由此可见，"志"一是表现为儿童内心所向往的理想与抱负，二是儿童为追随志向而拼搏的意志和品质，三是儿童在二者融合中所需要付诸的实践和行动。

"成志"，既是精神与思想，又是教育过程和结果，蕴含着千百年来中华民族的文化精髓，符合儿童身心发展的要求。

在百年校庆这个光荣的时刻，我们将继承百年历史的教育精神，遵从内心的教育信仰，把"成志教育"作为指引我们的旗帜，成为我们走向未来的灯塔和前行的航标。

首先要"承志"——传承中华民族优秀文化传统，培养和谐共处的家庭与社会伦理道德，服务祖国，服务社会。

其次要"立志"——从小学会立志，把人生最重要的志向同祖国和民族的伟大复兴联系在一起，使之成为人生的脊梁。

再次要"弘志"——弘扬中华民族优秀文化，践行社会主义核心价值观，努力成为未来的榜样，引领社会，引领时代。

未来是一个怎样的世界，取决于今天培育怎样的儿童。

新百年我们已出台《清华大学附属小学成志教育规划纲要》，构建未来清华附小发展蓝图。

对于"成志教育"的梳理总结，使我进一步对教育的本质有了深刻的认识：对于中国的基础教育而言，要始终不变地践行有中华民族文化之根的基础教育，努力成为一所有行动力的理想主义小学，有灵魂的卓越小学；要始终不变地推进中国基础教育的现代化，深入探索根植于民族灵魂的，学校、家庭、社会合作的，自主创新的世界基础教育的中国模式；要始终不变地弘扬社会主义核心价值观，立德树人，为实现"两个一百年"的宏伟目标而成志！

但历史就是这样无情而又有情，它既不会宽容每个人的局限，也不会遗忘每个人的贡献。《窦桂梅与主题教学》如同我生命的年轮，每一处的刻痕都是成长的印记。十年回首，本书仍是我近 30 年语文教学历程中重要的里程碑。

此次，作为最新一次的再版修订，在尊重历史、保持原貌的基础上，对于近十年来主题教学新的研究成果，在关键节点上，以"反躬自省"的形式加以说明，并补充了集主题教学理论及实践大成的《小学语文主题教学指导纲要》，成志教育理论及实践的纲领性文件《清华大学附属小学成志教育规划纲要》。希望读者能从中既看到主题教学的发展历程，又看到从主题教学到成志教育，守正中的创新、反思中的前行。

成志，彰显着穿越百年历史的无数清华人行胜于言的精神风骨；成志，寄托着躬耕基础教育的无数教育者薪火相传的祈愿；成志，承载着致力于中华民族伟大复兴梦的无数中国人不屈不挠的庄严使命！

一句话，成志教育，照耀一生！

窦桂梅

2016 年 8 月

目 录
CONTENTS
窦桂梅与主题教学

［我的社会反响］
——激励与鞭策

我的人生主题

——激情与思想

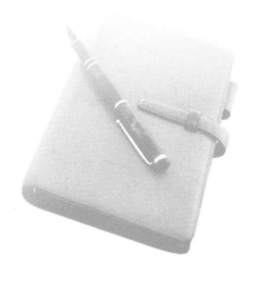

一、自　立

社会是课堂，实践是砺石，他人是吾师，自身是关键。教师成长固然得益于好的环境，但更重要的取决于自己的心态和作为。个人以为：只要你务实肯干、积极进取、开拓创新，就会在现实生存的土壤中找到生长点，并以自己的成长影响周围的人。

（一）一个朴素的愿望

我出生在吉林省蛟河市的一个小山村。这是一个普通的农民家庭，姐弟四人，我是老大。从懂事时起，我就帮助父母带好弟妹，料理家务——童年时代和少年时代的清苦生活练就了我坚韧的个性。

也许是因为在很小的时候，我就是个"孩子王"，有很强的组织能力，外公夸我有"领袖"风范，说将来如果做老师一定不错；也许是因为父亲曾有代课的经历，我从小就想当一名教师，觉得当老师的人是最了不起的。1982 年 7 月，15 岁的我以优异成绩考入了吉林师范学校。读书的四年，中文教师赵近春那如春风化雨般的语言，以及丰厚的文学底蕴深深地吸引了我。那时，我就想，一定要像她一样有魅力。物理老师讲课，总能把枯燥的知识放置于一个生活情境中，有一次甚至像说评书一样，把"万有引力定律"公式讲明白了，听得我如痴如醉。打那以后我就开始琢磨，将来怎样让学生们为我的课着迷呢。因成绩优异，我毕业后接到的报到通知上写着"吉林师范学校"——留校做行政工作。对这份令同学们羡慕不已的工作，我却并不感兴趣。我唯一的愿望就是站在讲台上，站在孩子们的笑脸中间——当一名真正的老师。不然，不仅我练就的教师基本功浪费了，而且我的梦想也破灭了。凭着"学以致用"的朴素理儿，那段日子里，我在吉林市昌邑区、丰满区寻找着自己的人生坐标。也凭着一股年轻人的锐气，我跑市教委，跑学校，见到那些有机会让我当老师的人，便拖住不放，"我想找个小学去工作，让我当老师吧"。

几经周折，我终于被改派到了吉林市第一实验小学。

"我终于要当一名站在讲台上的真正的老师了！"

在师范学校的琴房练琴

可是，我被分配到了教务处，还是做行政工作。除了完成那些必做的上传下达性质的事务性工作，我有时还替生病的老师代长时间的课，有时也做临时性代课工作……这对我，无疑又是开了一个不小的玩笑。这样的"跑龙套"，一干就是将近 5 个年头。我先后代过音乐、数学、美术、自然常识、思想品德等课。当然，对这一次次换岗的经历，我都分外珍爱。在别人看来，我是个"招之即来，挥之即去"的替补队员，但我却感觉挺好，把自己当成了全能的主力队员。学校让我教语文，我就全身心投入到语文教学研究中；让我教四、五年级的音乐，我就全身心投入到音乐教学中，虽然是代课，可还上过大型的音乐欣赏课；让我教一年级的数学，我就全身心投入到数学教研中，所教班级成绩名列前茅；让我教一、二年级的思想品德，我就全身心投入思想品德课研究之中，进行晓之以理、动之以情、以理导行的教育。

不过，我最喜欢上的还是语文课。在我再三恳求下，领导终于被感动。1991年，学校把一年级的语文课兼班主任两副重担同时交给了我。

二十多年过去了，回首那段岁月，存留心中的更多的是感激，这段经历丰富了我从教的内容，使我的综合素质得到了全面提高。当然，这五个年头的"荒废"也让我痛苦过，当一个人找不到自己的位置，没有成长的获得感，那是多么痛心的事！但福祸相依，也恰恰是这五年的经历让我变得成熟，格外珍惜眼下的工作。而且这么多年来所获得的为师感悟，让我学会了把奋斗和争取视为转变自己人生的重要砝码，让我对今后的工作，拿得起，也放得下。不怨天，不尤人，朝乾夕惕，奋发向前。

可见，愿望是积极的、向上的，就成了渴望而不是欲望；是一种精神，所表现出来的就不仅仅是一种力量，而成了生命中的一次次历练。

（二）一封勇敢的"书信"

"代课"生涯结束了，现在，我有自己的语文专业——我要知道自己该怎么做。

向书本学习，几年来我的阅读量达300多万字，记下了20多万字的读书笔记、文摘卡片。

向实践学习，几年来写下了10余万字的教后记。

向名师学习，几年来听了校内外1000多节课……

青灯如豆，书叠千山，那一个个日夜给予我的是最为充实而快乐的享受，我在一点点地营造着自己的梦想，也在一天天地成长。在向名师学习的过程中，我发现，多上公开课，对自己的专业水平提高特别快，于是格外留心那些优秀同事成长的原因，果然不出所料——上公开课使然。由于年轻气盛，上进心强，那时候，每当看别的教师上公开课，我那种不服输的劲儿就上来了。听着听着，我甚至产生讲课的人就是自己的感觉。和我一起毕业的几位同学，她们进步快的原因，就是经常得到"公开"历练的机会，可以更直接、更便捷地得到专家、领导的指点，听君一席话，胜读十年书。这比自己单打独练、点滴积累不知要快几倍。光靠书本知识丰厚自己是不够的。如果失去这个平台就失去了和老师们一起研究、解剖的机会。她们平时课上得好，那是公开课的"利息"提供的。她们的课堂教学犹如奔驰在高速公路上的汽车，"跑"得真快。

为什么我就不能上公开课呢？

成长不是等待，不是靠别人来拽。于是我主动请领导、同行来听课，变成真正的公开课；有时，我精心备课，没有人来听，就成了"一个人"的公开课。总之，我想把每堂课都当作公开课研究，来获得最大的提升。

1991年刚开学，学校决定参加人教版的教材研讨，领导安排每人准备一节课，从中选出最好的参加观摩研讨。我很有信心地备课，精心设计，反复练习，甚至把课堂40分钟分成2400秒来准备，我不想，真的不想让机遇就这样从自己的身边轻易溜走。

听课那天，领导没有走进我的教室，他们听完一个班的课，就从我的教室门前走过。难道不听了？不能啊，说好了五个人中选一节的，怎么会不听呢？我强忍着泪水，追了上去，领导的回答很明白："下次吧，我们已经选好课了。"

午休时，我再也忍不住了，不到半个小时，就写满了13页稿纸，不顾一切地把这封信从门缝里"交"给了校长。

下午，校长看完信，被这个可爱的部下逗笑了。他不但没有生气，反而被这个倔强的部下深深地打动了。"下次一定会把这机会给你补上！"我的脸笑成了一朵花儿。

我知道，争取不是目的，上课得到众人帮助才是最重要的。如果说后来有了一次次上课的机会，那是这样的"执着"或者"天真"换来的，这就会有机会成就你。机遇永远不会垂青那些没有准备的人，也不会垂青那些有了机遇不能冲上去的人，更不会垂青那些被"踩"在脚下，不能抓着人家的裤角跟着上来的人。

现在，作为过来人，我想对正处在迷茫中的年轻人说，千万不要拒绝公开课，还要争取上公开课。公开课就像过家庭生活，如果没有客人来，可能会终年粗茶淡饭，散淡随意，正是那些经常光顾的客人，使得你日常"家政技艺"日趋精湛。蓦然回首，你会发现，在公开课上，你所成就的不是几节代表作，而是循着这样的路，脚踏实地走向了日常课堂的"厚实"，甚至成就着人生的厚实。

（三）一次特别的公开课

1992年5月，吉林省教育学院，要在吉林市召开"'两史一情'德育渗透各学科"的教学现场会，会上要有六节观摩课。

"如果试讲合格，就让你代表学校上小学阅读教学现场会的公开课。"校长说。

1992年的那个5月，一切的一切，历历在目。确实，那20多天对我来说太难忘了。那次公开课，我选的是《王二小》。一次次教学设计，一次次试讲，一次次推翻，一次次再来……

在家里试讲，为了找课感，我让爱人和孩子当学生。近 20 天里，我说上句，不到 3 岁的孩子就能说出下句。

放学后试讲，我对着空桌椅练，把那一排排空空的座位当成我可爱的学生。那段时间，我总是全校最后一个离开教室的，有时讲着讲着就忘了去只隔几十米的托儿所接孩子。托儿所阿姨等不及了，把孩子送来，我就一手抱着孩子，一手拿着粉笔继续练习……

正式讲课那天，听课的有全省各地区的教育专家及教师好几百人。我和学生投入而忘我的真情，深深地打动了与会的每一位代表。当讲到王二小机智地把日本侵略者带入埋伏圈，自己却被敌人杀害时，由于巧妙的情境创设，生动的语言描述，感人的配音朗诵，学生仿佛置身于王二小被敌人残忍杀害的场景中，孩子们哭了，听课的老师和我也流泪了。《王二小》一课，让我一鸣惊人……

遥想当年经历的这件事，是在领导和同事们理解并扶持的氛围中获得成功的。如果是今天，是否有些急功近利的感觉？老子说："天之道，利而不害；圣人之道，为而不争。"我们每个人的追求是一如既往向前，为的是专业成长，就显得合情合理了。然而，我还要说，恰恰这种更"快捷"的或者说最简单的方法，也许就成了一个最伟大的方法。路还要这样走下去，课堂已经成了我生活的世界，当然我会本着反思的心态，检省自己的课堂，并给教师们提供更多的课例去研讨、去借鉴、去引领。时下很反感公开课，导致这一现象的原因很多，比如作假、表演、缺乏家常课的朴素等。我想，使公开课陷入如此窘境的，是出了差错的评判标准，以及人们普遍浮躁的心态，而不是公开课本身。消除弊端的唯一途径，就是让对公开课的种种痼疾深恶痛绝的教师们，积极地参与到公开课中，用行动而不是用指责。

万分同意佐藤学在《静悄悄的革命》中的观点："关起教室门来上课的老师不能称之为公开教育的老师。因为他们只是把教室、学生当作私有财产，把教师这种职业私有化而已……如果不是所有的教师都打开教室的大门，并且从内部彻底粉碎这种权力关系，那么学校的改革，是不可能实现的。"

（四）一种幸福的积淀

在掌声和鲜花的簇拥之外，我清晰地知道，要把每一节课当作公开课来上，而且还真得上得出名堂，真正走到佐藤学说的意义所在。同时，为了更多的追求和更高的梦想，我还要干更多更多的事。古语道："学不倦，所以治己也；教不厌，所以治人也。"我强烈地感到，我要学的竟是那么多，为此，我的课才具有理念与思想的支撑，我的课才会上出风骨。晨读时间，我和学生一起背诵古诗；在语文活动中，我和学生一起讲成语典故和寓言故事；晚上，我还要阅读大量的文学名著和教育专著……几年来，我背诵了大量的优秀诗词，阅读了大量的文学名著和教育文献，出版了几本个人专著，每年发表多篇文章，主编、参编多部著作。

苏霍姆林斯基说："每一位教师都来写教育日记，写随笔和记录。这些记录是思考及创造的源泉，是无价之宝，是你搞科研的丰富材料及实践基础。"如果每天记录，可能需要惊人的毅力，但围绕每学期的公开课做好一个实录、写好一则教学故事与一篇教学反思，这应该不难。在这样的过程中，你就能清晰地看到自己在课堂上的成长过程。而后的课堂上，你就会在"小心翼翼"推敲课堂的过程中，走向理性与精彩。如此，你的教学生活会从琐碎与无奈中，剥离出有价值的东西，从而超越了课堂"重复"的枯燥与乏味。教学的日子因而变得有滋有味。

一旦你的记录成了习惯，你就沉淀了面对课堂忧患与艰辛后的澄明，咀嚼了承受课堂压力与困厄后的自信，拥有了遭遇课堂失败和痛苦后的踏实……就会像苏霍姆林斯基那样守住心灵，把困惑变成收获，把收获变成反思，在课堂反思中稳步前行。

我有个体会，用笔记录，是一种特别的"书信"交流方式，里面透着的不仅仅是真诚，还有一种特别的温馨和回味。有一次，我没有对课堂进行点评，而是让授课自己写教后反思，没想到，两个年轻人的"反思"引发了我的反思。他们记录得明白，就是因为是在理性思考的基础上写的；我读得明白，就是因为他们用文字记录下来，可以不断琢磨、思考。

这里，从我编著的《和学生一起成长》一书里，摘录几段学生们写给我的心里话。

……我见过您的语文书，里面夹满了纸条，那上面全是密密麻麻的小字，这些小字记录着您的心血，您的汗水……（学生杨天奇）

……细细观察，我发现您正往一张张小纸条上写东西，并不时翻阅课外资料，还把纸条贴在书中。从您的表情，我可以看出，您好像在想：这样讲，同学们能听明白吗？怎样讲才能使这节课上得出色？……您已成为名师了，还那么专注地读书、备课，而我呢？现在正是学习、读书的好时光，应该抓紧点滴时间来读书。（学生孙一冰）

还有许达、罗晴等同学都在细节中发现了我的刻苦与好学。

当我摘录这几段话语的时候，仿佛能听到这些孩子真实而生动的心音的律动。是啊，作为一名教师，还有什么能与这样的感动相比？

这么多年的课堂教学笔记让我有了一种自信：决定一个人成功与否的不是要看他学历的高低，而是看他是否有蓬勃向上的求知欲。即使是中师生，只要通过广泛阅读，也能积淀一定的文化底蕴，琢磨出很多体现教学机智的"招儿"，久而久之就形成了赋予身心的智慧。

语言是开出来的、看得见的心灵之花。每一次记录你都在挖掘自己的心灵，并把它彰显出来。就像透明的水，使你的心灵愈加澄澈。正如一潭积水中只要有一滴水落入，就会有无尽的波纹扩展开来一样，我们的记录也会泛起激情的涟漪——如此，你会感慨：阅读自己的课堂"录像"文字，就是倾听自己花开的过程。花的绽放，就是用文字描画"美丽的容颜"。

当读书写作成了我的生活，当课堂成了我的生活，这里自然承载着我的人生追求与梦想。自我价值的实现是一种人生，追求卓越也是一种人生。在我看来，成长并不是要迎合普遍认同的"成功规则"，或迎合某种当下时髦的理念，而是要让自己有"丰富的一种想法"，所以，我的读书也不断超越着，课堂也不断地超越着。其实，这一切都作用在学生身上，也是为学生"丰富一种想法"。积淀至今，我感到真正的生命是你不断地思想着，人生如此，课堂也是如此。

强调教师专业发展，首要提倡的是教师要有自我专业追求。在我看来，正确的信念就是稳定的动力。教师的自我专业追求如果内化为信念和性格，就不会被消解，而是会形成坚毅、持恒的信念。追求就在自身的土壤中，一旦拥有它，生命和思想的种子就会迸发出无限潜能，生根、发芽、开花，结出丰硕的果实。

【反躬自省】

时光飞逝，如白驹过隙一般，转眼已进入知天命之年。回首往昔岁月，回看旧时作品，心中有颇多感受。从三个超越——为生命奠基，到主题教学——为聪慧与高尚的人生奠基，再到课程整合——发展学生核心素养，最终走向"成志教育"，一路走来，我的人生不断地被丰富完善，同时也不断地寻找着新的起点。

回望自己的成长历程，对于教育本真的追求，始终支撑着我前行。我曾说，当你的愿望是积极的、向上的，就成了渴望而不是欲望；所表现出来的就不仅仅是一种力量，而成了生命中的一次次试炼。直至今日，我十分庆幸自己仍葆有一颗赤子之心，那个朴素的愿望，像一粒种子，在我的心里慢慢成长。

每一次前进都成为一个崭新的开始，自担任清华附小校长以来，尽管烦琐的事务占据了大量的时间，但初心不忘——每天清晨，我愿意站在校门口迎接学生的到来，分享每个孩子的喜怒哀乐；每周，我都深入教育教学一线，在课堂上分享学生与教师的成长；每个学期，我都坚持找各种机会站在讲台前上课，我要把自己做教育的根深深地扎到课堂的泥土当中。对于学校里那些，像曾经的我一样富于激情的、年轻的老师们，我经常对他们说，当你脚踏实地地提高自己每节课的品质，把自己的课堂和班级经营得井井有条时，你的教育人生必将走向成功。

二、自　　觉

探索精神应当是优秀教师的特质。语文教师就要冲破以教材为中心，以课堂为中心，以教师为中心的樊篱，在"超越教材、超越课堂、超越教师"的基础上，建构"主题教学"，进行语言的积累，生活的积累，情感的积累。为学生的生命奠基，为中华民族的文化复兴奠基，是语文教师的历史使命。

2004 年海淀召开窦桂梅专业思想研讨会，讲《亲人》一课

（一）实现课堂教学的"三情共振"

由于我的教学日渐长进，学校把我当成教学骨干，让我上更多的示范课、引路课……上级主管部门和业务部门的辛勤栽培，让我走向了全国。1995 年、1997 年，我两次参加不同级别的全国语文教学比赛，均获一等奖；1999 年，在吉林省首届教育教学科研成果评比中，我又荣获小学组唯一的一等奖。这些年来，我先后多次在全国范围的小学语文教学研讨会上作观摩课，先后应邀到许多地方作教学观摩课及专题报告……

我的课堂教学，每每努力追求一种充满真情的氛围。也许是性格使然，无论是家常课，还是公开教学，我都全身心投入，讲到激动处，激情飞扬；讲到愤慨时，扼腕长叹。可以说，每次课堂教学都是我和学生的一次心灵共振。

课始激情情始生——"感人心者，莫先乎情。"课堂教学是师生交流的一种最直接的对话。而课始能否激发激情，则是一节课成败与否的关键。教学的一个开头，看似微不足道的一个环节，虽可能是短短几句话，可以说也要精心琢磨。因为每一个学生的每一分钟都需要新的"营养"，好的开头就是成功的一半，作为教师的你必须悉心"浇灌"，来不得半点马虎。

要格外注重对学生学习兴趣及情感的调动。在外地上公开课，我一般不事先和学生见面，就是这种课，使我能和将要见面的学生在瞬间接近——"一见钟情"。比如，教学《曼谷的小象》时，我让学生猜我的年龄，主动告诉他们我女儿的年龄，再引出"我和你们的妈妈差不多"。这不仅无形中拉近了和学生的距离，让学生把内心深处对妈妈的那种情感移至课堂，而且无形中就把《曼谷的小象》中"阿玲"的亲切和自然与"妈妈"的那份感觉连接了起来。接着，我板书自己的姓，让学生在学会一个新字的同时还能真切地感到，我是多么愿意和他们交朋友啊，学生也会同时有种想让老师来了解自己的冲动，为整节课的师生关系的建立打下伏笔，也为文中阿玲的"笑眯眯""摆摆手""摇摇头"做了很好的铺垫。最后，通过介绍自己来自哪里，自然地导入新课，让学生在不知不觉中进入课文的情境。难怪，最后学生分不清我是老师还是文中的阿玲，亦或是身边的"妈妈"……

课中悟情情更浓——在我的电脑中至今还保存着《秋天的怀念》开头十种方法的设计。我为此还写了一篇文章。说实话，十次开头的设计是颇费心思的。回过头来看，每一次设计都有其合理的地方，并没有绝对的好坏之分，只是在不同设计中延续了每次思考后的结晶。也许在别人看来这是小题大做，但正是这样的"打磨"，把课文与课堂一下子连接了起来，从开头对"好好儿活"的追问，到最后留给学生的深深思考，这不能不说是精心的开头，引发了课堂的精彩。《难忘的一课》讲的是"我"在50年前，目睹我国台湾地区一所普通乡村小学里师生们学习祖国语言文字的情景。教师们普遍认为这是很难讲的一课，全文没有更多的故事情节，没有值得学生背诵的精段美句，本课的教学重点就是让学生去体会那种强烈的爱国之情。用这样的课来做公开课，面对的还是从没见过面的学生，这种选择，确实是一次真正的考验和勇敢的挑战。

《吉林教育》记者范书俊听了我的《难忘的一课》，这样描述——

上课伊始，伴随着张明敏的《我的中国心》，窦桂梅就以当时发生的中美撞机事件巧妙导入新课，学生们的情感在她的一步步调动下正一点点地激发出来。

"我是中国人，我爱中国！"，课文出现了三次。这是整篇课文的要旨，窦桂梅紧紧抓住这一要点，调动多种教学手段让学生逐次仔细领悟文字的内涵。在体悟课文情感的时候，她让学生齐读、默读、自读、领读……一节课里，"我是中国人，我爱中国！"就在联系上下文这不同层次的感悟中让学生读了十几遍。看得出，学生的情感一次次得到了升华，他们不仅领悟到了作者的思想感情，重要的是自己在情感的世界里走了一趟！从开头窦桂梅和学生在黑板上、本子上一笔一画、认认真真地书写"我是中国人，我爱中国！"这几个字，到最后，她又和学生用颤抖的笔再一次书写"我是中国人，我爱中国！"时，那几个鲜红的大字已经映出学生的情感，已经镌刻在学生的心里。在悠悠的《思乡曲》中，她适时地引入余光中的《乡愁》，并饱含深情地，用优美而哽咽的声音表达了"乡愁是一湾浅浅的海峡，我在这头，大陆在那头！"的台湾人民强烈的民族精神和爱国情感。当孩子们含着泪水再次高声朗诵"我是中国人，我爱中国！"时，全场900多位教师也含着泪水跟着学生朗读。她感动了听课的师生，也感动了自己……

记得几年前我教《葡萄沟》的时候，出现了一个小插曲，因为上课时才和学生见第一面，我对学生不熟。当大家陶醉在"葡萄沟真是个好地方"时，我发现一个女学生趴在课桌上哭了。我毫不犹豫地停下课，"孩子，你怎么哭了？可以告诉老师吗？"那位女同学委屈地回答说："老师，你为什么不叫我啊？我都举了好多次手了！"听着那充满真情的回答，在座的老师们都深深地感动了。于是，我特意安排她当了一次导游介绍葡萄沟的葡萄。课后，女孩的任课老师深有感触地说，这孩子原来在课堂上很少发言，今天居然还会为争取一次发言的机会哭了！

记得有位海南的老师听我的《落叶》一课后这样评价："一开始就被窦老师拉入落叶的世界，一时间我们忘却了自己，沉醉于小动物与落叶在秋天共舞的童话世界里。从头至尾，课堂像一条奔腾的大河，时而蓄势待发，时而汹涌澎湃，时而舒缓有致。我们仿佛和她以及孩子们一起登上她的情感之船，开始了激情之旅……"

"什么是我生活中最重要的东西呢？"可以毫不犹豫地回答，就是情感。因为热爱，课始，就走向了精神生命的状态；课中，教师时时将自己置于课堂的原野，用真情去催发课堂的生命，为课堂中的平凡而欢欣鼓动，让生命中的习以为常感动自己，再用你的坦诚热情感染学生，打动学生……那时，充满激情如吹皱一池春水，流动起来，活泼起来，以执着激发执着，点燃心灵圣火，拨动课堂的琴弦。

课终喑情情未了——如果说，一节课是教师与学生进行双边活动的一座桥梁的话，那么教师对学生课后的教学启迪则应是这座桥梁的基石，抓住课终时机，使学生的情感得到进一步的升华。

每个人的性格不同，如果说你的情感是平和宁静的，那就像春日里的阳光，温暖生香，适宜禾苗催发；如果说你的情感是奔腾豪放型的，那就像夏日里的暴雨，激情澎湃，适宜禾苗苗壮挺拔。不管怎样，你的课都是充满了情。不然，任教师用再先进的现代教学手段，也只是徒具其形，任教师用再华美的语言，再动听的腔调上课，也不会打动学生的心灵，震撼学生的灵魂。

也是十多年前，我在教学《麻雀》一课后，学生们被老麻雀的爱子之情打动，被作者的仁爱之心感染了，被"弱者"在"强者"面前的姿态震撼了——情感正处于沸点状态。"我急忙唤回我的猎狗，带着它走开。"课文到此戛然而止，难道老麻雀的拼命与猎狗搏斗的场面不值得咀嚼？"我急忙唤回猎狗"，其中的原因究竟是什么呢？我把原文中的最后一句呈现给同学们："爱比死，比死的恐怖更强大。"这里的爱，已经是一种忘我的付出，更是一种蔑视死亡的大无畏，是真正的弱者对强者的尊严，已经不仅仅是母爱的标签。有了这样的延伸，在"爱"之外，朗读就多了一份坚韧，理解就多了一份深刻。可见，抓住这一契机，给学生以情感的余韵，就好比我们指挥着最雄壮的乐队，向爱与美的所在进军！我在教学结束时，还精心布置了两个作业：一是带着对课文的感受去选读屠格涅夫的《猎人日记》等其他作品，做到更深透地理解《麻雀》蕴含的主题及作家的创作倾向，初步体会作品中人道主义和民主思想的表现。二是结合自己的理性认识，思考今后如何用同情之心、仁爱之心等去感染人、影响人、教育人，从而成为一个富有激情的对生活充满爱的活生生的人，把真善美作为人生追求的主题。

当这股进军的力量迈过结尾的升华，从而把感情与思考渗入学生的血液时，他们长长的一生会以怎样的姿态去克服困难，挑战自我？或许，这就是在他们心中种下的最美的、最有力量的种子。

真情永伴——这是我课堂教学的永远追求。

"我为什么还在等待？我不知为何这样痴情？我期待曾经的拥有，是否把这一切从头再来？"这是《汉武大帝》的片尾曲，每一次我都跟着唱起这片尾之声，感叹"逝者如斯"。是的，流年似水，光阴不再，过去的就过去了，没有从头再来的可能——让我们凭着对教育、对学生和对生命的热爱，竭尽全力，让自己的课堂因激情，定格一些特点，渐成一种特色，最终，拥有风格，放出光彩。

（二）追求教学艺术的"三种审美"

语文素养包含语文审美能力。如果把语文教学比作一湾清泉，那么，没有一条富有诗意的情感和审美激流，就不可能有学生身心的愉悦和陶冶，更不可能有学生综合素养的培育发展。课堂教学把审美作为教学的目标之一，就是要在短短的 40 分钟内，达到怡人、育人、感人的教学效果。

语言美——做语文教师多么幸福啊。朗诵上下五千年的文字，悠悠几万里，亦庄亦谐，或悲或喜。像小船，载着学生在充满激情的智慧江河中航行。还好比拨动琴弦，无论是激情澎湃还是小桥流水，牵一发而动全身，学生的感情之弦总会跃动起来，产生共鸣。由此，你就会和学生一起奏出生命的旋律。我在努力追求这样的课堂教学语言的魅力。要让学生感觉，听我的课，仿佛置身于一个音乐舞台，控制自如的语速，抑扬顿挫的语调，亲和温婉的语句，这一个个语言的音符，恍如一件件乐器，我随意弹拨，自如运作，彰显出艺术魅力。

语文教师要注意语调的把握。或抑扬顿挫，悲愤激昂，或娓娓而谈，润物无声。讲到高兴处，慷慨陈词，学生就会随着教师的情绪而跃跃欲试；讲到感人处，气定语咽，学生也会随之真情萌动。不仅如此，教师在课堂教学中对语句的选择也要注意匠心。比如，我的语句一般较短，使整个课堂的节奏控制努力做到有效。我也善于在教学中引用一些美文佳句，或古典诗词，或流行歌曲，只要是美的、合乎课文本身的，只要对学生品读课文有所帮助，我都会来上几句……比如，朗读《秋天的怀念》中母亲的话，学生每每都被打动；比如讲诗词，采用"移花接木"法，把诗词填入现代歌曲中吟唱，学生们都能和我在《游园不值》中和着《让我们荡起双桨》的旋律，在《水调歌头》中唱起辛弃疾的《村居》……

像广告里说的："没声音，再好的戏也出不来。"教师呢，最重要的同样是各种各样的语言。老一辈人形容教师，是"两年胳膊三年腿，十年难磨一张嘴"，这不无道理。虽说现在，有了多媒体的加盟，学生学习方式越发自主，但再花哨的形式也取代不了教师语言的感染作用——不仅美在声音，更在内容以及精神层面。教师，尤其是语文教师，其言语更是一个兴奋源，其感染力的强弱，直接决定了学生兴趣的浓度、思维的效率及亢奋状态。

视觉美——有人说我像演员一样投入：自己再怎么累，只要在讲台上一站就来

"神儿"。要知道，教师恰当地把体态语言运用在课堂中，会使师生的交流更为轻松和直接。无论是哪个学生回答问题，我都要求他们必须看着我的眼睛，在这种对视中，学生能收获更多的自信。我常常会在学生自读时，摸摸他们的小脑袋，让他们享受这种教师的抚爱；我有时也会把身子俯下，来回答学生提出的问题……举手投足间，我努力带给学生的，是一种学生能够感受到的蕴含着的真情和真爱。

我写字注意一笔一画，横平竖直。我喜爱那种板书的工整和运笔行文间的昭示。因为，美的板书，不仅能体现出一个老师的基本功力，而且能使学生更直观地来欣赏美。一次，我讲《庄稼的朋友》一课，借助几根彩色粉笔，用娴熟的笔法一下画出了8种活灵活现、惟妙惟肖的小动物。而且，我还一边画一边形象地解说这些小动物为什么叫这个名字。在短短的40分钟内，学生就被带入了恬静而多彩的世界中。

教师给人的视觉印象不能是张牙舞爪的，更不能如泥胎木偶。动作的本真到底是什么？海德格尔说："动作是有目的的行为，从动作本身看，它是一种展示，展示的内容就是你想表达的意思。当你的动作与所想展示的内容一致时，就不是多余的。"

空灵美——实实在在的、能看到的那种美，只是美的一种浅层的表现，更高层次的美是建立在理性基础上的。这种美，能给人以更多的想象空间和创造空间。

"飞流直下三千尺，疑是银河落九天"，这是壮丽之美；"翠叶松枝遮去路，未见花色先有香"，这才是一种空灵之美。我喜欢这种空灵的美，我也在课堂教学中努力营造着这种美。

想象语文教师，舌绽莲花、着装得体、动作和谐，眼神含着浓浓的爱意，学生不由自主地被吸引，于是教师就成了一块耀眼的磁石，牢牢地吸引住学生们的眼球。这确实很辛苦，但请你相信，在不断的"整"和"敛"中，你一定会变得极具魅力，你会因这些看似外在的改变，而改变学生对你的态度，甚至会提高你的自信心与审美意识，从而提高你的"课感"。

就教师而言，一节课能讲的毕竟有限，语文课堂，就是要在教给学生知识的同时，更要教给学生正确而有效的学习方法；就学生而言，教师课堂能教给他们的毕竟是他们一生所需知识的一小部分，更多的还需要他们自己去学习。这就要利用"主题"给学生提供更广阔的空间。通过一篇课文的小主题，延伸到更多文本的大主题，由这个"点"引发开去，自然有一种"提领而顿，百毛皆顺"的妙处。所以这几年研究的主题教学，更有了追求这种整体效应的、立体的课堂效果。如后文《再见了，亲人》《游园不值》《晏子使楚》《秋天的怀念》《珍珠鸟》等课例，都是本着这样的追求进行课堂教学探索的。有人说，听我的课，许多教师深感无法记听课笔记；而在听完我的课后，许多教师又说心情久久不能平静——这是对我的褒扬，也是我的追求。打一个形象的比喻：课堂的美是不可分割的，课堂的感觉应该是整体的。我们教师一定不要在课堂教学中，把一篇课文割裂地分成几个部分去讲，在备课时，需要条分缕析、精心设计这里该细讲，那里该略讲，但课堂上一定要化作整体，反之，则会适得其反。如果我们教师在讲林黛玉的美时，把她也分成几个部分，然后就告诉同学们：这是林黛玉的眼睛，你看它多么有神！这是林黛玉的双手，洁白无瑕；这是林黛玉的脚，你看它多美……最后，教师总结说，现在，我们知道林黛玉是多美了吧？如果这样讲，那么再美的东西也不会让人产生美感了。

德国一位学者有过一句精辟的比喻：将15克盐放在你面前，无论如何你都难以下咽，但将15克盐放入一碗美味的汤中，你在享用佳肴时早将15克盐全部吸收了。空灵美之于知识，犹如盐之于汤中。盐需要溶入汤中才被吸收，知识需要浸入空灵美中才能显出活力和美感。情境之于知识，就犹如汤之于盐。可见，还课堂给学生，还主体给学生，还差异给学生，还学生以感受的空间，想象的空间，创造的空间。这就是我要精心营造这种空灵美的真正目的。

（三）尝试语文教学的"三个超越"

1998年，吉林省教委在吉林市召开"吉林省语文学科实施素质教育现场会"，推广了我的教改经验；2000年7月，吉林省教育厅和吉林省教育学院在吉林市共同主办了"窦桂梅语文教改成果展示会"，与会专家就现代化教育理念、民族化教学思想、个性化教学艺术进行了研讨。有人评价，在吉林省乃至全国的教育史上，为一位普通的小学教师召开如此高规格的专题研究会，恐怕也不多见。

过去，我国小学语文教育徘徊在效率不高的低谷中。教材陈旧，教法僵化，忽视母语教育的民族性和人文性。我通过长期的教学实践和理论研究，认识到：语文教育，尤其是小学语文教育，必须要体现一种人文的关爱；必须从语言习得的特点入手，从人的素质发展的规律改革小学语文教学。在这样的教育理论指导下，我以

2000年吉林省教育厅召开"窦桂梅语文教改成果展示会"

"尊重教材，超越教材；立足课堂，超越课堂；尊重教师，超越教师"——开展了题为"语文教育要关注人的发展"的教改实验，建立了"积累—感悟—创新"这一全新的教改模式。

积累：打好两个底子——的确，小学语文教学的一个最主要的任务就是要给学生打好两个底子，一是打好终生学习的底子，二是打好精神发展的底子。这就是积淀。这种积淀，不仅仅是一种知识的积累，还应该是一种具有浓郁的主体能动色彩的经验、情感的积淀。正是这种积淀，才能使学生将来成为服务于社会的人，同时也是自己生命的主人。在这一前提下，语文教学的改革也必须要继承工具性，打牢语言基础；注重人文性，弘扬主体精神；体现民族性，遵循语文教育规律。就是有了这样的理念，一场大刀阔斧的改革从1994年新接的一年级开始了。

为了给孩子们打好终生学习的底子，首先，我把帮助学生识记2500个以上的常用汉字，当成自己语文教改的首要奠基工程，即根据汉字的特点，采用"据形释义，形义联想"等方法教学生识字。在此基础上，我还扩大篇章的积累：选择了300多首古典现代诗词，200多条古今格言，100多个寓言故事，200多个典故，1000多条成语，等等，让学生大量背诵。这样做，是希望在孩子记忆力的黄金时期储备中华文化经典，给他们的生命铺上绚丽的底色。我相信，随着孩子们的成长，随着那些古典诗词的逐渐发酵，量变到一定程度，一定会产生质变的。

六年过去了，在毕业展示会上，专家抽测了我所教班级的 75 名学生，识 2000～2500 字的有 6 人，2500～3000 字的有 19 人，3000～3500 字的有 38 人，3500～4000 字的有 12 人。这一结果，远远超过了当时小学语文教学大纲规定的 2500 字左右的识字量要求。展示会上，台下的专家、学者可以从《诗词集锦目录》上的 300 首古今中外诗词中任意挑选一首，让台上 75 名同学中的任意一个背诵，像《送杜少甫之任蜀州》《满江红》等，甚至篇幅达 300 多字的《正气歌》，有的同学都能倒背如流，对作品的时代背景、作者的心路历程也都能娓娓道来。同学们表达能力之强、阅读范围之广，令专家们赞叹。

值得一提的是，六年来，我根据学生的年龄特点，为学生开出 100 多本阅读书目，让孩子们博览群书。为了提高阅读效益，我教给孩子们多种阅读方法：精读、泛读、略读、跳读等。对那些目前还"不了解"的书，我要求学生粗知大意即可；而对那些一生都用得着的东西，我要求学生不但要熟记，更要牢记。我的目的只有一个，那就是当学生正在积累的时候，应该尽可能愉快地记住"精品"，为他们的"终生学习"和"终生发展"做好积累。

为了给孩子们打好精神发展的底子，我在教改中也特别注意丰富学生的生活情感。这在我的教学中已充分体现。但我更强调在生活中体现。"语文学习的外延与生活的外延相等"，对此我感悟很深。要想真正学好语文，天天待在几何图形排列成的教室是万万不行的！

我努力将语文引向自然，引向社会，引向生活，引进时代的活水，着眼于语文与生活的密切联系，着力开拓学生的生活领域，扩大学生的精神视野：比如请学者教授专家来讲座、答疑；带领学生积极投身到社会实践中去，参加社会团体举办的各种活动，体育表演活动，口头作文大赛活动，课本剧表演活动，逛书店，看展览，进行一系列采访及社会调查活动；班级学生组成记者团，采访身边的同学、老师、家长，去市里的敬老院慰问孤寡老人；让孩子热情地投入到广阔的大自然中去，观察日月星辰的变化，欣赏花鸟鱼虫的可爱；让学生触及社会热点、焦点，表达个人观点，培植理性情感。

感悟：体会两种境界——在我的语文教改中，这种感悟既是一种心智活动，又是一种情感历程，同时还是一种审美体验。感悟不是告诉，而是激励，是唤醒，是点化，是体验。因此在课堂教学中，我力图让学生有所感，有所悟，不光有理解，还要有发现。教师去营造一种课堂"磁场",学生只有感受并真正领悟到了那些"只可意会不可言传"的空灵之美,才能悟得许多老师由于没有充分展开抑或是无法教给他们的东西,也许这就是感悟的最高境界。

首先,在书本中感悟语文,感悟人生。感是感性的认识,悟是理性的思考。悟性乃是思考与独创的本性,非思考不能有悟,非独创不能算悟。要充分相信学生,把主动权交给学生,让他们主动学,主动悟。要培养学生一定的理解能力,引导学生以诵读原文为主线,尊重与理解语言与文化信息的提供者的立场和观点,尽可能准确地弄懂,接近原意。如果是文学作品,还要引导学生对作品产生真诚的感情并总体感受作品的神韵,以你之心与作者之心、作品人物之心相会、交流、撞击,设身处地去感受,体验他们的境遇、他们真实的欢乐与痛苦。要培养学生一定的概括能力和迅速抓住别人讲话要点或文章重点的能力。这在当今信息社会听读量较大的情况下尤其重要,这只是"感"。完成了以上过程后,还有一个把别人的话或文章内化为"自己"东西的过程,这就是培养学生在阅读中不光要理解,还要有发现的过程。要有与"自己"原有东西的比较,也就是在旧知与新知的比较中,对所听到的或读到的语言材料作出判断,哪些是有价值的,是新的创造与发现值得学习的,汲取过来,并通过联想与创造性发挥让其扩大与深化。哪些是不足的,可质疑的,有缺陷的,甚至是错误的,应予以抛弃或改造。

就这样六年的学习,学生不再是被动抄词、解词、析句,取而代之的是熟读甚至背诵充满灵性的"精品";学生不再无的放矢地改错、选择、判断,取而代之的是卓有成效的整体吸收、内化;教师不再是枯燥乏味地分析讲解,取而代之的是教师、学生、教材三者之间的心灵碰撞。由此,在培养学生感悟能力的过程中,慢慢地,教师改变了自己的角色,成为一名顾问,一名指点者,一位交换意见的参加者,在教学形式上,进行广泛的师生间、同学间的宣讲、讨论、交流,甚至学生走上讲台讲课。学生的学习方式彻底改变了,思维方式当然也改变了,他们不但感悟到作品的思想,而且感悟到作品的语言以及自己的学习方式,更重要的是这些东西都是他们自己感悟得到的,而不是教师"教"他们的,更不是教师"交"给他们的。

其次,在生活中感悟语言,感悟人生。哲人康德说过,世上有两种东西最为高贵：一种是人们心中的道德准绳，一种是我们头顶上的灿烂星空。因此，书中的"准绳"，书外的"星空"，我们都要顾及。在教改实践中，我在注重学生知识积累、情感养成的同时，更注重对学生生活体验的感受。我要求学生必须用自己的眼睛去观察生活，发现生活。对此，我这样阐述自己的教育理念："从语文习得的规律看，学生感悟能力的高低，不仅直接关系到语言学习的完成度，而且必将对能否继续将感悟所得的内化，升华为一种能力和形成良好的语言素质产生影响；从终身学习与发展的角度看，感悟结果的优劣高低，正是将来能否实现自身价值可持续发展的基本标志！"

在生活中感悟语文，感悟人生真谛是内养而成，这既符合学习语文的规律，又继承了中国优秀传统文化的精华，更是把语文学习当作生命活动、情感活动、思想活动、心灵活动的过程。学生们在发现所生活的世界无限丰富与美妙，不停质疑与批判的同时，也发现了自己，升华了自己，超越了自己。

创新：实现两项挑战——在我的班里，我的课堂上，我每每惊异于那些孩子的"霸气"，他们敢于向教材质疑，敢于向名人发难，更可贵的是，他们对课文的理解总是充满灵性。

在讲《荷花》第二段时，我引导学生背诵："荷花已经开了不少了……有的荷花才展开两三片花瓣，有的全开了，有的打着花骨朵……"背着背着，学生们便说，"老师，我想向叶圣陶爷爷提个意见！你看他这段写得多没顺序呀！要么先写没开的，再写才开的，最后再写全开的，要么就先写全开的，再写……"

在讲古诗《小儿垂钓》时，学生们又对其中的插图提出质疑：诗的大意是一个蓬着头的小孩在河边学习钓鱼，侧着身子坐在草地上，青草掩着孩子的身子。可是图中的小男孩却头发梳理得整整齐齐，坐在石头上，周围根本没有草。这和诗中的描述简直格格不入……

《飞机遇险的时候》一课，讲的是总理把降落伞给小扬眉的故事，教学中我满怀敬意地赞扬总理把生的希望让给别人，把死的危险留给自己的伟大精神。我以为同学们会随着我声情并茂的讲读而感动，可有个同学突然站起来说："我认为总理这么做对小扬眉来说很伟大，但对中国的前途来说太渺小了！敬爱的总理要去重庆谈判，这关系到祖国的命运，他和小扬眉相比究竟哪个价值更大呢？"一石激起千层浪，我索性不讲了，让同学们自由讨论。

我从 1994—2000 年，教了六年的一个班的"全家福"毕业照

　　学生们的思维像喷泉似地涌了出来。有的说，为了祖国的命运，总理不应把伞包让给小扬眉；有的说，总理怎么不和小扬眉一起跳伞呢？有的说，课文写得不合理，当时情况那么危急，文中却用好几句写总理对工作人员的嘱托和对小扬眉的鼓励，而且后边还加了省略号，我认为当时总理肯定来不及想出那么多道理来教育别人，因为时间不允许呀！有的说，不知小扬眉还活着没有，我想采访她，核实一下当时的真实情况……

　　孩子们超越了教材，还超越了教师！语文教改中，由于我注重对学生的尊重、赏识，同时注重学生智慧的全面开发，因此学生的知识结构、精神潜质和人格境界都能得到全面的提高和超越。从学生自己动手编辑的各种文集中，我们能看出孩子们对家长、对自然、对社会、对人生的不同思考和感悟。从小组创办的每月向全校师生印发的《小松树》等不同刊名的语文报中，又能看到学生们合作的力量和令人惊奇的艺术才华。从张跃东、于笑丹等同学出版的《学步集》《童年稚笔》专辑中，可以更加深刻地看到，他们已能创造出自己的作品了！学生们还走进现代化的网络系统，利用电脑自己设计出封面各异、内容不一的科幻文集，如《金字塔之谜》《F-117 旅行记》等。

　　在我的日记本上，写着这样一段话："如果每个孩子都学会了赏识自己，都找到了自己是一个好学生的感觉，都有了自信和创造的尊严，那么，不仅教师的任何担心和唠叨都是多余的，而且他们将获得终身享用不尽的财富。"

凭着全心全力的付出——天道酬勤，我登上了事业的一个又一个台阶。2001年10月24日，作为国家教育部更新教育观念报告团的主讲人，我走进人民大会堂，作了《为生命奠基——语文教改的"三个超越"》的专题报告，《人民教育》也全篇刊发。

幸福不是一切，人还有更多更多的责任。相信自己的"命运"已经转化为"使命"。人生难免有些命定条件，但只要立定志向，就可以从自我认识，走向自我成长的路途，随着岁月而登上人生的更高层次。因此，我不想重复过去，重温旧梦，外在的成就也许属于命运，但感染、影响一批人，走向人格魅力的修养则是个人使命所在。于是，我又怀着更高的希望继续走在人生的征途，新的山路摆在了我的面前……

（四）探索主题教学的"三个维度"

刚刚进入21世纪的2002年，我调入北京这"百川汇合"的教育入海口，来到教育阵容强大、实力雄厚的浩瀚无边的"大海"——海淀区，并工作于清华附小。面对新的校园，新的领导班子，置身在这国家课程改革的重点实验区，一次次经历观念的洗礼，理念的撞击，实践的研讨，我的教育生命再一次被注入了成长的活力，获得了历史上从未有过的提升。

1. 为什么提出主题教学

我想，《为生命奠基——语文教改的"三个超越"》之所以能在全国有了一定的影响，并成为清华附小的教学理念，是因为它一定程度上改变了语文教育的"少慢差费"现状。无论从"大语文观"的角度，还是从为学生打好"人生的底色"的角度来说都有一定的现实意义。但是，回顾以上我带一个班六年的语文教学探索，倾注了大量的精力和全部的热情，在教学中增设了大量的活动项目和选读内容，并且大多是利用课余时间努力实现对教材与课堂的超越的。我的课堂教学更多还只限于改良层面，有些改革是在"夹缝"中做出来的，而且个人经验总有那么一点"茶壶里面翻波浪"的味道——我感觉到，自己（当然也包括相当一部分教师）仅仅是从课外打包围战，而未完全进入课堂主阵地。

　　回顾自己的学校生活，检索在学校积累的知识，如目不暇接的满汉全席。然而，随着时间的沉淀，我发现这些"片段"的知识不是遗忘就是孤立，甚至与其他经验无法作链接。尤其是在目前知识爆炸的时代，许多昨天的"知识和方法"在今天新知的浪潮席卷之下溶解了，猛然间，我觉得所学内容变成一场空。

　　作为一名语文教师，作为学校的业务校长，我深深懂得：教学，尤其是课堂教学，是教育活动的基本组成部分，是教育改革中探讨的重要问题。因此，我面临的任务不光是教学实践，还要对已有的经验进行提炼和反思，通过对教育教学的深入研究，进行进一步的整合与创造，形成既符合课堂教学实际，又能指导学校课堂教学改革。提高教师课堂效率的科学的课程体系——这对我来说是一项艰巨的挑战。

　　尤其是，当今学生学习科目多、应试重、压力大。必须给学生真正地"减负"，实行"学习的统整"。那么，怎样让学生在较短的时间内，有效地积累智慧和情感，立体建构一个教学体系，在主课堂上做到合理高效，追求"教学最优化"——从新课程观的高度，在"三个超越"上又有所超越，"让课堂焕发生命的活力"，使教师和学生以整体的生命，而不是生命的某一方面投入到课堂活动中，从而更好地为学生的生命奠基。于是，在语文教学中，我将语文教材零碎散落的，甚至单一的内容和形式重新做一番统整，试图达成培养"带得走的能力"。这个能"带动起来的东西"是什么？把知识与能力，过程与方法，情感态度、价值观三者统一起来的是什么？能够在原来三个超越的基础上归类，让超越有明确目标的"抓手"是什么？是主题。用主题来统整的教学，密度强，容量大，学生所学习的知识是不可限量的，如信息资源的获得，价值取向的形成，当然也包括知识的掌握以及能力的提高。

　　在专家领导们的鼓励下，在校领导们的支持下，我一边定期为教师们上教学观摩研讨课，探讨如何抓住一个"主题"来实现以教材的一篇带动多篇的积累；就教材自身，也抓住其主题进行教学的尝试。就这样，开始了在现有教学的基础上如何进行扩展与提高的实验与改革。"主题教学"的探索当然不是闭门造车，而是努力在理性思考支撑下去实践，去摸索。我注意两方面的关系与整合：一方面是知识体系的内在和多重的联系，以求整合；另一方面是学生生命活动诸方面的内在联系、互相协调和整体发展。"主题教学"不仅可以作为组合教材的一种方式，也可以作为实施教学、改革课堂的一把钥匙。

　　基于这些思考，2002 年我为海淀区教师上了《朋友》两节课，就以"朋友"为主题，自选古今中外，关于友情的四篇文章，本着以上思考展开教学。初步的尝试，取得了较好的效果，得到了相关领导、老师的鼓励和指导，这更使我坚定了这一追求，也使我的教学实践以及理论认识又有了新的提升。

　　可喜的是，我们学校现在使用的北师大语文教材，就是以"主题单元"取代"知识体系单元"来构建的。作为实践主题单元教材的教师，就不用花大气力对教材进行统整，而应该领悟教材以主题单元编写的意图，很好地使用教材进行主题教学。当然，也可以在大语文观中审视或者建构教材，即超越教材并且围绕主题重新选编内容。这样做，就打破了原来以知识逻辑体系框限人，和那种知识单元教法"见学不见人"的弊端。

　　"主题单元"让系统性退隐幕后，让学生通过主题学习，建构和凸显后隐的体系。可是，我发现大多教师对"主题单元"缺乏认识，仍然按照"知识体系单元"的形式一课一课地教，学生一课一课地学——即使课程教材再先进，如果我们的教师仍然穿新鞋走老路，因循守旧，那么改革的结果也可想而知。

　　主题教学对教师提出了更高的要求。因此，落实主题教学的"内容"和主题教学的"设计"是非常重要的。教师必须花费大量时间搜集相关资源，并花心思、下功夫创新教学流程。当一个主题愈具有意义，愈被深入或精致地处理，愈能置于情境之中，愈根植于文化、背景、认知以及个人的知识中，学生便愈容易学习、记忆和生成。当儿童的生活兴奋点与社会建立起不同、具体而主动的关系时，学习就趋于统整，因此，学习的链接就不再是个问题，并能整合地成长——也许，这才是学生真正的、有效的学习。

　　2. 三个维度的构建

　　我构建了主题教学的"三个维度"。在不断学习教育教学理论的同时，我运用大量的课堂实践，探索主题教学，写下了许多有关主题教学的思考和实践的系列文章（详细内容见本书"我的教育观"中"从三个超越到主题教学"）。

　　下面着重谈谈这"三个维度"。

　　（1）温度——恒定性。

　　文章没有人读，情感就会在文字里无声地"休眠"。文字中的情感思想就像人的感情一样，生来就要宣泄，需要生长、开花、结果。课文中"好"的地方，老师不能或者不会帮助学生开发出来，一切生机便遭窒息、堵塞、残损。教学呢，也好比一株发育不全的完全病态的花草；而学生，也就如入宝山，而空来了一趟。

如何唤醒学生、感染学生？教者的作用显得至关重要。因此，教师要根据教材内容的不同，进行不同的情感储备和调动——悲喜愁乐，酸甜苦辣；教师必须让自己、让学生通过文字"怡情养性"，让性情在"怡养"的状态中健旺起来。可以打这样的比方：如果说教材是"泉眼"，课堂就是一条待引发出来的生命之河。既然是生命之河，"河水"的状态一定是恒温的，而不是忽冷忽热的。为了这条河的畅通与灵动，教师还要为它修筑"岸"或"桥"。有了岸的"约束"，桥的"搭建"，孩子们才如这生命之河中的生灵——水草丰茂，鱼虾成群，与天光云影共在这源头活水中畅游。

你想啊，这种温度下的课堂——那种暖暖的感觉和文字带来的暖暖的触动，创造出的课堂，师生一路慰藉心灵的成长，走向纯洁醇厚的芬芳——语文之"流"奔腾不息、蜿蜒伸向远方。

前文我谈到教师的情感，这里我还要强调：没有情感的课堂就像一口枯井，没有激情的男教师就像立不起来的空麻袋，没有激情的女教师就像没有光泽的旧瓷器。当然，每个人的性格不同，激情的表现自然也会有所不同。有的深沉，有的奔放；有的如"小桥流水"，有的似"海潮奔涌"。但，有一点是共通的，这一定是生命自然和谐的暖流。教师和孩子在一个良好的氛围里完全沉浸于学习之中，教师的激情并不在于渲染，也不是教师的刻意追求，激情只能起因于一种真实人格的外露。那就是，无论什么性格的教师，其眼睛里流露的一定是对学生对语文的热爱——而这，就是他（她）个体化的激情。

听过太多的"优质课"，每次都能感受到热闹、喧哗，但极少让人怦然心动。究其原因，就是课堂缺少情感和思维的力度。令人担心的是，有些教师把引人入胜的讲授视为不尊重学生；把有时的升华拓展当作炫耀、拔高——宁愿要肤浅的合作、讨论，也不要沉静的思索和如饥似渴的聆听与汲取。试问：没有温度的课堂，我们的学生还能变得精神丰富，充满向往？我们的语文教师如果没有带着情感的储备来到课堂，我们的语文学习如何走进审美的境界？

如果有了对文字的触摸与体味，情感自然和谐的引发，整个课堂充满着暖暖的温度，课堂之树才会生长。这样的课堂，才会在文字中感叹《皮斯阿斯和达蒙》的友谊；记住历史的沉痛，承受《圆明园的毁灭》的重负。这样的课堂，可以忘情于陶渊明的"悠然见南山"，可以穿越时空，看伏羲占八卦，看仓颉造字……这样，对于"文以载道"，我们就不会狭隘地理解为道德教训，从而小看了语文学习的意义——情感思想的真实就是"道"。有温度的绚烂的课堂所呈现的态势不是卖弄，而是文情并茂时放射的精神光芒。

可以想见，当学生在课堂这条"温暖的河"中形成生生不息、源源不断的思想、情感态度、价值观的时候，绝不会感到世界的干枯与人生的苦闷。假设他自己的表现力不够好，但他能有一双慧眼看世界，整个世界的动态便成为他的图画、他的戏剧。他的性情就在课堂形成的"温度"中怡养了一辈子。所以，主题教学的课堂——温度应该成为首要的前提。

文是水，道是舟，期待着——在自己的课堂里，水是丰盈的，整个课堂是有温度的。

（2）广度——开放性。

观摩课大多是只"讲"教材。难道学生的语文能力就是一篇一篇"讲"出来的？

这里的广度是承延着我的"超越教材"来说的。大家都知道积累对于语言学习的重要性，可是由于时代的原因，重理轻文的普遍倾向加上英语、信息以及其他学科的冲击——属于语文的时间已经所剩无几。变不了大环境，就得从自身改起。如何大容量、高密度提高单位时间内的课堂教学效率——这是摆在语文教师面前的重要课题。

教师必须把语文当作"课程"来开发——博览群书，扩展视野，深入思考，方可纵横驰骋于课堂间。因此，相比于有些教师对文本的理解和深度的把握让人敬佩，但我还看重那些注重教材建构的语文教师。这样的实践和探索带给我很多启示。比如，一本教材，里面的课文，哪些应当精读，哪些可以略讲；哪些文章只需快速阅读，哪些文章值得细嚼慢咽——这些都需要我们斟酌。因此，教师要从一节课、一篇课文的精雕细刻里走出来，把教学的触角伸向更深广的生活海洋。

基于以上认识，这些年我从教材的一篇文章引发开去，根据主题的相同和相近，进行重组。从《朋友》《亲人》等主题单元的尝试，到《落叶》《圆明园的毁灭》到《秋天的怀念》课文主题的教学，一直努力从整体上构建课堂教学，进行着主题教学的实践与研究，向着语文的广度开拓，实现课程主题意义建构的一种开放性教学（详见后面的教学实录）。

大家都知道这个简单的道理：一定的阅读量是语文学习的基石——也就是说，

语文素养与能力不是教师教出来的，是学习者自己从反复阅读中生长出来的。业余时间捧着电子产品打游戏或观看哗众取宠的娱乐节目，"多快好省"地做题——这就是当今多数学生的精神生活状态，缺少定性和静气的培养。在泡沫信息、快餐文化、感官刺激的围追堵截之下，还谈什么审美、观照和吟咏？当整个教育变得过功利、急躁的时候，孩子的心灵如何可能不变得冷漠、势利？

个人认为，如果对教材挖掘还不深，那就不如在课堂上腾出时间让学生多多阅读。于是，课堂上，围绕自己所讲的课文，如何趁热打铁给学生推荐文章和书目，成了我校主题教学的特色。这里又涉及一个教师视野的问题。我们也知道读书的重要，也动不动就呼吁学生要多读书，读好书，活读书。可是，学生反问："你为什么只喊口号？你怎么不在课堂上推荐那些值得我们阅读的书籍？"那么，我们是否能满足他们的需要？

当课外阅读的重要性日渐成为共识的时候，我们更不能丢弃了课堂教学的主战场——在课堂上，拓宽教学的广度更显必要。

在我们学校，孩子们把语文延伸到生活，由课文引到书籍——已经成为大家都在做的事情。但是，现在并不完全是一个开卷有益的时代。即便走进书店，你也难以感受到那种让人气定神闲的书香味。取而代之的是聒噪和喧闹，因为图书也不可避免地被染上了浮躁的气息。比如我看到的几个图文绘本如《红楼梦》等，完全失掉了审美的艺术性。我目前手里有一部黄蓓佳的《中国童话》。中国没有童话，黄老师苦心修补、创造了《猎人海力布》《小渔夫和公主》等中国民间流传的适合儿童阅读的"童话"。然而，文中有的插图依然时尚。比如《牛郎织女》中的织女，长发披肩，模样如卡通动画片中的"美少女"——感觉就失去了它本来的味道。

先入为主对人的影响力是不可忽视的。当学生最先吃的是这样的"烂桃子"后，长大再吃"鲜桃"也不会觉得有味儿了。我担心，一篇篇文章，一本本书籍，这里面蕴含着的堪称民族精髓、人类良知的，弥足珍贵的深刻的价值观和人生观，已经很难令这一代"高山仰止，景行行止"，自然就更无望成为他们的精神准则和行为方式了。因此，在这色彩缤纷的文化垃圾泛滥成灾的时代，学校和教师，更不能放弃引领的责任。

就在不久前，美国媒体上还有过这样一个报道：亚利桑那州的一个 9 岁女孩打算在今年暑假阅读《白鲸》——一部长达 60 万字、充满深奥哲理探讨的文学名著，可以想见，学校如果没有对教育深刻性的追求，一个小学生是不可能对"除非甘愿在理智与情感上受到刺激，否则就不应该看"的《白鲸》感兴趣的。事实上，这个女孩所在地区的学校，都鼓励学生制订类似的阅读计划。

为了构建孩子开阔健劲的精神世界，如何让我们的语文课程改革的步伐走得更坚实，我愿在行动中不断思考这个问题，并将思考所得融入我的教学实践。

（3）深度——发展性。

教育要面向未来——对于有意识的人的生命而言，未来的生命应当是相对于当今的深化、开拓和伸展。只有建立在超越教材、超越教师的"深度"之上的课堂，才可能持久，才可能给生命以底气。

这里的"深度"，对教师来说，是要拿真诚的阅读体验和学生交流，同时，还要在课堂上把这种深度适当地藏匿起来，将阅读体验感受的权利和时间交还给孩子，只有这样，才能让文本进入学生的内心深处。这种课堂生成的"深度"，往往有赖于教师的"拨弹"。这就要把握好"度"，深度不是一味增加难度，而是在适度前提下的深入。对话时，教师更要始终关注言语的深处。我们的语文教学常常在远离言语的地方蹒跚徘徊，或者刚进入言语的浅处就折道而返。潜在课程资源遭到浪费的原因，是教师缺乏挖掘的能力。因此，教师要真正关注的是学生"语文性""情感性""思想性"究竟走向多远、多深。

走向深度，就可能是走向庄重和严肃。让下一代用双手接过并承担起人类弥足珍贵的真、善、美，成为人类精神文化的守望者、建设者。对语文教育而言，也就是要培养我们孩子，热爱并认同与我们血肉相连的母语汉语，培育对民族文化的亲切感、认同感、归属感，寻根认祖，饮水思源，说中国话，做有根的中国人。

目前，主题教学已经作为我和我校教师的"课堂文化"来追求。当然，"主题作文""主题阅读"等方面的研究也开展了一段时间（详见后文《主题教学的分项实践及推展》）。只要教师用勤勉做桨，用书籍作舟，用智慧把握方向，在温度和广度中向着语文课堂的深度漫溯——最终让课堂，让师生共同拥有的，一定是主题教学的全部高度。

把教学改革的实践目标定在探索创造充满生命活力的主题课堂教学，目的不只是限于教材一隅，不只是单纯的教和学，而是师生共同参与，互相合作，共同探索，

2013年海淀教工委召开窦桂梅教育教学实践研讨会

在感受课堂的情感涌动中一起幸福成长。努力让学生获得多方面的满足和健全地发展，努力让教师的劳动闪现出创造的光辉和人性的魅力。

【反躬自省】

作为语文教师，将母语变为一种集工具性与人文性于一体，且能塑造学生完整人格的学科一直是笔者努力追求的目标。本节从情感、审美旨趣、教改模式以及主题教学四个方面阐述了自己的一些体悟与"自觉"。经过十余年的精心钻研与教学实践，笔者愿意站在理性的角度重新思考。

三情共振——真情永伴，是我课堂教学的永远追求。"课始激情""课中悟情"以及"课终喑情"无一不是"情"的体现。但必须承认，当时的很多理解多侧重于经验层面，情与文、情与理在课堂上不能简单铺排，更重要的是形成内在的意义群。三种审美——语言美、视觉美、空灵美，是站在语文素养的基础上提出的。现在看来，以这三者概括语文素养，确实有其狭隘之处，语文教学的几个关键要素，思维、精神等又该如何体现其审美？三个维度——温度、广度、深度，如今看来，可能还要在此基础上，寻求梯度与适度。

当然，当年的研究中仍有很多成功的经验被沿用至今。比如，笔者在"三个超越"的基础上提出的"积累—感悟—创新"教改模式。今天的清华附小，极富特色的古诗文积累、全学科阅读、从读有字之书延伸到读无字之书——大量的主题实践活动，以学生"质疑"为起点的动态教学流程，都能从当年的研究中看出雏形。特别是，近年来清华附小在提倡各学科培养学生学科素养的基础上，提出了整体提升学生核心素养的理念，更是在原有的基础上的进一步超越。

十几年走过，笔者深深地感到作为教师而言，曾经的成长路上的足迹，尽管可能幼稚与青涩，但勇于探究的激情和蓬勃向上的生命力最终都会为你日后的日臻完善奠定坚实的基础。只要拥有专业上的"自觉"，这种不待扬鞭自奋蹄的研究精神，自会指引你走向明亮那一方。

我的教育主题

——为生命奠基

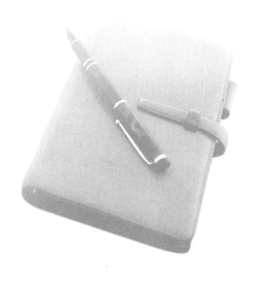

一、"三个超越"的实践经验

教育是培育生命的事业。当孩子置身校园，开始他生命的体验时，他的生命流程是快乐还是痛苦，是升华还是压抑，是创造还是束缚，这完全系于教师的专业素养和追求。对此，我们应该怎样做一个真正意义上的教师，我们的语文教育应如何丰富学生的生命底蕴，关注生命的全部内容呢？

我以为：语文教学要冲破以教材为中心、以课堂为中心、以教师为中心的樊篱，去超越教材、超越课堂、超越教师，引导学生进行语言的积累、生活的积累、情感的积累，为学生的生命奠基，为中华民族的创造力奠基，把充满创新与活力的语文教学带入课堂，让语文学习焕发出生命的活力，让语文学习充满成长的动力，让语文学习释放智慧的潜力——这既是我们的历史使命，又是我们的理想追求。

（一）学好教材　超越教材

一篇篇经典的文章，一部部经典的书籍，是人类文明的结晶，是前人智慧与创造的积淀，它们闪烁着人性的华彩，跃动着文化的脉搏，同时也是语言的艺术典范。这些承载着全人类精神的精华，应该成为学生阅读的基本语言营养。阅读它们，可以使学生的生命全面而深刻地达到一种酣畅淋漓的自由状态，这种生命的高峰体验、这种精神的营养滋润，瞬间的绽放与闪光，会使学生以一种全新的眼光看待自我和世界，甚至从根本上改变学生的生命状态。因此，选择语言材料，就是选择自我的生命姿态和成长路径，学习语言就是建构自己的语言世界和精神家园。

然而，在以往的语文学习中，大多的教师只守着一本教材教学生。

教材是具有权威性的教学用书，我们要尊重它。但是，正像《语文新课程标准》教材选文建议中所说：虽不是教材上的文章，但是只要"适合学生的年龄特点……"，只要"体现时代发展的需要……"，只要"符合语文文质兼美的特点……"都可以拿来作为教学材料。有了这种课程意识，就能立足教材之上，丰富教材。

　　首先，扩大篇章的阅读量。六年来，在学习原有教材的基础上，我们还精选了180篇文章，泛读了84篇文章，精讲了72篇文章，略读了24篇。根据孩子的年龄特点，在低年级，我推荐给学生一些民间故事、童话故事，中高年级推荐给学生一些儿童文学、杂文随笔、科幻漫画，合计100余册书籍供学生选读。从意大利的《爱的教育》到中国的《草房子》；从洪应明的《菜根谭》到刘墉的《萤窗小语》；从"感动共和国的50本书"到"美国推荐给中小学必读的30本优秀读物"。不仅如此，还特别提倡学生根据自己的兴趣和需要读不同种类的书籍，从中汲取自己所需要的营养。当然，读书不是学习的唯一，但要天天用好书武装自己，使自己高贵起来，因为它是一天也不能断的潺潺小溪，一天也不能少的精神食粮，它充实着思想的流脉，支撑着人格的大山。

　　六年来，我带领学生背诵积累了300多首古今诗词。从《诗经》的"蒹葭苍苍，白露为霜……"到毛泽东的"天高云淡，望断南飞雁……"从王维的"人闲桂花落，夜静春山空……"到马致远的"夕阳西下，断肠人在天涯……"孩子们积累着诗的语言，感受着诗的情怀，从而拯救了记忆的黄金时代，摒弃了"课内背教条，课外背广告"的现象。11岁的张一帆在一次期末考试中，由于作文题目是《记一件有意义的事》，他认为该作文没有意义，并引发长篇议论，结果作文成绩按跑题处理。"马失前蹄"啊，一向得意的他沮丧极了，在我开导他的第二天，他送我三首词：《西江月》《生查子》和自己独创的词牌《独笑傲》。他在最后这首词中这样写道：

> 泪眼已过，朦胧，成绩难留心中。
> 风光还是旧时同，恰似，一场梦。
> 往事不堪回首，回首必见伤痛。
> 荣辱成败瞬念空，仍笑，明朝春风。

　　试想，对一个小学生来说，这是多么了不起的创造。强化语文的诗教，时时拨动学生诗的琴弦，就会使那些经过一代又一代生命参与和历史证明了的诗词精品，同空气一样，从学生的口中进入大脑，流入血液，渗透到心灵深处，让学生们在诗品、诗意、诗情、诗格、诗韵汇成的大海中遨游，实现学习的通达、成长的欢欣和人生的积极向上。这些融会在诗中的智慧、风骨、操守、人生态度以及写作样式等，将成为建立人生信念的不竭资源。

其次，超越教材，不但应在量上扩展延伸，还应带领学生就教材的一些内容进行延伸、修改、重组、再创造，让教材成为学生积极发展的广阔策源地。《人民教育》在1999年的第二期发表了我的《敢向教材发难的孩子们》一文。文中讲了对《狐狸和乌鸦》《狼和小羊》等课文进行的延伸内容、续编故事情节的创造；讲了对《峨眉道上》《小站》等课文如何修改教材内容的情景；讲了对《一夜的工作》《为人民服务》等课文向作家、领袖提意见的鲜活事例。例如，第11册教材中有一篇李大钊女儿写她父亲的《十六年前的回忆》。学生普遍认为，二年级时已经学过了一篇《我的爸爸》，现在再读这篇文章，感觉不解渴。于是我给学生出了一个题目《感悟李大钊》。让学生把这篇课文当作参考资料之一，可以上网，可以请教别人，总之采取不同方式查阅大量有关李大钊的资料，进行收集、加工、定稿。几天后，学生写出了《伟大的革命先行者》《爱情专一的李大钊》《论李大钊的博学多才》《浅谈李大钊的性格特点》……就这样，一个个活生生的，多维立体的李大钊形象出现在我们面前。

可见，超越教材的过程，就是让学生多角度、多渠道、全方位从书本中积累文化知识，间接获得情感体验、生活经验等人生涵养的过程。我们自豪，自豪的是中华民族文化资源的丰厚，可我们却痛惜地看到一代又一代孩子的人文素养越来越单薄。我，一个从事"人之初"教育的语文教师，如果不能在孩子们阅读背诵的"童子功"季节，引导他们走进阅读的美好世界，让他们在书中与历史对话，与高尚交流，与智慧撞击，从而打下坚实、厚重的文学素养、人文素养，我们的民族将来怎么会拥有高尚的、文明的、富有创造精神的现代人呢?！"书是人类进步的阶梯"这句话说得真是太好了，那么，这个阶梯的第一个平台，首先由我们小学语文教师来搭建。

（二）立足课堂　超越课堂

现在的孩子们再也不想经历"两耳不闻窗外事，一心只读考试书"的时代了，他们的少年时代再也不能是"悠悠小学里，肚中空如洗"的苍白形象了。作为为学生生命奠基的教师，我时时提醒自己：给孩子一双慧眼吧，让他们把这个世界"读"

得清清楚楚，明明白白，真真切切；要让学生懂得：在课堂上要好好学语文，但绝对不是只靠课堂就能学好语文，生活也是语文学习的课堂，语文学习就在广阔的天地里，生活的成长中。

2001年，在人民大会堂宣讲《为生命奠基——语文教改的"三个超越"》

正像《语文新课程标准》强调的那样："语文课程应该根植于现实，面向世界，面向未来；应该是开放而富有创新的活力……"那么，如何加强学校语文环境、家庭环境和社会环境对语文教育的正面的影响，从而，使学生在无比广阔的语文天地中获得多方面的滋养呢？正是基于这些思考，我孜孜探求语文教育"整体大于部分之和"的系统效应。于是，我尽力开展丰富多彩的语文实践活动，引导学生睁开好奇的眼睛面对世界，去直面精彩纷呈的生活场景：我们一起逛书店，一起看展览，一起采访，一起搞社会调查，一起看《焦点访谈》……我们一起讨论下岗分流、西部开发、腐败现象、庸俗文化……让他们在丰富多彩的活动中，了解自己生活在其中的神奇地球和多变世界，感受人世间的爱与恨，美与丑……

这一切都要用自己会看的眼睛、审美的眼睛，会听的耳朵去发现，始终保持一种不断发现的新鲜感、渴望与冲动。而且我还引导学生把看到的、听到的、感受到的社会现象和生活内容带入自己的课堂，写进自己的考卷，从而把个体的内在欲求转化为一种生命表现——精神产品。于是，智慧与创造就表现在学生的手指尖上：从他们自己动手编辑的四期《萌芽文集》《创造文集》到《焦点感悟》；从《先锋报》到《蒲公英》；从自己创编的童话故事、寓言故事到科幻故事……这一项项创造的奇迹，正是因为开放了课堂教学，他们才把生命中的潜在表现力尽情地释放了出来。

超越课堂，不光把语文从课堂延伸到学生的生活活动中，还要触及学生的心灵。在两个多月的时间里，我们开展了家长和孩子的心灵对话活动。一封封故事真实、感情真挚的家长来信，从《莘莘学子话艰辛》到《书的故事》，从《不堪回首的"文化大革命"》到《孩子，我正在看着你们呢》……他们讲述着自己的求学经历，少年生活，工作压力，下岗困惑，母子情深，父子隔阂……同学们觉得来信的家长虽然是事业的强者，人生的英雄，但又是活生生的普通人，他们不像电影小说中的人物那么遥远，而恰恰是自己最亲爱的爸爸妈妈。就这样，一封封学生《望星空》《苦难是人生的老师》《永恒的伴侣》等回信，带着滚烫的泪，含着浓浓的情传到家长的手里。且不说学生怎样情动辞发，妙笔生花，写作水平提高多少，单就精神世界的启迪而言，就是最好的自我教育。家长看后抑制不住内心的激动，又回信和孩子们交流自己的读后感。有的提出希望，有的提出建议，有的赞叹不止，甚至有的家长读着那些理解、支持、鼓励的信不知哭了多少回，还有的家长一篇一篇回味着孩子们给他的回信，并利用双休日把自己家亲戚的孩子叫到家里，把回信当作活教材教育孩子们。

这里特别要说的是王艺博的父亲——王宏。他写了13000多字。文中讲了自己满月时不幸得了小儿麻痹，5岁时随着父母下乡走"五七道路"受尽苦难。后来落实政策全家回城。好不容易恢复高考，他带着无限希望参加高考，居然超了35分，由于身体的缘故没有被录取，只好带着一线希望来到了市面粉厂工作。没想到工厂倒闭了，他只好下岗在家。在生活的重重打击下，他有好几次想自杀，但考虑到自己的儿子，自己的家庭，他顽强地支撑着。先后自学中文函授专科、本科，还学会了雕刻、画画。为了生存，为了家人，他拼命地学习着，以便用学到的本领创造财富，让儿子也能像别人家的孩子一样快乐。他在结尾写道："……身体的健全是父母赐予你最宝贵的财富，一定要用大脑好好地使用它们，千万别让你的双手闲着，双腿蜷着。"

有一天放学后，王宏拖着残疾的双腿走到我面前说："老师，你们搞的这项活动真好呀，您知道吗，我看到儿子回信中写的一句话：'爸，现在我觉得你比谁都伟大……'掉泪了。您发觉没有，这些年我从来没有去开过一次家长会，我儿子不让我去，怕我掉他的价，让他没面子。他妈妈的腿脚比我好，而且是医生。有时候在人多的地方他不喊我爸爸。可那天您念完信后，他一脸的泪水，并拿起抹布，把我开的小吃部的四个小餐桌都擦了一遍，而且还要早晨4点起来和我一起去买菜。老师，您哪是教孩子学语文，学作文，您是教孩子做人呐……"

家长来信虽然来自不同文化阶层，有不同的差异，孩子的回信虽然有不同的感悟，不同的见解，但，这真实和真情中有一种共同的道德力量，一种共同的精神力量。于是，他们自发编辑结集一本书——《发现父母》。相信这份精神礼物将成为他们人生历程中一座不朽的纪念丰碑。

六年级的下半年，我又开展了教师和学生的心灵对话。我给75个孩子写了75封心灵对白。根据每个学生的性格、特长、优缺点等用六年里发生的小故事进行叙说。从写给赵航平的《想念你优美的声音》到写给黄杉的《努力吧，石头会变成钻石》；从写给宋宇庭的《擦干眼泪你会变得更潇洒》到写给谢瑶的《你拥有比分数更重要的东西》。没有"政治思想""道德品质"等干巴巴的说教，只有柔声软语的鼓励和回味。学生以自己的爱回报了我的爱——从齐林的《让生命闪光》到工策远的《点亮一盏心灯》；从孟楠的《太阳每天都是新的》到《酒逢"知己"千杯少》，一封封纯真、感动、感激，甚至提建议和意见的信都化作了爱的翅膀，让我的心伴着幸福的泪飞翔。所有的感觉都沉淀成一句话："当老师，值！"省教委因此为我们出版了《和学生一起成长——一个老师和75名学生的心灵对话》。也许再过20年、30年，这本书的意义才能真正显现出来。正像我的学生讲的那样：老师，六年里2000多个日日夜夜，您不是站在人生的高峰上召唤我们，您是手拉着我们的手，肩并着我们的肩，和我们一起去经历风雨，欣赏彩虹，一起去攀登人生，一起去唱生命的同一首歌……当教师和学生，家长和孩子心灵交流的文字触及灵魂，化作满腔爱恋，直至升华到具备了人格引导力量的时候，我们的笔早已胜过千万把利剑和刀枪。相信，所有热爱学生、热爱人类、对事业负责的人一定明白，心灵对话的过程是一簇创新的火花，一道理想的光芒，一串记忆的珠宝，一种生命的提升，一次心灵的洗礼。

由此，在超越课堂的过程中，语言已经不只是作为交流情感和思想的工具，语言更是人的生存空间，生存条件，存在方式。学生的所有的生命运动都是语文学习的过程，只有在这样的语文学习中才能感受自然，发现社会，体悟人生。只有这样的语文学习，才能使他们的身心得到健全地发展，为他们的终身学习和精神成长奠定坚实的基础。

（三）尊重教师　超越教师

我认为，引导学生超越教师，实际上是教师自我的一种超越，是富有人格魅力和精神境界的行为表现；是自己成为不断学习、不断进步、不断创新的人，成为学生心目中一本百读不厌的大书的契机；是学生超越了自己的搀扶和点化后学会质疑、学会批判，最终让自己成为学生学习的伙伴的过程。

2000 年，与学生交流

那么，超越教师的理念，在提醒我们的语文教育是设式入围，还是独立自为？是"告诉"还是"唤醒"？是包办代替还是自我体验？教师和学生的真正关系应该是教学的相长，双方的互动。教师和学生作为生命的主体，共同生活在同一时代，同一时空，这种共时性、共进性决定了他们都是发展中的人。师道之尊，可以使学生学习、模仿，但绝不是不可超越的。教师应该放下架子，蹲下身子，与学生一起去探求真理，发现真理，创设真正平等的对话平台。

　　在这样的环境中鼓励学生有超越之胆，有敢于超越教师的精神；有超越之识，能够具有超越的能力；有超越之智，实现超越的成功。语文的学习应该寻找一种和孩子谈话的轻松，平等态度的亲切，心灵坦诚的和谐。语文绝对不是只依靠教师就能学好，而是自己从鲜活的文字中感悟到独特的情感，从平凡的生活中感悟到高尚的情操，从一个标准答案中体会一次独立的思考。教师要永远相信自己教给学生的和学生教给你的一样多。对于学生的成长来说，语文教学能成为教师和学生终生追求真善美的友人和伙伴，教师和学生在语文课堂中一道幸福成长，那才是真正的教育和理想的学习。

　　首先，让学生超越教师，就要让每个学生找到自己是好孩子的感觉。有了这种感觉，学生才敢和你无拘无束地交流，平等真诚地对话，才会真正可能实现超越教师的可能。这种感觉需要教师精神的浇灌。我常想，教师的笑是为了什么？是为了表演吗？不，教师的微笑只有一条，那就是唤起学生心灵的微笑。

　　经验早就告诉我们，任何一个孩子的心灵深处都有做好孩子的愿望，教师的使命就是强化这种愿望，呵护这种愿望。教育有一条简单明智的真理，那就是你向学生提出一条禁律，就要同时提出十条鼓励。教师的精神之爱要建立在尊重与信任的基础上，建立在宽容与乐观的期待上，存在于无言的感动中，人性的光辉里。只有这样，学生的心灵才会开出幸福、自信、坚韧、向上等多彩之花，从而排挤掉狭隘、自私、失败等杂草。不然，学生超越教师就只能成为遥远的神话。

　　其次，要学生超越教师，就要把思考、发现和批判的权力交给学生。就要给学生一个喜新厌旧的头脑，而不是让学生接受自己的答案。一个从小就不会用自己的脑子去分析思考和辨别批判的人，我们怎么能指望他去开拓、去创造？博学而笃志，切问而近思，这才是教育的真谛。

　　记得讲《我的战友邱少云》一课时，我想让学生心中永远树立邱少云这位著名战斗英雄的伟大形象。课文有一段话是"邱少云像千斤巨石一般趴在火堆里一动不动。烈火在他身上烧了半个多小时才渐渐熄灭。这个伟大的战士直到生命的最后一息，也没挪动一寸地方，没发出一声呻吟"。于是围绕这段话进行了精心设计。首先让学生画出最能表现邱少云精神的词语，在明白了"千斤巨石""一动不动"等词语后，我引导学生抓住"半个多小时"进行思考："烈火刚刚烧到邱少云身上的时候，他是怎么想的？""当他疼痛难忍的时候是怎么想的？""直到生命的最后一息时又是怎么想的?"学生受到感染和启发,有的说,邱少云想到了自己是军人一定要坚持;有的说,邱少云太伟大了,他一定在心里高喊:"祖国啊,永别了,妈妈啊,永别了!"有的说,为了战斗的胜利他一定会想,痛是痛,我不怕! 这正是考验我的时刻。正当我非常动情地准备和学生带着感情朗读这两句话时,有个学生却说话了。他说:"要是我的话,那非疼死我不可,我想,火刚开始烧的时候,他坚持住了,真是了不起,不过火烧到一半的时候他有可能就昏过去了,那么他后来什么也没有想。"又有一个学生说:"我不同意老师和同学的意见,我曾被水烫过,疼痛的滋味实在难忍,那么火烧的感觉会更难受。如果说他到生命的最后一息没动一下的话,他心里肯定没有想那么多,心里肯定只有一个念头:挺住挺住再挺住! 坚持坚持再坚持! 就是凭着任何力量无法动摇无法抗拒的意志,他坚持到了最后。"还有个学生说:"老师,我觉得你让我们猜邱少云心里是怎么想的不好。其实,我们一边读,一边想象当时的情景就会很感动的。本来读的时候想掉泪,可是一'想'就没有感情了。"还有的同学奇怪地质疑道:"邱少云他们是先遣部队,埋伏在离敌人很近的地方,大火在他身上燃烧了半个多小时,他身上带了子弹和手榴弹,那么,这些一点就着的易燃物品被烧了那么长时间,怎么没有爆炸呢?"一个悲壮的画面被学生们拆卸得"七零八落",学生的激情没有了,却变成了一个个困惑,一个个怀疑。我呆住了,面对英雄,老师会认为他们是神,并把成人的认识强加给学生,而在学生的眼里却是活生生的人,他们才不接受你的看法呢。的确,神是遥远缥缈的,而人的情感却是相近相通的。由此看来,靠老师是不够的,只有自己去想,去悟,才是最可靠的。

可见,超越教师的过程,不仅是体验自己学习所获得知识的过程,还是教师与学生思想碰撞和观点交锋的过程,也是独立思考,独立判断的过程,更是追求真实,探求真知,献身真理的过程。如果我们把陶行知先生的"先生最大快乐,是培养出自己值得崇拜的学生"作为思考教育、追求事业的目标的话;如果学生把古希腊亚里士多德的"吾爱吾师,吾更爱真理"当作思考未来、实践人生的金钥匙的话,这不能不说是教育的进步,人类的进步。

综上所述,超越教材,超越教师,超越课堂的过程就是教师和学生超越习惯,超越传统,超越自我体能的、知识的、智慧的极限,从而实现自我审美的过程,自我创造的过程。由此可见,为生命奠基的过程,就是自我超越的过程。

【反躬自省】

"反思"与"超越"是每个优秀教师所共有的品质，也是我一直以来的不懈追求。遥望最初"三个超越"的时代，一切历历在目，1994—2000年前后面对"少慢费差"的教学现状和学生主体地位的缺失，我立足于自己的班级大刀阔斧地展开了为时六年的语文教学改革实验。随后，2001年作为教育部更新教育观念讲师团成员之一，在人民大会堂做《为生命奠基——谈语文教改的三个超越》专题报告，并在《人民教育》全文刊发。随后，在不断地实践与自我反思的基础上加以丰富完善，形成了较为成熟的"三个超越"的理论思想——"学好教材，超越教材；立足课堂，超越课堂；尊重教师，超越教师"。

"三个超越"于我而言，是自我教育思想历程与专业成长路上不可抹去的印记，同时也凝结了我在教改初期探索的实践经验与理论总结，并为日后"主题教学"实践明确了方向，奠定了基础。这一思想的提出，是对当时小学语文教育方方面面的超越，在一时间激起了语文教育界的"千层浪"！

每个教师的专业成长都是不可复制，但其所蕴藏的教育经验却是可以借鉴的。就本章而言，最为我所珍视的是它以大量真实丰富的课例为支撑，质朴而鲜活地记录了本人教改初期所走过的实践"路径"，正是这些琐碎却真实的教育案例，为后来的教育者、研究者们提供了诸多可知可感的素材与经验。倘若没有了这些教育中的"只言片语"，没有这些课堂上的"生动再现"，没有我与学生间的种种探索尝试，"三个超越"便是无源之水。

"超越"从实践中来，更要回到实践中去。在将"超越"的思想落实在教育教学层面的过程中，笔者还是发现了很多问题。首先，超越教材——如何创造性地使用教材？如何让教材着眼于生命个体的发展，从学生的主体出发，尊重学生的理解与认知、发展与需求？其次，超越课堂——如何多渠道地开发和利用课程资源？如何，将语文引进社会，引向自然，引进生活，引向学生的心灵，整合古今中外大量语文资源"为我所用"？再者，超越教师——如何建构一种民主、平等、和谐的师生关系？让学生在尊重教师的基础上，超越教师，成为自己学习的主人，同时教师也应在"超越"与"自我超越"中，让自己从最初的课程实施者走向课程建构者？

面对教育改革的不断推进，"三个超越"理论及实践还存在诸多缺失与不足。因此，我带着更大的反思与诚意，在日后的"主题教学"研究中给予了更加系统地提升与回应，在教育的实践中不断地探索、反思、超越……

二、"三个超越"到"主题教学"

2000年，当我从一年级一直教完六年级的一个班后，继续兼课的我被任命为教学副校长。专业角色从教师转变到校长。这一转变对我来说是个超越，身上肩负的不仅是我的一群学生，还有一批教师的成长。我必须继续向外寻求力量与自信，而这也时时刻刻都在我的心灵深处。也许是一种"天命"，我必须带领教师朝着一个明确的目标前进。最后达成一个共同的目标，完成生命的拼图。我们每作一个抉择就好像加上一片拼图，于是一片片拼图组成了我们共同的愿景。这愿景就是我们的主题，有了研究的主题，我们就不是随意"超越"，拿到什么就拼什么，不是难以辨认的，晦涩的，没有整体的构图。于是这些年，我致力于带领教师实现"主题教学"下的"三个超越"。

（一）何为主题教学

何为主题教学？主题教学是在我上面提出的"三个超越"基础上的又一超越。近些年，我读了西方统整课程理论，又联想到比较文学中的母题研究，结合儿童自身特点和学习现状，以及课程单元，从教材自身建构，提出"主题教学"。从而在语文课程概念下，进一步从生命的层次，哲学的高度，重新全面认识课堂教学，着力于文与人、语言与精神的同构，整体构建课堂教学，以期更好地实现"三个超越"的一种思想。

何为主题？中国自古讲究"纲举目张"。说的就是主题。古人做文章讲"主题"，就是"确定主题"，指"命题""提纲""中心"之意。我们不妨还可以用英语的词意说明：theme，指"主旋律"、主干词；topic，指标题或旨意；purport，指意图、含义，偏重作者的主观意向；再就是subject，指主题、主体或主语。因此，我提出的"主题"，应该说是包括这四层意思。主题可以是外显的，也可以是暗含的、暗示的；

可以是文本本来确定的，也可以是提炼于文本，独立于作者的由师生"读"出来的，属于"含义""意义"的这些"词语"。因此，这不是我们平常所说的简单意义的词语，它一定与生命体验有关。总之，从哲学的高度归结起来，就是指那些属于"人生意义"的"词语"。到底"主题"是体现在某个词语上，还是某个句子中，甚或讲的就是通篇作品的主题——这都要根据文本的不同来确定。也许，通篇作品就只是一个符号，我们发现了这个符号，或者说教者创造出了一个符号来确定主题——以此培养学生对语言的一种敏感，一种感同身受的能力。不管怎样，主题教学就是要培养这种能力，即对这样一种"语词"的敏感力。

具体来讲，主题教学为更好地超越教材，超越课堂，以"积累、感悟、创造"为形式，由主题"牵一发"，"动"教材知识与能力体系的"全身"，即由"主题"，把那些散乱的"珍珠"串联起来，统整成一个"集成块"，由个及类，由类及理，个性与共性相融，从而形成立体的主题教学的整体效果。这里，我们不妨用周汝昌的话作比方，他说：我们常说意境，"意"就是要表达的情感与精神；"境"是描绘的景物或生活画面。意境是主观感情（意）和客观事物（境）的和谐统一。在平常教学中，学生由语言想象到"境"并不难，但要让学生由"境"生"意"却有难度，所以抓住这个"意"，就会迎刃而解。而这个"意"，不就是我们所说的主题吗？这正应了明代王夫之说"意犹帅也，无帅之兵，谓之乌合之众"。

2014年，荣获新中国成立六十五年
首届基础教育国家级教学成果一等奖

至于怎么提炼主题，怎么样使孩子能有这种敏感，这就是教师的本事。因而就要求教师从主题出发，着力提高学生的语文素养，积极引导学生关注生活和自我精神世界的构建，在充分体现母语教育的文化性与哲学性的同时，为学生的生命和精神成长奠基。

可见，主题教学实际上是对"超越教师"的理念提出了更高的专业要求。

首先，是境界的要求。教师不要把自己看作知识的权威，而应该看作是和学生具有平等地位的对话者。教师的心灵应该开放，随时保持倾听的姿态，随时准备做学生的学生。不要以为自己手中真理在握，而在无意中摆出了一种权威的姿态，扼杀了学生独立思想的欲望，以此实现真正的"课堂民主意义"。其次，是专业的要求，语文老师不能把自己仅仅看作是语文老师，不能把自己的知识视野局限在咬文嚼字和诗歌赏析等语文知识方面，还应该学习历史、哲学、美学等方面的知识。要在课堂教学中体现大语文的特点，老师在课外的阅读就必须打破学科界限。总之，教师捕捉主题，提炼主题的涓涓溪流，是要以他们的综合素养与文化背景作为源头活水的。

基于"三个超越"的主题教学，并不是主观臆断，或是为了追求时髦而提出的应景理念。这里既是继承，又是发展，它诞生于传统教学，但又发展了传统语文教育。要特别说明的是主题教学和传统教学不是对立的，更不是相互否定的。当然，传统教学低效高耗的现象的确存在，传统的课堂只有任务，没有灵魂。**我们的课堂必须打造有灵魂的教育——这是主题教学的时代标志**。和一些教学改革一样，主题教学在努力寻找"回家的路"。"家"在哪里？就在我们的母语之中，在我们对母语的亲近与熟悉之中。但这个"路"肯定不是陈旧的老路，所以既要返璞归真，又要与时俱进，着眼于儿童未来发展开展教学研究。即以"立人"为核心，以促进儿童的语言和精神共同成长为目标，从教材自身出发，整合各种阅读资源、生活资源和文化资源，进行一种开放而活泼的母语学习。从主题教学视野看，语文学习既要着眼于民族的未来，又要着眼于学生个体的发展，引领学生关注文化、亲近母语，通过体验与熏陶、理解与扬弃、鉴赏与反思，提升学生语文素养，夯实学生语言文化的根基。

简言之，主题教学通过确立主题，将"听说读写"训练、"人文性与工具性的统一"等都统整起来。主题教学有三个特征：一是丰富性：容量大、密度高、效果强；二是基础性：充分利用教材的"主题"组构、建构、整构教材，在扩大学生的阅读量时，关注学生阅读质量；三是发展性：教师既当"设计师"，又当"建筑师"，充当着母语课程资源的实施者和开发者的双重角色。可见，主题教学就是在更好地实现"三个超越"。

（二）如何确立主题

上文讲到，主题教学的"主题"是在教材中努力寻找和挖掘的哲学主题或文化主题。这些主题往往可以表现为一些"词语"，或者说一些"关键词"。所以，教师引导学生挖掘到那些连接着孩子精神世界、现实生活或者与历史典故、风土人情等有关的"词语"。这个"词语"是一个上位概念，不同于以往的思想教育主题、知识主题、写作主题……而是统领这样主题的主题。当然，多角度开掘主题时，既可以是人文词语，也可以是哲学词语，只要是儿童能接受的我们就兼收并蓄，大胆来用。就具体的每一篇课文来说，我们找到的这个"词语"可以看作是教材的"题眼"，或者说是"文眼"。即那些连接着孩子精神世界、现实生活或者与历史典故、风土人情等有关的"触发点""共振点""兴奋点"等。

由于小学教材有其自身浅显易懂的特点，因此，有的主题就是题目本身或者在题目当中；有的主题就在课文的中心句或重点句之中，等等。如果没有显见的"词语"，我们也是能读出"什么"的。那这个读出的"词语"就是教材的灵魂。如我们研讨过的《珍珠鸟》中的"信赖"，《圆明园的毁灭》中的"毁灭"，《秋天的怀念》中的"好好儿活"，《晏子使楚》中的"尊重"等，可见，这些词语来源于教材，又从教材中升华了其意义，教师围绕其进行主题教学的时候，这些词语就成了"课眼"即教学的核心。这样一来，教学中的"主题"就以"意义主题"为抓手，这就实现了对思想主题、知识主题、写作主题等内容的重新构造。因此，这样的"词语"已经不仅仅是积累或理解了一个词语，而是引发我们的思考，在学生未来的精神成长中起到启发、引领的作用。可见，主题教学中的主题与思想主题、知识主题等是相联系并超越的。（后文《主题教学的操作》中，专有《圆明园的毁灭》课例说明）

这些"词语"作为主题之后，有时在课堂上体现的是"线性"，纵深发展，把主题挖掘深入，既而升华主题对语文、对人生的认识。有些"词语"作为主题后，可以是"放射状"的，那就是由词语作一个"入口"，引导学生更多地思考、辩证地分析、看待事物，认识自我。有时，是两者结合，既要有钻进去的力量，又要有飞出来的激情。"主题"在教与学的双边活动中起着多重作用。那主题本身也就被拓展、深入和创新了。比如《珍珠鸟》一课的教学中，对于"信赖"主题的阐释我们就是在深入体会文本中"信赖"的基础上，结合自然与人类的关系，为"信赖"赋予了新的理解。"信赖"这一主题又被重新建构了。

总之，不管是单一主题、多维主题，还是由单一走向多维，由多维走向同构等，都是主题教学的应有之道。不管如何，主题教学努力站在一个高度，使教学从高处、大处着眼，让学生在潜移默化中受益。一系列的主题教学之后，这些"词语"就成了人生成长的必要"因子"，成为未来精神发展的一个个精神的"脚印"，一颗颗精神成长的"种子"。

好比鲁迅《狂人日记》中的狂人，翻开历史一看，虽然满眼所见尽是"仁义道德"，却读出了"吃人"二字。这就是"狂人"在那些"素有定评"的旧书中，读出的主题。鲁迅谈到《红楼梦》时曾说这部书："经学家看见易，道学家看见淫，才子看见缠绵，革命家看见排满，流言家看见宫闱秘事……"云雾中的《红楼梦》巍峨壮哉，读全篇你也只能窥其一斑。不过这是一部天书，与我们手中一篇篇独立的教材完全不同。也许你有这样的感受：学习一篇文章或一部作品时，首先感受到的是人世间的爱恨和冷暖，领悟到的是大自然万物轮回、生生不息的伟大，欣赏到的是社会历史进程中的神奇和悲欢……也就是说，首先吸引你的是文字中的精神滋养而不是那些语言表达形式。这些"片段"的文章也只是像《红楼梦》中的一点一滴的篇目。所以，每一篇文章相对有一个最基本的符合学生认知的主题，只不过教师要以此主题拓开深度与广度，引领学生向更多的主题方向上去思考。这一个个情感激荡起伏、发人深思的主题，如《朋友》中"朋友"的人性主题，《游园不值》中"不遇中有遇"的哲学主题，《再见了，亲人》中的"亲人"的亲情主题，以及表现对自然的关爱，对弱小的同情，对未来的希冀，对黑暗的恐惧等人文主题，就是一个个主题为学生打开的一扇扇门，种下的一颗颗种子。可见，主题内容的选择是多角度的，结构是灵活多样的。

或许有人觉得，低年级学生识字量少、阅读速度慢，是否适合采用主题教学？或者说教学主题在低年级如何提炼？

原则上来说，无主题不成课堂。可以是单一主题，可以是多种主题，我的课例主要选明显的单一主题。比如我教的低年级课文《落叶》。题目本身就是个主题，在低年级可以是物化的主题，到高年级就是"意象"的主题。就"落叶"的主题如何从低到高进一步落实，后文专有说明。当然，有的课堂由一"点"带"面"，有的不需要外显主题。确立主题时，要以教材为依据，要以孩子的自身特点为根本，还要教师恰到好处地从不同角度、不同层次选择补充辅助材料，帮助学生理解，深化既定主题，以求教学的高效。根据不同的年龄，低年级的教学确立主题时应相对感性、浅显些，而高年级的教学确立主题时应相对理性、深刻些。如果说在高年级主题教学明显，那么低年级教学同样具有"主题"性，只不过是"小主题"，像一个成语也许就是一个主题。寓言、童话等题材中的"内涵"呢，可以循着学生的认知水平和教材本身确定合适的主题。需要强调的是，任何研究都不是包治百病的灵药，切不可把主题教学作为解决所有语文教学的全部，有时候，我们可以借用前人的一些识字教学法，作为一种特殊的"主题"。比如，关于识字教学，我们暂且叫"主题教学下的识字教学"。在识字中，可以找到一个"阿里阿德涅"绒线团，教师送给学生一个会滚动的识字线团进入识字世界，然后又由"线团"引导走出识字的困境。这一方法，由着汉字的规律如"字理"识字等方法，也是一种朴素的识字教学法；又比如，以"独体字""集中识字""韵语识字"等话题为结构单元，这些"话题"都可作为特殊"主题"成为识字教学的一个"抓手"和提高课堂教学效率的"突破口"。当然，如何真正探索出主题识字教学，而不是把其他识字法当主题？我还要深入研究与探索。每一节课，我都在想，把我们的小学语文课堂打造成儿童精神主题的乐园，那该多美。

　　总之，就教材使用而言，学生在课堂上通过主题教学，获得的突破与喜悦的体验，及与他人视界的融合，将成为他们在学习过程中最值得珍藏的终极落点。

（三）主题教学的内涵

　　我把语文主题教学的内涵分为三个层面：第一个层面是指文本负载的言语方式、知识信息以及能力附加等；第二个层面是指母语文化系统包含的民族精神、风骨情操等人文底蕴；第三个层面是指个体的精神、理想、人格的生长与形成。相比之下，第一个层面是显性的，后两个层面是隐性的。不过，三个层面你中有我、我中有你，互相包容，交织在一起。由这三个层面，衍生出主题教学要建立的三对关系。

1. 整合——建立第一对关系：人和自然、社会

　　整合的目的是要把原来破碎分解的知识体系以及人文内涵统整成一个"集成块"，个性与共性相融，从而形成立体的主题内容。学生阅读同一主题下或发散主题下的系列话题，多角度获取信息，并在同一主题的语境中，得到审美教育和情感熏陶。

操场上与同学们游戏的情景

比如几年前的一个秋天，看到落叶满地，我便在一年级围绕"落叶"这一主题，设计系列主题教学内容：讲读课，整合几篇文章进行细致学习；作文课，捡地上的树叶进行"拔根儿"的说话游戏；综合实践课，选合适的落叶进行贴画写话的比赛，等等。下面就以课文为主，附带其他内容编创的"童话剧"为辅，举例说明。

主要课文内容是：

秋天到了，天气凉了。一片一片的树叶从树枝上落下来。

树叶落在地上，小虫爬过来，躲在里面，把它当作屋子。

树叶落在沟里，蚂蚁爬上去，坐在当中，把它当作船。

树叶落在河里，小鱼游过来，藏在底下，把它当作伞。

树叶落在院子里，燕子飞来看见了，低声说："电报来了，催我们赶快到南方去呢。"

教学伊始，我就创设情境，教师和学生扮演课文中的不同角色，采用文本、师生、生生对话的方式，抓住"爬、躲、藏、游、飞"这些表现小动物动作的词语，进行比较品味。然后再采用朗读的手段体会落叶给蚂蚁、燕子、小鱼、小虫带来的情趣。之后加入课外作品《秋姑娘的信》：

秋姑娘摘下片片枫叶，给她的好朋友们写信。
一封写给南去的大雁，让它们路上多加小心。
一封写给要冬眠的青蛙，盖好被子别着凉生病。
一封写给贪玩的松鼠，快准备好充足的食品。
再写一封给山村孩子，别忘了给小树裹上"冬衣"。

咦，树上的枫叶都到哪去了？
哈，全被秋姑娘写了信！

这一环节的目的，是让孩子们体会落叶的聪明能干——还能写信给冬眠的青蛙、贪玩的松鼠、南去的大雁、山里的孩子。最后和学生一起朗诵我编写的小诗：

春天来了，带着微笑，飞上树梢。
风吹过，哗啦啦，我们舞蹈。
风住了，静悄悄，我们思考。
放假了，乘着风儿，带上奖状，回到大地的怀抱。
小虫的屋子，蚂蚁的小船，鱼儿的大伞，燕子的电报……
啊，大地，亲爱的妈妈！在你的怀里，我们好好睡觉。

这样，用描写落叶的童话、诗歌组合进行教学，孩子们认识的落叶就人性化了、立体化了：这落叶，在春天，带着微笑飞上树梢；夏天，风吹来她们舞蹈，风住了，她们思考；秋天，她们就带着奖状落到大地。蚂蚁的屋子，小鱼的大伞，燕子的电报，还有给青蛙、松鼠、大雁的信……都成了落叶的创造。就这样，落叶带着快乐回到了妈妈的怀抱，静静地睡去。来年，落叶还会继续当屋子、做小船、拍电报、写封信……语文教学的重要任务之一，不就是要让学生能够诗意地欣赏我们周遭的一切吗？

当然，对于主题教学中"主题"的把握，一定要注意层次性，要根据学生的年龄特点来确定。就是说，主题的内涵和外延，一定要根据孩子不同的年级，不同的年龄，让孩子得到相应的感受。一个一年级的小朋友，所认知的内容，是不能和高年级的学生相同的。

因此，这又涉及一个主题教材编排体系的序列问题——应该随着孩子年龄的不断增长，同一教材主题的内涵和外延也不断螺旋上升。这是编者必须要考虑的。而不是这个年级一个主题，下一个年级就不用"继续"探讨了。不同的主题之间也不是割裂的。从主题本身来讲，可以大而化之，可以小而化之。有时，每一个大的主题里也应该含有与之相关的小主题。一个个小的主题，也许是一节课落实的"点"，有时这个"点"需要一个星期落实；有时像植一棵"小树苗"需要几年的成长，甚至一辈子感悟。

就拿上面讲的"落叶"来说，其本身的主题内涵特别丰富，但却不能在刚入学的一年级小朋友里"揠苗助长"。因此，对小学一年级的孩子，定位要低，让"落叶"这一主题富有"情趣"，当作大自然给小朋友的最好的"贺卡"，适当暗含"四季轮回"的哲理。

如果在中年级，我想，我们可以从"物质"价值的角度出发，围绕这个主题进行"落叶的形状"——如手掌形的，羽状形的，椭圆形的等研究。还可以进一步引领孩子探讨"落叶"的色彩为什么会不同，为什么会从树上落下。当然，"哪些作为药材""为什么会变成肥料"等课题也会在孩子间开展研究的。最后写成的研究报告，就是很好的作文。随着年级的升高，我们还可以继续提升，比如，"落叶"后面隐含着的，面对人生打击所带来的"寂寥萧瑟"甚至"悲凉痛苦"，我们应当如何取舍的人生态度。这时，我们就可以让学生学习这样的文章。如屈原的——"嫋嫋兮秋风，洞庭波兮木叶下"；如王勃的"长江悲已滞，万里念将归。况属高风晚，山山黄叶飞"；再比如鲁迅的《秋夜》中"在我的后园，可以看见墙外有两株树，一株是枣树，还有一株也是枣树……枣树，它们简直落尽了叶子"，以及他在病重期间写的《腊叶》的感叹。透过文字，再把这些不同年代、不同特点的作者作品，放在同一个时空进行讨论，一定别开生面。

如果再往上走，我们还可以从"落叶"的主题中反映人如落叶的一种"归宿"。于是，我们可以读日本作家东山魁夷的《一片树叶》。一夜坠地绝不是毫无意义的，正是这片片黄叶，换来了整个大树的盎然生机，这一片树叶的诞生和消亡，正标志着生命在四季里的不停转化。同样，人也是自然的一部分，始于土地，归于土地。当你生命渐尽，行将回归大地的时候，你应当感到庆幸——也许，这就是那片落叶向我们娓娓道来的生死轮回的真谛——高年级感受的这些，回忆童年学过的《落叶》，尽管是童话，但想起老师当年下课前的那段话，仿佛有时空隧道搭建起了精神成长的桥梁，于是学生轻松"行走"过来。如果继续往高年级走，我们还可以以"落叶"作为一种精神主题——"世界上没有相同的叶子"，参差多态，各有风貌，又是一个主题可以研究的。这又和当年研究叶子的形状的内容有了链接，并提升到哲学层面。

2. 积累——建立第二对关系：人和母语文化

如果说整合是为了学生在建立正确的人与自然、社会关系的基础上，分辨自然人和社会人异同的话，积累则是在建立人和母语文化的关系的基础上，逐渐学会分辨本民族文化和其他民族文化的异同。也就是说，主题教学除了让学生积累语文知识，还要让学生学会尊重地域文化和母语文化。教学内容应尽可能以母语和世界文学精品为主要内容，体现国家、民族的精神。唯其如此，在语文学习的过程中，语言才不只是学生交流情感和思想的工具，更是学生的心灵家园。

主题教学好比一个背景。这个背景既包括母语文化和世界文化这个巨大的"场"，也包括母语文化的承继、世界文化的吸纳，还包括每个孩子成长的精神环境。

小学阶段是个体开始体认人的社会意义和价值过程的重要阶段，教师一定要引领学生获得情感体验、生活经验等，丰富人生的涵养。而有限的教材是远远无法满足这一需要的。所以我一再呼吁要超越教材。但是，怎样让学生在学习科目繁多、学习压力巨大的前提下，还能有兴趣、有机会投入母语文化的怀抱呢？这是我们必须思考的问题。

譬如，对于我国古代诗词的积累，以前我只注重积累的量，并没有过多考虑怎样才更有效。如果利用大主题来建构，如按照四季、地域、风俗等分别组合成"山水""离别""节日"等主题系列诗歌，学生学习起来就会轻松许多，并学会对比与区分。那些经过一代又一代生命参与的诗词精品，被统整之后，获得的一定是广阔丰富的资源。

母语教育强调文化背景的渲染。主题教学的过程就如同置身于一幅伟大作品的背景或者框架中，整体把握、螺旋渐进，让学生积累包括语言材料、篇章样式、人生体验、思想情感等方面的内容，这样，学生知识和情感的大厦或者母语文化的画面主体，就会一点一点地被描绘出来，从而利用主题，在超越教材、超越课堂、超越教师的过程中，完成一幅壮美深远的教育理想的图画。

3. 自省——建立第三对关系：自我的确立

如果说积累是强调对于文化的认同和传承，那么主题教学中的另一个层面是自省（自我的确立），就是强调对于个体人格或个性的养成。努力让所有孩子拥有个性化的精神世界，是语文教学追求的重要目标。

我的基本立场是，不是在教学中造就学生的思想，而是学生个人的思想从课堂学习中汲取营养，从而成长，由种子到大树，到开出花并结出属于自己的果实。因此，主题教学也是学生的灵魂汲取自身成长所需养料的过程。它不是把学生的语文学习视为一元思想的灌输，而是引导每个学生在获得对主题思想的基本认同的前提下，又根据自己的个性及经历产生不同的感受，走上知识积累和精神成长的跑道，并最终建立起属于自己的丰满而充满活力的人生。

我在以"亲人"为主题的课堂教学中，以同一个作者魏巍的《再见了，亲人》为主讲教材，结合现实生活，补充丰富的语文资料。跨越时代，跨越国籍，跨越自己，从不同的角度，不同的侧面，探讨对亲人的理解。教学时，从会意字"亲"入手，想象"树木高高立，枝壮叶儿绿；父母和子女，就像叶连枝"，领会亲人之血脉相连。然后引导学生从抗洪抢险的战士、抗战"非典"的白衣天使以及"感动中国的年度人物"身上体会毕竟是同一个祖先同一个民族，华夏儿女的亲人之爱，血浓于水。当对"亲人"层层铺垫后，接着重点引导学生跨越国界，放眼世界，学习《再见了，亲人》，体会其中爱的奔流与燃烧，人间至贵的爱的轰轰烈烈。结尾时再回到魏巍的《我的老师》中平平淡淡的爱。最后，我推荐几本表现各种亲情的书给学生，如《爱的教育》《马燕日记》《我们仨》《鸟奴》《红奶羊》《一只猎雕的遭遇》《独耳大鹿》《雁王》和《消失的野犬》等。

我想，这小小的课堂是不可能把"亲人"的主题讨论得全面而透彻的，重要的是经由这"亲人"的码头，驶向爱的海洋，由此，学生引发开去，让他们带着对"亲人"的体悟去感受更为博大的亲情。我相信，在这堂课中学生学会的不仅仅是感动，更重要的是这份感动将会内化为他们的力量，去学会爱。

这样，主题教学就在个体人格建构过程中起到了应有的作用：学生知识积累多了，眼界开阔多了，思想认识自然就变得深刻起来，进而产生思想的交锋、观点的碰撞，丰富自己的心灵，深化自己的认识，开掘自己的智慧。

围绕特定主题进行的教学，就像一曲优美的充满了生命张力的主旋律，而与之交融一体的语文知识与能力，好比长号、短号，各种小提琴等组成的乐队，为了一个共同的"主题"，不再是寂寞无声，也不再是脆弱的断续的音符，而是沿着共同的乐章，演奏出富有生命体验的语文教育交响乐。

因此，教师首先是要落实主题教学的内容和主题教学的环节，事先收集相关资源，并花心思、下功夫创意教学流程。另外，在主题单元学习的最开始，教师就要将整个单元的内容、计划、目的、学习时间以及将要进行的主要活动通盘考虑，全面规划，特别是主题的择取和确定是最核心的环节。当然还有包括教学的设计、教材的整合、方法的选择等，都需要细致策划。教师甚至可以把"创意"全盘托给学生，和学生一起拟订方案，目的是围绕"主题教学"，关注人的发展，为师生间和谐发展、共同成长提供条件；关注学生的个体差异，为学生提供积极主动的活动保证，促使课堂多向、多种类型信息的交流和反馈。

通过"整合""积累"与"自省"三个层面的分析说明，意在强调主题教学的立体化。主题教学好比一棵树。柳树枝条各自摆动是一种美，杉树的美在于高耸入云的树干。主题教学的发展是柳枝低垂的各自摆动，还是杉树的笔直向上的姿态？答案显而易见。那么，在杉树这有机的整体中，这三个层面就好比主题教学这棵大树的树根、树干以及枝叶。试想，缺少哪一部分，都不能成为生命的参天大树，只有可能是杂草丛生。因此，每个"部分"都要起着不同的，而且是必须的作用，这样，主题教学之树才能根扎得深，干长得壮，叶润得茂。

（四）主题教学的操作

主题教学基本操作框架是什么呢？

我们说，主题教学根植于儿童，根植于教育，根植于母语，根植于生活。我们的生活就是由一个个的主题构成，那教学的一个个主题，就构成了学生人生的主题。这主题也成了一种民族精神和民族思想的载体。我们常说，家要像个家，学校要像个学校，语文课要像个语文课，这不就是活生生的主题吗？

与同学们一起讨论主题实践活动方案

主题教学的静态模式是"文字—图像—符号"，基本操作框架是：生活切入—探究文本—比较拓展—升华自我。这是个开放的框架，你中有我，我中有你，各有侧重，教学流程呈螺旋式上升。教师可以根据教材提供的主题单元，也可以依据自己建构的主题单元，挖掘教材自身的主题内涵，结合相关的语文知识灵活地规划、实施教学即"文字"。既然从儿童学习出发，就需要建构主题情境即"图像"，在一定的主题统领下实现高效的认知活动。如教学《村居》时，我细心研读《语文课程标准》，并结合自身解读文本的意义，然后形成具有个人体验的解读，即教者走进教材，悉心揣摩文本，体悟作者的意图即"符号"，也就是说要给作者以最大的尊重；然后联系生活，思考教材与时代的联系，探知新的生活走向；最后回归"自我"，走进课堂，根据学生的认知引导学生与文本对话，进行"文字、文学、文化"的三层次教学——由浅入深，从而实践性地、创造性地完成课堂"运思"。

经过实践，我发现，如果一段时间内围绕一个主题来展开教学，孩子所使用的材料和词汇就会强化这个主题。从语言学的角度看——对语言的发展是有好处的；从思维方式看——围绕一个主题内容深入下去，会让学生走向深入，思想的深度会加强。我们知道，孩子的思维分散快，主题教学就可以避免这个问题的存在。如果学生围绕一个命题，从不同的侧面分析，就会立体认识主题。从而丰富多维地认识人生。

比如在教学《葡萄沟》的时候，学生体会到这是维吾尔族生活的好地方。到此，我们不能浅尝辄止，因为这只是祖国西北一隅。我们可以围绕"家乡"建构——引入《小镇的早晨》，来体会江南小镇的宁静与热闹，悠闲与紧张；加入南国的《海滨小城》，去感受那里的海风与沙滩……

最后，引导学生认识到——不同的地域养育了不同的人，造就了不同的环境，成了属于他们生命印记的"家乡"——乡音、乡情。

试想，当学生把这些散乱的"课文"组合成"家乡"这个主题进行学习的时候，我们的孩子得到的是整体的认识和升华，不是小黑熊掰玉米——掰一棒丢一棒，而是通过一个一个侧面的认识，堆积成对"家乡"的整体认识。随着年龄的增长——将来离开故乡，离开祖国的时候，"家乡"已经成为一种割舍不断的乡愁。

可见，上面的例子说明"生活切入"及"比较拓展"环节是极其重要的。

有人说，教师抓"主题"，好像忽视了"语文"本身的知识体系，以及能力体系。其实，语文活动必须通过言语实践活动来实现。在特定的主题情境中，可以在一定时间内，围绕语文实践活动来展开。主题抓好了，就更好地抓住了"言语"，而绝对不会否定和淡化知识体系。也就是说，这些富有人生意义的"主题"鲜明一些，成了"明线"。暗线在主题和情境背后，遵循了知识和技能的相对性和完整性。通过一个主题延伸开去，引发开去——大量的言语实践活动提高语言素养——是螺旋发展的过程。

再谈谈"升华自我"。我们以往一说"主题"，就想当然认为是课文要表现的"主题思想"。无论是过去还是现在，在有些教材中，这种主题思想教参中已经给归纳好了，但是这种归纳往往并不能真正表达课文的主要意义，甚至跟孩子阅读这篇课文的感受相去甚远，影响孩子主动地进行个性化学习。

就课文《圆明园的毁灭》来说，大多数教师会把教参中的"表达了对帝国主义的憎恨，要雪我国耻、振兴中华"当作教学这篇文章的主题。结果，教师在教学中，就落脚在这一点上。最后学生高喊口号，停留在对帝国主义的"恨"上就结束了。实际上，这篇课文的主题可以围绕"毁灭"进行教学。如果这样定位，我们的教学就会围绕"毁灭"做文章——"圆明园毁灭的究竟是什么""必须毁灭的是什么""永远也毁灭不了的是什么"——这样，文章就不仅仅停留在狭隘的爱恨情仇上，而是留给学生深深的思考。

特别是文学作品，主要是传达某种感情、态度和意境，它内在蕴含的思想并不是单一的，而是丰富的复杂的，有时还是矛盾的。在这种情况下，硬要给它归纳一个思想主题，实际上是对作品生命的阉割，而这种强加给学生的"主题思想"，还要让学生背下来，作为考试的重要部分，这是孩子厌学语文的重要原因之一。

可见，主题绝对不是单纯的思想主题，它的主题不仅仅是"爱国主义""环境保护"等思想教育，它的核心是"文化"，而且最终应当上升到哲学意义的层面。这样就提高了学生认识，提升了课堂境界，进入"升华自我"的阶段。可见，主题教学的操作框架是以最终让学生自身言语与精神发展为要旨的。要注意的是，有些文章或书籍不要一味用单一"主题"加以限制。强调对文学作品的整体感悟、品味，不等于一味要求认准一方面主题。正如"一千个读者就有一千个哈姆雷特"。有些主题的模糊和多维也是存在的。只是我们要根据教材、学生抓住一项显性的、重要的、切合的"主题"，而不是只要其一，其他全部抛弃。

当然，由于文章体裁不同，也要有不同处理，不是什么都可以进行任意发挥和想象的。把文学作品当作写实作品，这样是不合适的。比如童话、神话等。

教学的时候，首先要分清是什么体裁。寓言、童话、散文等，在教学中运用主题进行课堂建构的时候，需要因材而异。比如《愚公移山》是一篇寓言。这里的主题就是反映一种精神。我们也不能无限扩大或者改变主题：比如，学生说的，"愚公真是愚蠢，如果绕道搬到山的那一边不就解决问题了嘛，干嘛还费那么大的劲儿，让自己，让儿子，甚至让孙子不停地'移山'？"由此，主题的意义就改变了寓言本身的主旨。这是不合适的。

再比如《狐狸和乌鸦》，如果任意想象，可以"发散"许多。有的说乌鸦的聪明，有的说"做买卖要学乌鸦"，还有的说，你要得到一种东西，要学习狐狸说好话，这样就能得到你喜欢的东西。这也是不合适的。因此，教师教学时一定要把握好文本的内在主题规定性。

主题教学的操作框架是相对于课堂整体来确定的模式，没有规矩不成方圆。但具体到一个个小的课堂中，有的只体现一个或两个环节，并不是要求面面俱到的。总之，教学一定要适文而定。

【反躬自省】

作为一个从实践中走出来的语文教育者，要研究课，但不能将研究仅仅停留在一节又一节课的积累上。这一小节内容，是当时的我在实践的基础上，对主题教学的基本概念、内涵、特征以及操作模式等的初步探索。当时的研究，基于"三个超越"的理念，注重了与儿童的生活、生命链接，特别是与儿童精神成长链接，体现了整合的思维，可以说，今天主题教学的核心概念在当时的研究中已然初见眉目。

虽然这一节探索和思考为当下主题教学的发展提供了丰富和鲜活的经验，但是今天回看，仍发现当时的研究更多地停留在基于课堂教学的课例研究的层面上，缺少学理上的科学论证和表述。对于从课堂走出来的教师，自觉地加强自身的理论修养就显得很重要，这样自己的课堂才可能走得更远。于是我带着自己对主题教学的思考，读了东北师范大学的博士。读博期间经过系统的思考和研究，我对于主题教学的基本内涵和核心实质的界定越来越清晰，并且对于主题教学的理论依据、基本特征、分类、独特价值也进行了系统的提炼归纳，这在我的博士论文《小学语文主题教学研究》进行了系统阐述，并在后面的章节详细阐述。

2014 年 9 月 9 日，我带领团队实践研究的"小学语文主题教学实践研究"荣获新中国成立以来首届基础教育国家级教学成果一等奖，这一天我在人民大会堂得到了习近平、李克强等国家领导人的接见与祝贺。2014 年 11 月 29 日，我参加了由吴康宁教授任答辩组长的博士论文答辩会，历时 1 小时，回答了 5 位专家提出的 15 个问题，专家们给出了高度肯定的评审意见："论文中凝练的关于小学语文主题教学的相关理论具有创新性，独到的实践范式为改革我国的小学语文教学提供了一条新的路径。论文研究主旨明确，内容中心突出，写作思路清晰，框架结构合理，语言流畅，引文翔实，结论对小学语文教学有借鉴价值……"并获得"优秀博士论文"。而这一系列荣誉的取得，离不开当年扎根于一线的经历与深入的思考。

三、主题教学的分项实践及推展

我希望，让我的研究流泻出自己对人生、对教育理解的思想小河，从此把我带到心仪之所，进行自愿的人生劳作。

——朱小蔓

　　我们常被问及"你们学校的办学目标是什么？"回答往往是"给学生提供良好的教育"。这个"良好"如何保证与量化？这就要求教学领导者目标明确、思路清晰，有实践能力，有思考高度。

2015 年 5 月 8 日语文主题教学国家奖成果推广会

　　就像前面说的那样，作为特级教师以及教学副校长，我有责任带领教师走上一条大家都比较认同的"价值取向"的路来实现教师的自我价值。不是搞团体行动，而是力图通过自己的思想引领一批人，影响一批人。语文教师不是被动的旁观者、接受者，而是参与者，或者说，允许教师有自己的研究特色，可通过主题教学更好地丰富自己的教学思想。作为领头羊，我应努力超越目力所及的表面，和教师主动建构共同的研究方向。一句话，我必须提供有效的引领理念和有价值的教学策略。

　　思想决定行动。但将这种思考带入工作时，我发现：理念的意义是无法通过简单的手段直接传递的。只有一点一点地，慢慢地把理念变成了行动，才能让我们的课堂行走有了"主题"。于是，我们会理清一些头绪——当学校的工作千头万绪时，与其马马虎虎做许多事，不如认认真真做好一件事。

　　"深智一物，众隐皆变"——近六年的耕耘，回顾与老师们一同的经历，我们已有了"灯火阑珊处"的感悟，那就是立足基础教育中最重要，也是最基本的占任课教师半数以上的语文学科，以受语文教师普遍称慕的"主题教学"为突破口。

必须靠"思想"的带动，还要尽量"躲到教师后面去"，同时，把这一过程当作带动教师成长的管理艺术——"挖掘才华的艺术""组织才华的艺术"。可以说，使老师们在百花齐放、各领风骚的同时，殊途同归的教学基本理念始终围绕主题教学展开。也许，正因"主题教学"具有这样登高一呼、众人一心的引领作用，于是以它作为突破口的语文教学研究就水到渠成。

（一）主题教学质量目标的确定

"语文模模糊糊一大片"，字、词、句、段、篇；诗、词、散文、文言等各种文本五花八门。如何在纷繁复杂的语文海洋中梳理出一条线来？让教的人和学的人能获得最基本的质量保证？在我的组织下，教师们根据多年的经验与思考，出台了质量目标——"一手好字、一副好口才、一篇好文章"。

这是一种文学表达，但恰恰是这种表达，使我们能够基本懂得语文学习的知识与能力的落脚点。兴奋之余又想，小学阶段的六年，怎样循序渐进，一个学期、一个学期的把这三个目标细化，落实到不同年龄段中的学生心里？于是组织教师静下心来，一遍遍研读12本教材，明确教材的知识体系，编排特点，结合语文课程标准，同时还要根据主题教学的自身特点，进行规划与细化。规划规范了整个六年的语文质量体系，细致细化了年段的质量目标。

"身先士卒""躬行于道"，不让教师感觉到理念的高高在上，而是全身心地与老师们一同参与。于是教师们的研究热情被调动了起来，花了大量时间、集中精力，一起废寝忘食研究这三项目标如何落实的策略。两年内，先后进行了小范围的试点、改进、完善，到全校的整体推动。

当然，原则是"规定动作要不折不扣，自选动作要有声有色"。就拿"一手好字"来说，包括"识字、写字、多音字、书写习惯"的内容，而且要有"检查措施"，及每个月的具体安排。

"一副好口才"分为"听"与"说"两部分。每一项根据年级特点也都有详细的要求。比如"说"的部分，每个学年，一年内，要求"会讲10个故事""会背诵50首诗词"等，实施策略也有具体切实可行的方案。"一篇好文章"包括"主题阅读"与"主题作文"。规定本学期必读书目，必须积累的格言警句，以及作文方面必须达到的目标，等等。总之，三个目标都一应俱全地"规划"出来。

这样下来，教师就可以很好地按教学计划进行教学。教者心中有数，开学后发给家长和学生，教学就有的放矢了。现在看着这 12 本每个学期的规划，收获是沉甸甸的。

在实践中我们还发现，语文教学的规划是一把尺，它是评价的标准，避免教学中的盲目性与随意性。规划是一面镜，它是每一节课设计的依据，对于家长、学生，是个"宝贝"——学习的目标与努力的方向。

"参差多态，乃幸福本源"。但，从质量的角度，参差多态的侧面或个性，须放在一幅整体的框架中，形成一幅美丽的风景图画——这框架就是主题教学下彼此的认同、理解而达成的共同质量目标。因此，这里的"幸福"须体现在"和谐""统一"的质量保障上。语文质量目标的确定，使学校对于语文学科的教学质量管理清楚、实施得力、检查有据，教师的教与学生的学，在这样的保障之下，不知不觉中规范起来。

四年级下学期"一手好字"的规划要求（北师大版）

教学目标

识字：

1. 学期认读新字 201 个（书后《认字表》），能读准字音，认清字形。

2. 会写 183 个新字（见书后《写字表》），能读准字音。

3. 学生依据前面学过的识字方法自主识字。

4. 能比较熟练地使用工具书学习生字，能独立识字。

写字：

1. 书后生字连同在书内组成词语必会，重点抓两个生字组成的词语要写好。

2. 巩固学生的已经形成的良好的书写习惯，笔画规范，字迹清晰，字体大方，学会使用修改符号。

3. 使用硬笔（钢笔、签字笔）写字，有一定的速度，抄写汉字每分钟不少于 15 个字，字迹工整。错字率低于 2%。

4. 本册必会的生字带出的重点词语：

袁竭　柴扉　贪婪　奖章　跋涉　蜿蜒　垃圾

吓唬　骆驼　杀菌　葡萄　俘虏　颠簸　彼此

湛蓝　抉择　积蓄　庄稼　缔造　开拓　骚扰

繁荣昌盛　衣衫褴褛　山崩地裂　无动于衷　肺腑之言

多音字：

在认字表中共有3个多音字"和、给、荷"要求会按不同的读音组词。

习惯：

1. 写字时注意手离笔尖一寸远，眼离书本一尺远，身体离桌一拳远。

2. 写铅笔字要做到卷面干净，用钢笔要做到书写认真，尽量一笔即成，字的结构要合理。

3. 用钢笔之后要求学生不能用涂改液，必须使用修改符号。练习钢笔字争取做到不涂抹，有一定的速度，字迹工整。

月份安排

三月：听写过关

操作流程：把本册书前三单元的词语整理，印发给学生，自己复习。书写比较突出的作为展品在年级展览。

评价标准：字完全正确，或错字不超过2个的，书写工整的为优等。错字超过2个但少于5个，书写工整的为良。错字超过5个，但书写工整的为达标。

四月：书法展览

操作流程：讲书法比赛的目的，提供统一格式的作品纸，选择教材的内容，班级内展览作品，并选出书法小明星。

评价标准：书写正确、工整，整体感觉有"字体"的可以评为书写小明星。

五月：修改错别字比赛

操作流程：从语文作业中挑选易错的字，上交到年级组长，由年级组长整理，将出现频率较高的错字，以修改错字的形式，整理成一篇练习，印发给学生，班级安排时间练习。

评价标准：书写工整错误少于4个字的为优等，8个字为良，8个字以上为待达标。

六月：作业展览

操作流程：确定本年级的各种语文作业，学生出示于自己的桌面上，全年级在班会时间参观全年级每个同学的作业，找自己的问题，弥补不足。

评价标准：作业正确率要高，书写要工整，鼓励个性化作业。

七月：百字比赛

操作流程：整理本册书中比较重点且常用的词语，印发给学生，带领学生复习，强调复习方法，记住字形，注意书写工整。

评价标准：采用看拼音写汉字的形式。字完全正确，或错字不超过 2 个的，书写工整的为优等。错字超过 2 个但少于 4 个，书写工整的为良。错字超过 4 个，但书写工整的为达标。

（二）主题教学探索的三条路径

落实规划永远比制定规划重要。分析教师们的各自特长，我们为每位教师量身定做了发展规划，此规划依托彼规划，目的是使老师们在研究中成长，以推动主题教学的发展。擅长语言表达的老师，重点研究讲读课；喜爱写作的老师，侧重研究作文教学；对阅读有经验的老师，着重研究阅读教学。态度决定一切，当教师们找到自己的生长点，兴趣被点燃时，其创造力是巨大的。当然这里也蕴含着引领者必须以人为本的情怀。因此，主题教学的发展与教师的成长联系在一起，在总的学科规划基础之上，又制定了分项规划，"主题讲读、主题作文、主题阅读"。

1. 主题讲读

例如，2006 年度的研究主题，以"古诗、古文、古代故事"这一题材为主，探索其教学规律。我亲自挂帅，领路先行。然后要求年级组教师就一个个小主题进行研究。比如就"古诗"内容进行有效的集体备课，试讲中发现问题及时调整，组内其他教师再讲，再集体评议等。

我先后讲了《晏子使楚》《游园不值》《村居》，在此基础上老师们分别上了《田忌赛马》《和氏献璧》《南辕北辙》《孔子和学生》《欲速则不达》《蜀僧》《丝绸之路》《草船借箭》《江畔独步寻花》等 60 多节研究课。这类题材研究，首先走进文本回到历史，寻古人的路解读文本；其次让文本内容与现代生活链接；最后回到学生自我本身。比如我们在研究《丝绸之路》这课时，恰逢央视播出"新丝绸之路"，引导学生思考，新旧丝绸之路有什么相同与不同？假如当时没有张骞，会不会没有这条"丝绸之路"？今天，我们还用张骞那样"走"这条路吗？这条路究竟和我们今天有什么关系？当我们一个问题一个问题追问下去的时候，也就是学生不断与自我对话的时候。这恰恰应了曹文轩先生说的："我和故事一起出生一起成长。"

"主题讲读教学"的研究比较长，也比较深入，可参看后文"我的课堂主题"中的课例，这里就不再详细说明。总之，这样一路研究下来，我们掌握了这类文章学习规律。我们深深感到，教学活动的引领与管理，不是在挖一个坑，种一畦菜，然后荒废，而是努力想打一口井，期望能深入井底，最终喷涌出汩汩泉水。

2. 主题作文

什么是主题作文？即围绕一定的主题（作文教学中的题眼，同讲读课中的文眼，这里不再赘述），充分重视个体情感表达，通过知识、生活、情感的积淀，在重过程的积累生成中，让语言在这些因素的诱发下自然生成，解放人的精神和心灵，把写作主体潜在的想象力、创造力和表现力，即鲜活而强悍的"生命力"都尽情地释放出来。为此，要依据教材，又要改变根据教师或教材的要求来生成语言的作文教学方法，让作文教学回归自然，回到生活。实现整体构建开放性作文教学课程。让学生的表达，如清冽的甘泉般透亮，充满生命力。让言语自然生成，成就一篇篇真实的作文。

主题作文与我们研究的主题讲读教学是一脉相承的。即主题作文的视野，也要着眼于民族的未来，尊重学生个体的发展，引领学生关注知识、关注文化、关注生活、注重情感体验，使得作文水平在与之精神相通的主题积累中获得质的提升，从而夯实学生表达的根基。因此，我们说主题作文的宗旨，就是关注作文与做人，就是关注学生精神生命的成长，提升学生生命的质量。比如抓"感动""理解""热爱"等主题，表达内在情感的过程，就是主题教学。

既然，从课程体系出发，那么，如何制定主题作文研究规划？为了使主题作文研究更有实效性，学期初，学校、年级组、教师个人都要制定出研究规划，我们还以 2006 年为例，确定"节日"为大单元主题，包括学期总目标、各个小主题、写作训练点、实施措施、主题积累、作文评价。

教师每人确定一个与主题作文教学有关的小课题进行主题作文研究。如构建以"节日"为大单元主题的综合实践活动与小学作文教学的研究；口语交际与主题作文研究；主题作文教学模式研究；如何在主题作文中体现温度、广度、深度，通过梯度达到高度的研究（可以从这样的角度思考探索：温度是兴趣引领，情感带动；广度是积累相关内容，大量阅读；深度是主题的挖掘研究）；主题作文的评价研究，等等。

如构建以"节日"为大单元主题的综合实践活动与小学作文教学的研究，一方面由学生挖掘有哪些值得纪念的节日、纪念日，并安排学生制作演示文稿，讲解节日、纪念日的来历、意义、传说故事等。另一方面有意去创设一种情境，策划一个节日纪念日活动，制造一个节日氛围。除了这些主题实践活动，每节作文课围绕其中一个主题进行作文指导。比如，节日里，孩子们开展各种活动，其中就有围绕"怀念""尊重"等主题开展的作文写作，表达个人情感、精神……总之，以"节日"为大单元主题的作文指导，获得以下收获。

（1）益于积累。收集与节日、纪念日有关的图片，描写词语、古诗、现代诗、儿童诗、名言警句等。不同的节日让学生感受不同的文化或不同的情感体验。

（2）多维指导。有足够的积累之后，教师指导学生，从多角度拓宽学生的写作视野，从地点上，可以是校内、校外；从时间上，没有限制；从内容上，进行了重点挖掘，可以是国际节日、中国节日，可以是学校节日，可以是家庭纪念日，更可以是自己的节日。

（3）细节生成。不要总想让学生"一口吃个胖子"，40分钟的课堂，许多教师知无不言，言无不尽，从审题、选材、布局、谋篇为学生一一道来，唯恐哪里叮嘱不周详，但课堂上除了极少数的学生（底子好、悟性高、反应快）受益，多数学生还是在课堂中坐着"过山车"，有不知所云的现象。因此，教师从主题切入突破，哪怕一节课能成功地运用一种修辞或一个成语，这样日积月累才能收获"金黄"。由此学生就会登上"爬格子"的梯子。

（4）多种习作。只有挖掘节日的内涵，作文的主题才有深度。挖掘后重点在创意上做指导，写出独特的东西，从主题、题材、体裁、结构、文笔等方面创新。在这样的指导下，学生作文有了明显的提高。在主题作文中，可以从多角度去选材，所以学生学会了多元思考，创新思维。可见，主题作文"节日"，在这里已成为一种课堂文化。

需要说明的是，主题作文不是扔掉教材规定的作文内容，而是依据教材的作文的情感、精神及文化的点，并整合教材关于作文的一些写作点进行的校本特色研究。整合不了的，也必须依据教材的要求来完成。教材中的"空白点""延伸点"，都是学生创编作文的"切口"。总之，主题作文教学研究是对课程资源的统整，而且每学期都有研究重点。目的是结合教材，研究各年级的写作训练点，让情感带动写作知识，并在学生身上形成体系。最终落实在学校语文教学目标之一，即"一篇好文章"上。

3. 主题阅读

主题阅读主要指读书课。并为主题教学三大支柱之一，已彰显其魅力。这里的"主题"既体现书中某一篇章的"主题"，也指这一本书的主题。而且，通过阅读，在同一主题下，选取更多的作品来阅读。让学生全方位地感悟理解，让书籍的精神力量更加充分地表达出来。可见，主题阅读教学的研究是基于教材的主题教学的延伸。为了落实到位，我们在学校的课程表上专门设立"阅读课"，以保证学生的阅读时间和阅读质量。

（1）推荐读书目录。在课外阅读的领域里，我们也以大主题为突破口。在每学期之初依照主题，为各年级选定并推荐书目，有"必读"和"选读"两部分。其中选读书目大多在 10 本之上。而且把课外阅读制定到教学规划之中和实践之中，必读书目还作为期末考试内容。

以 2006 年一个学期为例，以"阅读童年"为主题，在同样的主题下，又分为三个小主题，以适合不同年龄的学生。

低年级，感受快乐的童年。如《猜猜我有多爱你》《你是特别的》《逃家小兔》《我有友情要出租》，读一读儿童诗《林焕彰的儿童诗》，写一写优美的句子和属于自己的歌谣，不但珍惜童年的阅读，还要珍惜童年的灵感。要求一本精读，在众多选读书目中，选择四本略读，以绘本、拼音读物为主。

中年级，体验童年的成长。童年伴随着幸福、快乐，也有痛苦、失败，孩子们会在其中不断成长，于是我们推荐《爱的教育》《大草原上的小木屋》《夏洛的网》《纳尼亚传奇》《哈利·波特》《小妇人》《长袜子皮皮》等。要求两本精读，选择七本略读，从童话、故事到中短篇小说。

高年级，回味童年的生活。童年总会逝去，但是从中我们得到的、感悟到的是那些美好的记忆，是成长的经验，在阅读中领略童年的魅力。例如，《草房子》《苏菲的世界》《小王子》《城南旧事》《女儿的故事》等。一本精读，选择十本略读，以中篇小说为主，长篇小说为辅。

除了以上主题阅读作品以外，我们还结合了《亲近母语》《同步阅读文库》等优秀文章引导学生在阅读课上阅读这些"散文"。除此，每天早上，还充分利用"晨读"的时间进行诵读，"听取蛙声一片"——积累古诗文，即每个年级都有的古诗背诵50首，每学期背诵25首，小学六年背诵古诗300首。同时我们还积累《论语》《中华古诗文》中古人经典的格言警句，从中感悟先人的哲理与智慧。

（2）开展阅读研讨课。不但有规划，有考察落实一些阅读的"量"，更重要的是围绕书中的主题，开展各种类型的阅读教学研究。在阅读教学中，注意指导教师们使用正确的方法，引导学生如何阅读，如何上好阅读课。关于各类阅读课的教学方式，我们都相应做了研究。如"文学导读""绘本导读""名著导读""同主题导读""阅读欣赏课""制作欣赏课"等。

仅一个学期教师们分别研究了阅读分享课《草房子》中的"童年"的主题、《秘密花园》中的"成长"的主题、《青铜葵花》中的"苦难"的主题；名著导读《三国演义》中的"诚信"的主题；绘本解读课《妈妈心妈妈树》中"爱"的主题、《极地特快》中"相信"的主题、《失落的一角》中"完美与缺憾"的主题，等等。总之，根据书的不同采用初级阅读、检视阅读、分析阅读、综合阅读等多种形式，激发阅读兴趣，培养阅读方法，提高阅读能力。

不但班级有图书角，而且学校图书馆好几万册藏书也对学生们无偿开放。学生们如饥似渴地遨游在书的海洋中，整日与书为伴。有的已建成"书香班级"，定期开展主题读书活动。如高年级组织"跳蚤"市场，带领学生走进图书商城，进行读书、购书的系列活动；老师和学生、家长一起进行"读书日记接龙"活动；组织、引导学生进行"自编书"活动；还有的班级建成"我们的文学社"网站；各年级各班都开展经典诵读比赛及"古韵诗魂"主题汇报演出等丰富多彩的读书活动。

笃信好学，书香墨味浓。在浓浓的主题阅读氛围中，学生有书可读，以书会友，且歌且思，且吟且行，逐渐形成书香班级、书香校园、书香童年。

（三）主题教学行动研究的策略

说起来容易，做起来需要工夫，必须花心思、动脑筋，在教师最近发展区着力。为此，学校出台了许多具体可行的推进措施。限于篇幅，这里仅谈重点行动——"五个一工程""三层次两反思""考试评价改革"。

1.“五个一工程”

何为“五个一工程”？即指每月“上一节好课，读一本好书，写一篇满意的文章，精批一篇学生作文，思考一个问题”。每月底，采取互读分享、表扬督促等多种形式进行检查反馈。

例如每月“上一节好课”。采用“个人展示”“特级引路课”“与特级同备一课”“年级成果汇报”等多种形式开展起来，结合“语文课堂评价标准”。教者课前围绕主题教学的“三个维度”，即“温度、广度、深度”的界定及关联，进行备课；教后再围绕这三个“度”说课。听者围绕“三个维度”评课，探讨教学中从几个度的构建是否“适度”，是否重视学生的整体性、生命性、发展性等。特别是发展性，要看课堂是否有张力，即在“感言”一栏设有“亮点”和“疑点”。这样引起教者或听者的提升或警醒。不仅老师评课，学生也积极参与评价。在精练、简短的话语中，蕴含着真诚与客观。值得一提的是，学校的数学、英语等其他学科也在此基础上创造、修改，而后形成了自己的学科评价标准。

国家有大的“五个一工程”，清华附小也有我们自己小的“五个一工程”。试想每个月收获一点，日积月累、滴水穿石、零敲碎打的砖瓦奠基，最终必将擎起清华附小主题教学的广厦高堂。

2.“三层次两反思”

每学期我们都要搞“三层次两反思”的研究。就是指个人研究、学年研究，再到校级研究课。然后就年级与校级研究进行“说课、评课”两次反思。整个研究过程不是表演，是把课例当作“案例”解剖。比如第一个月，每个人都要围绕大主题，选定一课，踏踏实实地进行个人研究。开学头一周，作为特级教师的我先上阵，接着学科带头人登场，上领路课引导，教师个人在听评课过程中找差距、学方法。在此基础上，学年进行研究——在研究过程中，要求组内每一成员都参与进来，备课时打破常规，集体备出新意。在试讲过程中，发现问题及时调整，可以组内其他教师再次试讲，集体评议。年级备课这一环节，极大地体现了集体的合作与智慧。最后一步是校级研究，紧紧围绕学校年度研究的主题，在“个人研究”“年级研究”成果的基础上，开展第三层次课研究。这一研究环节重点给年轻教师机会，让他们得到充分锻炼。

3. 考试评价改革

必须创新宏观调控的策略，具体落实教学的质量。我们围绕语文学科质量目标进行考试改革尝试。其目的是为了让学生更好、更全面地掌握所学内容，一改过去一张试卷定乾坤的状况。从多方面、多角度地评价一个学生的语文能力。让学生在轻松中感受成功的喜悦，让不同层次的学生都能找到不同定位的奋斗目标。

考试的形式分三种：首先，开学一个月自测。各年级据自己年级进度做好定期的自测工作，及时上交自测试卷，写出质量分析。其次，抽测——这一环节，学校针对某一问题或现象，做某个年段或几个年段的质量抽测，以便为下一步教研提供重要的参考，最后，全校期末统测——分项进行检查验收。

以 2006 年一年级第一学期期末考试为例。

考查内容。

(1) 古诗背诵（10%）
(2) 拼音（20%）
(3) 写字（20%）　　期末成绩
(4) 讲故事（附加 5 分）
(5) 阅读与作文（50%）

具体方案。

(1) 古诗背诵测评方式和评价标准：这学期一年级必背古诗 20 首。熟读古诗 5 首。专门请六年级学生给低年级验收，采取抽签的形式，如果没有合格，准许继续补考；方式是在规定必背的 20 首古诗中，教师随意组合，做成每 5 首诗一个签，高年级学生随意抽取后，让一年级学生一对一背诵。标准是每首诗 2 分，共 10 分。每首诗在背诵时，朝代、作者错一处或两处都错扣 0.5 分；背诗时，经人提示背出的扣 0.5 分；背得不熟练扣 1 分；不会背的扣 2 分。另外，6 分以下的学生有一次重考机会，但重考的成绩最多得 6 分。

(2) 识字测评方式和评价标准：本册教材识字量很大，学生掌握起来有一定难度。但识字又是本册教材的重点，所以，教师在教学中，处处滚雪球似地指导学生识字。为了考查学生的认字、记字能力，特别设计了测评试卷。方式是识字测评试卷共 5 份，高年级学生随意抽取一份试卷后，给一年级学生一对一进行测评。

标准分为四部分："字"共 9 分。要求读准字音，如遇多音字，读准其中一个字音即可。"词"共 6 分。要求读准字音。但需要变调、轻声处理的词，读得不标准，不扣分。"句子"共 2 分。要求读准字音，语句基本连贯。每句 0.4 分。每句读错一处（读错字音、加字、丢字）不扣分，每句读错两处（读错字音、加字、丢字）扣 0.2 分，每题读错两处以上不给分。另外，12 分以下的学生有一次重考机会，但重考的成绩最多得 12 分。

（3）"字、词、句"写字测评方式和评价标准：本册教材要求学生正确掌握 160 个汉字的书写。书写也是本册教材的重点。要求学生做到每字写在田字格的中间，不能把"脚"伸到或伸出田字格的外框，并且书写正确、规范。方式采取看拼音写字、词、成语，闭卷。标准是卷面有 5 个以内把"脚"伸到或伸出田字格的外框的不扣分，5～10 个扣 1 分，最多扣 2 分，卷面上同一错字不重复扣分。"字"4 分，错 1 个字不扣分，错 2 个字扣 0.5 分，错 3～4 个字扣 1 分，错 5～6 个字扣 2 分，错 7 个字以上此题不得分。"词"10 分，错 1 个词不扣分。（注：一个词中错一字算一词错。）错 2～3 个词扣 1 分，错 4～5 个词扣 2 分，错 6～7 个词扣 3 分，错 8～11 个词扣 4 分，错 12 个词以上此题不得分。"成语"6 分，错 2 个字以内不扣分，错 3～4 个字扣 0.5 分，错 5～6 个字扣 1 分，错 7～11 个字扣 2 分，错 12 个字以上此题不得分。另外，12 分以下的学生有一次重考机会，但重考的成绩最多得 12 分。

详细说明写字具体测评标准，就是强调主题教学下的语文质量是有细致的评价标准加以保证的。"细节决定成败"，也许通过这样的"规定"，语文知识和能力才会有的放矢，真正实现了为生命中"学习的底子"的奠基，从而也有效地实现了为学生"精神底子"的奠基。可以说，主题教学的实践必须是由这样的细节累积而成。除了考试细化外，平时的主题教学中，我们还相应地对学生作文的评价标准、学生常规作业批改标准、学生讲故事评价标准、学生朗读评价标准等，都一一详细规定与调整落实。

随着研究的不断深入，我们的考试改革还延伸到教师方面，制定了"主题共享教案"。实验了两年后，又出台了"二次备课"，即主题教学教案书写格式；学生作业批改标准，等等。以此作为主题教学质量的重要保证。

"把你做的写出来，把你写的做出来，把你做的检查出来。"——这是对教师和学生的评价要求。这样的评价"指挥棒"，是有目的的，有效果的。教师看得见，学生语文素养自然落得实。

清华附小语文课堂教学评价标准表

课题：_____　年级：_____　授课人：_____　评课人：_____

评价维度	评价内容	评价要点	项目要点分值			
			优	良	达标	待达
温度	精神状态	教师情绪饱满，态度亲切，注意习惯的培养，语言有感染力、启发性、激励性和多样性。				
	师生关系	师生感受相互尊重。课堂气氛融洽，学生学有兴趣，求知欲强。				
	情感态度	学有所感，能获得人文启迪或精神陶冶。				
广度	教材扩展	教师能合理找到教材空白、延伸点，能力争、努力体现言语意识，积累意识。				
	课堂整合	有效运用课件，音乐，篇章等手段沟通与生活的联系。课堂有容量，保证含量。				
	学生参与	全体参与，全程参与，实现参与"面"和参与"量"的最大化。				
深度	教材解读	找到教材的"课眼"，即主题，并有深入或独特理解。				
	学生能力	语言表达完整、丰富、灵活，且有感染力；思维活跃、深刻，且有独特见解。				
	教学设计	由浅入深，层层深入；深入浅出，有效、艺术、有针对性。				
适度		整堂课教学设计合理、巧妙，三个"度"相互关联、连通，符合学生的学习规律。				
高度		整体教学效果明显，在某点或某项中有创新，能突出个人教学特色。				
总评		优（　）良（　）达标（　）待达（　）				
感言		亮点： 缺点：				

评课时间：_____

（四）主题教学的未来展望

"如果你让教育的劳动给予教师带来快乐，使天天上课不至于成为枯燥乏味的义务，那你就引导教师走上一条从事研究的幸福道路上来。"

——苏霍姆林斯基

1. 当下收获

随着主题教学的深入研究与探讨，一套学校自编的"主题单元教材"也有可能在将来形成，成为校本教材的亮点。以此不但打破教材内的知识体系，还将打破现成教材编写体系。主题教学拓展学生思维，丰富学生想象，重组知识结构，构成学生知识的新编码、语言密码与思维密码，从而生成富有哲学意义的人生理解与价值观。知识将围绕人展开，而不是让人成了知识的奴隶——主题教学的本质对语文教学的唤醒与建构，将使主题教学的理论研究有质的突破，也许，这将为当前语文教育的实践带来全新的理念，使语文教育的目的、内容、原则乃至方式方法都发生变革。

主题教学实践的课例、论文经验以及出版的几本专著成果已在全国产生推动作用，教育部为此出书。在海淀区召开的研讨以及学科带头人的培训会上，我先后三次做了主题教学课例与专题报告，并且多次在北京市以及全国各地作主题教学专题经验介绍，引起一定反响。

特别是 2006 年 9 月 26 日，我校代表海淀中心学区，向全海淀区作了"语文主题教学"的课程改革汇报。这次汇报反响很大，得到了区教委领导、区教研室领导，各中心学区的校长，北京及省外部分参会老师们的高度评价。

围绕"课堂与实践"，通过"主题讲读课""主题作文课""主题阅读课"三项分类，全面而系统地把主题教学的内容及内涵进行了教学和专题研讨。在"主题讲读课"的汇报中，由我执教《游园不值》；王艳老师展示的是"主题作文"中"写作与绘本"的教学《我爸爸》；申玲老师展示的是"主题阅读"的读书课《青铜葵花》。之后，刘建伟老师、许剑老师和焦攻老师分别就上面三个专题做了题为《主题教学的实践》《主题作文的策略》和《主题阅读的意义》的报告。

　　围绕"学生与成长"，到会的领导和老师们利用中午的时间参观了我校语文教师专业成长记录，学生的"一手好字""一副好口才""一篇好文章"的基本功展示和高年级"班级读书展"低年级"亲子阅读展"等。同学们整洁漂亮的书写，才思敏捷、生动、流畅的口语表达，丰富深厚的语文阅读和积累，文质兼美的习作和才华横溢的综合素质展示等，都给与会领导及老师们留下了深刻的印象。

　　围绕反馈与思考，我作了《主题教学的阐释与哲学思考》的专题报告，海淀中心曹思迅校长做了《课程改革与课程管理》的专题报告。而后各校的教学干部和听课教师与做课教师进行了互动交流。许多教师纷纷在留言簿上写下自己参观学习后的感受。西颐小学的李玉斌校长感慨地说："在清华附小深深地感受到'主题教学理念新，可操作性强，成果百花齐放，春色满园，令我们感动！'"培智中心学校的王红霞老师说："在这里我看到了一个了不起的主题教学团队，非常羡慕这儿的领导、教师、学生，向你们学习！"正像专家领导评价的那样，本次活动很好地推进了清华附小语文教师专业成长的步伐，促进了海淀中心整体教学水平的进一步提升。

2. 眼下困惑

　　一所成功的学校，不是一大堆人各自做自己的事情而形成一个结果，而是朝着共同的目标，形成一种状态。就目前的引领作用来说，教学科研的引领作用对学校的系统改革有着举足轻重的意义。克服功利与权欲，学会反思与欣赏是我带领团队要把握的关键要点。为此，引领者既要成为主题教学改革的受益者，又要成为这一过程的行动者。从而让教师能够有责任地努力促成每一个学生的成功，尽可能地让所有学生都能达到真正意义上的学有所获。这，也许就是我必须承担的使命与责任。

　　就个人专业功底来说，由于教育基本理论功底不够，本课题属于多学科的综合性研究，需要承担者不仅有教育哲学视野，更需要厚实的文学功底和扎实合理的知识结构。当下以"话题"来编排的教材多如牛毛，真正把"主题"研究起来的，能借鉴的资料太少，只有依靠自身挖掘、摸索。但我们懂得"没有教研过不好日子，没有科研过不长日子，没有学研过不美日子"。几年或是十年后且看我们硕果累累。

3. 未来展望

　　正如我的导师朱小蔓老师说的那样，人活着，太需要支撑我们生命的东西，太需要为我们每一天的生活得到依据的东西。所以，我们需要，也必须寻找为人做事的依据、信念，乃至方式。要敢于和善于进行独立的思考和判断，对生活的变化怀

和同学们一起过"六一"

有热情，对时代的问题提出自己独立的、深刻的见解。对知识、对学习怀有兴趣，具有问题探究意识和审视的眼光并具有影响学生的魅力、吸引力、感染力。所有这些，也应成为一种生活的方式，或者说必须成为一种生活方式——而这，正需要我把握好当下，心向阳光，从专家同仁身上找到鼓舞我的人性向善的标杆，也许这是使主题教学研究走向纵深发展的重要力量。

困惑也是收获，展望就是希望。

【反躬自省】

本节所呈现的分项实践，是我在清华附小任副校长、主管语文教学期间，带领语文团队，在十几年的时间里，针对实践中的一些具体问题，如语文教学目标不清、操作流程模糊、教师备课的盲目和任务不清等，扎扎实实、一个专项一个专项地研究和梳理起来的。内容涵盖主题教学的教学目标、质量标准、课堂操作、教师备课、评价机制等。

但是，作为一名教育者，我们既要有脚踏实地的课堂实践操作，又要有仰望星空的教育理念引领。语文课不是纯粹地学习某种确定性知识，懂得某个道理，寻找能回答"是什么""为什么""怎么样"之类问题的答案；也不是脱离具体语境、情感内涵和思想文化修养的纯技能训练。"语文"不同于其他一些典型的"学科"，它有知识，但是缺乏为所有运用语言文字的人所信服的严整的体系性和"梯度"序列性。不能按照知识系统来构建语文课程的目标和内容。

于是，在这些丰富的、扎实的实践研究的基础上，我越来越聚焦主题教学在课程维度的构建、价值观层面的引领和系统的整体设计。对于主题教学的目标，通过研究，我认为不仅包括学科素养层面的"三个一"目标，还应该有价值观层面的目标，即天下情怀、完整人格。对于主题教学的原则确定为"生命性、基础性、生长性、开放性"，制订了优化整合教材、精选补充经典的课程内容，课堂教学的"预学—共学—延学"动态学习流程，"一单、一册、一护照"的评价方式……主题教学愈加呈现出目标、原则、内容、实施、评价为一体的实践体系，而这一切在我的博士论文《小学语文主题教学研究》及后文中的《小学语文主题教学指导纲要》中，都进行了梳理和规范。

如今，我已身为校长，在带领学校走向实现"成志教育"的道路上，越发感觉，主题教学的思想方法是其取之不尽、用之不竭的基础和源泉。

四、小学语文主题教学指导纲要

我带领语文团队经历近 30 年的语文教育教学实践与研究，经过不断改进与超越

2015 年 5 月 8 日《小学语文主题教学指导纲要》发布会

形成了以"语文立人"为核心思想，旨在整体提升儿童核心素养和培育核心价值观的主题教学理论主张和实践模式，并出版《小学语文主题教学研究》学术专著。为进一步固化教育研究成果，也为广大教育工作者提供主题教学研究范本与实操路径，分享优质教育资源，清华大学教育研究院、清华大学附属小学主题教学研究中心研究团队整体地建构、系统地思考、浓缩学术精华研制了《清华大学附属小学语文主题教学指导纲要》，并在 2015 年 5 月 8 日"首届基础教育国家级教学成果奖推广会——清华附小语文主题教学成果展示会"隆重发布。在此，与全国读者分享。

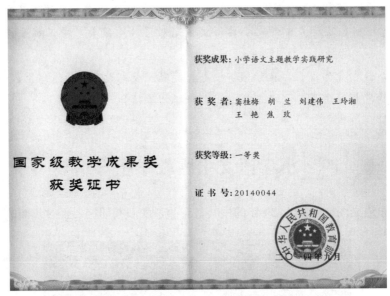

（一）缘起

经历了国家语文课程改革的几个时期，我带领的清华附小语文团队，看到了语文教学改革的成绩，也发现了诸多问题。宏观上说，这些问题事关学科定位和发展方向，指向了语文教学积重难返的核心问题，是课改的"硬骨头"。微观上说，又是教师教学必须面对的现实问题，事关"语文立人"理念的实现。问题主要集中在以下三方面：

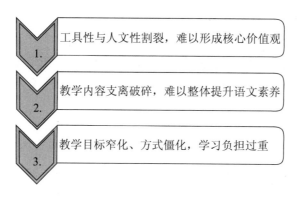

1. 工具性与人文性割裂，难以形成核心价值观

2. 教学内容支离破碎，难以整体提升语文素养

3. 教学目标窄化、方式僵化，学习负担过重

（二）核心概念与特征

1. 核心概念

主题是围绕小学阶段儿童发展特点及生活经验、语言习得规律等确定的核心语词，以及由此表现出的相互联系、立体、动态的意义群。主题与儿童的生命成长编织起来，生发语文教育的意义，旨在提高儿童的语文素养、培育与践行核心价值观，进而构成人发展的核心素养。

小学语文主题教学是以"语文立人"为核心思想，针对小学语文教学的现实困境，根据教学内容和儿童身心发展特点，从文化的高度、培养完整人的哲学角度，坚持以儿童的生命价值为取向，在综合思维指引下，整合多种资源，挖掘教学内容的原生价值，生发教学价值。在语言文字的理解与运用中，引导儿童形成主题意义群，促进儿童语言发展、思维发展、精神丰富，整体提升语文素养与培育价值观，进而逐步形成促进儿童核心素养发展的理论主张与实践模式。

小学语文主题教学既有语言的听、说、读、写作为基底，又有高位的精神价值引领，形成了动态的、立体的教与学纵横关系系统，整体"立人"。

2. 理论基础

儿童成长具有生命的整体性。儿童成长，因为相互联系的事物而具有整体性的要求。宇宙自然以及由此形成的周遭世界构成了一个儿童成长的相互联系的有机整体。语文教育应该自觉地与儿童的生活链接，与儿童的生命契合。语文教育的外延就是儿童生活的外延，儿童的生理、心理、智能等在与语文世界相互交融汇合中，彼此关联、交互作用，促进儿童生命的整体发展。

儿童的教育活动具有整合性。儿童教育活动内容的组织应充分尊重儿童学习的特点和认知规律，各领域的内容要有机联系，相互渗透，注重综合性、趣味性、活动性、体验性。注重学习与发展各领域之间的相互渗透和整合，从不同角度协同促进儿童全面发展。

语文教育具有教育的完整性。语文教学，因为教育的对象而具有完整性的要求。没有语文教学的完整性，就没有学生发展的完整性。因为学生既有智慧，又有情感。人的认知活动是由知、情、意组成的系统整体。语文教学的听、说、读、写，应该是整体输入、整体输出，形成完整意义，进而唤醒儿童的个体的完整性。

3. 特征

（1）意义建构。

①侧重精神意义建构。在儿童的母语学习中，能够潜移默化地生成主题，促进学生的情感、精神、理想、人格等的生长与形成，最终实现立人的目标。

②侧重思维发展与提升。既有解释、分析、概括、分类、对比、联系等再现思维，又有假设、推断、思辨、想象、联想等创造思维。

③侧重语言建构与运用。既指语言本身，也指语言习得的方法，最终指向语言素养。

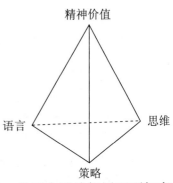

④综合策略意义的建构。逐步习得运用语言和思维，乃至在元认知层面更加高阶的策略，并在发现、探究、解决问题等方面得到综合的运用。

在小学语文主题教学意义建构中，语言能力、思维品质以及语文应用的综合策略与精神价值形成了"立体"样态，语言的理解与运用，思维品质与综合策略的提升，都始终有一个高位的精神价值指引。

（2）深度学习。

①情感驱动。自然地运用情感调节，整合教材、学生、环境等内容，组织学生的情感节奏，陶冶学生的情操。

②深度思辨。采用丰富多样的文本，单篇与多篇文本，连续性与非连续性文本等，结合儿童认知特点，充分挖掘文本的矛盾点、生长点，为学生提供深度思辨的思维空间。

③动态生成。师生建立起平等交往与互动关系，为学生提供开放的质疑讨论空间，在多维对话、自主建构中实现主题意义的创生。

（3）资源整合。

①综合性。主题教学牵"主题"一发，动听、说、读、写能力全身，以整合的方式，将语言的表达、理解以及运用等能力统整在一起，把原先散落孤立的知识体系和人文内涵合成一个个"集成块"。

②多样性。

多样的课程资源：丰富资源来源，语文教学的内容不仅来自于教材本身，还来自于师生的阅读，师生的生活。

多样的课程形态：丰富实践方式，或是单篇经典，或是群文，或是整本书，或是实践活动等。

多样的学科教育性：学科的目标是丰富的，不仅有语文学科本身的教学目标，还有多学科融合后的教育目标，甚至有超学科的育人目标。

（三）类型与价值

1. 类型

（1）从文本原生与教学价值挖掘角度。

第一，静态主题教学：教师要通过预先文本解读确定作品的主题，并由主题"纲举目张，执本末从"，整体带动教材知识与能力体系。

第二，动态主题教学：一般针对主题不确定的文本。这些文本的主题不是教师事先设定的，而是与学生在课堂教学的互动过程中动态生成的。

（2）从师生在教与学中互动流程角度。

第一，预设主题教学：教师根据主题理解的需要，将与主题相关的问题分为几个环节循序进行，层层推进；再引导学生从多角度、多侧面理解和体悟主题。

第二，生成主题教学：学生预学后自主质疑；师生共同梳理问题，并聚焦主问题；质疑贯穿课堂始终，螺旋上升，主题由师生互动生成。

2. 实质

（1）核心价值观引领"立人"。

在对主题多层次理解过程中，使儿童实现自我的认同、民族文化的感悟、多元文化的理解与尊重，在此基础上实现核心价值观的引领。

（2）核心素养指向"立人"。

语文素养的价值定位和精神追求聚焦在更高位的核心素养上，弘扬中华优秀传统文化，构筑母语教育大厦根基，基于学生核心素养发展而进一步提出语文素养的目标和指向。

总之，在指向核心价值观和核心素养整体"立人"的过程中，儿童始终站在课堂正中央。小学语文主题教学"语文立人""儿童立场""整合思维"等核心理念，既是一种思想，又是一种方法，是教育教学的基本理论原则和实践准则。

3. 独特价值

（1）契合国家提倡的社会主义核心价值观。

主题教学源于对基础教育落实社会主义核心价值观方式的思考，成于对学科教学乃至学校教育落实社会主义核心价值途径的实践探索。

（2）力争实现语文教学的民族化与现代化。

主题教学坚守的思想，即语文教学民族化和现代化，契合国家提出的弘扬中华民族文化，让中华文化走向世界的要求。

（3）指向终身发展的核心素养：为儿童聪慧与高尚的人生奠基。

主题教学，不仅提升儿童的语文综合素养，培育儿童的价值观，还为儿童核心素养发展打下坚实的基础，为聪慧与高尚的人生奠基。

（4）促进教师专业化发展。

主题教学的主题指向立人，主题的提出与生成过程也是教师自身修炼与提升的过程。

主题教学的独特意义，在于培育核心价值观与发展核心素养，也在于培养学生对母语的热爱，在对母语学习与体悟的过程中，整体培养拥有中国灵魂、国际视野的现代人，即天下情怀、完整人格。

（四）课程体系建构

1. 科学设定主题教学的目标

（1）价值观的目标设定。

①天下情怀：家国情怀（家庭爱、祖国情、民族魂）；国际视野（国际理解、世界眼光）。

②完整人格：身心健康、学会改变、公共道德、社会参与、审美雅趣……

（2）语文素养目标设定。

"三个一"里的"好"，意味着目标的外显样态与内隐素养的统一，外在表现出的"一手好汉字、一副好口才、一篇好文章"，背后蕴藏的是在语言的理解与运用中，实现实践创造力与思维品质的提升，以及在此基础上逐渐滋养价值观总目标。同时，"三个一"里的"好"，既有工具性与人文性统一的应有之意，更构成了高位的指向完整人的素养，即不仅要掌握知识与技能，培养情趣，焕发儿童对母语的热爱，更要提高儿童终身发展的核心素养。

在此基础上，清华附小的语文团队又将课程目标进一步细化，研制了每年级一册的《小学语文质量目标指南》，不仅回答了"达成什么目标"的问题，还回答了"教什么，学什么""怎么教，怎么学"以及"如何评价教与学"等。《指南》提供了

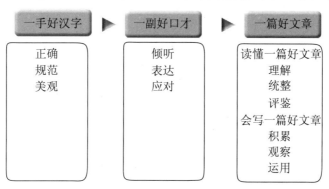

一手好汉字	一副好口才	一篇好文章
正确 规范 美观	倾听 表达 应对	读懂一篇好文章 理解 统整 评鉴 会写一篇好文章 积累 观察 运用

丰富课程资源包，如基础与拓展字词表、识字小窍门、常用字字理、书法小讲堂、名家名篇推荐、必读选读书目推荐、必背古诗词、必背儿童诗及现代诗、必背古文经典等，成为教师教学、学校检测、家长辅导、学生自学的重要抓手。

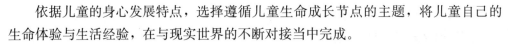

2. 确定主题教学主题的原则

（1）生命性原则。

依据儿童的身心发展特点，选择遵循儿童生命成长节点的主题，将儿童自己的生命体验与生活经验，在与现实世界的不断对接当中完成。

（2）基础性原则。

小学阶段，重在为学生打下学习与精神的底子，培养学生终身学习的兴趣和能力，激发学生对美好精神世界的追求。

（3）生长性原则。

主题从儿童中来，到儿童中去，在教与学的过程中不断发展、变化、生成，进而生长。

（4）开放性原则。

学生在学习中去发现、去提取，有准备地来到课堂，与教师、同学、文本、自我进行多向对话。

3. 精当选择主题教学的内容

（1）优化整合教材：确定精读、略读课文。

主题教学内容选择以传承中华优秀传统文化、契合儿童核心价值观的主题为导向，在语言建构、思维建构、策略提升以及精神价值塑造等方面达成目标，整体提高语文综合素养。主题教学以北师大版教材为主，以苏教版和人教版等教材为辅，重组教材，精心选择并确定教材里的精读文和略读文。

精读课文，指教材中的"定篇"，包括经过历史沉淀，需要细细咀嚼、品味的经典课文；还有综合教材建议和教师选文建议而后确定的精读篇目等。

略读课文，指教材中除"定篇"以外的课文，采取速读或浏览等阅读策略，突破重点难点，侧重在听、说、读、写等语言运用能力的形成。

（2）精选补充经典：优选诵读内容及推荐整本书主题教学立足语文教材的精、略读课文，以主题带动，补充传统经典内容和整本书，引导儿童的人文涵养走向深厚与深远。语文教师要给儿童两座灯塔，一座是传统文化经典，如古典诗词五百首、经典文赋三百篇等；另一座就是中外经典儿童作品，如整本书必读一百本、经典名著选读一百本等。

①精选补充的内容如何选择。

a. 经典性：根据主题内涵的深刻与丰富程度、语言文字的典范性程度、历经时间淘洗而得到的认可性程度确定了经典阅读书目。

b. 序列化：根据儿童的阶段性年龄特点，有序地安排一年级到六年级阅读内容。

c. 趣味性：在选文时充分考虑到儿童的审美雅趣，同时考虑到儿童兴趣的差异，尽可能覆盖儿童文学读物、绘本、民族文化经典、科普作品、人文社科作品、外语阅读作品等多个门类。

②精选补充的主题内容如何分布。

a. 诗词文赋："日有所诵"。在学校课程设置的"晨读"板块和中午"吟诵习字"板块，引导孩子"日有所诵"。

b. 整本书阅读：每周一节。在学校课程设置的"主题阅读"板块，一般有"文学导读课""阅读分享课""阅读欣赏课""阅读创作课"等。

4. 有序组织主题教学的实施

（1）课堂实施起点：教材解读四步走。

①"文本究竟说什么？"首先要把文本读得文通字顺，继而明白文本讲了什么，即读通、读顺、读懂。

②"文本想要说什么？"仅仅读出文本本意还不够，还要弄清作者最初想要说什么。在看、想、读的感性收获背后，一定有更本质、更客观的东西，等待教师去挖掘。

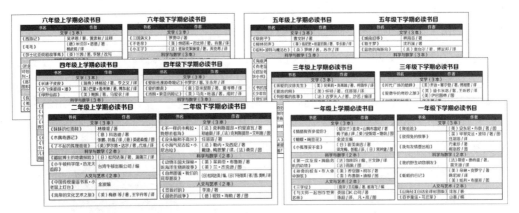

③ "文本能够说什么?"要能够或者说要尽可能地知道"大家"都在说什么。"能够说什么",即尽量探测所包含的、无穷的可能性。

④ "文本应该说什么?"教师对文本解读要有自主性。教师解读到的意义(主题),要脱离作者的意图,而形成自己独特的见解。

(2)课堂实施环节:动态教学三流程。

① 预学:学生初步自学、整理收获、发现不懂的问题,带着准备以及对主题的预期,走进课堂。

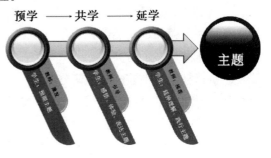

② 共学:注重合作探究,层层推进主题。教师将学生的质疑整理成问题串,然后由学生小组合作、共同研究,在解决质疑中逐步形成对文本的独立见解,师生协商初步生成主题。

③ 延学:学生带着对主题更深层次的问题和渴望继续探究,教师则为学生提供丰富的同主题学习资源,并提供多条思考或持续探索途径。

(3)课堂操作载体:教学保障四手册。

《小学语文乐学手册》打通了课前、课中、课后的通道,使课堂上生生间、师生间、师生和教材间的对话有了依据,明确了学什么、怎么学、怎么练的问题。

《小学语文写字手册》以北师大版教材中识字写字教学为基本内容,与教材、教学同步，依纲扣本，循序渐进，以提高汉字书写能力为基本目标，适度融入书法审美和书法文化教育。

《小学语文作文教材》围绕学生的精神世界与表达水平这两个核心目标，在主题的情境中，教给学生在作文中体验快乐，在作文中感受成长。

《小学语文主题阅读》遵循儿童阅读兴趣和阅读规律，将小学阶段的阅读要求目标化、系统化、教学化，在对民族和传统经典文化的传承基础上，实现多维度整体立人。

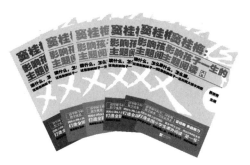

（4）课堂操作保障：课时灵活设置。

①大课时：60 分钟，侧重落实精读、主题阅读等。

②小课时：35 分钟，侧重落实略读文教学、群文教学等。

③微课时：设置长短不一时间，如课前 3 分钟演讲、晨诵 10 分钟、阅读微课堂

……

另外，根据主题综合实践活动开展的需要，如跨学科主题实践、戏剧表演等，可以整合大、小课时。

2014—2015 学年度第二学期课程表 一（8）班主任沈美　副班主任傅雪松					
时间	星期一	星期二	星期三	星期四	星期五
入校—7：50	晨练微课堂/阅读微课堂/英语微课堂				
7：50—8：00	晨诵				
8：00—9：00	语言与人文（语言）	语言与人文（语文）	语言与人文（语文）	语言与人文（语文）	语言与人文（语文）
9：10—9：45	数学与科技 傅雪松（数学）	数学与科技 傅雪松（数学）	数学与科技 傅雪松（数学）	艺术与审美（书法）	数学与科技 傅雪松（数学）
9：50—10：35	升旗仪式	眼操 加餐 健身大课间			
10：40—11：15	艺术与审美 李宝仓（音乐）	数学与科技 傅雪松（科学）	语言与人文 王奇志（英语）	体育与健康 任海江（体育）	艺术与审美 傅雪松（美术）
11：25—12：00	优育与健康（项目自选）	语言与人文（语文）	体育与健康 任海江（体育）	语言与人文 王奇志（英语）	体育与健康 白杰（足球）
12：00—13：25	营养午餐　午休　吟诵　习字 （周三：水木秀场；周五：水木TV）				
13：30—14：30	艺术与审美（双周：傅雪松美术）（单周：杨钧 音乐）	语言与人文（主题阅读）	戏剧 单周外聘/双周校本	数学与科技（3C）课程	创新与实践
14：30—14：50	大课间				
14：50—15：25	语言与人文 王奇志（英语）	体育与健康 任海江（体育）	数学与科技 傅雪松（数学）	数学与科技 傅雪松（数学）	品格与社会 沈美（品德与生活）
15：25—15：45	暮省				
15：45—离校	自主选修课程				

5. 综合开展主题教学的评价

（1）课堂评价：课堂评价四个值。

①兴趣值：主题是否激发了学生的学习愿望？

②方法值：主题是否使得学生收获方法并迁移？

③容量值：主题是否带动了更丰富的学习？

④意义值：主题是否促进了思维品质提升、情感发展？

（2）过程性评价：一单、一册、一护照。

①一单。单项的语文测试，如语文的百字过关、古诗文过关、读书报告单、专题小论文、主题作文、阅读能力测试等（如百字过关、主题作文、读书报告单、古诗文过关等）。

②一册。与清华附小学生五大核心素养的发展相结合，灵活使用北京市海淀区的综合素质评价手册，包括学习习惯的养成、平时学习情况记录、文体活动以及参与社会活动等除语文学业成绩以外的其他情况。同时，注重对学生发展的过程性记录，包括各班级学生一个学期以来发展的各种情况，如体育锻炼习惯、实践动手能力、适应环境能力等。

③一护照。"主题护照"，记录学生学习的全过程，与学生徽章、"校长奖"结合使用；每个年级一个主题，通过一周、一月、一个学期的各项活动，如低年段启程课程（乐考嘉年华）、中年段知行课程（"十岁的天空"）、高年段修远课程（毕业小论文）等，实施过程性评价。在全面记录学生综合情况中，促进学生整体素养的发展。

（五）课堂实践典型样态

1. 单篇经典主题教学

什么样的文本，要还它什么样的"味道"。教师在解读经典文本的时候，不仅一定要关注文本语言、表达、文化、价值精髓，遵循文本自身的特点备课，而且教学时，也要体现原有的"味道"与风格。

2. 群文主题教学

（1）单元整体推进的群文教学。

用教材原有的主题单元体系为起点，发掘单元主题，或重组新单元，将整个单元的多篇课文共同讲解，即单元内整合的群文共读。

序号	课型	定位
1	单元导读课	整体感知、合作探究等
2	单元阅读课	聚焦主问题、合作探究等
3	单元识写课	整体认读、书写、检测
4	单元习作课	围绕主题、联系单元课文或社会生活进行习作
5	单元拓展课	团结主题、推荐篇目或整体书目进行阅读
6	单元实践课	主题拓展、进行综合性实践活动
7	单元整理课	进行单元主题整合、丰富、深化等

（2）一篇带多篇的群文教学。

在统一的主题下，强调以课内"定篇"为主，即是能"举一反三"的文本；然后拓展课外阅读，以一篇带动多篇文本阅读，或带动除文本以外的书画作品以及语文实践活动等。

（3）非连续文本的群文教学。

阅读简单的非连续性文本，能从图文等组合材料中找出有价值的信息。阅读由多种材料组合、较为复杂的非连续性文本，能领会文本的意思。阅读目标主要集中在获取信息、处理信息、评价信息等方面，培养学生在多种文本情境中灵活运用阅读策略，综合解决实际问题的能力。

3. 整本书主题教学

（1）文学导读课。

文学导读课又分为绘本导读、经典导读、同题材（同作者）导读。该课型重在"导"，意在激发阅读兴趣，生发阅读理解与深度探究等。

（2）阅读分享课。

"独学而无友，则孤陋而寡闻。"阅读有了伙伴，就有了多元的收获。该课型通过教师的组织和指导，让学生在分享材料、交流感受中，享受更多的阅读乐趣。

（3）阅读欣赏课。

小学阶段的阅读欣赏不同于高中及大学的阅读鉴赏课。它主要是通过儿童喜闻乐见的形式，如朗读、影视作品欣赏等激发儿童阅读兴趣，提高儿童审美品位。

（4）阅读创作课。

学生对文本的不同认识也可以充分表达出来，可以读、可以写、可以做，把喜欢的书中人物做一个小书签，拿陶土捏一个人物，创编绘本、手工书等，围绕读书开展多样活动。

4. 主题实践活动

（1）主题戏剧。

立足语文教材中经典选文，结合主题阅读书目，引导和激发学生自觉突破时间、空间限制，编排课本剧、创作戏剧等，在知识由课内向课外适当延伸过程中，获得更丰富、深刻的体验。

（2）主题研究。

基于学生生活中发现的问题，或想要研究的课题，进行以学生自主合作探究为主要方式、教师参与引导的主题研究。如汉字的起源、历史故事中的成语、古诗词鉴赏艺术、国学吟诵、文学经典的创作背景等。

（3）主题教育实践。

针对小学的不同阶段的发展的特点，提出小学六年的"六大主题教育"，即"言行得体、协商互让、诚实守信、自律自强、勇于担当、尊重感恩"。既在语文学科本身，也在各学科之间的边界寻找主题交叉点进行整合，重在提升学生道德修养和情感品质等。

主题教学是在真实的、生动的、生成的完整性情境中，寻找教育与儿童需求的生长点，与儿童生命成长的契合点，使教育富于价值、富于生命、富于意义。

（六）拓展与延伸

清华附小一直坚持"语文立人"思想，在主题教学"主题·整合"理念的引领下，进一步撬动基于学生发展核心素养的"1＋X课程"的改革。在实践探索中，立足学科的知识体系，研究学科知识产生的过程和思维方法，充分尊重学科在育人体系中的独特地位和价值，进而归纳出整合途径的三种形式：渗透式整合、融合式整合、消弭式整合。

1. 学科内：渗透式整合

立足某一学科，依据主题，将学科内的相关知识、能力等组成一个有联系、有逻辑、有层次的系统，并形成适合学生发展、满足学生需要的主题课程。

2. 跨学科：融合式整合

以某一主题为中心，充分发挥各学科的独特优势，将不同学科的概念、内容和活动等整合在一起。为研究同一主题，解决同一问题提供不同学科的思想和方法。

3. 超学科：消弭式整合

围绕同一主题，超越学科边界，寻找解决问题的多种途径。主题来源于与学生生活密切相关的现实问题，由师生共同参与开发或者由学生自觉发现。

综上，小学语文主题教学遵循小学教育的基本规律，始终坚守儿童立场，以"语文立人"为导向，整体提升儿童核心素养和培育核心价值观，形成了具有独特价值的理论主张和实践模式。小学语文主题教学，为国家落实立德树人根本任务，培育和践行社会主义核心价值观提供了有效的实践路径，已成为全国最具影响力的语文教学流派之一，在全国及海外华语地区产生广泛影响。

五、主题教学新发展

"小学语文主题教学实践研究"在全国小语界产生持续的影响，为中国小学语文教育的改革，语文课程改革乃至基础教育的改革做出了开创性的贡献，在首届基础教育国家级教学成果评选中获得一等奖。评委们认为，小学语文主题教学实践研究"构建了小学语文主题教学思想理论与实践体系，是我国小学语文教学重要的流派之一，是践行社会主义核心价值观的路径之一"。

面向儿童未来与社会未来的"小学语文主题教学实践研究"，以超越的姿态，继续在理论和实践中深耕，走在追寻小学语文主题教学最朴素也是最深刻、最中国也是最世界的教育思想与实践路上。

小学语文主题教学坚持语文立人的定力，与清华附小百年成志教育一同省行，与儿童核心素养的研究一同深刻，与课程群的开发一同丰厚，立魂、立体系、立课程群，走在深度发展的路上。

（一）提出主题教学的哲学主张：成志教育

1. 源于个人的学术与实践研究

小学语文主题教学，始终立足课堂，围绕完整人的发展，思考"儿童学习什么语文"最有价值，"儿童怎样学习语文"最有效的两个基本命题。针对语文教学改革困境，20 世纪 90 年代提出语文教改的《为生命奠基的"三个超越"》，构建了超越时间与空间的大语文观。之后围绕主题教学思想，运用"主题·整合"思想，借鉴多种理论系统，系统构建目标、内容、实施、评价四位一体的语文主题教学课程体系。形成了"情感·思辨"为主线，"体验·生成"为特征的小学语文主题教学实践模型。

中国古代，《左传》提出为人处世的三不朽：立德、立功、立言！宋代张载写下著名的横渠四句："为天地立心，为生民立命，为往圣既绝学，为万世开太平。"语文立人"是主题教学的核心思想。语文是教育学意义上的母亲，是社会主义核心价值体系与中华优秀传统文化的载体，从没有一门学科像语文那样成为基础课程中的基础，生存工具中的基本工具。不仅惠普众生，还关系到民族素质，国家前途。语文立人，就是引导学生形成主题"意义群"，强调"整合"思维，用动态的、立体的教与学纵横关系系统，促进儿童语言、思维、精神的协同发展，唤醒、养护学生的言语生命，进而为聪慧与高尚的一生奠基。

2. 源于清华大学的百年文化传承

"成志"是中华文化的传统。《易经》有四十九卦出现"志"字，平均每卦出现一次。《论语·为政》："吾十有五而志于学，三十而立，四十而不惑，五十而知天命，六十而耳顺，七十而从心所欲，不逾矩。"南朝《后汉书·耿弇传》中："有志者事竟成也。"

从学校本身来说，所有附小人都有同一个根、同一个灵魂。百年清华附小的灵魂是什么？清华附小的前身是 1915 年创办的成志学校，早期清华大学校长周怡春就提出"造就完全人格之教育"。1937 年，成志学校随清华大学南迁，在西南联大那个特殊的岁月，锤炼了清华附小刚毅坚卓的意志和坚定的家国情怀。新中国成立后，特别是新世纪以来，学校树立"让儿童站在学校的正中央"的教育理念，明确了"立人为本、成志于学"的校训，提出了"为聪慧与高尚的人生奠基"的办学使命，制定了《清华附小办学行动纲领》，注重培养引导儿童从兴趣到志趣再到志向，为成就未来人生奠定坚实的基础。

植于历史，源于根基。与祖国民族共命运的清华附小，办学至今，一直注重培养学生树立远大的志向，"成志"已经深深融入附小人的血脉中。

3. 提出主题教学的哲学主张"成志教育"

主题教学把历史当作深沉的教育，庄严的洗礼，继承百年历史的教育精神，遵从内心的教育信仰，把"成志教育"作为走向未来的灯塔和前行的航标，提出主题教学的哲学主张——成志教育！

"志"一是表现为儿童内心所向往的理想与抱负，二是儿童为追随志向而拼搏的意志和品质，三是儿童在二者融合中所需要付诸的实践和行动。"成志"，既是精神与思想，又是教育过程和结果，蕴含着千百年来中华民族的文化精髓，符合儿童身心发展的要求。

成志教育思想的提出，为主题教学语文立人确立了灵魂，提炼了主题教学的思想精髓，更是为实现主题教学走向主题教育提供了哲学基础和思想根基。

（二）完善主题教学的课程体系：基于学生核心素养发展的建构

21 世纪到来，每一个国家、国际组织都在思考到底要培养什么人的问题。教育部提出的学生核心素养发展体系，确定为 9 个素养、23 个基本点、81 个关键表现。清华附小国家核心素养的校本化解读为"身心健康、善于学习、审美雅趣、学会改变、天下情怀"。

从知识核心时代，走向核心素养时代，必须通过学科独特育人功能与学科本质魅力达成。小学语文主题教学乘上富有活力的母语学科教育教学之筏，深度开发主题教学的育人价值，力求抵达核心素养的彼岸。

1. 科学设定主题教学的目标

基于学生核心素养发展的主题教学，强调母语践行社会主义核心价值观的独特作用，挖掘指向学生个体精神发展的学科育人价值，科学设定目标。

（1）价值观的目标。

天下情怀：家国情怀（家庭爱、祖国情、民族魂）；国际视野（国际理解、世界眼光）；

完整人格：身心健康、学会改变、公共道德、社会参与、审美雅趣……

（2）语文素养目标。

"一手好汉字、一副好口才、一篇好文章"的"三个一"目标里的"好"，意味着目标的外显样态与内隐素养的统一，背后蕴藏的是在语言的理解与运用中，实现创造力与思维品质的提升，以及在此基础上逐渐滋养价值观总目标。同时，"三个一"里的"好"，既有工具性与人文性统一的应有之意，更构成了高位的指向完整人的素养，不仅要掌握知识与技能的关键能力，又塑造审美情趣、高尚人格、热爱母语等的必备品格。

2. 优化选择主题教学的内容

进一步优化整合教材。内容选择以传承中华优秀传统文化、契合儿童核心价值观的主题为导向，在语言建构、思维建构、策略提升以及精神价值塑造等方面达成目标，整体提高语文综合素养。在此基础上，主题教学依据儿童身心发展规律，将社会主义核心价值观编成朗朗上口的《三字诀》，与教材整合。

进一步优选诵读内容及推荐整本书。主题教学有两座灯塔，一座是传统文化经典，如古典诗词、经典文赋等；另一座就是中外经典儿童作品，如绘本、儿童诗、儿童文学经典作品等，引导儿童的涵养走向深厚与深远。每年做推荐书目的修订，如 2015 年师生共同图文创作《丁丁香香的奇遇——清华附小百本书的推荐》。

3. 深入推进主题教学的实施

基于学生核心素养发展的主题教学，不仅在学科内容，更在学科教学上进行实践与创新。主题教学的实施正是在以往"教材解读四步走，课堂实践样态四典型，课堂结构动态三流程，课堂操作四手册，课时设置长短化"的基础上持续推进。

以"课堂结构动态三流程"为例，"预学共学延学"走向升级版。"儿童站在课堂正中央！"儿童带着准备进课堂，课上合作探究，层层推进主题，带着更高的问题走出课堂。动态三流程的升级版聚焦"工具撬动"。用思维导图、实物演练、学具操作、字词卡片等可视化工具，倒逼教师真正"让位"、促进学生"入场"。学生在读、批、画、写、做、思中，激发潜藏在内心的智慧，隐性思维显性化，深度驱动情感，调动学科经验与生活融通，"从黑板教学走向实践世界"，提升主题教学的课堂教学品质，提升学生的实际获得。

4. 逐步完善主题教学的评价

评价是主题教学深入推进的保障。当主题课堂教学聚焦"工具撬动"，聚焦学科育人价值的提升时，课堂评价已在四个值（兴趣值、方法值、容量值、意义值）上加以完善。新课堂观察量表，更为关注教学中是否从学生素养发展、是否在立人的理念下整合学习内容，是否开发了撬动学习活动、提升思维品质与精神创生的学习工具，是否从儿童学情出发解决了学习的难点与卡点。

主题教学课程体系的系统构建，形成目标、内容、实施、评价四位一体的主题教学系统，很好地解决了"教什么、怎么教、怎么评"的问题。以主题整合，优化各学科学习内容、方法及路径，学生在整体的、深度的学习中，提升核心素养。

（三）推进主题教学的实践创生：四种典型样态课程群化

主题教学以"主题·整合"的思维方式，用主题整合单元教学。其教学特征侧重表现在意义建构、深度学习及资源整合上。走向新发展的主题教学采取"理论研究与实践互动"的方式，在具体的课程实践中，围绕一个主题，形成单篇经典、群文阅读、整本书阅读、主题实践活动四种典型样态的精品课程群。

　　课程群的主题，依据学校五大核心素养确定。如：围绕"天下情怀"确定的"立志"主题，以五年级为例，通过下表，将或静或动、或精或略、或单篇或整本，不同样态的学习，统整到同一主题之下，使原本的单篇学习得到整合、篇与篇之间建立联系，密切联系儿童社会生活、情感体验，避免了知识的碎片化，同时对"立志"主题有了深度多元的建构。

主题：家国情怀（五年级）		单元主题：立志
实践样态	课程资源	课题
单篇经典	北师版第九册	《詹天佑》
群文阅读	北师版四年级上册 人教版四年级上册 苏教版五年级下册	《为中华之崛起而读书》 《发愤立志》 《徐悲鸿励志学画》
整本书阅读	主题阅读书单（五上）	《风之王》
实践活动	整合课外资源，生活链接	"读书立志"实践活动

　　单篇经典，是从文本的语言、表达、文化、价值等层面，挖掘文本的原生价值，与儿童生命成长编织起来，去寻找主题教学的教学价值。群文阅读，从"一篇"走向"一群"，往往因整合点选取的角度不同，呈现多角度、多侧面，既提高了阅读总量和阅读效率，更实现学生思维生长。整本书阅读，为学生提供持续的、完整的教育情境。主题实践活动，除了让拥有不同爱好的儿童找到了自己的兴趣点、学习途径，更重要的是，它让主题融入生命的切身体验，在经验实践中促进儿童的解决问题、社会参与、公共道德、身心健康等素养的形成。

　　在"立志"课程群中，"立志"的精神、典型事例的表达策略贯穿整个课程群，呈螺旋形提升。单篇经典《詹天佑》，聚焦立志，在体会典型事例表现人物的作用中，在链接资料与文本互动的过程中，感悟詹天佑的报国之志，激发学生的志向。群文阅读《为中华之崛起而读书》《发愤立志》《徐悲鸿励志学画》则在不同时代背景、多角度的人物形象的群文阅读中，丰富了对于志向的理解和感悟；

在比较典型事例的过程中，发现立志的相同点和不同点，从表达的角度丰富领悟"人无志则不立"。整本书阅读《风之王》，在阅读中，通过阿格巴和风之间的典型事例，感受阿格巴的立志过程以及付诸的意志与行动。《读书立志主题实践活动》让学生了解国内外经典作品中人物的典型立志故事；引领学生阅读经典，感受经典文化，学会从读书中领略人物精神品质，通过读书立志，树立自己的人生理想与信念。

课程群的构建，是基于语文立人思想下指向核心素养的主题课程链。每一个主题，就是与儿童生命成长相连接的必备品格、关键能力。而核心素养的达成，是由一系列深度、持续、完整的课程链条发生连锁反应产生的。主题教学"理论研究与实践互动"，"立志""战争中的人性美"等课程群的构建，就是整个团队自上而下又自下而上种出的一棵又一棵的树。主题教学希望用这样的研究态度与方式，育"树"成"林"。让充满生机的"树林"成为儿童——这群雏鸟——他日鸿鹄展翅的安身立命之家。

小学语文主题教学新发展所提供的思想精髓和实践智慧，为母语课程根深纵远的立人意义提供了新方法、路径，实现了语文学科教育学意义上的新突破。更重要的是，成志教育立人思想的驱动，带动了基于核心素养构建学科统筹的课程群的改革试验，丰富中国的母语教学改革。可以说，这是回应世界教育改革的中国声音！

六、从主题教学到成志教育

2010年，我成为清华附小校长，这促使我的研究方向从学科教学转向学校整体办学。五年来，在与清华附小共同成长的日日夜夜里，特别是借2015年清华附小百年校庆之际，对学校的历史、文化、精神进行系统梳理之后，有两个内涵丰富、形象丰满的大字越来越清晰地显现在我们的面前，那就是"成志"。

从主题教学到成志教育，变的是研究的角度，不变的是对于根植于民族灵魂、弘扬社会主义核心价值观，立德树人的中国基础教育的模式的探索。基于此，新百年清华附小出台《清华大学附属小学成志教育规划纲要》，构建未来清华附小发展蓝图。

2015 年 10 月 17 日在清华附小百年盛典大会上提出"成志教育"

成志教育规划纲要（2015—2035 年）

（征求意见稿）

序　言

在实现国家"两个一百年"奋斗目标和中华民族伟大复兴中国梦的背景下，全面落实立德树人根本任务，培育和践行社会主义核心价值观，深化教育领域综合改革；传承清华大学"自强不息，厚德载物"的文化精神，"顶天立地树人"的育人思想，已成为清华附小的时代使命。

百年立人，百年成志。清华附小从民国初期的"完全人格之教育"到全面复兴时期的"为聪慧与高尚的人生奠基"，始终培养人从小承志、立志、弘志，最终成志。生发于此的已荣获首届基础教育国家级教学成果一等奖的主题教学，始终坚持"立人"思想，聚焦儿童终身发展的五大核心素养提升和社会主义核心价值观塑造，撬动了学校"1＋X课程"的整体构建与实施。传承百年成志教育思想和文化精髓，发展主题教学，践行成志教育已成为清华附小的历史使命。

《清华大学附属小学成志教育规划纲要（2015－2035 年)》（征求意见稿）正式提出成志教育。成志教育，是学校教育的哲学命题。既是学校的办学思想，也是学校的育人模式；既是修订《清华附小成志教育行动纲领》的指导思想，又是学校办学模式创新、课程与教学改革、教师队伍建设等各方面的行动指南。

一、成志教育的内涵阐述

（一）成志教育的发展历程

历史是庄严的洗礼，历史是深沉的教育。历经百年传承，清华附小一直担当着国家、民族赋予的使命，努力为实现中华民族伟大复兴的中国梦尽自己的一分力量。

成志教育内涵是在成志历史的传承与发展基础上确立的。从成志学校建立时期的厚德办学，经历民国时期的文化坚守，西南联大时期的刚毅坚卓，恢复坚守时期的不忘育人，改革开放时期的守正拓新，到全面复兴时期正式提出成志教育。清华附小寻找成志教育的中国意义和价值。

1. 成志学校初期（1915—1937）大师云集　厚德办学

民国初期，清华大学校长周诒春着眼"民族教育独立"，推行"完全人格"的办

学宗旨，创办成志学校。成志学校首任校长李广诚提出"立人为本，成志于学"校训。在梅贻琦校长倡导下由冯友兰、朱自清、马约翰等组成校董事会，学子深受大师们的精神濡染。

2. 西南联大时期（1938—1946）家国破碎　刚毅坚卓

抗日战争时期，黄钰生主持西南联合大学师范学院附设学校工作，依据西南联大校训"刚毅坚卓"，提出"办抗战时期最好的小学"。黄宁等一批爱国少年，从小立志保卫国家。西南联大的成志精神，挺起了中华民族的脊梁。

3. 恢复坚守时期（1946—1976）勤俭办学　不忘育人

建国初期，顾蔚云提倡"勤俭建校，厉行节约"，以博爱敬业、兼济天下的公益情怀，进行"五四制改革"，推进德、智、体、美全面育人。经历文革风雨仍坚守成志育人。

4. 改革开放时期（1976—2000）守正拓新　生机勃发

改革开放时期，清华附小站在"培养学者型教师"的高度，提出公益扶贫，制定清华"大、中、小一条龙"衔接培养计划，一批批师生成志、成才。

5. 全面复兴时期（2001—至今）成志教育　气象万千

新世纪以来，清华附小发展主题教学的"立人思想"，正式提出成志教育。坚持"儿童站在学校正中央"，基于儿童发展的五大核心素养，构建"1＋X课程"体系，为聪慧与高尚的人生奠基。

（二）成志教育的内涵与价值

成志教育是学校的办学思想。指向中华民族文化的传承与弘扬，社会主义核心价值的培育与践行，百年清华附小历史文化精神的延续与教育积淀。

成志教育也是学校的育人模式。综合发挥课程、养成教育、办学机制等的合力育人，使学生从小学会立志，培养兴趣、发展乐趣、进而以此为志趣，展现出健康、阳光、乐学的清华学子的形象，形成终身发展的五大核心素养，最终走向聪慧与高尚的人生。

1. 内涵

"志者，心之所之也"。"志"一是表现为内心所向往的理想与抱负，二是为追随志向而拼搏的意志和品质，三是在二者融合中需要付出的实践和行动。

"成志"，既是精神内涵，又是教育过程。蕴含着千百年来中华民族的文化精髓，

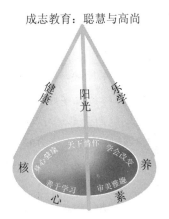

符合青少年学生身心发展的需求。"成志"强调"人无志则不立",育君子之风,养浩然正气。"立人为本,成志于学"体现着清华大学"自强不息、厚德载物"的精神。"成志"强调"夫志,气之帅也"。西南联大时期的刚毅坚卓与家国情怀,砥砺着清华少年,在追求伟大目标的过程中,要坚定信念、吃苦耐劳,脚踏实地。"成志"强调"有志者事竟成"。从最初提出的"完全人格之教育"一直传承到今天"为聪慧与高尚的人生奠基"的办学使命,百年清华附小一直重视儿童的道德修身、人格修养,引导学生将个人的命运与祖国、民族的命运紧密相连。

成志教育,首先做到"承志"——传承中华民族优秀文化传统。培养和谐共处的家庭与社会伦理道德,服务祖国、社会。

其次要"立志"——从小学会立志,把人生最重要的志向同祖国和民族的利益联系在一起,使之成为人生的脊梁。

再次要"弘志"——弘扬中华民族优秀文化,并践行社会主义核心价值观。努力成为未来的榜样,引领社会,引领时代。

2. 价值

成志教育以社会主义核心价值观为引领,始终不变对"人"的关怀,以"成志教育"实现基础教育的"立人"功能,实现对"人"的价值观塑造和道德修养的锤炼。

从国家使命看,始终与国家民族同呼吸共命运。尽管人的志向和人生规划各不相同,但都要在承担中华民族伟大复兴使命的基础上,实现自己的人生价值。

从社会责任看，要实现其"三个引领"的中国意义——价值观引领、课程引领、公益服务引领。努力培养有社会责任担当、公益情怀的公民。

从儿童发展看，既不以应试为唯一目标，也不以所谓素质教育做掩护而无所作为，而是有机实现优异成绩与卓越素养的统一，培育学生的独立精神与完整人格。

二、成志教育的总体战略

（一）指导思想

全面贯彻党的教育方针，坚持依法治教，尊重教育规律，坚持育人为本、改革创新、全面发展、促进公平、提高质量。立足清华大学"自强不息，厚德载物"的文化精神。秉承清华附小"立人为本，成志于学"校训，践行主题教学思想。

（二）基本原则

1. 立人思想

"立人"是教育学意义上的完整人发展的哲学视角，遵循儿童生命成长及教育规律，指向社会主义核心价值观和学生发展核心素养。

2. 儿童立场

教育的出发点是儿童，最终归属也是儿童。学习与儿童生活、生命相联系。儿童学习的需求点和生长点是教育教学真正的起点。

3. 整合思维

整合思维是一种创造性思维。学会运用创新思维、合作思维、整体思维，实现学科教育目标的融合，综合运用课程资源，优化学校组织变革等。

（三）总体目标

学校成志。成为一所有角落、有故事、有意思，令人难忘的、温润的小学，一所有行动力的理想主义、有灵魂的卓越小学。

学生成志。成为一个健康、阳光、乐学，拥有中国灵魂、国际视野，具备"身心健康、善于学习、审美雅趣、学会改变、天下情怀"五大核心素养的聪慧与高尚的清华学生。

教师成志。成为以"选择了清华，就选择了一生的责任"为使命的教师，在今日之爱戴，未来的回忆中寻找自身价值，能够用敬业、博爱、儒雅成就每一个学生，把每一个学生的成长当作最高荣誉。

（四）重点战略

成志教育作为学校纲领性指导思想，指引着学校一切教育工作的方向。围绕成志教育，清华附小将实现构建"两种模式"的重点战略目标，一是清华"大、中、小一条龙"创新人才培养模式；二是基于成志教育的"1＋X课程"模式。重点研究儿童成志发展与教师成志发展。

1. 清华"大、中、小一条龙"创新人才培养模式

与清华大学、清华附中一起探索大、中、小教育衔接贯通，探索学生综合素质教育有效途径与方式，总结具有新时代内涵和中国特色的人才培养规律。

2016—2020年，形成清华"一条龙"创新人才培养模式。

推进清华"一条龙"阅读与体育核心课程。阅读，开展为终身学习而奠基的阅读工程推进计划，对阅读活动的开展、阅读推进的方法、阅读效果的评估等展开深入研究，保证给予清华学子最好的精神食粮。体育，实施教体结合，健康体魄和人格并重的体育特色项目，完善清华体育特长生"一条龙"培养计划，实施足球运动特色学校建设工程，推动足球事业发展。

形成具有清华学生"一条龙"特色的义务教育育人模式，打通九年一贯制，整体育人。战略阶段性规划形成"小幼衔接"和"小初衔接"。包班制全校铺开，实现全员育人、全程育人。形成"小幼—小初衔接"课程体系。

2021—2035年，形成立足世界战略水平清华"一条龙"创新人才培养模式。

形成阶梯式的符合"一条龙"人才培养需求的复合型教师队伍，形成具有清华特色的"大、中、小一条龙"课程体系，建立值得挖掘和借鉴的清华"一条龙"创新人才培养课程资源库，总结具有新时代内涵和中国特色的人才培养规律。

打通义务教育"幼、小、初"三个阶段，聚焦小幼衔接与小初衔接，创建一体化课程体系。革新管理机制，形成清华品牌的国际水平的义务教育集团化办学模式。推进未来学校联盟，打造清华"大、中、小一条龙"的创新人才培养的基本范式。

2. 基于成志教育的"1＋X课程"模式

明确清华附小学生终身发展的五大"核心素养"，系统构建"1＋X课程"模式。

2016—2020年，构建成志教育育人体系，重点发展"1＋X课程"育人路径。

深化清华附小学生发展核心素养目标体系，深度研究成志教育的育人内涵。完善课程的目标、结构、设置、实施和评价体系。总结基于成志教育的"1＋X课程"

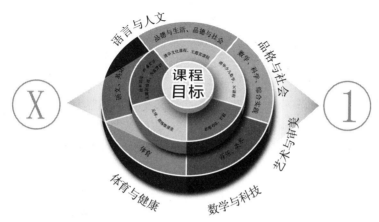

改革实验的基本教育范式和经验。

2021—2035 年，顺应国际教育改革发展趋势，探索民族创新、自主创新的中国教育范式。

总结成志教育思想理论，系统完善"1＋X课程"模式。推进未来学校联盟，探索世界基础教育的中国课程基本范式。

三、成志教育的发展规划

（一）总体规划

未来二十年，成志教育呈现出五大特征：一体化、科学化、民主化、数据化、国际化。一体化，形成清华"大、中、小一条龙"人才战略培养模式；专业化，尊重儿童成长规律，顺应儿童终身学习趋势，为儿童"聪慧与高尚"人生之志奠基；民主化，穿越边界，实现学校、家庭、社区等的联合办学；数据化，建立儿童成长数据库，将信息化、数字化资源融入儿童学习生活当中，形成时代的信息数据素养；国际化，立足中国，形成清华基础教育品牌，进入世界一流小学行列。

2011—2015 年，构建基于核心素养的"1＋X课程"体系，传承与发展百年清华附小中国意义，实现三个引领，基于历史积淀提出成志教育。

2016—2020 年，形成清华附小成志教育育人体系，全面推进"大清华"战略下的基础教育"集团化办学"，探索九年一贯的中国基础教育基本范式。

2021—2035 年，形成根植于中国文化的自主创新的中国基础教育范式，加强国际交流合作，指向人终身学习的全面发展的教育基本模式。

（二）阶段目标

2011—2015 年（第一个五年），清华附小已完成"十二五"规划，制定并逐年修订《清华附小办学行动纲领》，确立了学校"为聪慧与高尚的人生奠基"的办学使命；提出清华附小学生发展五大核心素养，并构建了基于核心素养的"1＋X课程"体系；改造校园文化、革新组织管理变革；梳理百年清华附小的中国意义，坚定了学校的"三个引领"的教育综合改革方向，为提出成志教育的后二十年规划奠定了思想和实践基础。

1. 成志教育的提出与探索

2016—2020 年，确立成志教育基本内涵，初步构建成志教育育人体系。研究其内涵、特征、目标体系，探索成志教育的课程与教学、养成教育、组织变革、校园文化的实施路径。将《清华附小办学行动纲领》修订为《清华附小成志教育行动纲领》，科学定位，全面深化改革、全面依法治校。创建"大清华"意义的"集体团化办学"模式。横向上，办好清华附小商务中心区实验小学、清华附小昌平学校。纵向上，形成幼儿园、小学、初中模式的多样化办学体制，探索"学前＋义务教育"的一贯制教育规律。优化人事制度改革，探索多种组织变革模式；初步构建多层次、全方位、立体化的数智化学习系统。

2. 成志教育的发展与完善

届时建校 120 周年，回望百年成志教育的提出、探索、发展与完善的过程，初步形成了成志教育育人体系，为中国基础教育提供现实范本。

2021—2035 年，发展成志教育思想，完善成志教育育人模式。形成系统的成志教育育人体系，涵盖课程与教学、养成教育、组织变革、校园文化等方面。深入实施清华"一条龙"人才培养战略，加强"学前＋义务教育"的办学实践研究。在未来学校联盟中，发挥主导作用，形成清华基础教育的世界影响力。

四、成志教育的重大项目

自 2015 年起，学校将面向个体的种子育人体系、基于终身学习的数智化学习系统、学校组织变革模式列为重点规划项目，依托清华大学文化及人才优势，发挥学校育人的主渠道作用，统筹课程、办学机制、清华文化等各方面资源，形成校内外整体联动。

1. 面向个体发展的种子课程体系

构建立足全员育人，尊重学生个性兴趣促进成就学生个人与国家相统一志向，具有私人定制特征的种子课程。

2016—2020 年，构建全员育人、全学段育人体系。

建设成志教育导师团，提供创新性人才支持系统。采用整合包班设双班主任，全学科，全过程育人策略，完善基于成志教育的"1＋X 课程"。构建发展儿童多元化潜能的平台，促进教师队伍的专业化发展。

2021—2035 年，完善个体发展的种子课程。

完善全纳的课程体系。推广理论和实践经验，帮助学生发现自我、找到自我，进而悦纳自我，成就自我。

2. 全方位的数智化学习系统

构建与教育现代化发展目标相适应的数智化学习系统，实现儿童一生有用的现代信息素养。

2016—2020 年，建成"网络化、个性化、国际化"数字化终身学习系统。

建成具有附小特色的基础网络化平台，完成软硬件的全面升级改造。建成数字化资源库。完善基础数据库、媒体资源库、公共数据库建设。建成个性化共享平台。

2021—2035 年，建成"全方位、全覆盖、全时空"的智慧化学习系统。

建成全方位的智慧化教育环境。完善智慧实验基础设施建设。建设智慧化教师队伍。建成全覆盖的智慧化资源工程，整体优化教育应用系统。建成全时空的智慧化开放系统。

3. 多种形式的组织变革模式

形成全裕度的发展性教师评价，引领教师用敬业、博爱、儒雅成就每一个学生，打造使命驱动下的专业化教师队伍。

2016—2020 年，优化结构，实现成志教育角色认同。

优化教师队伍结构，提升教师队伍质量，引育结合。"分系列"进行人事制度改革。优化教师职级聘任。索一套教育与教学整合的教师综合发展机制。

2021—2035 年，完善使命驱动下的"人人成志的人事制度"。

完成成熟稳定的聘任机制、科学有效的薪酬制度、完善合理的职级聘任体系、全面系统的教师育成机制、系统完备教师发展评估机制，形成使命驱动下的"人人成志的基础教育人事制度"体系。

结　语

从一所学校，可以看出一个民族的未来；从一所小学，可以看出一个国家的希望。

"士不可以不弘毅，任重而道远。"新百年之际，清华附小会在依然不变的成志教育追求中，继续服务清华大学的世界发展战略，深度推进基于成志教育的学校改革，推广成志教育经验，继续为中华民族伟大复兴的中国梦奋斗，向世界发出基础教育改革的中国声音。

七、主题教学下的哲学思考

（一）做一名有专业尊严的语文教师

现代的傻并不是没有知识，而是对既成知识，不加思考。

——昆德拉

语文教师的专业，如何真正发展？在我看来，最重要的是"找到自己"。即教师要拥有自己的专业尊严。

尊严，是语文教师专业的华彩乐章。

如何拥有？这是值得大家讨论的话题。下面就个人的理解谈谈。

1. 专业自信

教师专业与一般职业相比，所提供的是一种特有的、具有公共情怀的服务。教师是否具备这样的专业底气，是能否提供良好的教育的前提。

怎么办？提高自身。我们动不动说可以通过读书、上网、写随笔等渠道让自己走向"专业化"。通过这些途径，我们究竟要在自己身上沉淀些什么？现在，对于语文教师的要求，不是会写字、会说话，除了具有朗读、写作、书法等更多基本功外，还必须有解读教材和课堂教学的功力。

通常情况下，语文教师的专业知识结构由三块组成——掌握教育学，具备宽泛的人文视野，还要有一定的语文学科专业知识。为了跟上信息时代知识迅速更新的步伐，构建可供升级的基本知识结构，就成了奠定教师尊严的最起码前提。为此，作为个体的你，必须知道什么是教师该做的，什么是教师绝对不该做的；你应该集中精力弥补什么，集中精力改掉什么。也许，这样才能获得一个教师，或者说是"富有使命感的知识分子"的精神气质，从而在更高层次上实现教师专业服务的理想。

具备了这样的专业素养，语文教师才能在学校的大氛围内，对于自己的行为与判断具有自信，以高质量的服务获得报酬，并把服务置于个人利益之上。这是一种境界。就目前看，无论我们是否达到如此境界，首先，教师作为一个"有素养的专业人士"，其主动服务意识是必须要有的。

读过王珏老师的一段文字很受启发——不可否认，通过学历教育、讲座式培训、公开课磨砺、科研训练，教师能够获得长足的专业成长，甚至被送上成功的"快车道"——先是上公开课"一炮走红"，然后被重点培养，最后"教而优则仕"。但，这条显然有点狭窄的成长道路，只给了小部分教师，却可能使大多数教师失去肯定自我的机会。有可能，这样的成长方式所带来的作秀技术、科研时尚、学历主义、官本位等，会"异化"教师们。

作为体制内，基本以这样套路培养起的我——的确有被"异化"或"自我"遮蔽之嫌疑。当然，这种培养教师的途径，可能是一种普遍的，基本的"范式"。因为，我们大多教师需要这些过程——循序渐进，一点一滴地"长"起来。也许，这一教师专业培养路径的确"不可否认"，只是，要提醒的是，千万别"异化"，别"他我"。

其实，教师专业化培养的最好途径是"内升型"，强调教师内在专业精神的成长，鼓励教师自我剖析、自我澄明，建构积极的专业自信。不过，这种"内升型"的底气的确需要教师自觉、自主的学习力，以及个人积极向上的执着力等。

比如坚持读书、写随笔，更重要的是回到实践中积累和反思，捕捉到有利于语文教学的现象，并转化为自己的教学经验，进而，从这些经验中提炼出属于自己的教育理念——这都是形成语文教师个人教育智慧的良好路径。

2. 专业技能

教师既然作为专门职业，必须拥有自己独特的教学技能体系。负责培养和指导教师的教研员或专家不一定都是外行，他们对专业内的事情有所了解，但真正了解你那"一亩三分地"的还是自己。就像自己生了小宝宝，能很自然地谈母爱一样，那些没有生宝宝的，没有体验，只有间接经验的，也许就会空谈和泛化。所以，只有教师自己能对自我专业发展说了算。

如何树立教师课堂的专业技能？一句话，研究教学。除此别无他路。课堂功夫，并不是读书功夫，这就好比"阅读"和"阅读教学"是两回事一样。因此，只要做教师，任何时候，都要学会把学习获得的能量转化为课堂智慧。教师之间的智慧之所以有差异，主要在于对自我的认识和清醒的积极态度。关键是自省，这样就能发现自己的优点所在，问题所在，能发现自己教学的缺陷所在。

纵观今天教师专业成长话题，我们需要反思的是：有没有被功利的课题研究和论文所牵制？是否注重扎根于实践、滋养于读书，用自己的头脑思考，用自己的语言表达自己的思想？是否有了关于教科书以外的见解，并将之体现于驾驭课堂的独特魅力？我们虽然做不到"每日三省吾身"，但这的确应该成为我们努力追求的生活方式。就学习来说，三天不学习自己知道，一个月不学习学生知道，一年不学习同事知道。我们当以"学如不及，犹恐失之"的态度做学问。这才是教师专业成长的核心，也是教师专业自我成熟的标志。

由此，我们的研究不同于学者的研究，还只是一种于实践中反省的智慧，这种智慧的生成，需要理论基础的支持，但不需要在学术话语面前，轻易地自卑或"他用"。

就笔者来说，正是知道自己缺乏"自我"，当然不是没有"自我"，我才追随那些心中的大师向文字中的他们，生活中的他们学习。我发现，他们的"自我"是来自于根部的"底气"，即专业修养与思想情怀。我以前，不好好读书、思考、实践。听了这个发言，看到那个招数，就跟着"照猫画虎"，学些技巧和做法。当然这不是绝对错误，不过，当下我们最需要的是什么？那些让我敬重的大师们，给我触动最大的是——我要更加刻苦地读书＋实践＋反思。梁实秋说："读书永远不恨其晚，即使晚了，也比不读强。"化用他的话，我要说："读书、实践、思考，永远不恨其晚，即使晚了，也比不做强。"渐渐地，自感个人的课堂，越来越走向属于自己独特风格的专业特色。

3. 专业自我

"专业自我"指语文教师独立的思想和人格。考查这一项很简单。仅凭学生对你的喜欢程度就能判别。

具有高超的专业素养的语文教师，对自己的课堂，是能够作明智的判断与抉择的。对于所担负的事情，通常都能全权处理，避免外人的参与甚至干预。

在现实中，我们的教育教学受到了太多的外来干预。教师精神的平均化和板结化，使教师对既有知识很少进行独立思考，不约而同采取了共同立场。这会严重影响语文教师专业自我决断的权力。

为什么你会"跟着风跑"；为什么你会"不知所措"；为什么你会"找不着北"？面对这些，我们语文教师需要从自己身上反观，而不是一味牢骚。因为，改变不了的现实是改变自己。改变自己就是要有独特的思想和独立的人格。

现在，我越来越认识到，只有教师有自己的主观意识，才会对教学效果产生实质性的影响。我成长到今天，可以说有领导的"塑造"。而今，作为教学干部的我，指导年轻教师的课堂，过去也是一点一点地"喂"给他们。要知道，他们的专业自我被我给"自我"了。他们在课堂上的演绎，成了我的"替身"。如此下去，怎能真正培养他们的专业尊严？强硬的被动"接受"，也许你会说，长了就适应了。或者说，"规矩"后便"方圆"了——但，这样的培养模式的确需要深入反思。

只有从内心深处实现高"自我"的教师，才会以积极的方式看待自己，能够准确地、现实地领悟自己的水平和境界。对从事的专业具有自我满足感、自我信赖感、自我价值感，从而表现出对专业当仁不让的意识和信心——而这些，无疑会给学生带来更为积极有益的，甚至是浸润一生的影响。所以，这样的教师，我想，不用担心校长、家长、同事的"说三道四"，他有理由相信自己为学生提供了最上乘的教学服务。

每一个教师专业自我的发展过程，就是实现一个知识分子真正专业尊严的过程。只有如此，才会给自己从教的领域，甚至给中国的教育带来真正的、崭新的希望。

每一个人，都是自己独特的存在。但，共同的是，无论如何要让自己"站立"起来——这是教师专业的真正灵魂。没有专业自我，很难有教师的专业成长。教师专业自主权的获得，虽然可以通过行政或专家的赋权，但更重要的是靠教师自己的实力来争取。当然，每个人的差异决定了每个人成长的快慢。有的教师可以先从外部再到内部深化专业；有的教师内部深化需要外部给予机遇和空间。不管怎么成长，这可能也要根据自己的"发育"而定。最好是内外兼蓄。来不及的话，那就要结合实际，量身定做，怎么让自己提高才是最重要的。总之，要想办法，能"站立"多高就"站立"多高。

下面，我们不妨进行一下自我画像。

（1）专业描述："我是一个怎样的语文教师"。

（2）专业动机：从事教师职业的动机是什么。

（3）专业心态：自身工作境况的满意程度怎样。

（4）专业前景：专业生涯和未来发展的期望如何。

自测后，再结合自己的成绩，想一想，下一步怎么办。也就是思考"我"是什么样？"自"的落脚点在哪里？不然，"我"都没了，还"自"什么呢？

人必须让自己自省。这是认清自己的基础，也是不断超越自我的基石，有自醒为依托的自省，才是有理智的自尊。有专业尊严的语文教师是美丽的。

（二）关于人文性与工具性之议

我认为，语文教材采取主题单元来建构，是一种不错的方式。

在我看来，这种方式的特点有：第一，着眼情感态度价值观等内在联系，进行同质或异质建构（有序组合）；第二，立足于学生生活领域，进行系列语文实践活动；第三，营造对话交流情境，进行思维碰撞，引起质疑、猜测和期待。

主题教材的编写体例不仅可以作为组合教材的一种方式，也可以作为实施教学、改革课堂的一把钥匙。因此，这些年我在实验"三个超越"（即"超越教材、超越课堂、超越教师"）的基础上，进一步延伸，大刀阔斧地开始了"主题教学"的实践。

关键是怎样进行主题教学。主题教学就是重新全面认识课堂教学，整体构建课堂教学。其要义是围绕一定的主题，充分重视个体经验，根据不同主题的特点，充分挖掘可以利用的教学资源，灵活运用多种方法和策略，让学生"入境"，正所谓"入境始与亲"，再通过对重点（最好是经典的）文本的敲打、感悟、反思，感受文本主题的内涵和语言的魅力，我称之为"典范方为范"。在此基础上，引导学生走进广阔的语文天地，进行主题阅读的拓展或者相关的语文实践，丰富学生的积累，扩大学生的视野，所谓"拓展求发展"。在重视过程的生成中，实现真正主题意义建构的一种开放性教学。其优势是学生所学是多方面的、立体的，既有信息资源的获得，又有知识的掌握和能力的提高，还有价值取向的形成，更有语文素养的逐步形成和发展，从而让一个个主题成为学生精神成长的养料，使母语文化能够渗透到学生的人格中去。

有人担心，高密度大容量的主题教学课堂是否会增加学生学习负担？

在当今"珍惜时间就是珍惜生命"的高效时代，主题教学强调课堂的"含金量"，这势必引起学生积极的智力活动和情感活动。因此学生的学习状态不是简单的"量"的重复，或是简单的读读写写，除必须完成的这些规定的"动作"外，更重要的是主动积极、愉悦活泼、参与式地学习。所以，主题教学看似内容繁复，学习起来反而充实与轻松。因此，我要说，什么叫"负担"？只要愿意做的，花多长时间，用多大精力都愿意做的，就不能称其为负担。当然这对老师要求更高，要想容量大、密度高，教师必须准备充足而充分的"饭菜"。如教学《晏子使楚》时，我引入韩信《胯下受辱》一文，进行"同构主题"下的对课文第一自然段中"侮辱"一词的意义升华——同样面对受辱、同样是"看了看"，通过对比，使学生对晏子以国家尊严为重、不卑不亢的做法有了更深入的理解，深化了"尊重"的主题。从课堂教学的效果看，这不但没有成为负担，反而促进了学生的理解。主题教学的内容是在课堂上、在学生的积极参与中，不知不觉地完成的，很多时候，课已尽意未了。因为容量大，所以处理好课内外阅读十分关键。"课内阅读课外化"的不良倾向，要依靠从事主题教学的教师潜心备课才能加以避免。

令人遗憾的是，有些教师对目前使用的北师大版"主题单元"教材缺乏正确的认识，仍然按照"知识体系单元"的形式一课一课地教，让学生一课一课地学，缺乏主题的统整和提升。也有教师对主题内涵认识不够，一味注重形式，丢掉文本间的组合以及开掘。另外，由于教材在编排中，把"语文知识的落实"安排在每个主题单元后的"语文天地""语文实践"中，不同于以往教材，放在课文下面，如"读读写写"等训练项目。这就造成有些教师在学习课文的过程中，没有将语文的工具性学习"融入其中"。

那么，是不是不用主题式教材的教师就没有问题了呢？据我所知，相当数量的教师在使用"知识体系"教材的教学时显得太"热闹"，但热闹结束后什么积淀也没有。原因是语文老师注重形式的花样设计，课件的制作，而忽视了与文本的对话，没有让孩子沉下心来，真正走进教材。可见，一些教师舍"语文"讲"人文"，板子不该完全打在主题教材上。我们不能将人文的问题想得太简单化了，不然1997年前大家大谈语言训练的时候，又何来的"丧魂失魄症"？

对于教材的编写体例和样式，应该允许百家争鸣。主题单元的形式也只是多种方式中的一种。我也希望可能有其他编排方式，如以题材形式，以"语言的感觉"，以"点亮语言的灯"等形式编排。参差多态，就会百花齐放。世界上没有包治百病的教材模式。目前我正在探讨主题教学，我们能预见到未来的主题教材也会被新的理念所发展，甚至代替。因此，无论是主题样式还是其他样式，所要发挥的是自己的特色，弥补的是自己的不足——而这，就要靠使用教材的教师。作为一名实践型的教师，怎样更好地根据小学生的认知特点来合理使用教材，设计课堂流程是最关键的。

比如，对于"文质兼美"的课文，高明的教师会带领学生怀着虔诚的心情走进文本，细细揣摩文字的魅力，既跟着作者的情感世界走了一趟，也能在经典的语言文字营造的意境中得到陶冶和升华，从而构建学生精神成长的摇篮，而不仅仅是学会语言文字。

对于有点缺陷的课文，高明的教师也会"变废为宝"，要善于经营文本，用补充或修改等手段"美容"教材，继而丰满文字的形式美和艺术美。

有了以上的本事，教师就不会死守着教材。我们完全可以大胆创造，甚至还可以发展经典的内涵；引领学生"经营"句式和文本结构，去补白，延伸，演示……

从而模糊和消解主体和客体、作者和读者、教师和学生之间的界限，以一种开放的形式展现一种流动的美。

想起周益民老师教学的《只有一个地球》。这是一篇很有时代感的文章，却谈不上经典。教学之前，周老师事先让学生查阅大量资料，带着阅读期待和经验走进课堂。对一些好的词句引领学生进行"咀嚼"不谈，下面重点谈谈他对课文一句话的处理——"因为人们随意毁坏，滥用化学品，造成了一系列生态灾难，地球有限的矿产资源正面临枯竭。"这句只讲了矿产资源的枯竭。教学时，周老师要求孩子结合收集到的材料，也用上面的"……因为……"的因果句式说明其他资源的情况。于是，学生们纷纷谈道：因为滥砍森林、滥垦坡地，长江的秀色正被滔滔黄水代替；因为我国土地沙化严重，沙化的速度相当于每年损失一个中等县的面积；因为大气污染形成了酸雨，使得植物枯死，湖水变质，建筑物严重损害，成了"石头的癌症"……这样做，既进行了语言训练，又丰富了课文内涵。

学生畅谈之后，周老师和学生伴随着音乐，诵读了黎巴嫩著名诗人纪伯伦的《田野里的哭声》——我听到溪水像失去儿子的母亲似的在号哭……我又听到鸟儿仿佛号丧似的在唱一首悲歌……一只小鸟走近我，站在枝头上说："人将带着一种该死的器具，像用镰刀割草似的把我们消灭掉……"诵读完毕，全场一片沉默……

收集的相关文字材料是不是语文？补充纪伯伦的《田野里的哭声》是不是语文？模仿书上句式表达感情能分清哪是工具性，哪是人文性？如果说周老师用"人文"的方法来"教"语文，那么学生则正是通过体会"人文"而享受到了"语文"之美！由此，引起我进一步思考的是——今天的学生需要怎样的语文？今天的时代呼唤怎样的语文？周老师没有就课文本身进行枯燥的分析，恰恰抓住了文字里面的东西，为我们打开了时间和空间的界限，让我们在文字中感觉到了地球母亲的心跳，地球母亲的呼吸。因此，在学生的心里，地球已经不再是地球，地球是母亲，是人类的母亲，是可爱、可亲、无私、慷慨的母亲——语文在这里生成火种，激起的是学生无限的想象、豁然开朗的顿悟、情思勃发的智慧。

也许，音乐的伴奏不属于语文的范畴，但在高素质的教师眼里，不会因为它不姓语文而把它拒绝在语文的课堂之外。当然，这些需要以"语文"为前提。要更新对"语文"的认识。语文课不仅仅是语文。没有语文的语文课是舍本逐末，只有语文的语文课会味同嚼蜡。

目前，有些教师大声疾呼：语文课已经没有了"咬文嚼字"，语文成了其他学科的伴娘。也有专家特别强调——"只有以课文的言语形式为纲，自觉而明确地指向提高学生正确理解和运用语言文字的能力，才是真正的语文课。"

说了这么多，症结还是"工具性与人文性如何统一"讨论的热点。我的主题教学中，达到工具性与人文性的有效统一是教学的应有之意。主题教学的工具与人文是互动双向的，人文关照工具，工具负载人文，就像一枚硬币的两面一样，是不可分割的整体，这就是体现哲学意味的主题教学特色。因此，主题教学从不缺乏对语言文字的品味与涵咏，它不仅是掌握一种交际工具，更是一种人的生命活动，情感活动和心灵活动。

主题教学在强调人文性的同时，也强调语言的工具性。人文性多么强烈，工具性就多么深入。任何思想、感受，都不会只有一种表达方式。语言自身绝不仅仅只是表达的"工具"。我们不是想好了什么再用语言表达，而是你的"想"，就离不开语言；你用怎样的词语来"想"，你就达到了怎样的高度；你能用多少词语来表达，你的精神就有多么开阔。如《村居》一课的教学过程中，对诗眼的把握，对"溪""媚""卧"等的推敲；让学生以"村居"里的一家人或诗人的身份对"村居"的生活谈自己的看法，表达自己的心声，不仅仅是引导学生理解古诗内容，推敲词语，还从文学的高度再造"村居"形象，以期升华《村居》的意向，从而更好地为引向"安居乐业"这个意义服务。总之，围绕特定主题进行的教学，就像一曲优美的充满了人文性的旋律，而与之交融一体的工具性，也不再是脆弱的断续的音符，人文与工具，将共同演奏出富有生命的语文激情。

现在，"本色语文"等呼吁确实有其合理之处，但是真理往前多走一步往往就产生了危险。这种忽略言语精神的认识如果走向极端，将助长工具主义的回头。任何的形式离开了内容仅是无生命的空壳而已。说得极端点，倘如此理，我们的语文教材何须劳师动众殚精竭虑遴选佳作，按照"常用几百句"之类编排有体系的语言练习足矣。但如果语文的最后落脚点停留在"写了什么""怎么写的""为什么写""这样写的好处"上，必然又回到几十年前语文教育的死胡同里。我不希望我们的语文教学背离了今天儿童的天性，放弃语文的灵性，让儿童在语文的牢笼中，受尽文字的折磨。

就语文自身特点来谈，梳理 20 世纪语文的概念，我们发现，语文自从被分科以后，从历史到今天，根本不是简单的学科，它不同于数学和物理之类。我们必须用超学科的观点看待当今的语文。因此，我们在思考语文定位的时候，是站在语文本位来谈，还是从学生的学习本位来谈，甚或在整个民族大文化背景下谈？我们最终的语文价值取向是从精神文化层面关注、促进学生的学习与发展，还是就语文而学习语文？这些都值得我们深思。

看看我们的语文课堂：孩子们很难"静下来"，带领他们把玩语言时，孩子们显得很不耐烦……坐不住板凳的他们基本患上了"多动症"。中小学生本来需要花大量时间感悟语文，但由于多学科的学习压力，再加上语文课时的减少，更有学语文时的急功近利和浮躁，使语文学习处于危险的边缘。凝神静气读书已经很难做到。恐怕像贾岛、韩愈那样静心苦吟"推敲"的佳话将成为绝唱。因此，课程标准中规定的阅读量，以及写字、写作等要求要真正落实，并不是那么简单。

面对孩子们经受的各种冲击和诱惑，我们真该好好想想，现实状态下的语文教学的路到底该怎么走？

孩子们学习的是母语，有别于一般的语言技能学习。因此，我认为，关注言语形式重要，但绝不能仅仅关注言语形式。不管是从内容入手，还是从形式入手，目的都是基于语文，着眼于学生的语言与精神的发展。社会大背景造成的浮躁改不掉，我们只好从学生的角度，抓住他们感兴趣的，抓住学生的"魂儿"（主题），使其情感精神有了"定力"，也许，这可能是语文学习的一个前提。借助于主题让学生觉得原来语文学习和自己的生活息息相关，原来语文学习并不那么枯燥。在学生入情入境的情况下，再来进行语言的学习、推敲，同时又是情感的深化、思想的磨砺，这就好像每一出戏剧的引子，每一个风景点的引道一样，先把我们的孩子从声光色的世界里引进语言的殿堂，至少让他们对于母语魅力的感悟比以前会深刻、细腻得多，然后我们仍旧借助于主题给学生指出一个个路径，让学生有可能走进更多的作家、更多的文本，进行更丰富的语文实践，他们的收获也会大得多。

现在，我的主题教学的理念与实践还在继续探索中。虽初见成效，但，也许还不是一条更科学或更合适的路。摆在我和学生面前的可能还是一个黑匣子。但，作为一名语文教师，有责任保持一种思索：在各种冲击和消解下，在各种侵蚀与诱惑下，我们的后代身上会有多少民族语言的灵魂及精神的血液？我们语文老师该为此做些什么？

（三）试问内容与形式间的行走

1. 失去目的的质疑

近几年来，许多教师在自己的课堂教学中增加了"质疑环节"。以体现学生的主体地位和教学过程的"有的放矢"。这些都是令人欣慰的。但是，同时出现的低效率、低质量的"兜圈子"现象，也应当引起我们的警醒。

（1）虚晃一枪，两张皮。

今天听的是《瀑布》。在第一课时的最后环节，学生一连串提出好多问题，比如，"好像叠叠的浪涌上岸滩"中"叠叠"是什么意思？"万丈青山衬着一道白银"中怎么说是"白银"？"一座珍珠的屏"中"珍珠"是什么？面对学生提问，教师的姿态只是倾听、点头，态度极其和蔼。待学生都问完了之后，教师说，很好，下节课我们一起解决这些问题——为什么不趁热打铁而要留到下节课？等到了"下一节"，学生的兴奋期已过，解疑的意义就不太大了。同时让我更担心的是：在下一节课，热情已经冷却的，可能不仅仅是学生，教师很可能不再理会学生的提问，还按照自己的固有思路教学。

（2）明知故问，走形式。

学生质疑主要有两方面意义：一是使教师清楚学生学习的难点、疑点，进行有针对性的教学，提高课堂的效率。二是帮助学生深入理解课文。但是，我发现，好多质疑就是注重形式，走过场——为疑而疑。

"看到题目你产生了什么问题？"这是我在另一节《瀑布》课上听到的发问。学生根据平时教师引导的习惯，开始了动嘴不动心的所谓质疑。"为什么写瀑布？""怎么写瀑布的？""瀑布是怎样的情景？"其实，这样的质疑纯属明知故问，是服务于老师的思路的。试想，我们每一个人在阅读的时候，看到题目，如果感觉吸引人，就会很自然地阅读下去，怎么可能"停"在那里，思考"写什么"，"怎么写"，"为什么这样写"——即便有，也只能从阅读中寻找答案，而不是坐在那儿傻想。

（3）水上浮萍，不到位。

高质量的"问"，应当是开山的斧子，深耕的犁杖。学生质疑水平的不同，其实正反映了教师教学和引导能力的高下。如果学生的问题仅仅停留在"这个词语我不懂""这个句子我不明白"上，我们教师就该好好反省自己了。对字、词、句进行解释，这些疏通性问题，不应该成为课堂质疑环节的重点。研究性、鉴赏性、评价性的问题，才应该成为教师学生质疑、探索的方向。

还说《瀑布》。有些学生质疑："白银是什么东西？""我没见过珍珠，珍珠是什么？"这些问题，作为四年级学生，应该事先查字典或者用其他办法解决，教师不该为它们消耗太多的课堂教学时间。学生真正应该思考的是这样一些问题——为什么远望，仿佛千丈青山衬着一道"白银"？这里作者怎么不形容是"珍珠"，而在近瞧时形容"站在瀑布脚下仰望，好伟大呀，一座珍珠的屏"呢？

要理解这些诗句，教师就需引领学生反复朗读，深入体会：远望瀑布，颜色灰白，而且色泽发乌，不透亮，就像白银一样，一种朦胧模糊的美。当近在眼前，瀑布一颗颗水滴宣泄下来，在阳光的照射下晶莹剔透，五光十色，像一座珍珠的屏，美丽极了！这样，质疑才能达到应该有的目的，而不是仅仅停留在课堂上学生理解的时候说的"白银比白色好听"的层次上。

（4）千篇一律，不可取。

在实践中，好多老师设置质疑环节的最终结果，是教学以失败而告终。回顾自己，我也出现过这样或那样的问题。比如，学生质疑，我跟着跑。教师放弃了主导作用，而且教材被肢解，成了支离破碎的问题课。

《瀑布》，这么短小优美的一首诗，学生却提出那么多、那么碎的问题，让老师一一解答。我想，这绝对不是叶先生希望看到的。所以，我觉得，这篇课文不必质疑，一旦质疑，诗的神韵就"散"了。应当让学生在声情并茂的朗读中，反复感受瀑布和作品的整体美，即便对个别的词语不理解也不必"较真儿"。无论如何，对于语文教学而言，深而真的"感受"永远比细而碎的"懂得"更重要。

2. 课堂不是竞技场

这是一年级的汉语拼音课。

迈进学校还不到一个月，孩子们的脸上写的满是天真与快乐。看到我们这些陌生人坐在后面，一个个转身仰起脸看着我们，一副好奇的样子。

教学内容是"b、p、m、f"四个声母。40分钟里，四个声母从发音的训练，到"b与p"的写法比较，到"m和f"的联想，可以说教学内容完成得不错。

不过，引起我注意的不是老师讲课的内容，而是老师课堂上的"评价"形式。

这位老师总是叫前面的几个同学发言。也许高高举起的小手，不停地在老师眼前晃动，遮蔽了老师的视线，忽视了后面的孩子。反正，后面大部分学生，一次发言机会都没有。尤其是被叫起的学生，自然就得到老师奖励他们的小红花。整堂课，小红花的发放，成了评价学生的尺子。

由于小红花的吸引，孩子们争先恐后，课堂很活跃。从整体气氛看，四个声母的"音"、"形"基本掌握。那些没有得到小红花的孩子呢？也许这几个声母全部学会，只是不时唉声叹气，不过，他们的表情告诉我们，脸上依然写着渴望，希望老师能开恩"一望"，叫他（她）一次，奖他（她）小红花，哪怕是一朵。

下课前，老师统计有多少同学得到小红花，结果40位学生中，有20位两手空空。虽然统计的目的是让这些学生翻过背面，再读读红花上的声母。岂知这20位学生根本没有心思读同桌小红花上的声母。孩子们想要得到的是小红花，对于这堂课应该干什么没有想过。

得到小红花的呢，难道因为这样的鼓励就牢牢地把"b、p、m、f"学习扎实了吗？他们眼里流露出得意的神色，课上他们手里就拿着小红花左看右看，接下去要学习的内容，以及其他学生的发言，根本顾不了。下课后更是爱不释手，只欣赏自己得到的小红花。除了小红花，其他早已抛到九霄云外。

是"小红花"刺激着学生，而不是学习本身。

真所谓旁观者清，当事者迷。自己的课堂，不也是看哪个同学在我眼前手举得欢，就习惯地叫哪个同学，而且总是夸赞或奖励这些同学，那些没有得到发言机会的，或者那些不愿意发言的学生，我关注过吗？

除了课堂，甚至中午吃饭时，为了让学生吃得快、吃得饱，我曾规定这两条做得好的前十名，就奖励小红花。孩子们为了那朵小红花，个个狼吞虎咽……幸亏我发现了，及时调整。学生的饭吃得是"正常"了，可小红花却一直发着……

一节课这样，一天这样，一星期这样，长此下去，那些被忽视的学生，没有得到小红花的孩子，自然也就失去了表达的机会。长此以往，麻木的不仅是他们的表情，更可能是学习的那根弦儿。再想想，前排的学生总能得到小红花，难道获得的真的是一种健康的自信？当小红花成为学习的目的，后果会如何？

坐在我旁边的孩子叫柏杉，在整堂课上都积极举手发言，遗憾的是由于她坐在最后一排，老师看不见，所以就没有得到小红花。在讲怎样记住声母的时候，有个学生结合图画，讲"m"就像两个小门，老师夸她会利用插图记忆这个声母，方法不错，于是就送她一朵小红花——其实，柏杉在下面也是这样自言自语地讲，只是没有机会站起来当着大家的面回答罢了。

临走，我在这个女孩的本子上写了一句也比较"俗"的话：你也是最棒的！她看了看，指了指不认识的"棒"。当我把这句话读给她的时候，她咧开嘴笑了。有意思的是，她塞给我一沓山楂片。我说什么也不要，可她硬是把它按在我手里。

走廊里，有两个没有得到小红花的孩子向老师索要。

"老师，你给我一朵呗。"

"那能行吗？你要在课堂举手发言才能给呢！"

"老师，我举手了，你不叫我啊！"

……

刚上学，他们可能还没有"羞耻心"。我敢说，一年之后，这俩孩子绝对不会这样"厚脸皮"了，但到那时，他们还会像这堂课那样一直把手举得高高吗？

想起前几天听"创新杯"教学大赛的 28 节课。课上依然存在着"小红花的奖励"。由于掌声不断——课堂总是有"噪声"干扰。看到教师到学生面前送小红花，或者学生到讲台前拿——课堂师生总是"来回走台"。有位教师讲"交通工具"。只见该教师的黑色毛衣上布满"人行道""汽车""红绿灯""指示牌"。我们当时惊叹这位老师的"时装"真是光怪陆离——没想到，老师在讲课的过程中，看哪个同学表现好就从身上取下来一个"交通工具"送给同学作奖励。当最后讲到老师后背上的一辆"小汽车"时，老师无法拿，是同学们上前帮助才拿下来。至此，黑毛衣才"消停"下来……

类似小红花的鼓励形式比比皆是。比如老师动不动就在孩子的脸上贴上一个小星星，动不动就"你真聪明！""你真棒！""大拇指夸夸她（他）！"廉价的赞扬，毫无节制、随随便便塞给学生，这种泛化的、拔高的"评价"，最终飘起来的、鼓起来的，是学生自我膨胀的、骄傲的、不能正确认识自我的心。

"小红花"的背后是什么？

任何时候，形式都必须为内容服务。通常，我们语文教师把奖品送给胜利者，送给我们看来突出的学生，这没什么。这个原则在成年人的世界里是行得通的，但孩子毕竟不是成年人，课堂不是社会竞争，更不是竞技比赛，没有谁是失败者。每一个学生都需要鼓励和抚慰，这一点没错。对于那些通常在老师眼里不积极的学生，还有经常被我们忽视的后面的学生，更应该得到鼓励。

我们没有权利用成人世界的胜败、积极或不积极之类的原则去约束他们，评价他们。相反，我们语文教师要做的最好办法是，尽量用客观的"语言文字"激起每一个孩子对学习和未来的热情，激起他们对荣誉的尊重。因而，如果用形形色色的"小红花"，在骄纵了一部分学生的同时，也伤害了另外一些无辜的学生，那我们的动机无论怎么美好，内心还是要充满愧疚的。

可以肯定地说，尊重每一个学生是教师从事教育教学的第一原则。孩子没有差距，有的只是差异。无论什么样的学生，都有受人尊重的权利。但是，我们往往用看似公正的评价形式，掩盖了对学生真正的理解和关怀的缺失。许多班级的墙壁上，因作文写得好，得到一串串小红花；因字写得漂亮，得到一排排小红旗，对于那些榜上有名的孩子来说是荣耀的记录，可是对于表格空白的学生来说，恰恰是他们难过的记录。当"六一"儿童节表彰一些孩子的时候，这无疑也同时是另一些孩子的耻辱日。

在平常的教学中，我们有太多太多的没想到。没想到一个漫不经心的表扬，会对另一些孩子的幼小心灵造成伤害；没想到一朵奖励的小红花，会让另一些孩子蒙上难以磨灭的阴影；没想到一次不公正的评比，会让另一些学生种下刻骨铭心的痛苦。

因此，不要仅仅以竞技的原则发放小红花，或者说不可将竞技的奖惩原则过早地引入到小学生的语文，以及其他学科的学习中。小红花固然可以是对优秀者的奖励，同时也该是对那些暂时落后或者不积极学生的鼓励。

更形象地说，课堂就像一棵能开花的大树，每一个学生都是大树上的叶子，都需要阳光和水分。我们语文教师要想到，面对这一个个等待滋润的孩子，不论智力的高低，应该怎样得到你温暖的呵护或照耀，从而让每一个孩子的心中都开出属于自己的鲜艳的花儿，而不是阴暗角落里的毒蘑菇。

孩子的心是透明和脆弱的。小心轻放，这是我们语文教师，不，是所有教师为师的底线。

（四）且看学生的生动与心动

经过这么多年的学习实践，语文课堂教学确也出现了可喜的改观：满堂灌、重道轻文、教师中心、肢解课文等现象已淡出课堂。可是，我们也看到，事情有朝另一个极端发展的趋势，也就是说，在不少教师那里，一味地跟风学招，正在使语文遭遇窘境。这种态势如果不及时加以纠正，势必断送十多年来语文教学改革的成果。

1. 场面生动的爆棚

在一次全国性的教学观摩活动中，我有幸听了——不，"看"了十几节课——但见一个个年轻人站在讲台，犹如演员一般：她（他）们形象姣好，表情丰富，声音抑扬顿挫，课件精彩纷呈，吸引了学生的注意，也吸引了听课教师的眼球。热闹之后，曲终人散，回味所见所闻，个人感觉大多是生动而不是心动。

《棉花姑娘》一课，教学形式很丰富，唱、演、读、猜，一应俱全，学生也很开心——开心得都有些不合时宜了：棉花姑娘已经"病恹恹"了，可教师却没有抓住这个词引导大家体会棉花姑娘的痛苦，导致表演课本时，"棉花姑娘"们绽开笑容，露出可爱的小白牙，嘻嘻哈哈地展示自己的"病恹恹"。

教学《秋天的怀念》，师生问好之后，教师一开口就动情地介绍本文的作者——史铁生。学生呆呆地听着。教师没有让学生事先查资料，或者引导学生找来课文出处——散文集《我与地坛》中的其他文章来读一读。试想，仅凭老师的简单介绍，学生怎能真正理解这位残疾作家的当时心境。学生如果没有情感储备，课堂上自然难以实现高峰体验。整个课堂，结合课件，教师作了动情的引导和启发，学生被动地接受牵引，由于缺乏感受，回答简单空泛。当教师引入《我与地坛》片段，进行大段的旁白时，学生的表情茫然。结果，"怀念"落了空。

教学《山行》时，整堂课教师围绕"诗与画"的教学形式展开。于是课堂开始了配画—议画—改画—添画的教学流程。几乎从头到尾，学生眼睛看的是画，心里想的还是画——画是为诗服务的，可是整整 40 分钟，学生只朗读了几遍，也没有背诵。可想而知，最终学生悟出的"诗"意有多少呢？

综上所述，我发现青年教师注意外在的东西太多。眼睛睁得很大，可学生却没有找到被感染的理由；眉头锁得挺紧，可学生却觉察不到思考；声音真是好听，可学生却没被打动。教学效果反为过分花哨的形式所累。

所以，教师自己首先要静心，要钻进去，潜下去，积蓄内力，然后才有可能引领孩子亲近课文。教师自身情感准备不足，自己没有被美文陶醉，就不要进课堂。情感不是可以做出来、演出来的，它是内心充盈时候的自然外溢。

　　但《一个中国孩子的呼声》一课，还有些感动。这是一位其貌不扬的教师，他的语言声情并茂，眼神蕴含丰富，深沉却不乏激昂，起到了激发和点燃的作用。究其原因，就是教师以自己的动情、动容感染了学生。课文讲的是雷利，一个北京二中的学生，在 1996 年 11 月 8 日写给联合国秘书长加利的信。作者讲自己失去父亲和家庭幸福的痛苦，讲战争对人类和平的威胁，呼吁国际社会要停止战争。

　　40 分钟的时间，教师对待课文，不是浮光掠影地潇洒走一回，而是引导学生反复揣摩：默读—思考—想象—朗读。没有小组合作学习式的热烈讨论，没有多个回合的问答。我们看到，教师适当引用教学资源来升华课文表达的情感。比如大量的战争死亡数据：1991 年，海湾战争，12.5 万人死亡；1994 年，卢旺达事件，50 多万图西族人被杀；1995 年，阿富汗战争，5 万人死亡；1999 年，科索沃战争，65 000人死亡，几万人致残；2000 年，"9·11"事件，3600 人死亡；2003 年伊拉克战争，几万人死亡。1948 年至今，有 1600 名联合国维和人员壮烈牺牲。读着这些数字，学生们不能平静了。

　　紧接着，把这些感受送入"和平"二字。那是爸爸张着的嘴呼唤的"和平！和平！和平！"教师让学生带着感情进行反复朗读，引导学生联想到，每一个"和平"仿佛在向制造战争的人呼喊，向发动战争的国家呼喊，向一切侵略者呼喊……学生们在发言中这样表达：一个人的死，影响的是一个家庭，千千万万个人的死亡，就是给千千万万个家庭带来不幸！当画面上出现因为战争，母亲失去儿子，妻子失去丈夫，孩子失去父亲……那痛苦不堪的表情时，学生们情不自禁朗读课文最后一段："让 21 世纪那已经能听到的脚步声为战争敲响丧钟，让明天的世界真正成为充满阳光、鲜花和爱的人类家园！"这声音响彻天空。听着孩子们铿锵有力的呼喊声，我流泪了……"和平"这一主题深深地烙入心中。

　　"夫缀文者，情动而辞发；观文者，披文以入情"，《文心雕龙》所标识的高度，在这样的课堂里，学生有望达到。"作者思有路，遵路识斯真"，叶圣陶所说的道理，在这样的课堂里，也看到了实践。

　　这才是教师真正的课堂。这课堂仿佛是农民在田里种地，工人在工厂做工一样自然实在。当然这位教师的教学远远高于农民种地，工人做工。因为他懂得，自己面对的是活生生的人。因此，他的自然不是表演。面对真实的学生，我们必须用真切的行动、真诚的话语，在每天生活的课堂里播撒一颗颗爱心的种子，用真挚的感情，在课堂的每一分钟创造爱的永恒，用真实的心灵，在课堂里体验生命的增值和律动。

2. 出离语文的学生之动

（1）简要说明。2003 年 11 月 5 日晚，中央电视台 10 频道"当代教育课堂"栏目组邀请北京师范大学基础教育课程研究中心副主任康长运和我作为嘉宾，点评两节"一课两上"形式的语文课。以下记录的只是"谈话"的片段。

（2）特殊背景。1996 年，大山深处的贵州省遵义市农家小学和东海之滨的浙江宁波万里国际学校成为结对学校。2002 年 4 月，农家小学教师来到万里国际学校取经。2003 年 9 月，宁波万里国际学校的部分师生来到农家小学回访，并进行了部分学科的教学交流。聚焦这次活动的特殊形式，是同一个年级，同一个班级，同一篇课文——四年级的《燕子过海》。

（3）教学片段。

片段一：教学伊始，遵义老师根据学校现有条件，结合班上同学没有见过大海的情况，找来大海的录音，让学生倾听感受大海波浪滔天的声音。万里的老师带来了多媒体课件，伴随着《大海我的故乡》画面展示了广阔无边的大海。

片段二：教学燕子过海的情境时，遵义的老师让同学们模仿燕子飞行的动作，体会燕子过海的艰辛。她还绘制了一幅画，让孩子们把亲手画的燕子贴到图上去。万里的老师通过朗读"天连水，水连天，望也望不到边"，让学生了解海的"无边无际"，接着理解"燕子过海"的段落——他也让学生体验燕子的飞行，还让电脑里的"小博士"介绍了航海知识。最后，老师亲身示范，声情并茂地朗读课文。

（4）对话场景。片段看完了，主持人胜春让我们就这两堂课谈谈感受。

以往的课堂有"显性"目标，不是写在黑板上就是呈现在学生面前。教学的手段和教学过程都紧紧围绕这些目标来抓"落实"。教师的确教得实，可是总感觉教学的维度过"紧"。刚才呈现的是动态生成的雏形课堂。无疑两位教师开始有意识用新的课程观、教学观来建构自己的课堂。比如，教师想尽办法，采用听录音、看画面、画图、表演等手段，激发学生学习的积极性。为了让学生"体验"课文内容，学习燕子在海上飞行一段时，教师让学生表演燕子在"海上飞行"……自然，课堂中就会有许多无形的、开放的"元素"在潜移默化地生成着，内化到学生。

可见，随着改革的推进，无论是农村教师还是城市教师，都在具体的教学行为中开始有意识地体现着相关理念，以达到尊重个体、激发兴趣、唤醒潜能、升华情感的目的。

（5）几点思考。

第一，教学手段要符合学生的身心发展特点，切莫"同一种调调"。城市教师采用的手段很城市化——和孩子一起演唱《大海我的故乡》。西部的农家孩子虽然唱得整齐，但难免有"有备而唱"之嫌。教师如果从歌曲导入，可否从儿童歌曲《小燕子》唱起，或在结尾倾听《大海我的故乡》。西部老师的手段很乡土化——自己画了一幅大海图，让学生把画好的燕子贴上去，这一环节是否有低化学生之嫌？每一只燕子都一模一样，学生只是上前贴一下而已，要想体现燕子在大海中艰难飞行，怎一个"贴"字了得？

第二，教学中要处理好手段为目的服务的关系，切莫"为动而动"。片段中，我们看到的大多是师生的表演——西部老师的学生站在黑板前，同学们有的排队"扇动翅膀"，有的趴在讲台上来表现教材中的"有的燕子停止了呼吸"，有的表演"燕子伏在甲板上休息"，有的表演"有的燕子又展翅起飞了"。我们看到的是一只只"小燕子"满脸微笑地表演，怎么会体验到燕子飞过茫茫大海所付出的艰辛呢？城市老师采用的是多媒体课件，画面中用"小博士"的形式介绍燕子海上飞行的知识——不如老老实实回到课文里，好好体会教材中"不分昼夜地飞呀飞""燕子太疲倦了""水手们用崇敬的目光……把躺在甲板上的燕子轻轻放入大海"等让人感动的词句，来实现真正的语文学习。

怎样上出"语文味"？这的确是我们首先要考虑的。如何让学生走进文本，品读课文语言，理解文字背后的广大空间？遗憾的是，我们总喜欢把它们部分地还原为生活图景。这样既扼杀了学生的想象空间，又简化了作者表达的情感和场景。

第三，教学理念必须真正转化为行为，切莫"涛声依旧"。教学结束后，屏幕出现了记者采访教者的镜头。西部老师谈得头头是道，说自己一开始采用的是"破题法"……这说明教师在做教学设计的时候，是有想法的。片段结尾，老师还说"没有教不好的学生，只有教不好的老师……"也许这位教师很紧张吧，课堂上没有看到她一次笑容。这既是对学生关注的不足，也是缺乏自信的表现。城市老师也畅谈自己在教学中如何抓住文章的情感，唤起学生的情感体验，充分体现课文中的人文内涵，可给人的感觉是教师在"告诉"。比如，在教学课文的重点部分时，老师用自己的朗读代替学生的体验。如果把朗读的主动权给学生，让学生读出自己的感受、滋味，这样，学生就不仅仅是一个欣赏者，同时也成为美的再创作者。实际上，从片段展示来看，学生并没有真正地"动"起来，在"弱智化"的热闹中，文本的魅力并没有内化到心智。

在课堂教学中，我们当然需要学生的"动"，但我们要永远记住，动只是手段，动的目的在于引导学生进入课文，进入语文——从而达到在语文的朴茂山林里静心吸纳、潜心修炼的美好境界。

如何才能让课堂焕发活力，充满智慧，成为师生生命意义增值的所在？——"天连水，水连天，望也望不到边……你可知道，在到达目的地以前，它们飞过大海，是多么辛苦，多么艰难"。任重而道远的是过海的燕子，也是我们这些语文教师。

（五）教学的觉醒：拥有面对文本的力量

备课是复杂的心智活动，其话题涉及方方面面，自感说不全、道不尽。这里仅谈有关"备"教材的些许感想。下面以《游园不值》为例漫谈教师的"备课"。

1. 我思故我在

曾几何时，我认为教材的含义就在教参的规定中。十多年间，我的教学忠实地执行着教参的"规定"。至今我也虔诚地相信，这些"规定"也确实是经过反复斟酌、谨慎地呈现在我们这些教者们面前的。

然而，年复一年地从教参中"获取"，然后再想方设法将聚集到的知识信息传递给学生，即便对教参中观点不合理或并不适合当下学生的部分，也给予盲目的遵从，时间一长，我就发现，独立思考竟然成了一件极端困难的事情，思维和情感几近机械地模仿与照搬。"依附于某种意识形态或某一批评潮流，语文教师从来不敢用自己的心灵'直击'课文文本，靠着教师教学用书和所谓的'集体备课'将个人变为'我们本位'的代表……在'我们本位'的教师面前，学生除了诺诺连声、唯命是从和接受教诲外，哪里还敢有自己当下的阅读感受？"（崔茂新的《个性化阅读：代表一种文化力量》2006 年 6 月 8 日的《中国教育报》"读书周刊"）。试想，教学如果仅仅停留在没有独立"思想"的安静的技术性操作的角落里，必然失去生命的光泽与活力。

追求"有思想、有情感"的教学，这是寻回自我的开始。从《朋友》《落叶》《圆明园的毁灭》《秋天的怀念》《晏子使楚》再到《游园不值》，我越来越习惯把"教参"当作真正的教学参考。教《游园不值》，我循着叶绍翁的足迹，开始走进宋诗、南宋后期文学；循着《游园不值》又同时走进宋朝园林与宋时东吴民俗等的此番种种。宋诗的特点、江湖诗派的追求、园林的品位与木屐的意蕴……使我摆脱教参的樊篱禁锢，成为"我思"式文本解读的逻辑基础。"我"，就是"我的思"，它体现为一种逻辑的力量，思维的逻辑力量，这样的"觉醒"是艰难的开始，但也是足以拨云（教参）见日（自己的思想）的开始。

2. 思想的声音

真正的"思"还源于教师在哲学层次上对课文的理解。

从文本理解目的的角度分类，大致有三种不同的探索角度。一是站在作者立场，复原或重建作者的境遇与意图。尽管绝对的复原不可能，但如果能够根据文本背景及内容，追求尽量复原或辩证复原作者的意思，则能够剥茧抽丝、取其精华。备《游园不值》，主要体现在需要了解叶绍翁、了解四灵诗人与江湖诗派的追求。于是，在了解之后再阅读文学史中的评论——"最为人称道的，却是一些既清丽又带有理趣的绝句，如《游园不值》"，你就会悟到"理"在何处。二是站在读者立场，这里理解的关键是读者能读出什么，而不是回到作者最初的意思里，此时你就会发现"春色满园关不住，一枝红杏出墙来。"在不同的历史时期、不同的地域、对不同的文化阶层有着不同的解释，有人为此写了《〈游园不值〉的十种意义解读》。三是站在目的立场，从目的出发，读此文为何，作为语文课教学，关键就是学习诗意的表达，至于意义，则为目的服务。

从不同的立场解读《游园不值》就会有不同的理解。同样在不同的思想下也有不同的声音。例如在结构主义看来，诗中"人与园""屐齿与苍苔""墙与花""一和满""关与出"都构成二元对立的结构，其中"人与园"是核心。从这些二元对立结构中，我们不难追寻其"值"、其"怜"、其"红杏"等构成的、文本的深层次的意义结构——"遇"的虚实相生与人生之"遇"的哲理。而在解构主义看来，这些二元对立结构都不存在，人是人、园是园、春天就是春天、红杏就是红杏，因为"游"之人的核心特征是"赏"，"游人"的关键还在于"人"赏风景，而园不园，甚至春不春也无所谓，从而解构人与园之间的关系，解读出文本的深层意义——不值即值、不遇即遇。同样如果用现象哲学、交往哲学来解读《游园不值》，其况味也不尽相同。

然而，这些思想的声音、这些矛盾与碰撞，怎么分辨谁是谁非？在"觉醒"的境遇中，面对不同的"声音"，该如何取舍、何去何从。于是，我必须再次追问"我何在"？

3. 由思抵达诗

我何在？无法定义，但必须追问——怎样的哲学更适合当下的教育？追本溯源，其实就是追问你在追寻怎样的教育理想？毋庸置疑，教育的真谛在于将知识转化为智慧，将文化积淀为人格。倘若我们的教育仅以量化的效率为主要目标，而缺乏对思想和情感完整性的追求，缺乏对精神与文化的敬畏，那将成为没有灵魂的教育。归根结底，只有拥有自己的独立思考，才会有自己的教育、教学与备课。唯有如此，语文教育才会得到解放，像我研究的"主题教学"及其他教学思想才会百花争艳、春色满园。

但如何将知识转化为智慧、将文化积淀为人格呢？海德格尔说"由思抵达诗意栖居"，"运思"是知识转化为智慧的关键，也是文化积淀为人格的保证。想到此，我突然理解了以美国为代表的西方母语教育，他们学生的知识与技能可能远没有中国学生丰富与扎实，以至于布什总统也因错误百出的文法常常被人嘲笑，但他们的"运思"水平却是任何人都不敢小瞧的。当然，如果布什总统没有这些"错误"自然会更好，问题是，我们的教育特别是当前的小学语文教育，缺少的不是严谨枯燥的文法训练，而是深沉理性的"运思"课堂，更何况语言本身并不是思维的外壳，而是思维在运思中的活动；只有通过语言，我们才得以窥见或反思到思维的活动。

"运思抵达"——学生的"运思"的前提是教师的"运思"，教师自己首先要运思抵达。备《游园不值》等课，努力突破传统的语文观与教学观，自觉审视甚至超越权威的声音，努力把文本自身的意义和我的教育诉求建构在一起，形成具有个人体验的"我"的理解。然后走进课堂，引导学生与文本对话，从而实践性地、创造性地完成课堂"运思"。

这条路意义重大但更充满荆棘，我的选择或许备受争议，因为这与当前的小学语文课堂有些区别，也与我原先的语文课堂有区别。但我深知，个人的荣辱得失总不及对一代代学生的正确导向来得重要。正是因为"区别"、正是因为艰难，才使我必须去闯，我觉得自己有责任做探索险峰的开拓者，成败得失且由后人评说，觉醒不就是意味着要走自己的路吗？

4. 深度会谈

运思需要与文本进行"深度会谈"（这是《第五项修炼》中的一个概念）。伊萨克说，"你若要表达真实感受，不论他人会给你什么样的影响，你都必须透露内心最忠诚的声音"。我们已经被各种"应该这样"或"应该那样"的声音淹没，要抛开固陋陈规并不容易。

亚里士多德说"诗最富有哲学意味"，诗也最富有智慧与文化内涵。而此诗中"旺盛的生命力"就可谓深富"哲学意味"。海德格尔说"诗"就是"思"。我们可以循着诗歌的纹理，体悟"思"的意味与智趣，感受智慧与文化的存在。遗憾的是，人们往往只从资料中获得某个现成的答案，浅尝辄止，对"思"却置之不理。恰如海德格尔所悲叹："运思的人越来越少，写诗的人越来越寂寞。"

但是秉持着一份忠诚于内心的执着与坚持，我还是与《游园不值》展开了深度的会谈。读诗，不仅仅是理解诗意，背诵诗句，还得追问：切己体味的独特体验"在哪"？如果这个"在哪"确定了，教学中的那些"散点"（词语），就像花、草、树、木、群山、鸟语被组合在一起一样，构成了一幅具有鲜明"主题"的特色风景画。散点构成整体，于是诗歌之心便被教者、学生触摸并唤醒，获得鲜活的生命，"思"也拥有了实在的内核——而这，正是"主题教学"的题旨。此刻，你就不会仅仅停留在"这是一首描写春天的，旺盛生命力的诗"的层面上了。也许你会思考：在那程朱理学盛行的宋代，叶绍翁所写的"游园不值"不仅仅是游一座物质的园，那更可能是一座精神之园。也许，我们就不会只满足于理解"不值"的表面意义，而更要探寻其在"所意味"的多层次的精神层面的意义了。

就备课古诗而言，我们对诗人所描绘的意境要体悟，对诗歌的"意象"要揣摩，万不可完全停留在表面的词语肌理上。否则，便没有深度会谈，也没有智慧生成与文化积淀的教育。孩子们可能会读会背，也理解字面的诗意了，但在没有思索与感悟的前提下，会背与不会背间究竟是否存在差别？差别有多大？以前我总搞赛诗会，现在心里有一丝隐痛，难道诗歌就是用来炫耀背诵水平的吗？我们是否过于"肤浅"

地对待诗的意味？若如此一味地"幼稚"下去，指望某时某地，长大后的学生灵感骤来，突然顿悟，"哦，这首诗原来是这样的"，所谓一"诗"功成万骨枯，这一首诗背后"腐烂"了"万首"诗，学生为此付出的时间与代价也就太大了。更为重要的是，学生根本就没有在情感"运思"中的升华过程，这样的顿悟也只能感激于上苍眷顾，现代教育所追求的恐怕远不是如此。

个人以为，大多数学生怀着某种期待阅读《游园不值》的时候，如果没有老师的引导，也许只不过重温了一个描写春天的诗句，他没有经历"运思"的过程，只是在旧有知识、语言甚至情感等"量"的积累中再添加了些微弱的"量"。为什么游只有柴扉的小园？为什么穿木屐？为什么是一枝？为什么是红杏？……没有对这一系列问题的运思省察，学生怎么会有智慧的发现、文化的积淀？而在这个飞速发展的多重信息扑面而来的时代，要等到所谓的"量变"累计发生"质变"，等到灵感袭来、幡然顿悟，恐怕为时久矣。

可见，现代教学的开放虽取决于学生，教师的主导作用绝对不能忽视。教师既要顺应孩子的需要，也要让他们茁壮"生长"。反之，就失去了语文教师的职业道德与责任担当，流俗于"妈妈式的"帮助孩子理解、背诵的层次。教师必须让学生在阅读过程中遭遇更多的"风暴"，获得多重资源，不断尝试优化学生原有结构，完成学习的真正"生成"。

5. 视界的融合

在教师个人完成对课文的"解读"后，课堂教学又该以怎样的方式进行？又如何确保学生学有所得？我以为，课堂教学生态，就是学生获得某种精神觉醒，使其在感受和表达中获得一种升华——即教师的备课转化为"教学生产力"的过程，真正价值也由此实现。

于是，我首先走进教材本身，悉心揣摩文本的"规定性"，给作者以最大限度的人格尊重；然后联系现实生活；最后是回归"自我"，思考教材的学习与自我的关系，通过阐发自己对文本的独特感受和体验，体现人之为人的应有自尊。当然，我也尽力用四个思维视角去解读：教师、学生、作者、编者，以达成视界的融合。我还进一步思考：文本中有没有超越时间与空间的，以及作者意识以外的东西？文本的理解该怎么转化成学生可学习的过程？应该在哪几个问题上聚焦？哪些文本的内容有助于学生体会文本的意义，哪些互涉文本有助于学生自己质疑探究，以提升对文本的理解，从而帮助学生在精神上种上一株株高大的"运思"之树？

众所周知，学生最终所获得的文本意义，与作者思想之间从来不能简单地画上等号。因此，我们不妨尝试，从原来消极的附属地位上获得提升或突破。于是，我们就会由题目中的"不值"追问：诗题仅是讲游园未能进园，未能得见园之主人吗？既然"不值"即"不遇"之意，那"不遇"的感慨究竟是什么？我们是否可以通过"红杏出墙"引发出"春色满园"，"不知中的可知""不能中的可能""生活给你关了一扇门，还会给你打开另一扇窗"的解读，从而引发出"不遇中有遇"的禅意？学生在"运思过程中学习运思"，收获疑惑、艰难、突破与喜悦的体验，以及各人视界的融合，将成为学习过程中学生最值得珍藏的终极落点。

当我和学生们最终水到渠成地获得这一体悟时，我们感觉这是多么幸福的自我超越啊！当然，这种解读并不一定意味着"当然"与"绝对"，在对文本解读的时候，我们必须注意到多元解读的边界。听过课的老师评价说，这是从文字、文学、文化的教学梯度中，由浅入深，又能深入浅出，最终回归到"人生"本身。而这，都是在诗歌文字中"虚心涵咏"，在有理有据、层层剥笋中对文字的咀嚼推敲，绝不是脱离"语文"的天马行空。

这又让我想起一系列教学课例而引起的反响，以及《晏子使楚》的解构而引起的广泛议论。这说明，教材的"备课"功夫，是制约教学高度的"瓶颈"，是教师专业素质的重要标志。

尽管，眼下走的路有些"踉踉跄跄"，但无可否认的是，这是一种"苏醒"之后的教学生命的成长。教学前进的力量，来自于"我你对话"（教师与自己、与教材、与学生）的最具有生命活力、人文情怀和文化远见的"备课"。而这，正是我长期以来苦苦追寻的教学境界。

也许几十年，甚至上千年教育制度的延承，使我们这些小学老师们在"备"教材的时候，惯于或慑于权威地位和阐释优先权，往往放弃了独自担当的勇气。然而，盲从会令你永远糊涂；思考就会令你立刻清醒，不再沉睡。醒来了的你会勇敢地提出"从来如此，便对么"的质疑；会告别"赵太爷家里田地就有三百亩的，他说的还会错么"的可爱，甚至可笑。醒来了的你，也必将会带动曾经甚至如今依旧盲从的学生，挣脱"精神樊篱"，获得运思之后的视界融合与心灵觉醒。

（六）返璞归真、返本开新、反躬自省

1. 返璞归真

返璞归真中的这个"璞"虽白璧微瑕，并不是完美绝伦，可那是课堂的真实可信，真实可见。就拿听过的，海淀中心语文教学观摩的 30 节课来说，更感"玉璞"自然纯朴的可贵，因为这是语文"归真"的前提。

我们常说人要像个人，家要像个家。语文课又何尝不是如此？我们动不动就说语言是"心灵之窗"，如果家都没有了，你往哪安窗？面对眼下纷繁复杂的语文批判，清醒的我们是知道语文姓"语"的，这是语文课重要的"背景"与"底色"。失去这块"璞"就失去了语文的"真"。

低年级教学，要重视识字。要专门有一整块时间进行写字的指导与训练。有的课，可结合教材自身特点进行"韵语"识字，有的可随文识字。另外，写字环节要突出，不能低于 10 分钟。这样，才是课堂教学以学生成长需要为本的表现。

中年级的教学，语文味要处处可闻。词句训练要突出，比如《比本领》中，图文对照理解"对岸"；《特殊的考试》中"朝前"与"zhāo"的读音不同的巧妙比较；《花钟》中用时间连接法指导背诵的训练，等等，都给听课老师留下了深刻的印象。如《圆圆的沙粒》一课，教者围绕"真诚"展开，用足文本：从珍珠自己的真诚，到沙粒们的后来转变的真诚；从对"异想天开"的以读代讲，到"议论纷纷"的群读理解，甚至对文中"几十年"和省略号的放大与联想，一堂课字不离词、词不离句，一切皆是语文。学生在语言的反复朗读与品味中培养了对语言文字的敏感。

高年级的课自然要芝麻开花节节高——在朗读中感受语言的声音，在批注中表达语言的准确，在分析中体会语言的魅力……

因为"返璞归真"，听有些课，你会感觉轻松简单，清浅但并不肤浅。有的课风，教学单纯得像个孩子，听者没有一点"审美疲劳"。有些课虽然华丽但不浮华，如哥特式教堂一样，那是一种沉甸甸的厚重的扎实。有些课，朴实无华的表象背后，看得出严谨求实的理念，学法指导精准到位。还有些课，风格迥异，或婉转或激昂，但共同的是师生能以敬畏、惊奇或轻松愉悦的心情与那些文字相遇，并体验和鉴赏文章中的妙处，频频产生"高峰体验"。课堂效果自然显见不说，教师的本色也很明显凸显出来，这是多么难得的景象。

　　这就是我们追求的返璞归真的课堂——以语文为本，学生为本，更要以教师为本。教者与学生的本质，与文本存在的本质的碰撞。只有在这样的碰撞中，师生和文本才实现了真正的对话，既理解自己，又理解文字中的自然、社会还有别人。他们可以看一千次日落而不厌倦。同时，他们有一颗恬淡的心，平静地看待语文，似乎可以理解所有人的处境。一句话，对文字所表达的感情与精神表示极大的认同和升华。

　　看来，也只有返璞归真，我们才能平和地看待这样的"公开"研讨的形式。教师和学生才能坦然地看待、欣赏教材中，那些人物的优点和缺点。一方面，深切地理解人性的脆弱，从而具备高度的宽容；另一方面，对人性中的恶又有高度的敏感和抵触。这时候，我们的教学回归语文的，才不是十多年前仅仅强调的"双基"或"语言训练"的层面。由此，才真正能够看到语文真正的山，真正的水。

　　语文需要的，就是这样的本。

2. 返本开新

　　"我们走得太远了，以至于我们忘记了为什么而出发。"（纪伯伦）如果说返璞归真是对语文本身的"回家"。"返本开新"讲的就是语文学习方式的回归与拓展。强调"返本"，意在遵循汉族语言的学习规律，强调那些"素有定评"的经验。但，时代总是向前，尽管我们不停地"怀旧"，要知道社会不会适应你，人只有尝试着改变社会。其实，没有人愿意再回到老路上去。就像面对高速公路，眼前有汽车和牛车，我们当然选择汽车一样。因此，我们要继承，更要发展。比如电脑网络等多媒体的运用，这是不可避免的现实存在，能用干吗拒绝？但前提是，一定着眼于当下儿童未来的发展。

　　强调"回归"或说"返本"，不是走到死胡同里，不然我们今天的语文改革就什么不用干了，干吗还要探索语文课程改革的路径？研究语文教学艺术？探讨语文教学的细节？因此，今天的语文，从儿童的学习方式上，脱胎于传统教学，但必须发展传统语文教育。新的学习方式和传统教学不是对立的，更不是相互否定的。传统教学低效高耗的现象存在，课堂只有任务，没有灵魂。今天的语文课堂一定是追求有思想、有灵魂的课堂，展示的一定是师者背后的课程理念或文化背景。

　　于是，那些融入了自己的独特视角的语文教学，便在这"返本"中绽放出了再生的活力。如《诺曼底号遇难记》中，让学生重点体会雨果描写的那段对话。教师和学生都置身于紧张情境，设身处地表现当时当地船长为什么这么说话的意义，从中又体会了雨果用白描写法的匠心之处，不愧为世界文豪。《天鹅的故事》中，老师巧妙的口语交际训练，"兄弟们啊，加油！""齐心干哪，加油！"的朗读训练，老师的一句提问"哪只天鹅是你？"一下子把学生拉到了当时的情境，孩子们在"嗑噜—嗑噜—嗑噜"中体会着自己这只"天鹅"是怎么用胸脯拍击湖面的。接着，老师又一句"让我们分享这胜利的喜悦！"于是，从"天鹅们"的朗读中我们仿佛看到天鹅们在水里高兴地游来游去，捕着鱼虾，还不时发出阵阵欢呼"嗑噜—嗑噜—嗑噜"的情景。这样的学习过程，分不清是工具性，还是人文性，教学就在这样巧妙的引领中展开，学生就在不知不觉中发展了语言，陶冶了情操。

"真理之所以战胜谬误，并不是真理以其客观性说服了谬误，而是因为站在真理一边的人逐渐成长起来，站在谬误一边的人逐渐死去，真理才最终取得了胜利"（凯恩斯）返本开新的过程，就是"真理"站起来"谬误"死去的过程；就是语文教学在尝试、探索，经历批判，矫枉过正或矫正过枉中的涅槃的过程。

3. 反躬自省

我们看到有些课，教师为了遮掩自己的粉笔字不好，而故意少写或不写。教学中，你是否注意纠正学生错误的语言，做一名语言医生，帮助学生提升语言做一名语言大师？有的老师一边提问，一边想下一个环节，根本不管学生回答的问题是否合理，有无用词的准确，是否语言丰富。有一课，当教师问"谁给了我们幸福的生活？"学生回答"胡锦涛"的时候，遗憾的是，老师没有用灵敏的耳朵和智慧马上做出反应，并予以纠正。

从语文学习本身的规律讲，比如语言训练，你是到位呢，还是虚以应付，花拳绣腿，花里胡哨，致使内容庞杂，课件繁复？比如课文题材的运用。你是否想过教"童话"要把握的原则是什么，教历史题材的故事要把握的原则是什么？你是否想过教常识性的文字要注意科学性与文学性的区别？科学性要 $1+1=2$，文学性可以 $1+1=3$，如果在规定的"题材"中越轨，你是否想过这是语文课最大的忌讳？

从语文教学的方式讲，当提出问题后，有没有给学生思考的余地？你的课堂是否集体讨论取代了学生老老实实读书的时间？听了这么多课，中高年级有三分之二的课堂都有批注。批注是一种好的学习方法，但你是否思考批注要看什么内容适合？再有，现在提倡课堂多读多写，许多课堂都给学生留有写的时间，但是否所有的文

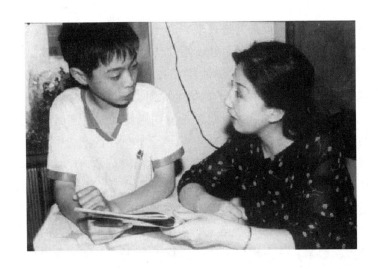

章都需要写？学生什么时候写才是有效的？更多我们看到的是学生事先就准备好的语言，只是在这个时候"重复"一下罢了，还谈什么"生成"？有些课，课件太多"画面代替大脑，形象代替思考"，这样你是否无意中用课件把学生的兴趣提起来了，可真正面对文本的时候，学生反而失去了兴趣？

比如文本解读的深度。深度不是难度。《诺曼底号遇难记》，如何把思考引向深入，追问为什么船长非要和船一起沉入大海？不这么做不成吗？难道这么做就是英雄，不这么做就不是英雄？船长选择和船一同沉入大海的原因究竟是什么？这样，记住的不仅仅是遇难的场面，而是人之所以为人，既有行使自己在社会中角色必需的责任，也有权力选择自己生与死的权利。

《天鹅的故事》，如果深入思考，我们就会走进文本的深处，用胸脯拍打冰面的天鹅，究竟用的是什么？作者从此挂枪30年，难道仅仅是因为看到眼前的这个场面？究竟是什么力量让钟爱打猎的他挂枪30年？还有《生死攸关的烛光》，难道仅仅学习了"二战"期间一家人的故事？这"生"与"死"间决然相反的命运，靠什么连接的？这决定生或死的烛光学到最后，是否应该让学生深深明白，这是一家人胜利的烛光，法国人生命的烛光，更是世界正义的烛光，因此才会战胜死的威胁，战胜一切邪恶的力量。

有人说，课程改革推进到一定程度，教师成了"瓶颈"。教材做得再漂亮，环境再宽松，教师给孩子构建的"高速公路"不合格，课堂的车子就跑不起来。所以，教师要有这样的本领，一是引导学生，告诉公路在哪，不让学生在茫茫的草原上摸寻折腾；二是陪伴并引领着他们，驾上质量好的"汽车"而不是"牛车"行驶在高速公路上；三是一旦遇着路上的障碍，或者意外，教师要善于帮助学生"踢开路上的绊脚石"或者绕开路上的陷坑。

感谢老师们的课带给我的思考。我知道，教师要完全做到这些太不容易了，笔者已深深感觉到力不从心。怎么办？

哲学家说"智慧"有两个特点，完整与根本。那么，该怎么实现为师的"完整"与"根本"？所谓完整，就是教师把语文教学视为自己生命中的一部分，来考量你的整体生命。如此一来，你才能够面对自己的困惑或艰难，很快振作起来，重新或者继续出发，也能在自己专业得意或得益的时候有所收敛。

所谓根本，就是说人活在世界上，有些小问题只是表面上的问题，而有些问题是属于根本性的问题。那么，就语文教学来说，影响你进步的根本的大问题是什么？为什么有的教师学生那么喜欢？有的教师获得那么高的尊重？为什么同是语文教师，有的却是不一样的结局？我们有些时候，是不是只关注眼前"立竿见影"或"急功近利"的"进步"？关于如何恒下心来实践，如何从大处着眼小处着手，这是不是没有很清楚地想过？自身的缺点是不是连你自己也不愿意面对？

只有以开放的心，从根本上解决问题，才会走上智慧之路。总的来说，培养自己的智慧，要超越当下感性的限制，慢慢在学习中奠定理性的基础，有了基础后，进一步达到完整而根本的境界，而这个境界就必须依靠为师的我们不断反思后的觉悟了。

多年来，我不断地在实践中记录、总结、反思、提炼，逐步形成了一套主题教学理念，并逐渐得到越来越广泛的支持与认同。在从单薄到深厚的积累中，从稚嫩到成熟的摸索中，从痛苦到成功的磨炼中，在不断的积淀、感悟、创新中……也许，我对自己认识得还算清楚。清楚地知道自己缺少什么，需要什么，什么更有价值，什么更有意义。"清楚"来自于不间断的自省。作为一名语文教师，能发现自己是最重要的。也许这是一种智慧。

戴尔菲神殿上的两行字：一行是"认识你自己"，一行是"凡事勿过度"。对世界的了解，我们永远不可能足够，但只有这样做，对每个人来说才是切身的。所谓回到自己身上，反而是新的出发点。这时候的"自己"应是自己所理解的教育良知，自己向往的为师境界，那是对世界、对生活、对自我保持善良、真诚、谦卑的价值观，不虚伪、不做作，不冷眼旁观……既不妄自菲薄，又不妄自尊大，从而获得了自身根本的完整。

（七）读书，点亮人生的主题

1. 教师不应是"贩卖人"

书籍，可以净化灵魂、升华人格。于是有人说，读书会改变你的气质，读书会让你脱俗……

或许，你和我有同感：读到一本好书，就如同邂逅一位伟大的老师，可以和亚历山大大帝一起远征，向苏格拉底请教哲学奥秘，和雨果一起探讨关于《悲惨世界》的命题……你能说这不是一笔永恒的财富吗？不了解这份喜悦，是多么可惜啊！一旦体验过那种喜悦，人就会不由自主地去主动地品味和汲取人类的精神遗产，并且逐渐内化，以至运用自如，这种人会拥有"取之不尽、用之不竭"的财富。

我们不妨看一看苏霍姆林斯基的"财富"："我私人的图书馆里，在几间房子和走廊里，从地板直到天花板都摆上了书架……有成千上万册图书……我每天不读上几页，有时不读上几行，我是无法活下去的……"

令人十分遗憾的是，我们现在的绝大多数学生和教师却很少抽时间去读课外书，整日被"正统"的作业、教科书或工作学习的压力所包围，在去学校图书馆的教师中，去得最少的竟然是语文教师！这不能不说是我们教育的悲哀。当然，目前教师负担的确很重，心理压力也很大。比如小学老师基本是包班。一个人教好几科，大量时间泡在课堂上。课后还要参加各种培训，要写教案，批改作业，更要管理学生的"吃喝拉撒"。再有小学女教师又特别多，有的回家做饭，干大量家务……这些客观因素严重挤占了教师的读书时间。然而，需要提醒的是，当读书没有形成兴趣的时候，当读书没有养成习惯的时候，"没有时间"也许就会成为堂而皇之的借口，读书自然就成了教师的负担。

我们目前的社会其实是不太喜欢或没有养成读书习惯的。根据一次联合国教科文组织的统计，我国国民一年的阅读书量是 0.7 本，而邻近的韩国是 7 本，日本则有近 40 本。俄罗斯每 20 人拥有一套《普希金全集》。韩国以书柜代替酒柜。去年联合国在 500 强企业家的读书调查中，日本企业家一年读 50 本，而中国企业家读 0.5本。难道外国人就不忙？就没有压力？不是的，关键是读书的心态。推动全社会读书，尤其是推动和引领教师读书，我们还处于摇篮时期，大多中国人看到书店时通常没有踏进去的习惯，反而对购物商场情有独钟。一般人买书只想到有打几折的好处，但是吃一次大餐却不会计较要花多少钱。"喂"脑子觉得贵，喂肚子却不嫌贵。

我们的教师呢？大多数教师虽然会教书，但也不怎么喜欢读书。在我身边，这样的教师也有。"师者，所以传道、受业、解惑也"，至圣先贤更是："发愤忘食，乐以忘忧，不知老之将至"。但教师的根基是什么呢？假使只是四年或五年的师资培养过程，以及一年一年在教学过程中累积的经验，我想我们很快就会面临"黔驴技穷"的窘境。

大家也许读过新生代作家韩寒写的《三重门》。其中有许多笔墨是讽刺老师的。比如"某某学校，星光灿烂，走进里边破破烂烂；十个教师九个笨蛋，剩下一个精神错乱"。当然他写得过于夸张，但特级教师黄玉峰也说过："语文教师只是一个'贩卖人'，他们的教学方法不需要读书，只需要做题目，题海战术的结果是苦了自己也苦了学生。烦琐的语文分析，照本宣科的教学方式已经越来越不为学生所接受，学生的阅读面和阅读量正在超过教师。"试想，一个学生读一本书的话，那么有着50 个学生的老师又该读多少书才能满足学生的求知欲呢？

黄山谷说过："人胸中久不用古今浇灌，则尘俗生其间。照镜觉面目可憎，对人亦语言无味。"语文教师就应该以书为师，这是教师素养的体现，也是客观发展的要求。虽然工作压力大，没时间读书，可谁让你是语文教师呢？我建议，语文教师要考试：要求每一年的阅读量不少于 200 万字。考核的方式可以是背诵、演讲、答辩、写作、检查读书笔记等。目前，在我们学校，要求每个月必读一本书必写两篇文章，同时还加强了朗读、演讲的训练。这些措施，也只起到督促作用，走上自觉，还需要做大量工作。

让阅读成为我们的生活必需；让书籍成为我们的精神伴侣。无论是古代的还是现代的，无论是中国的还是外国的，无论是科技的还是人文的……一切凝聚着人类文化精神的读物都应进入我们的视野，这样我们才能成为人类文明之火的传薪者。

一方面，我在呼吁我们教师，应当以读书作为工作生活的第一要旨，我深深敬重那些在清贫中仍然和书连在一起的教师们；另一方面我在想，如果读书总是和清贫的教师连在一起，知识就是力量的话语喊起来岂不底气不足！我们谈论读书的重要时，更应该谈论怎样读书有用，怎样使读书的教师成为教育领域甚至整个社会中最有竞争力的一群。

知识在迅速地爆炸、更新。读书不能烘面包，但能使面包增加甜味；读书不能马上化作知识，但一定会让你掌握运用知识的知识。

也许我们会问："人生有什么意义？"哲学家告诉我们，人生的意义在于，你可以不断地追问"人生有什么意义？"活着是一回事，但要活得有意义，则是另一回事，读书就是环绕着"意义"问题而展现的万花筒。看来，读书就是不断寻求自己对自己满意的过程。一劳永逸、以不变应万变的人生哲学已经不可能坦然地应对信息时代纷繁复杂的社会生活。对于我们这些"文化人"而言，最大的心病是一不小心就成了"现代文盲"。要避免厄运，适应变化，我们就得学会怎样读书学习。读书不是让我们成为书籍的仓库，而是要为我所用，是让"吃下去的食物"转化为营养，成为你工作中的能量储蓄。

林肯一生博览群书，在当总统之前是大律师，但他和三教九流的人交流没有丝毫障碍。他的学识、口才和他的人格一样，征服了从伐木工人到参议员等几乎所有的人。林肯一生常做的事情就是不停地把从书中读来的东西讲给别人听，同时总是加上自己的看法。一个手不释卷的人能吸引大群的劳动者听自己讲书中的故事，这需要高超的表达能力，需要有一双精于鉴别的眼睛，更需要把人家的语言和思想转化为自己的语言和思想的能力。出身清贫的林肯，终其一生都在面对挫败，八次参选八次失败，两次经商失败，但他从没有放弃读书。马克思对林肯的评价是："……总之，他是一位达到了伟大境界，而仍然保持自己优良品质的罕有人物。这位出类拔萃的道德高尚的人竟是那样谦虚，以致只有已经成为殉难者倒下去之后，全世界才发现他是一位英雄。"无疑，这高度的赞扬和他保持终身的读书习惯是密不可分的。

中国的文化发展史证明，我们的读书文化是书斋文化，而外国的读书文化是实践文化，是指向行动的文化，完成书斋文化向实践文化的转型，是21世纪中国教师的一个重要使命。要完成书斋文化向实践文化的转型，就要先把读书的过程作为备课的过程。全国著名特级教师高万祥可以说是爱书爱到骨头里。他说，书籍是学校中的学校，对一个教师而言，读书就是最好的备课。

读书不是为了应付明天的课，而是发自内心的需要和对知识的渴求。如果你想有更多的空闲时间，不至于把备课变成单调乏味的死抠教科书，那你就要读书。这样，在你所教的那门学科领域里，教科书里包含的那点学科基础知识，对你来说只不过是入门的常识。在你的学科知识的大海里，你所教给学生的教科书里的那点基础知识，只不过是沧海一粟。

教师还要建立起自己的藏书，使之成为自己的老师，每天去向它们请教。那么，每过一年，你的学科知识就变得更加丰富。单就我自己来讲，一些经典藏书布满家里整个墙头不说，《书屋》《文景》《万象》《名作欣赏》《随笔》《人民教育》《中国教育报》《南方周末》《读者》也成了我生活的伴侣。正是在这个意义上，我要说，教师的每一节课都是用终生的时间来准备的。教师因读书铸就的备课灵魂，便成了教育的永恒爱心、理想信念、社会良知以及社会责任心。这，才是一个"真正的教师"不可或缺的精神底子。

2. 读书，我心灵的呼吸

儿时的家是嵌在长白山脚下的一个小山村里。走不出大山，却能在寒冷的冬天，围在炭盆旁听姥爷讲《杨家将》《封神演义》《水浒传》；没有电灯的夜晚，就躺在被窝里听妈妈讲《聊斋志异》……这是我与书最早的接触。于是童心在好奇中长出想象的翅膀——山的后面是不是住着神仙？我能不能遇上梁山好汉？来到山上，把自己当作首领，领着伙伴们在森林里侦察地形，兵分两路学着英雄人物进行"战斗"直到"牺牲"；邀上伙伴走进山里探险，看到过野鸡妈妈领着成群的孩子在山沟玩耍嬉闹的情景，惊叹过成群结队的狍子自山顶直冲而下的壮观场面。在村子里，到河里摸鱼、"扎猛子"，"过家家"、掏鸟蛋，甚至抓来一条蛇放在瓶罐里看它憋得难受的模样……家长白天忙于农活，无法看着我，便提前两年将我送到学校当旁听生——至此，"窦司令"被迫离岗。现在想来，那时尽管没有"读"书，却阅尽一部美丽之书——用自己自由无拘的生活书写生命河床中最值得回味的童话书。拥有这样的童年，真是一件人生幸事。

由于是旁听生，我没有属于自己的书本。上课与同学合用，作业也可以免除。为预防我淘气，周老师每每拿来小人书给我阅读，《西沙儿女》《孙悟空》《七把叉》《小刀会》《红灯记》……对于家境贫寒的学生来说，那是一方怎样的神秘世界啊。于是，小人书似一湾澄澈的清泉，润泽着我那充满好奇的心灵，进一步引领我走向更为丰富精彩的世界。

我曾读过《三国演义》的48本全套小人书。由于每天放学必须到火车站候车室等车回家，于是我每天用两分钱租一本《三国演义》系列连环画来看。傍晚的霞光经常调皮地停留在书页间，望着我微笑。也许笑我对书爱不释手的疯劲儿，也许是笑我如饥似渴，恨不得一口吞下一切的痴狂吧。总之，把我的心窝映亮得暖洋洋的。那人物表情丰富的形象，惟妙惟肖的动作，行云流水的线条，再配上简捷生动的文字，一次次让我沉醉其中。感受着一个个人物的喜怒哀乐，脑海里如电影在一幕幕闪现，自己也仿佛与他们一起厮杀征战。

那天，我又躲在候车室租书处的一角，捧起小人书静静地阅读。很快，被曲折的故事情节吸引住了。我沉浸在"秋风五丈原"的悲凉中，完全忘却了周围的世界。当我终于从这场让我不能接受的结局走出来的时候，猛然发现周围出奇的沉寂。完了！火车开走了。于是，我在候车室里待了整整一夜……

渐渐地，我开始对文字产生了兴趣。由于手里没有书，因此只要遇到文字我就要读一读。让我难忘的是经常读糊在家中墙壁和屋棚上的旧报纸，还进行找字游戏来解闷，从中也了解了好多发表在当时的《光明日报》《人民日报》等报纸上的重要新闻以及批判文章，读过当年被批判的一些右派及反革命人物的"罪行"。

15岁那年，梳着小辫，穿着布鞋，我走进师范学校。也就是15岁那年，我第一次走进图书室，看到琳琅满目的书籍，真正触摸到了书籍的体温。我这期待着由经典来涵养的心灵，就像肥沃得没有杂质的黑土地，一旦播种，便会迅速长出旺盛的生命激情。也就是15岁那年，那颗勇敢富于冒险的童心，开始拥有柔软细腻的一面，逐渐懂得生活还有这样多元的意义。也就是15岁那年，感受到一个孩子的健全的心灵，必须由科学的知识、活泼的文字、高尚的思想来调养。

在学校图书馆，在一大堆页边泛黄的旧书里，我邂逅了《简·爱》。虽说扉页有些脱落，但封面上那位眼窝深陷、瞳体发蓝的女子却深深地吸引着我。信手翻开阅读，"15岁"的字眼儿猛然叩响了心弦——15岁时的她进了伍勒小姐办的学校读书，几年后又留校为师。后来她做家庭教师，因不能忍受贵妇人、阔小姐的歧视，放弃了这条谋生之路。她曾在意大利进修法语和德语。在意大利学习的经历激发了她投身于文学创作的道路。由此夏洛蒂·勃朗特才得以与她笔下的《简·爱》一同，以她们的坚韧、顽强在文学史上名垂千古。

　　读《简·爱》的那一阵子真是废寝忘食啊。寒冬深夜，我披衣裹被，于电筒融融的灯光中，自失于诗意的凄凉、雄伟的壮丽中。我折服于简·爱高贵的人格魅力，更为她真诚的独白而惊叹。随着优美流畅的文字，我走进那画的意境，诗的韵律；走进那激情四溢，荡气回肠的情感；走进那深刻的人生哲理，美好的人性之道。

　　至今还记得那段对话：

　　罗切斯特：你舍得离开这儿吗？

　　简：离开这儿？

　　罗切斯特：结婚后，我不想住在这儿了。

　　简：当然，阿黛尔可以去上学，我可以另找个工作。我得进去了，先生。我冷。

　　罗切斯特：简。

　　简：让我走吧。

　　罗切斯特：等等。

　　简：让我走。你以为，我因为穷，低微，矮小，不美，我就没有灵魂没有心吗？你想错了——我的心灵跟你一样丰富，我的心胸与你一样充实。虽然我一贫如洗，长相平庸，但我们的精神是平等的，就如同我们经过坟墓，最后将同样站在上帝面前——因为我们是平等的！

　　罗切斯特：我需要你，布兰奇（英格拉姆小姐）有什么？我知道我对她意味着什么，是使她父亲的土地变得肥沃的金钱。嫁给我，简。说你嫁给我。

　　《简·爱》的言语铿锵有力，给我的生命点亮自信的明灯——她告诉我，在这个世界里，人人都是平等的，本没有贵贱高低之分，有的只是文化的差异，地域的差别，最重要的是你怎么样看待自己，有了自尊自爱，才能自立自强。设想自己是一只丑小鸭，如果总躲在窝里，自惭形秽，怎能知道自身的潜能和未来的美丽？怎能体验搏击长空的豪情，徜徉水潭的快意？谁天生就是伟人？谁天生就能成就伟业？关键在于自己是否有追求的勇气，是否有实现的恒心。只要不自暴自弃，无愧于自己，努力为之，就会赢得自我，赢得多彩的人生啊。

　　多少天，我都沉浸在《简·爱》的语言织体中，完全走进了简·爱的感情世界——和她一起皱着眉，咬着牙，喘着气……吃饭、走路、休息，到处有我和她交流的场景，并跟简·爱一起和罗切斯特对话——"和我同爱，和我同在，我爱人，也被爱。"就这样，相同的年龄，相同的性别，少年的渴望，促使我对未来充满憧憬和向往，并把自尊自强的种子悄悄种在了心里——这个简单得平常的字眼儿，却在书中复杂的情感里，得到至真至纯的过滤，让我化繁为简，澄澈中升华了自我。

屈指算起，读《简·爱》的日子转眼已过二十多年。岁月依然飞行，阅历渐趋丰富，视野不断开阔。如今重温《简·爱》，颇有和"老朋友相会"后的"曾经沧海"之感，便愈加珍爱它。

现在，心灵的小船早就挂起了风帆，我在书的海洋中仍旧乘风破浪。当年 15 岁的那个扎小辫的小姑娘，结识了简·爱之后，又感受了保尔·柯察金的信念与顽强、约翰·克利斯朵夫的敏感与挣扎，于是老子、孔子、歌德、雨果、苏东坡、曹雪芹——大师和他们的经典作品一起点亮了我的生活。和伟大作品对话，和杰出人物对话，和高尚灵魂对话——这已成为我精神生命的呼吸。已入中年的我，面临生活的压力，社会的压力，深感生命的不易，生活之艰难。然而当坦然面对这一切的时候，会发现自己人性里的美好品行——善良而富有同情心，正直而自信，对人生仍充满热爱和梦想——而这，就是读书给予我的。

从听书，看小人书，到真正的读书，踏着白纸黑字的阶梯，一步一步登上来，之后的我竟然还可以"写"书呢！于是，我开始在读书中思考、实践中记录这个梦，有客观事实的描述，也有教育理想的感情抒发。于是，给我的学生们写下我的童年趣事，并读给他们听；把我的教育教学反思发表在报纸、杂志上以飨读者；为自己整理教育教学历程，笔耕不辍，一笔一画写下了自己的大名，取了几个名字叫《激情与思想》《和教师一起成长》《和孩子一起成长》《梳理课堂——窦桂梅课堂捉虫手记》《玫瑰与教育》……

当然，我读过的书比自己的书要精彩许多。但，这毕竟是属于我自己的读书与实践的人生阶段性小结。而且我还发现，读人家的书的结果是把那一个个方块字凑成的思想、情感，化作了属于自己的人生憬悟，也让自己的一个个方块字变成永久的"美丽容颜"。现在，我穿梭于二者之间——读书，思考，实践，读书。

因为读了点书，惊醒了那甜美的童年梦谣，含苞的童年骨朵，便绽放出少年的花朵。而今，理解了要"诗意地栖居在大地上"，还要书写属于自己的故事，结出沉甸甸的果实，走出如书中甚至超越书中的精彩人生。

3. 乘着诗文的翅膀飞翔

让我先从一个故事讲起。雅典和斯巴达为了争夺希腊城邦的领导权，爆发了伯罗奔尼撒战争。这一仗打了27年，雅典最后战败，斯巴达的将军一起聚餐庆功，宴会中找了一位雅典人唱诗助兴。唱完一首后，斯巴达的将军说了一句话："一个城邦能够产生如此优美的诗歌，它不应该被毁灭！"第二天就班师回朝，雅典得以保全。雅典之所以能够免于毁灭，应当归功于其文化的卓越成就。

一个民族，没有传统文化，就会虚无，就会异化，甘愿在精神上为人所奴役。没有诗的民族，就是死了的民族。诵读古诗文，关乎人的学养的全面提高，是素质教育的重要内容。苏东坡语："腹有诗书气自华。"就是一个民族拥有自己文化底气的最好说明。

在我国优秀的传统文化中，古诗词始终占有十分重要的地位——它是我们民族文化的精华，也是我们民族语言文字运用的典范。其间蕴含的思想、胸襟、情致、风骨永远魅力四射。它们内涵丰富，意境高远，富有哲理，而且语言凝练，朗朗上口，千百年间，万口传诵，哺育了一代又一代中华儿女，传承着祖国文化的命脉。通过古诗文的诵读，必将提高人的文化品位——很多学者在回忆自己的成长历程时，都感慨得益于早年的启蒙教育，尤其是古诗文的诵读。

"不读书，无以言"。孩子的语言优雅在一定程度上可以使心灵和举止的优雅，从而走向精神的高贵。现在有人提倡"读经"，有人反对，但我们必须明白"扬弃"中的回归与升华。为此，诵读古诗文好比播出的种子，小孩子是一片待疏松的热土。有了种子，土壤不再是板结的硬地。

小学一年级的时候，父亲教我背诵了几十首唐宋诗词。记得似乎是从"床前明月光"开始。有些诗句，例如"少小离家老大回""不教胡马度阴山"，很容易懂。许多别的诗句不全懂，但是小孩子很容易就学会了背诵。70多年来，在人生旅途中经历了多种阴晴圆缺、悲欢离合以后，体会到"高处不胜寒"和"鸿飞那复计东西"等名句的真义，认识到"真堪托死生"和"犹恐相逢是梦中"这些只有过来人才能真懂的诗句。

——杨振宁

杨振宁是我们清华附小的校友。之所以获得诺贝尔物理奖，用他的话说，与小时候记诵的那些经典的古诗文是分不开的。正是因为这些，让他发现了物理中的美丽与对称……小学生幼年的直感能力强，记忆能力也强，我和清华附小的老师们以唱歌和游戏及说故事的方法教孩子们学古诗，他们不仅很快就可以熟记成诵，而且会感到有很大兴趣。在我们的引导下，学生们在学诗的同时，学到很多有关历史、地理及文化方面的知识。体会到诗歌中所体现的诗人对宇宙万物关怀的感情，感受到诗人的品格、修养和怀抱。

由此，入学后，我们领着孩子们畅游在古诗词的海洋里，我们精心挑选了名篇让孩子们背诵。采用的是从老祖宗那儿传来的最简单的方法——识记背诵。我们坚信，"最简单的方法就是最伟大的方法"。古代的国立音乐机构（大司乐）教养国家子弟，即采用"讽诵言语"的办法，注家说："倍文曰讽。""文"当然是指文学作品，倍即是背。讽如小儿背书，诵则使有抑扬顿挫，以声音调节之增加吟咏的音乐性。可见背诵是很古老的传统教学法。每天早上只要一踏入教室的门，学生就都会张开小嘴，一首首古诗就会脱口而出。学生早已习惯了这种诵读——日复一日，月复一月，仅上学的第一年，孩子们已经背诵了近 60 首古诗词、十几篇《论语》《孟子》等中的名章佳作。

于是，诗的符号在孩子眼中新鲜明亮。只因为照临文字的神奇之光，他们能沿着光所指引的方向前行。

20 岁那年，我读到日本物理学家、诺贝尔奖获得者汤川秀树写的一本物理书。在扉页上，作者用庄子的一句名言作为题记："判天地之美，析万物之理。"这给了我精神上的震撼。

——赵鑫珊

我相信，他的第一重震撼，是这句格言本身所具有的气魄。研究数学、物理学和天文学的人当拥有这般审视天地之大美的心胸，这才是自然科学研究的最高境界。只有怀着这一崇高目标的人才有可能做出伟大贡献。为什么在我国的高等院校数学、物理教科书的扉页上，不把庄子的这句格言写上去呢？写了，会开阔广大理工科学生的眼界，甚至造就中国的爱因斯坦。

第二重震撼是，他是从一位外国人，而且是一位杰出的理论物理学家那里第一次知道庄子这句格言的。

　　经典文化的熏陶不是一朝一夕之功，而是一项庞大的系统工程，它所要营造的是一汪沐浴灵魂的深潭，让人沉醉其中，使人神清气爽，让人去咀嚼生活，品味生活，成为一个性情通达、才智清明的人。当然，大多数的诗歌，他们背过就忘记了。忘记了又能怎样？美国诗人迪金森说："事情从我们心里消失时，是遗忘还是吸收？"这答案不言自明的追问，恰好给予了我们将古诗文的滋养渗透到学生生活的每一个细节中的勇气。

　　清华附小在校园建设过程中，那庭院深深、树木合围、具有历史意义的象征性建筑"成志书院"散发着迷人的"书香"，那经意镶嵌在校园墙壁上的"文化石"，浸润着中华上下五千年的文化精华，润物无声——"勿以善小而不为，勿以恶小而为之"；还有"厚德载物，自强不息""路漫漫其修远兮，吾将上下而求索""黎明即起，洒扫门庭"等几十条古语，虽是旧话，可是其间包含了多少历经岁月沧桑积淀下来的人生道理。它们时刻提醒清华附小的学子胸怀祖国，走向世界。这里的一字一词，一句一段，无不涵盖着积极向上的精神品格；无不从空间和时间上蕴含着丰富的思想性和强烈的艺术感染力。学生置身其中，时刻感受着诗意的熏陶、诗意的启迪、诗意的激励。从此生发开去，传承千年的文脉便也在我们学生的身上开始汩汩流淌。这让我想起一则趣闻，苏步青喜读《春秋左氏传》——他在做学生时，就写出出色的数学论文，因为水平太高，有时被疑为剽窃，老师说："确实是他写的，因为这里有左传的笔法，而他是最爱读左传的。"正是在悉心的研读中，苏步青才于不知不觉中获取了古诗文的滋养。

几年来，我们开展了丰富多彩的语文主题活动。诸如"诗歌朗诵比赛""《三字经》诵读""《论语》诵读"……这些活动激发了学生热爱母语、学习母语的热情。

一年级三班丸山太子是日本女孩。学习中文本不容易，背古诗文难度更大。可是自从一年级开始，在老师和妈妈的帮助下，她对古诗产生了浓厚的兴趣，已经达到中国小朋友的水平。有一次，她主动打国际长途给远在日本的姥姥和姥爷表演。两位老人十分惊讶。他们根本没有想到外孙女来中国不久，竟然背出那么多中国古诗。

一年级一班寿香那同学在"非典"期间曾到日本学习，她的母亲回来后意味深长地对陶老师讲："还是国内更有书香气……"

记得我到二年级六班听课，宋东岳的一首《将进酒》背得有声有色，有情有韵，把同学和老师都迷住了。平时只要一背诗，宋东岳的声音就格外突出，投入时的表情十分动人。听他说，父母都曾辅导过他。老师和家长通力合作，受益的是孩子。他将继续在老师和家人的关注下茁壮成长。

目前，韩国到中国留学学习汉语的已达到10万人之多，全世界学习汉语的大约3000万到4000万，可是中国国内的中文学习却危机四伏，尤其诗文修养空空如也。墙内开花墙外香，令我们必须警醒。救救孩子，从诵读古诗文开始。让孩子生理与精神同步发育。

有了这样的觉悟，这么多年来，不经意间，我们的诗话教学是如此美丽：

——让孩子学习古诗文，其意义不在于培养出多少个诗人，而在于使学生渐渐懂得"人伦之道"的"做人"道理，懂得"生存"之中的"生活"艺术，懂得人生进入"文学"化的境界。

——鼓励少年儿童诵读古诗文，不是要让他们学习很多知识，更多的是一种情感，民族性格的熏陶。要继承温柔敦厚、乐而不淫、哀而不伤的诗教，使孩子们养成孟子所提倡的至大至刚的人格，哪怕他们的文章差一些，也没有关系。

——人类发明了汽车，为什么还要赛跑？古诗文诵读从知识的角度已经没有多大必要，更多的是为了将来的素质提高奠定基础。

——一个人，如果他从来不知道孔子、老子、孟子、庄子是何许人，从来没有读过听过《诗经》、唐诗、宋词，如果他对"富贵不能淫，威武不能屈"和"己所不欲，勿施于人"等都一无所知的话，他就没有资格说他是一个中国人。因为他无法融入中华民族的精神生活。

　　也许，正是我们的努力，学校、班级洋溢着浓浓的"诗味"。连上班的路上，我们依然听到家长和孩子的对话："天对地，室对家，落日对晚霞。黄鹂对翠鸟，甜菜对苦瓜……"当轻而脆的，柔而温的朗诵和着甜滋滋的童声诵出这古老而清新的诗句时，整个人已忘记了自己身在何处。儿童时期是记忆力的黄金时代，弥足珍贵。在这循环往复的诵读中，学生也好，教师也罢，情不自禁地沉醉其中，像小草依着风的方向翻跹，像舞者顺从乐的节奏婆娑。这是儿童的生活，这也是日升日落、潮起潮落的生命节奏。读诗的声音，是天籁，乘着诗文的翅膀飞翔是真正的皈依。为了孩子，我们将锲而不舍。

和女儿在一起

（八）为师的素养

　　学海无涯，艺无止境。没有最好，只有更好。教师的专业追求、专业探索，到专业提升要靠不断的反思。教师要学会在言说和行动中思考，在反思批判中成长。

自己的教育生活就是一种学术行为，自己的一言一行都应不断反思。这也许将成为自己需要时时温习的功课。一路走来，感慨良多。我要说，作为教师的个体，每一个人的成长经历都是不同的，重要的是你要成为你自己。人活在世界上都只是旅客或过客，而不是归人。既然是旅客，又何必在意自己"有"什么呢？我们应该注意的是，自己"是"什么，如何"做自己"。从教已二十多个年头，我常常在琢磨，在思考。我知道，光有激情那是一种"疯狂"，只有"思想"恐怕也会成为一种"狂妄"。是不断的反思帮助我稳步向前，是不断的反思推动我不断超越。我愿把自己一路走来的收获与反思说出来，与老师们共勉。

激情不老——这应该成为为师品格的重要特征。只要生命在，激情就在。教师的激情就是要点燃学生的情感，照亮学生的心灵。对教育的激情，应该从现在的外在表象化为内在的精神气质。因此，我时常反问自己，一时激情，一阵子激情，能一辈子激情吗？真正的激情是不会因年龄的增长，环境的改变，地位的升降而改变的。

博学于文——如果说有字书是光合作用，无字书就是化学反应。我崇尚为学生生命奠基的教育追求，而古典文学修养和哲学修养的不足，决定了我必须加强这两个领域的学习，以对自身弥补和进修，努力做到以教促读，以写促读。总之，读书应该成为我必需的生活，也是不变的生活。

　　宁静致远——过去的争强好胜也要学会内敛一些。性格急也要学会慢慢走。虽忙忙碌碌，也要围绕自己的特色钻研下去，深化、细化，创造属于自己的心灵财富。在浮躁的现实中寻求一份属于自己宁静的心境，并置身其中，朝着理想的目标默默地努力，静静地成长。

　　学思兼修——写作不仅是积累经验的一种方式，更是倒逼自己勤于阅读和思考的强劲动力。因懂得这些，虽工作辛劳，文字不够老道，但我仍坚持用文字记录自己的教育生活，让忙碌的我不断与宁静的我进行对话，让冲动的我不断接受理智的我的批判，让实践的我不断接受理论的我的提升。

　　慎独养身——个人独处，他人不知，能严格按照慎独去做，没有其他杂念，实实在在按照道德准则去做。克服"慎众"。这几年，面对荣誉我已经知道给周围的其他人；面对不同声音的评价要拿得起，放得下。不要在乎别人的毁誉，而要自信自省，打击你的力量就是前进的力量。教学研究中但问耕耘，莫问收获，竭尽全力，就是胜利。切莫变成"乡愿"。可以说，慎独是最好的善待自己的专业和人生。

　　泰而不骄——个性不是特性，教师不能没有独特的风格，不能没有鲜明的个性。随波逐流，循规蹈矩是自己成长的最大敌人。"独立之思想，自由之精神"也应成为我们为师的座右铭。我想对自己说的是，努力让自身的缺点变成特点，就不会养成缺陷；努力让学习变得"学问"一些，就不会变成心术问题。努力让性情变成生命的一种性格，就不会出现人格问题。

　　海纳百川——无论是现在还是过去，谁走在我的前面，谁就是我的老师，包括学生，尤其是那些老教师——敬业、博学、钻研、激情、严谨、刻苦等教育传家宝，已经成为我们"通向现在和未来美好教育境界的阶梯"，把我们引领到当今课程改革的风口浪尖。我心中永远铭记他们，并在今后的工作中时时记得向周围的同志学习。

　　和合共生——掌握整体观点，确立共同价值观，力求知行合一。如果说我以前的成长靠的是个人奋斗，那么新的时代与环境，强调的却是团队的力量。尤其是激烈的竞争环境，必须要真正的合作。没有合作之心的人，内心是焦躁而绝望的，也不会取得真正的成功。你有什么样的情怀，就有什么样的处世方式；你有什么样的期许，就有什么样的行为。因此，强调个人发展与竞争，一定要依靠环境和伙伴的合作——学会沟通、学会倾听，同行彼此理解，彼此支持，共同分享经验，以减少由于孤立而导致的个人行为。

　　角色定位——教育，不变的永远不会变，改变的必将会改变。创新不是推倒历史，更不是在沙漠上建设大厦。回顾过去是有益处的，如果我们对前人视而不见，我们身上的独创性就不会很好地保存下来并取得快速的发展。教师要成为一名真正的审视者、反思者、继承者，但，应当永远把自己定位成教育海洋中微不足道的一颗海星的角色——也许，这是一种理性状态。

　　行文至此，上面的这些话，讲的都是自己阳光照耀的一面，那些背后遭受的苦辣与辛酸，还没有具体说出。尼采说得好："一个人知道自己为了什么而活，他就能够忍受任何一种生活！"孔子的"乐在其中"，颜回的"不改其乐"应该成为我以及热爱教育的教师们永远的追求。这里还需从自身内省的角度明确。要知道，一个人的表现如何杰出，都不能忘记人性终究是脆弱的。尽管明面上的理儿，但由于个人的虚荣心，以及思想境界还没有达到一定的高度，我的缺点或缺憾也都没有和盘托出。当然，记忆和经历也都成了矫正我继续行走的脚印。走过的路，好的、坏的，都是你的人生录像，再也抹不掉了。我的为师之路又何尝没有失误和无法挽回的痛苦呢？

　　"我听到时光的钟声，告诉我已经长大了……"这是和学生在毕业典礼上唱的歌。那钟声是在告诉学生——自己告别童年，长大成为少年，走向青年与未来……前程漫漫。

　　"激情"好比人字的撇，"思想"好比人字的捺。这一撇一捺所组成的大写的、立体的"人"——成了我为师的激情与思想。这"激情"，也好比我前行的左脚，这"思想"，好比跟上的右脚——成长的路上，为自己的生命奠基，为学生的生命奠基，仍需要朋友的关怀，专家的引领——而这，也是推动我前进的动力。

我的课堂主题

——温度·广度·深度

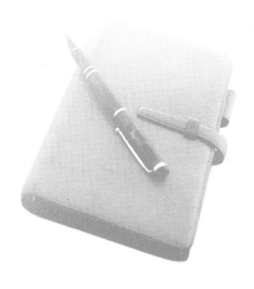

一、突破、突破、再突破

——敲响《圆明园的毁灭》的警钟

[实录]

《圆明园的毁灭》

主题：毁灭

步骤：走近圆明园，看毁灭

走进圆明园，痛毁灭

走出圆明园，思毁灭

课前交流：

教师：（引导学生）清代有一位著名的诗人龚自珍，背过他的诗吗？（学生摇头）其中有这样两句"我劝（学生醒悟跟着齐背）天公重抖擞，不拘一格降人才"。

1. 走近圆明园

师：我写三个字，大家注意看，跟着读（板书"圆明园"）。（自读后齐读）看到这三个字，你眼前出现了怎样的画面？

生：我眼前出现了圆明园里美丽的景色，以及奇珍异宝。

生：我眼前出现了英法联军抢劫、毁坏圆明园的情景。

生：在我的眼前出现了一片火海。

生：在我的眼前圆明园是残垣断壁。

师：（出示文字课件：走近圆明园）课前我们已经走近圆明园——读了课文《圆明园的毁灭》以及雨果致巴特莱的信。你有哪些感受？

生：通过读书，我知道了圆明园不愧是当时世界上最大的博物馆和艺术馆。

生：我很生气，英法联军太可恶了，竟然把圆明园珍藏的宝物抢的抢，砸的砸，毁的毁，多可惜呀。

生：圆明园这座园林艺术的瑰宝，建筑艺术的精华被毁灭了，最后只化作一片灰烬，我愤怒，圆明园为什么就这样毁灭了呢？我想，如果有可能，应该修复它。

师：是啊，圆明园被烧、被毁，会让我们进一步思考：圆明园被毁灭的究竟是什么？（学生若有所思）带着思考，让我们一起"走进圆明园"。（出示文字课件：走进圆明园）

2. 走进圆明园

（1）体会圆明园"不可估量"的价值。

师：（课件出示五幅圆明园废墟图）这是——

生：圆明园的废墟。

师：这片废墟已经在风雨中伫立了140多年。然而这却只是圆明园的一角。看着画面你有什么感受吗？（学生举手要说）

师：把这种感受放到诗歌中读一读。

生：（低沉、缓慢）"圆明园里，荒野的风，呜咽地讲述着——一个古老的故事，残留的柱，痛苦地书写着——一个国家的耻辱。"

师：让我们走进这个古老的故事。打开书，齐读课文第一段。

生："圆明园的毁灭是祖国文化史上不可估量的损失，也是世界文化史上不可估量的

损失。"（提示学生读时注意"文化"一词）

师： 有不可估量的损失，就说明它一定有不可估量的价值。那么，用"……是……也是……"这个连接词，说一说。

生： 圆明园的毁灭是祖国文化史上不可估量的价值，也是……（没等该生说完，学生都笑了）

生： "毁灭"怎么能说是有"不可估量的价值"呢？应该把"毁灭"去掉，这样说："圆明园的价值是祖国文化史上不可估量的价值，也是世界文化史上不可估量的价值！"（学生又笑了）

生： 词语重复了，应该简洁："圆明园的价值是祖国文化史上不可估量的，也是世界文化史上不可估量的！"（同学们表示同意）

师： 昔日圆明园究竟有些什么呢？使我们说它有不可估量（板书"不可估量"）的价值。结合课文第2、第3、第4自然段说一说。（提醒同学们注意：这一段描写，用上了好多连接词，说的时候尽量用上它）

生： 读了2~4自然段，我体会到圆明园当时辉煌的景象。圆明园中有金碧辉煌的殿堂，也有玲珑剔透的亭台楼阁；有象征着热闹街市的"买卖街"，也有象征着田园风光的山乡村野。（板书"有……也有……"）

生： 有象征着热闹街市的"买卖街"，也有象征着田园风光的山乡村野……还有根据古代诗人的诗情画意建造的，如蓬莱瑶台、武陵春色。（板书"有……也有……还有……"）

生： 园中不仅有民族建筑，还有西洋景观。（板书"不仅有……还有……"）

生： 圆明园不但建筑宏伟，还收藏着特别珍贵的历史文物。上自先秦时代的青铜礼器，下至唐、宋、元、明、清历代名人书画，各种奇珍异宝。

师： 从先秦到清朝大约多少年的时间？

生： 可能八百年吧。（学生又七嘴八舌猜测一千年、一千二百年等）

生： 我估计怎么也得两千多年吧。

师： 你很会说话，"两千多年"的"多"就要多出好几百年，经历秦、汉、隋、唐、宋、元、明、清，大约是两千年的时间。想想会有多少名人字画和奇珍异宝？

生： 我还知道，圆明园不仅建筑宏伟，而且历史悠久。圆明园最初是1709年康熙帝赐给儿子的花园，前后共用了150多年的时间建成。

生：在 2000 年 4 月，某集团以将近 4000 万港元将其中的虎首、牛首、猴首买回，使它们重又回到了祖国的怀抱。（教师趁机选择几幅名画和几件珍宝让学生亲眼感受，学生流露惊奇神色。然后让学生带着感受读第四自然段）

生：我还了解到圆明园中有许多的小园。其中我对海宴堂最了解。在海宴堂门前的水池内，有十二生肖图像。每一时辰，代表这一时辰的生肖铜像就会喷出水来，正午时刻，十二个铜像会同时喷水。可惜的是，在 1860 年，英法联军将铜像掠走了。

生：圆明园在北京的西北郊，由圆明园、长春园、万春园组成，此外还有许多小园，众星拱月般地环绕在圆明园周围。

师：有谁查资料，知道圆明园的面积有多大吗？

生：好像是 5200 多亩，350 公顷。

生：应该是 500 多公顷吧。

师：据老师了解，占地面积有 458.9 公顷。一公顷有多少平方米，大家会算，那么我们就来估算一下，我们这个教室大约 120 平方米，看看圆明园相当于多少个这么大的教室？

生：起码 800 个。（学生七嘴八舌猜测 1000 个、1500 个等）

生：我看得有 9000 个这么大的面积呢。

师：是的，圆明园的面积相当于 1 万多个这么大的教室（学生发出感慨），可见圆明园有多大。你想，这么大的面积由这些大园以及小园众星拱月般地环绕在圆明园周围，是怎样的景观？

师：圆明园里所拥有的珍宝用一个词来概括那就是——

生：应有尽有、不计其数、成千上万、数不胜数……（学生依次说出）

生：所以我们说"圆明园不愧是举世闻名的最大的博物馆、艺术馆"。（让全体学生读这句话）

师：那好，请回过头来再读课文，让我们感到，通过你的介绍，它的的确确是当时世界上最大的博物馆、艺术馆。（引领学生注意体会那些连接词，读出一种自豪感。学生读略）

师：继续谈——

生：圆明园风景无限，著名的景点就有 40 处呢。这 40 处景观也是众星拱月般地环绕在圆明园周围。比如，有"平湖秋月"，有"西峰秀色"，有"曲院风荷"。

生：圆明园中有"观澜堂"、有"君子轩"，还有"关帝庙"。

生：圆明园中不仅有"映水兰香"，还有"南屏晚钟"。

师：下面我们只选20处景观，请大家读一读：正大光明、天然图画、上下天光、杏花春馆、坦坦荡荡、长春仙馆、万方安和、武陵春色、山高水长、月地云居、汇芳书院、映水兰香、北远山村、西峰秀色、四宜书屋、平湖秋月、蓬莱瑶台、别有洞天、坐石临流、曲院风荷。

生：光读这20景就这么长时间，如果一景一景参观，得需要多少天啊。我看得一个月。

生：要是我去的话，我要住上一年。

师：下面，我们就到三处风景名胜参观参观。你可以选择一处说说感受。

生："蓬莱瑶台"在云端里若隐若现，仿佛人间仙境！

生："平湖秋月"在夜晚的灯光映衬下感觉很朦胧，住在那里一定会做美梦。

生："雷峰夕照"中的雷峰塔真高，直冲晚霞，真壮观啊。

师：这美丽迷人的景色只是圆明园的冰山一角。法国大作家雨果眼中的圆明园是怎样的呢？拿出雨果写的文章，有选择地读一读。

生："请您用大理石，用玉石，用青铜，用瓷器建造一个梦，用雪松做它的屋架，给它上上下下缀满宝石，披上绸缎，这儿盖神殿，那儿建后宫，造城楼，里面放上神像，放上异兽，饰以琉璃，饰以珐琅，饰以黄金，施以脂粉。请同是诗人的建筑师建造一千零一夜的一千零一个梦，再添上一座座花园，一方方水池，一眼眼喷泉，加上成群的天鹅、朱鹭和孔雀……总而言之，请假设人类幻想的某种令人眼花缭乱的洞府，其外貌是神庙、是宫殿，那就是这座名园。"

生："过去的艺术家、诗人、哲学家都知道圆明园，伏尔泰就谈起过圆明园。人们常说：希腊有巴特农神庙，埃及有金字塔，罗马有斗兽场，巴黎有圣母院，而东方有圆明园。要是说，大家没有看见过它，但大家也梦见过它。这是某种令人惊骇的杰作，在不可名状的晨曦中依稀可见。宛如在欧洲文明的地平线上瞥见的亚洲文明的剪影。"

师：好，我们再一齐读读雨果的这句话——

生："有一座言语无法形容的建筑，某种恍若月宫的建筑，这就是圆明园。"

师：书中概括地说——

生："圆明园是园林艺术的瑰宝、建筑艺术的精华。"

师：现在，回过头来再读课文，让我们一起和你陶醉在这恍若月宫的圆明园中。（个人读，齐读课文 2～4 段。学生读略）

师：把书上概括圆明园的两句话用"是……也是……"连起来变成一句话。

生：圆明园是当时世界最大的博物馆、艺术馆，也是园林艺术的瑰宝，建筑艺术的精华。

师：面对这人间奇迹，你心中一定升腾起一种情感，正如雨果形容的那样——虽然是皇家园林，可是岁月创造的一切最终都属于人类的。所以，此刻在你心中，圆明园拥有的是什么？

生：劳动人民的艺术、智慧的结晶。

生：其实就是一种无比的自豪感。

师：带着这种感受再读这句话。（即："圆明园是当时世界最大的博物馆、艺术馆，也是园林艺术的瑰宝，建筑艺术的精华！"）

生：听了同学们的感慨，是否可以这样说：圆明园是博物馆，是艺术馆，是园林艺术的瑰宝，是建筑艺术的精华，体现了人类的智慧和创造的奇迹。

师：那么，圆明园所拥有的浓缩成一个词是什么？

生：我想是结晶。（学生也有说是"智慧""创造"等）

师：把这些都用加法，可以浓缩成一个词，想想圆明园里拥有的究竟是什么呢？就藏在课文里边，圆明园里拥有的是祖国的，乃至世界上的什么？

生 1：奇迹。

师：奇迹，送进去，再送进去。

生 2：艺术。

师：艺术，送进去。祖国的……第一段里边的再读这一段话里边。拥有的是……

生 3：我明白了，是文化。

生：我们平时都说"文化文化"，现在我们通过这些过程的体会，终于明白了圆明园里原来拥有的是文化！

师：祖国的——

生：文化。

师：世界的——

生：文化。

师：祖国的——

生：文化史。

师：世界的——

生：文化史。

师：是"文化史"，而且是不可估量的祖国文化史，世界文化史。（回扣"不可估量"）请理直气壮地告诉自己以及天下所有的人——"圆明园的价值是祖国文化史上不可估量的，也是世界文化史上不可估量的！"（学生朗读时语气各有不同）
（2）体会圆明园被毁是"不可估量的损失"。

师：然而（引读课文）1860 年 10 月 6 日——

生：英法联军侵入北京，闯进圆明园。

生："圆明园的毁灭是祖国文化史上不可估量的损失，也是世界文化史上不可估量的损失！"（出示课文第一段学生朗读，并再次注意体会"不可估量"一词）

师：英法联军是怎么做的？浏览第 5 段，用书上的词语概括概括。

生：英法联军是"统统掠走"，"任意毁坏"，"放火焚烧"。

师："统统"掠走，是怎么"掠"？

生：只要能拿的，就全部拿走，一个也不留。

生：就是能抢就抢，拿不动的就用车运。

师：有没有查到资料的，举个例子说说？（学生没有回答）那好，我这里有一段真实的资料，请读一读——

生：参与劫掠的英法军官、牧师、记者回忆：军官和士兵，英国人和法国人，为了夺取财宝，从四面八方冲进圆明园。有的搬走景泰蓝瓷瓶，有的抢走绣花长袍，有的挑选高级皮大衣，有的去拿镶嵌珠玉的挂钟。有的背负大口袋，装满了各色各样的珍宝。有的在宽大的口袋里装进金条和金叶；有的半身缠着织锦绸缎；有的帽子里放满了红蓝宝石、珍珠和水晶石；有的脖子上挂着翡翠项圈……

师：把感情送到课文中再朗读这句话。

生："他们把凡是能拿走的统统掠走……"（学生个个表情严肃。朗读略）

师：实在运不走的就"任意"毁坏，是怎么"毁"？

生：拿不走就砸，摔。反正拿不走，也甭想让中国留着，都给弄坏。

生：我知道他们用枪捣毁大镜子，把上好的花瓶瓷器等随便往地下一扔……（教师

根据学生所说，再次出示资料，学生读）

生：侵略者除了大肆抢劫外，被他们糟蹋了的东西更是不计其数。房子里的绸缎、衣服扔了一地，人走进屋里，可超过膝盖。工兵们带着大斧，把家具统统砸碎，取下上边的宝石。一些人打碎大镜子，另一些人凶狠地向大烛台开枪射击，以此取乐。大部分法国士兵手抢木棍，将不能带走的东西全部捣碎。当10月9日法国军队暂时撤离圆明园时，这处秀丽园林，已被毁坏得满目疮痍。

师：有感受吗？（学生纷纷点头）那好，再把感受送到课文朗读这句话。

生："……实在运不走的就任意破坏、毁掉。"（提示学生朗读时对"破坏"和"毁掉"的语气，表现出一种无奈、气愤、痛心等）

生：这还没完，敌人为了销毁罪证，放火把圆明园烧了，大火烧了三天三夜，圆明园只剩一片灰烬。

师：一天多少小时？（学生答24小时）

师：三天三夜多少小时？（学生答72小时）

师：一小时多少分钟？（学生答60分钟）

师：三天三夜多少分钟？（学生答4320分钟，有的学生动笔计算）

师：4320分钟是多少个半分钟？（学生回答8640个半分钟）那么会烧掉些什么？

师：烧掉一幅历史名画只用几秒钟，烧掉一个建筑，比如"平湖秋月"只需几分钟。（放无声录像，是大火焚烧圆明园的镜头）"火烧"半分钟，想象会烧掉什么？（全体静场，出示画面：烈火熊熊，浓烟滚滚的半分钟）

师：这半分钟，感觉长吗？（学生感觉长）

生：会烧掉许多精美的建筑物，画家、书法家的作品。

生：会烧掉许多华丽的丝绸和衣服。

生：会烧掉唐、宋、元、明、清历代的奇珍异宝。

师：把这8640个半分钟加起来，而且是在1万多个教室这么大的面积同时燃烧8640个半分钟啊，想象一下。

生：圆明园本来就在北京的西北郊，可大火笼罩了整个北京城！所以，可以想象圆明园这不可估量的文化价值是怎样化为灰烬的。

生：我感到一阵阵的心痛！

师：那就把感受送到课文中再读吧。

生：“1860 年 10 月 6 日……”（全体学生有感情地朗读第五段）

师：至此，圆明园所拥有的一切，现在都"没有了"——（把黑板上的连接词前面加"没"、后面加"了"。一边添加一边让学生跟读。比如，圆明园中，"没有了"金碧辉煌的殿堂，"也没有了"玲珑剔透的亭台楼阁……没有了……也没有了……没有了……还没有了……）

师：下面出示书中的句子，请同学们用变化了的连接词再说话。

生：圆明园中，没有了金碧辉煌的殿堂，也没有了玲珑剔透的亭台楼阁。

生：没有了象征着热闹街市的"买卖街"，也没有了象征着田园风光的山乡村野，还没有了根据古代诗人的诗情画意建造的，如"蓬莱瑶台""武陵春色"。

生：园中不仅没有了民族建筑，还没有了西洋景观。

生：上自先秦时代的青铜礼器没有了，下至唐、宋、元、明、清历代名人书画、奇珍异宝也没有了。

师：还可以换一种说法，比如，金碧辉煌的殿堂——

生："没有了"，玲珑剔透的亭台楼阁——"也没有了"！

生：象征着热闹街市的"买卖街"没有了，象征着田园风光的山乡村野也没有了，根据古代诗人的诗情画意建造的，如"蓬莱瑶台""武陵春色"都没有了。

师：很好，你把这句最后的"还"换成"都"更准确了。（练说其他句子略）正是（放映李大钊的诗句）——

生："圆明两次昆明劫，鹤化千年未忍归。一曲悲笳吹不尽，残灰犹共晚烟飞。"（深沉地朗读李大钊的诗句）

师：作为法国人的作家雨果，是怎么看待自己国家的行为呢？（默读雨果的文章，找出文中的句子概括）

生："法兰西帝国吞下了这次胜利的一半赃物，今天，居然还天真地以为自己就是真正的物主，把圆明园富丽堂皇的破烂拿来展出。我希望有朝一日，解放了的干干净净的法兰西会把这份战利品归还给被掠夺的中国。"

生："这个奇迹已经消失了。有一天，两个强盗闯进了圆明园。一个强盗洗劫，另一个强盗放火。一个叫法兰西，另一个叫英吉利！"

师：带着这样的感受再回过头来读全篇课文！（采用教师引读的形式，师生一起用上"没有了……也没有了……"等连接词，对全篇课文进行创造性地朗读。听课教师感叹）

师：让我们永远记住这一天——1860 年 10 月 6 日。就是从这以后，圆明园化为一片灰烬，什么都没有了。（教师慢慢擦黑板，只留课题，其余都擦去，稍留残迹，全场沉默）

师：现在圆明园什么都没有了，那么，毁灭的究竟是什么？（指着课题问）

生：是祖国的文化，也是世界的文化啊。

生：这样宏伟的建筑毁于一旦，我只有难过呀！

生：留给我的是愤恨！

师：那就请你愤恨地表达吧。（学生就带着这样的感受朗读："圆明园的毁灭是祖国文化史上不可估量的损失，也是世界文化史上不可估量的损失！"实际上这是用不同的语气进行朗读训练）

生：我很无奈。

师：那就请你"无奈"地说一说。（同一个句子，读出的是无奈的语气）

生：有泪水，有叹息，有无奈，有痛苦……（学生分别说出自己心中的感受并带着属于自己的感受朗读这句话）

师：最后，请全体同学把这句话告诉自己，告诉天下所有的人！（学生读略）

3. 走出圆明园

生：（教师再次出示诗歌并朗读）"圆明园里，荒野的风，呜咽地讲述着——一个古老的故事，残留的柱，痛苦地书写着——一个国家的耻辱。"

师：这痛苦的耻辱一直刻在我们心里整整 140 多年了，让我们"走出圆明园"（出示文字课件）。我想，无论怎样，我们走不出历史的阴影。如果历史可以改写，现在，让我们假设一下历史，回到 140 多年前做一次小小的体验。如果你是决定国家前途命运的一国之君——"皇帝"；如果你是辅佐皇帝参与国家管理的大臣（展示课件）；如果你是保卫国家领土的士兵；如果你是普普通通的生活在北京的老百姓——

师：面对英法联军火烧圆明园的行径，你会怎么做？请自己选择一个角色静静想一想，一会儿请你实话实说。（学生讲其中的一个角色的时候，老师紧紧围绕这个角色进行讨论，直到完了再进入下一个角色）

生：我若是当时的皇帝，我会号召所有的百姓团结起来，即使用长矛、弓弩，也能对付洋枪洋炮。只要团结，就有希望。

师：你善于发动群众——了不起的皇帝。

生：假如我是皇帝，我不会建造圆明园。我会把所有的钱用做军费。当英法联军闯进圆明园时，我会派出军队与他们战斗。如果打不赢，我会与他们谈判。

生：如果我是朝中大臣，我会提一个参考意见给皇帝，派人去留洋，学成归来后制造自己的枪炮。

生：假如我是大臣，我不会那样奢侈，我会帮助皇帝把所有的钱用在建设军队上，当敌人来侵犯我们的时候，我调兵遣将顽强抵抗。

生：假如我是北京城的一位老百姓，我会号召其他百姓团结起来抵抗敌人。

生：假如我是一名士兵，那就是——圆明园存，我存；圆明园亡，我亡。

生：假如我是士兵，我会和他们血战到底。即使我牺牲了，我的身体也要倒在圆明园里成为敌人的绊脚石……（学生还有发言，略）

师：给自己掌声，为自己喝彩。（学生鼓掌）但遗憾的是，历史真的不能假设。请读下面的词条。

生：圆明园是皇帝享用的。当圆明园被烧，咸丰皇帝无奈，只好带着慈禧等仓皇逃跑了。在皇帝看来，圆明园被毁是他最大的屈辱。为了这"屈辱"，皇帝以平民的生命为代价，发动"复仇"战争，反而丧失了150万平方公里的领土——这惨痛的损失永远无法弥补。

生：英法联军以什么借口烧毁圆明园？人们想当然地认为：帝国主义对外扩张的本性决定了他们的野蛮行径。其实真正的原因是"奉行'磕头外交'"与"国际外交惯例与国际法准则"这两种不同文明所导致的行为冲突。在清朝皇帝看来，外国使臣在他面前不磕头有失天朝"天下一统"尊严；在英法国家看来，拘禁、虐杀外交官违反国际法与人类文明。本来要烧故宫紫禁城，为了给皇帝点颜色看看，才决定烧毁圆明园。

生：焚毁圆明园的前几天，英法联军列队入城，清军士兵夹道跪迎，北京居民观者如市。英法联军两次洗劫圆明园的其间、其后，中国平民也成群结队闯进去，带走他们所能找到的一切。军阀混战时期，一些军阀又进行洗劫，圆明园最后只剩几块残垣断壁。还有一种资料说，中国人龚橙——著名诗人龚自珍的儿子是火烧圆明园的主谋，因为是他带的路。

师：当我们的思维视角停留在一个方面的时候，我们的思考就会停止。刚才的体验只是让我们对照一下历史。读了上面的词条，现在，再读"圆明园"这三个字的时候，难道你心中仅仅是自豪和愤怒吗？

生：说不出来的滋味。

生：我悲愤，悲愤的是我们自己的人民怎么会这样？我的心里好像被插了几刀，很难过。

生：我不知该说什么了。为什么，为什么，我们自己发明的火药却成了外国人侵略我们的武器？为什么？这是为什么？

师：我看到同学们的表情很复杂，正如刚才同学们说的，心中的滋味复杂了。以上词条摘录于下列文章——吕厚龙的《告别圆明园》，樊美平的《透过圆明园的硝烟》，李钟琴的《由庚子国难看"愤青"的虚火》，袁伟时的《现代化与中国的历史教科书问题》等文章。有兴趣的同学可以找来读一读。当然，历史是一句两句说不清楚的。这些文章也许有的地方不全面或不准确，但重要的是要让你们打开思路，要让我们学会思考。

师：现在就要离开圆明园。那么，请闭上眼睛，课前你眼前出现的是废墟，是火焰，那么，现在你的心中，圆明园仅仅是废墟、火焰吗？圆明园在你心中是什么形象？（学生思考后回答）

生：圆明园成了压在我心中的一块石头。

生：圆明园是我们头上永远抹不掉的耻辱。

生：圆明园成了中华民族的一块墓碑。

生：我认为是中国人民的警示牌。

生：是敲在我心中悠远的钟声……

师：圆明园的大火早已熄灭，可是我们思考的脚步不能停止。有着五千年文明的强大的中国为什么会被几千个强盗杀到京城？圆明园烧掉的究竟是什么？毁灭的究竟是什么？永远也毁灭不了的是什么？——也许，今天的学习只是给同学们打开了一扇小小的门，无非让同学们看到这一点风景，能沿着更多的视角，怀着更多的思考走向未来的人生。这才是这两节课学习的真正的目的。

[反思]

用理性而非仇恨的光照耀孩子

我讲授的《圆明园的毁灭》一课，引起了较大反响。正面评价我不说了，在这里想讨论一下针对整体设计的不同意见。

在武汉，有位老师听完课之后专门找到我，要我去掉关于揭示当时中国人也参与抢劫的词条——她怕有损于中国人的形象；在山东临沂，有位男老师质问："为什么让学生知道圆明园的被毁原因有外交上的失败，不管什么原因他们毕竟烧我们的圆明园，我们就应该恨！"江苏张家港的一位老师也建议这个环节不要——只要孩子知道帝国主义的无耻行径就可，如果学生知道这点就减弱了恨的程度，打击了孩子的自信心，反之孩子的仇恨就会更强；更有意思的是，黑龙江漠河的一位老教师用毛笔专门给我写了一封信，语重心长地告诉我——让孩子知道那么多，今后不好办，这样讲解圆明园太残酷了……

感谢同行师友们给我的提醒，其实，我的目的，就是要从反思的角度来认识圆明园的毁灭。这样的设计真的太残酷了吗？我们需要为谁遮掩吗？

先让我们把思绪回转到课堂上。

课文讲 1860 年 10 月 6 日英法联军任意抢拿，放火焚烧圆明园的可恶行径……教学到最后的环节时，我让学生"走出圆明园"，做一个小小的体验——让他们选择其中的一个角色，比如，把握国家前途命运的皇帝、辅佐国家的大臣、保卫圆明园的士兵、生活在圆明园附近的老百姓。如果自己就是其中的一个角色，看到圆明园的被烧，会怎么做。目的想在进行口语训练的同时提高学生的思想认识。

记得有个学生愤恨地大声说："我要是老百姓，我就这样想：全都烧光了才好呢，反正是皇帝家的财产，跟我有什么关系？"孩子说的是心里话，在当时的清朝统治下，老百姓这样想是没有错的，就当时清朝的闭锁，他们的境界只能如此。因此，在老百姓的眼里，圆明园是皇家园林，是皇上住的地方，老百姓从来没进去过，圆明园的大墙把他们拒绝到"家"的门外——外国人抢，那我当然跟着抢，不抢白不抢。

今天的我们，包括成人，对待当今的一些小事，甚至是"大事情"，不也是这样坦然："跟我有什么关系啊？"——这恰恰说明目前学生甚至是一些成人都没有明白圆明园是谁的圆明园，换句话说，不明白政府和国家的不同，古人说得好，天下兴亡，匹夫有责。天下不是帝王的天下，天下的兴亡不是某个朝代的更替。那么圆明园似乎不只是皇帝的花园。

伟大的作家雨果在《致巴赫莱的一封信》中，高度评价了圆明园这座恍若月宫的神奇得无法用语言形容的圆明园。同时，作为法国人的雨果，重申了对自己国家军队这次远征的猛烈谴责——骂他们是强盗。尽管在当时，本来要烧紫禁城，但在那个已经拥有了歌德、贝多芬的西方的文明时代，他们还保留了紫禁城，为了给皇帝点颜色看看，才决定烧毁他的"家"——圆明园，好像是大发了慈悲。而这在雨果的眼里却是——圆明园修建了 150 年，耗费了两代人的心血，凝结着劳动人民的智慧。历经岁月的沉淀，最终的一切是应属于人民的。

为了让学生留下的不仅仅是情感，而是沉甸甸的思考，上这节课时，我是压着感情来讲的。更多是从理性的角度出发，想办法引领学生走进思考的空间，而不是停留在很多老师期待的"恨"，以及"雪我国耻，振兴中华"的空洞誓言中。因为，这种"恨"和豪迈，让我觉得恐惧和羞耻。中华的复兴不是靠非理性的仇恨所能够完成的，必须让孩子们明白，除了耻辱和仇恨，我们很要保持着理性的反思。对老师而言，我们要捍卫真相和历史的尊严，无论对我们来说是羞愧、耻辱、还是光荣，历史都有权保留自己真实的面容出现在不同时代人的面前。我们不需要替谁掩盖，也没有权力掩盖什么。教育的目的之一是启迪智慧，让孩子们能够安顿好自己的人生，安排好自己和自然、国家、社会的关系。我们用被我们打扮过的历史启迪学生的智慧，那会是什么样的智慧呢，是不是会导向极端的诸如"民粹"之类的东西呢？

所以我们应当思考：面对有缺陷的教材，理性的阳光应该怎样照耀在孩子的心上？是用政治的强光聚焦于学生稚嫩的眼睛，用存在的民族劣根让他们对世界得到一个变形、扭曲、背离事实的结论吗？

隐瞒真相，一味地灌输仇恨，就是愚弄和扼杀理性——无论是对于渴求真知、真相的眼睛，还是面对民族的过去以及未来，这难道不是残忍？

后来，再讲这节课时，我在课的结尾更加沉着冷静地说道："圆明园的大火早已熄灭，可是我们思考的脚步不能停止。有着五千年文明的强大的中国为什么会被几千个强盗杀到京城？圆明园烧掉的究竟是什么？毁灭的究竟是什么？永远也毁灭不了的是什么？——也许，今天的学习只是给同学们打开了一扇小小的门，无非让同学们看到这一点风景，能沿着更多的视角，怀着更多的思考走向未来的人生。这才是这两节课的学习的真正的目的。"

研究历史之所以让人着迷，因为很多事实本身就有待探究，更不要说基于事实的结论了。在这节课里，教师所以不给结论，因为教师确实有困惑。比如刚刚看到 2005 年 3 月 31 日的《南方周末》的《圆明园埋下了什么》的文章，心情又复杂了一层——1860 年的被烧，1900 年的再次重创，以及辛亥革命后徐世昌、张作霖等人运走剩下木料和汉白玉石料，还有民国成立后圆明园残料的运出二十年之久……如此，怀有真诚困惑的教师，不敢自称握有真理，更不敢盲目引导学生去恨和发誓。

我们要相信未来——相信我们的后代会胜过我们，无论是视野、理性、智慧，还是面对历史和人生的勇气。假如我们连这样的自信都没有的话，所谓教育就显得有些悲凉。因而，我们把事实本身留给学生，并不是什么残忍的行为，相反，我们相信，学生们总会有比我们更强大的力量面对历史的尘烟。我们现在要给予孩子的就是，帮助他们穿透历史尘烟的理性和智慧的光辉。

[**点评**]

文化积淀中的"主题教学"

靳家彦

一堂动人心魄、荡气回肠的语文课结束了。不，不是结束，是催生了所有上课的学生和听课老师的深层思考：英法联军毁灭的究竟是什么？而他们永远也毁灭不了的又是什么？"圆明园"这个符号带给我们的是怎样的反思？我们的语文教学怎样把孩子们引领上一条个性充分发展的金光大道？

执教者是全国著名语文特级教师、清华大学附小副校长窦桂梅老师。时间是 2004 年 9 月 17 日下午。地点是上海尚德实验学校千人大礼堂。这是为《小学语文教师》杂志创刊 200 期而举行的一次高层次、高水平的语文教学研讨活动，来自全国的著名专家、学者、特级教师和一线教师以极大的热情参与了这次真正意义上的学术交流。

窦桂梅老师是"新生代"特级教师的领军人物。她首倡的"三个超越"的教学思想，充分体现了新课程所倡导的先进理念，在全国小语界引起强烈反响，极大地推进了学校语文教学向纵深发展。这次展示的《圆明园的毁灭》一课，在原有基础上又是一次飞跃，是一堂具有标志性意义的阅读教学。

这堂课概括地说，就是从新课程观的高度，从生命成长的层次，用动态生成的目光，整体先"构建"，而后又"解构"课堂——紧紧围绕一个主题，通过与多个文本的碰撞交融，形成一种深深浸润在文化之中的开放的语文课堂。通过熏陶与体验，理解与扬弃，感悟与反思，使得学生的语文素养在主题学习中获得质的提升，从而夯实学生语言文化的根基。这便是窦桂梅老师所倡导的"主题教学"。

1. 走近圆明园

课前学生阅读了两篇课文，一篇是《圆明园的毁灭》，一篇是《雨果致巴特莱的信》。上课伊始，学生便被点燃了极大的投入热望。"英法联军把金碧辉煌的圆明园抢掠一空，焚烧殆尽，真是强盗行径。""我读了两篇文章的感受是：悲愤，无比的悲愤与愤怒。""东方园林艺术的瑰宝，建筑艺术的精华变成了断壁残垣，一片废墟，让人痛心不已。"学生在读书中真的动了感情。

窦老师引导学生通过有关资料知道圆明园占地约 548.9 公顷，有一万个礼堂这么大。学生感受到课件上显示的废墟在风雨中已经伫立了 140 多年。学生低沉而缓慢地诵读："圆明园里，荒野的风，呜咽地讲述着——一个古老的故事，残留的柱，痛苦地书写着——一个国家的耻辱！"学生开始领悟课文上的这段话："圆明园的毁灭是祖国文化史上不可估量的损失，也是世界文化史上不可估量的损失。"学生说："有不可估量的价值才有不可估量的损失。"学生真正把书读进去了。便从"走近圆明园"升华到"走进圆明园"了。

在这里，把文本整合成一个三维立体的"集成块"，学生阅读同一主题下的系列文章，多角度获取信息。在同一主题的语境中发展学生的语言与思维，获得审美的情感熏陶。这充分显示了"主题教学"的魅力所在。

2. 走进圆明园

学生默读第 2、第 3、第 4 自然段，画出了一系列的关联词，如"有……也有……"，"有……也有……还有……"，"不仅有……还有……"等。学生在读书中掌握"众星拱月"是怎样的布局，"金碧辉煌"、"玲珑剔透"是什么形态，"诗情画意"、"幻想境界"是何等美妙，"名人字画"、"奇珍异宝"又是多么珍贵。在此基础上，再读法国大作家维克多·雨果文章的前 5 段，学生被那"恍若月宫"的情景深深陶醉了。此时，只有此时，学生真正在语言文字的载体引领下，走进了圆明园。

学生声情并茂的朗读，理直气壮地告诉自己，也告诉世人："圆明园的价值在祖国文化史上是不可估量的，在世界文化史上也是不可估量的！"

可是，当英法联军侵入北京，闯进圆明园之后又是怎样的情景呢？窦老师引导学生结合资料领会"统统"掠，"任意"毁，"放火"烧的强盗行径和野蛮罪行。此时，窦老师设计了这样一个环节：屏幕上大火熊熊，浓烟滚滚，所有珍宝都化为灰烬，大火烧了半分钟，没有任何声响和音乐，学生的心缩得紧紧的。仇恨的怒火油然而生。大火烧了三天三夜，是8640多个半分钟啊！在老师的引读下，刚才板书的"有……还有……"等词语间，老师加上"没有……也没有……"的"没"字，这种强烈反差，在学生的内心深处留下了永远难忘的印痕。当屏幕上出现李大钊的诗句"圆明两次昆明劫，鹤化千年未忍归。一曲悲笳吹不尽，残灰犹共晚烟飞"时，学生对3000多名侵略者的滔天罪恶痛恨有加。

在这里，主题教学的流程就像在一幅伟大画作的框架中，整体把握，不断积累，螺旋渐进，逐步沉淀。包括语言材料，结构样式，人生体验，情感态度，方方面面有新的突破。"三个超越"有人误认为是不要教材，脱离课堂，抛开教师。根本不是这个意思。正是在以文化为教学主题的引领下，教材要整合，在课堂上多角度、多渠道、全方位地从文本中积累文化知识，获得情感体验，丰富人生涵养，使师生的生命活力得以最大的激发。这样的超越正是对学生成长真正负责任的体现。

3. 走出圆明园

再读课文开头段，学生永远记住了这个日子1860年10月6日。就是从这一天以后，圆明园被摧毁成一个废墟。还有什么？什么都没有了！（窦老师把黑板上所有字迹都擦去，稍留残迹）留下的是愤怒，是泪水，是叹息，是无奈，是奋发，是立志……"圆明园的毁灭是祖国文化史上不可估量的损失，也是世界文化史上不可估量的损失！"

如果历史可以改写，回到140多年以前，假如你是皇帝，假如你是大臣，假如你是守护的士兵，假如你是北京的普通百姓，面对英法联军的暴行，你会怎么想？怎么做？学生在深入人物内心的体验中，进一步领会文本的深刻内涵。当学生从资料中获知有一种说法——火烧圆明园的带路人竟是著名诗人龚自珍的儿子——龚橙，这时老师问学生们：现在你们心中仅仅是"仇恨"和"愤怒"吗？这时"圆明园"这个符号在你心目中又是什么？学生答：是耻辱，是墓碑，是警示牌，是悠远的钟声……

在这里，也体现了主题教学的另一个层面——自省，即人格或个性的养成，是语文教学追求的重要目标。它不是把语文教学视为一味地思想灌输，而是引导每一位学生在获得基本认同的前提下，根据个人的独特感受，走上文化积累和精神成长的快车道，并最终建立起属于自己的丰富而充满活力的生命世界。

新课程实施几年来，窦桂梅老师和全国广大的一线教师一起在新课改中健康成长。新课程的理念得到广大教师的高度认同，课改的方向没有"偏差"，进一步完善和提高是摆在教师面前的光荣而艰巨的任务。我们完全相信，窦老师能在小学语文教学改革和研究的道路上奋勇前进，使"主题教学"充满鲜活的生命力。我们满腔热情地期待着更多的窦桂梅与新课程改革成功的经验不断涌现。

与残柱并立起来的

薛瑞萍

"真好。窦老师，至少有一周——也许两周，我将沉浸于你所带来的快乐中。"

8月28日上午，常州湖塘桥中心小学。《圆明园的毁灭》结束之后，我说。我知道，关于这一课，我最终写出的文字必定充满着个人色彩，然而我多么希望自己的议论能做到——至少让人家看起来——客观冷静。

与此同时，过去的一周里，关于"窦老师的圆明园"，即便是在现场听课者这一很小范围里，也已是议论蜂起：赞叹、惊讶、质疑、不满、不解、困惑……以往只听人赞叹其课之精之美的窦桂梅，出现这样的争议是前所未有的。我想这一切只证明了：这是一节与众不同，也与窦老师以往的课不同的"新"课——而在我的眼里，这还是一堂前所未见的"大课"。

于是，我就这么写了——枝枝蔓蔓，只当是一次无所羁绊的闲谈。如果这些枝蔓的文字还有其价值，我想它并不是提供给人以"是"或者"非"的答案——判断"对"与"不对"，是世界上最简单不过的事情；而唯一重要的，是提出确实属于自己的思考，供他人讨论和批评。

1. 凝重的交响乐

"走近荒原中的废墟→走进盛时圆明园→烈火中的毁灭→残柱下的沉思……"

这样的设计，堪称大气磅礴。起承转合，逻辑明晰。和着"圆明园"意绪悲凉，况味复杂的旋律，仿佛是4/4拍的交响乐，既荡气回肠，又发人深省。

这是设计？引学生落入设计圈套中的震撼？设计不就是牵引孩子吗？设计不就

是剥夺了孩子在学习中的自主权吗？我听见有人这样的质疑。

　　然而在那样的精神体验中，我们真的失去了自己吗？不，恰恰相反。苏霍姆林斯基说："真正的自我教育，是从第一次被一本书震撼开始的。那一刻，你独自面对了自己的良心。"

　　"那一刻，你独自面对了自己的良心"，因为书中的伟大和纯净唤醒了你心中沉睡的伟大和纯净。如果我们同意教师从事的是一种创造性的劳动，如果我们同意阅读是一种创造性的精神活动，那么，我们有什么理由反对教师在教学中的精心设计？

　　要紧的是——对于学生的思维而言，你的设计是在引发、点燃，还是在钳制、圈定？那么我们从实录中不难看出，这样的课堂，究竟是引发、点燃了学生思维还是反之？

2. 两个"不可估量"

　　"圆明园的毁灭是祖国文化史上不可估量的损失，也是世界文化史上不可估量的损失。"

　　这是文章的开头。

　　窦老师的两个"不可估量"乃是：

　　圆明园具有祖国文化史和世界文化史上"不可估量"的价值。

　　圆明园的毁灭是祖国文化史和世界文化史上"不可估量"的损失。

　　窦老师的两个"不可估量"，来自对课文深刻的、个性化的解读。

　　文章虽然短，但由于作者的精心策划，在有限的篇幅里传达出异常丰富的信息。第1段，其来突兀，直如石破天惊：圆明园的毁灭是不可估量的损失。第2、第3、第4段，急转直下，盛道圆明园的规模宏大、奢华惊人、景点众多、藏品丰富。第5段，再度峰回路转，任意的破坏毁灭之后，一场大火，圆明园化为灰烬——事毕言尽，文章到此戛然而止。

　　"不可估量的价值"乃是"不可估量的损失"的原因。由于这一因果关系的存在，虽经两度急转直下，文章却丝毫没有断裂之感，呈现出一个逻辑完备的整体。

　　对应小学生的认知能力，窦老师"提"出了这条逻辑暗线，于第5段的教学中回顾盛时盛况，抚今追昔，从"有……有……有……还有……"中，推出"没有了……没有了……没有了……也没有了……"一读再读，一悟再悟，对比所带来的震撼效果于是产生——而这一过程，又是和语言训练紧紧融在一起完成的。在语言训练过程中，"价值"和"损失"这两个"不可估量"之间的逻辑关系，教师不着一字，却让孩子了然于胸。

朗读也好，分析也好，叹赏也好，悲愤也好——到此为止，教材规定的教学任务已经圆满完成。课，似乎也该"事毕言尽，文章到此戛然而止"了。

但是，就在别人行将"圆满结束"的地方，窦老师又往前迈了一步。

3. 指向未来的困惑

关于《圆明园的毁灭》，我和窦老师曾在7月中旬讨论过一次，之后各忙各的。8月底，窦老师告诉我，要上一节新课："就是《圆明园的毁灭》。我上网查了很多资料，读了相关的书籍深受震撼，我想我不能让学生仅仅停留于自豪和愤怒。忘记历史就意味着背叛，我们要引导学生尽量真实、全面地了解历史，然后才能谈得上'立人'"。

很久以来，"激情四射"成了人们对窦老师课堂的定论。然而，在这节课上，很多人没有看见期待和预料中的"激情四射"——盛况也好，毁灭也好，师生以对待历史该有的严肃态度，把它作为一个冷峻的事实加以接受。因为在这场浩劫的背后，有着太过复杂的背景，当孩子的认知水平还不能对历史进行充分了解和理解的时候，教师宁可牺牲"火爆"，宁可不要随掌声、热泪而来的轰动效应，也要留一串困惑给学生——长长的未来。

这，就是我所理解的教育良知，也是我所向往的语文教师的职业尊严。

"面对英法联军火烧圆明园的行径，你会怎么做？请自己选择一个角色静静想一想，一会儿请你实话实说。"

当教师这样发问的时候，学生兴奋了。他们怎能不兴奋？台下的教师也兴致勃勃地议论起来。

于是我们听见了精彩纷呈的发言。听者纷纷点头。窦老师也笑了。然后，教师出示了如下词条。

（1）英法联军以什么借口烧毁圆明园？人们想当然地认为：帝国主义对外扩张的本性决定了他们的野蛮行径。其实真正的原因是"奉行'磕头外交'"与"国际外交惯例与国际法准则"这两种不同文明所导致的行为冲突。在清朝皇帝看来外国使臣在他面前不磕头有失天朝"天下一统"尊严；在英法国家看来，拘禁、虐杀外交官违反国际法与人类文明。本来要烧故宫紫禁城，为了给皇帝点颜色看看，才决定烧毁圆明园。

（2）焚毁圆明园的前几天，英法联军列队入城，清军士兵夹道跪迎，北京居民观者如市。英法联军两次洗劫圆明园的其间、其后，中国平民也成群结队闯进去，带走他们所能找到的一切。军阀混战时期，一些军阀又进行洗劫，圆明园最后只剩几块残垣断壁……

"天呐，原来是这样！"

"这是真的吗？"

"真是想不到！"

我听见四围发出的惊声。读词条的同时，听着教师的讲解，学生莫名惊诧。后排的孩子——从他们的目光和神情里，我读出很深的痛苦和迷惘。他们渐渐安静下来，把渴求的目光重新投向了教师。

读书、求知、发现真相、明白事理，这是一辈子的事情，一堂语文课能做的毕竟有限，能够把学生的目光引向课外，这就够了。于是教师开出对一般小学语文教师来说也显得"丰厚"的书单，"建议有兴趣的同学找来读"。

我想，学生中的大多数不会现在就去读。但他们至少知道：在教材之外，关于圆明园的毁灭，还有很多值得探究的问题在等着他们。而其中个别聪颖的孩子，也许就在此刻步入了一个深邃的人文世界。

或迟或早，当他们再度接触这个沉重的话题，一定会记起 8 月 28 日这一课。而反之，如果他们忆起学习这篇课文时自己仅仅是怒火中烧，泪流满面，悲愤满腔——他们必会自嘲："那时候，我们真可笑！"

传道、授业、解惑——千年师道，窦老师于不经意间，将其做了局部颠覆，将并没有答案的困惑抛还给了学生。这种颠覆的勇气，既来自对自身实力的确认，也来自对学生的尊重和对未来的信心。

这才是开放的、没有围场的语文。

4. 关于"课件"的思考

一直以来，对于课件的使用，我持保留意见。从"家常课"的角度考虑，我更倾向于白纸黑字和素面朝天。窦桂梅的这一课，改变了我的看法。

课堂如战场。我看见，作为教材的《圆明园的毁灭》，像一支不知疲倦的主力军，长驱直入，一战再战；作为扩充材料的雨果《致巴特莱的信》，则如灵活的机动部队，招来挥去，往返穿插；数量众多的图片、词条，又如机智的特种兵，一次次完成漂亮的单兵作战——所有这些材料，它们有韵律、有层次地聚集在一起，在教师与学生的调动之下，一次次地闪烁，一层层娓娓道来。整堂课，给人的感觉，是海浪般一波波涌起，大气磅礴，然而不乏灵敏细腻。

这让我想起歌德对于哥特教堂的赞叹：那么繁杂的缀饰，那么精致的雕琢，理应造成沉重累赘的效果，却让你感觉到它在半空中飞升起来了。

为什么会是这样呢？

可否作如此理解：《圆明园的毁灭》内容相对单薄，缺少生动感性的描述，更缺乏对民族苦难的深层思考。现在，由于补充材料的加入，这一骨架被赋予了血肉、羽毛，再由于师生生成性的活动，这有着血肉、羽毛的鸟，又被吹进了生命的灵气——于是，它在我们面前飞翔起来了。

这确是一堂大课，也是一堂新课。

27 日，在北京到常州的列车上，窦老师还在琢磨教学细节。

课前她说："就这样吧，我把一个无法预先设计的粗坯呈现给大家——供老师们批评借鉴。计划是两节课，如果进展顺畅，我们就一气上完；如果费力，我们就中间休息一下。"

结果是全课在波浪起伏的感觉中，"江流宛转"地到达终点。

圆明园的残柱发人深省，和残柱并立起来的这一课，它对中国小学语文教学将产生多大的冲击力，我且拭目以待。

作为窦老师的朋友，亲历这一过程，我深感荣幸。

一节真正的语文课

武凤霞

今天有机会和窦桂梅老师一起走进了那坐落在北京西北郊的皇家园林——圆明园，走进了那段英法联军焚烧圆明园的屈辱的历史。两节课的时间，我和同学们一起感悟语言，体悟情感，在阅读中思考，在思考中沉醉，在沉醉中感知，在感知中升华，一起欢乐一起忧，一起悲愤一起愁。置身课堂内，我们感受到的是一曲荡气回肠的歌。走出课堂外，我们看到的是一节真正的语文课。

1. 让学生感受不到在学语文

我想，学习语文的最高境界应该是让学生感受不到自己在学习语文。而这正是窦老师这节课最突出的特点。这首先表现在她时时刻刻都在为学生营造一种氛围，让学生感觉到自己在参观、在游览、在阅读历史，就是没有感觉到自己在学语文。

比如开课之初，窦老师和学生聊自己，她告诉学生自己来自北京，来自清华园，在离家 50 米的地方有一座公园，这座公园就是圆明园。（板书课题）然后对同学们说，这是一座著名的园林，来——，让我们一起走近圆明园吧，同学们，走啊——

"同学们，走啊——"这个简简单单的句子，在这节课上出现了 4 次之多，每一次都出现在一个环节向另一个环节过渡的时候。这让我们感到了课堂教学的清晰流畅，感觉到我们面对的不是一篇文字，而是一条清浅、鲜洁的小河，在这条小河中没有需要学生不断跨越的田埂，顺流而下，轻松随意。当然，这并不是一条平静的小河，思维与文本碰撞就如潺潺流水与横亘其中的大石相遇，不时激起的朵朵浪花，清新又亮丽，平添了无数崭新的生命力。

其次表现在对学生朗读的指导上。朗读是语文课堂上不可或缺的学习方式，在尊重学生体验、淡化指导技术的新课标理念下，朗读成了课堂教学的一个死角。很多老师找不到指导朗读的方向在哪里，怎么做都唯恐不对，于是缩手缩脚的老师带领着糊里糊涂的学生，在指导学生读书的路上犹犹豫豫地走着，不知道路在何方。今天，窦老师这节课的朗读就给了我很大的启发。初次感知文本，了解了课文第 2、第 3、第 4 自然段，知道了"圆明园不愧是举世闻名的最大的博物馆、艺术馆"以后，老师说："请回过头来再读课文，让我们感到，通过你的介绍它的的确确是当时世界上最大的博物馆、艺术馆。"（指导学生用介绍的语气朗读这两段话）在引进课外资料，通过对 20 处景点的了解，感受到圆明园的"广大"和"美丽"的基础上，老师又说："现在，回过头来再读课文，让我们一起和你陶醉在这恍若月宫的圆明园中。"（指导学生用欣赏的语气读好这两段话）

"你来向大家介绍介绍圆明园的美景。""让我们感受到你在欣赏这里的无限风光。"这哪里是在指导朗读？分明是让学生漫步园中做导游、仔细品味那流连忘返的感觉，但窦老师的确是在指导学生朗读，根据不同的需要，用不同的语气尝试，读出自己的感受，读出不同的特色。"你的介绍太慢，心急的听众都要自己参观去了。""听了你的朗读，我感觉你一定是走马观花看景色，再慢一点儿就更好了。""我体会到了你多么的无可奈何。"……没有一处友情提醒，没有一处技术指导。随意中镶嵌着精致，精致中蕴含着淳朴。纯朴的语言中还蕴含着巧妙的点拨，这就是语言的魅力，这就是窦老师的魅力！

2. 用细节构建生命课堂

课堂如人生，精彩的人生需要细节来支撑，精彩的课堂也需要细节来建构。窦老师就是在一个又一个的教学细节中建构了课堂教学的生命。我们来看看这几个细节。

细节一：开课之初，窦老师引入课题以后，在黑板上板书了三个大大的字"圆明园"。坐在第 30 排的我都看得清清楚楚，心中一阵感动。我想，窦老师之所以把题目写得这般巨大，目的不仅仅是为了用这三个大字在学生心中画上一个惊叹号，唤醒他们的注意，同时，也考虑到了像我这样坐在后排的老师吧。

细节二：老师让学生推算由先秦到明清历时多少年，学生有的说 3000 年，有的说 2000 年，还有的说是 1300 年，面对学生的回答，窦老师告诉大家："同学们，当你对所估计的时间拿不准的时候，就用上'左右''多一点'等一类词，这样可以使你的语言更准确。"

好一个"左右""多一点"的提醒，在这一友情提醒下，同学们的语言马上变得严密起来。语文，不就是让学生学习遣词造句吗？

细节三：窦老师和同学们一起感受了圆明园在中国，乃至世界文化史上的价值以后，再让学生体会"圆明园的毁灭是中国乃至世界文化史上不可估量的损失"的时候，课件的底色由体会"价值"时的白色瞬间变为体会"损失"的黑色，这一"白"一"黑"的变化造成了强烈的视觉反差，在我的心中引起了深深的震撼，沉甸甸的情绪瞬间涌满了心怀。

细节四：在引领学生们了解了大火烧了三天三夜的基础上，再明白了烧掉一幅历史名画只用几秒钟，烧掉一个建筑，比如"平湖秋月"只需几分钟以后，放录像，大火焚烧圆明园的镜头，画面上，除了烈火熊熊、浓烟滚滚以外，什么都看不到。而且，这是一段无声录像，但在这静静的燃烧中我们却深刻感受到了"于无声处听惊雷"的感受，我们仿佛看到了房倒屋塌的场面，我们仿佛看到了烧焦的梁檩带着火苗砸下来的场面，我们仿佛听到了名画珍玩在大火中哭泣的声音……透过这无声的大火，我们的思绪跨越时空飞到了那一个令人心酸心寒心惊的时刻……

细节五：在结尾处，窦老师先和学生们一起采用教师引读的形式，用上"没有了……也没有了……"等连接词，对全篇课文进行创造性的朗读。接着，用低沉的语调说："让我们永远记住这一天——1860年10月6日。就是从这以后，圆明园化为一片灰烬，什么都没有了。"然后慢慢擦黑板，只留课题，其余都擦去，稍留残迹，全场沉默。窦老师哪里是在擦掉自己的板书？分明是模拟着英法联军焚烧圆明园；窦老师留下的哪里是字体的残迹，分明是被焚毁的圆明园的废墟！

当然，这样的细节还有很多，随着急匆匆的记录，我的大脑也在紧张地思考：什么是目中有人？什么是关注学生？窦老师用她建构起的这一个个看似不经意的细节为我们做出了解答。

3. 品出浓浓语文味

《圆明园的毁灭》是一篇思想性很强的文章，我也曾数次听过老师上这节课，自己也曾经亲自执教，但到结尾学生的心中留下的好像只有对英法联军的仇恨和对祖国曾经遭受过这样的磨难的耻辱。然而今天，听窦老师这节课，自始至终都洋溢着浓浓的语文味，语文味是什么？王崧舟老师是这样说的："'语文味'就是守住语文本体的一亩三分地。语文的本体是什么？显然不是语言文字所承载的内容，即'写的什么'。而是用什么样的语言形式来承载这些内容，即'怎么写的'。语文要学的就是'这个'，语文味所指的就是'这个味'。具体来说，语文味表现在'动情诵读、静心默读'的'读味'，'圈点批注、摘抄书作'的'写味'，'品词品句、咬文嚼字'的'品味'。"

窃以为，窦老师这节课不仅是一节读味浓厚的语文课，而且，自始至终都在进行着语言文字的训练和感悟。比如引导学生把"圆明园的毁灭是中国文化史上不可估量的损失，也是世界文化史上不可估量的损失"一句中"损失"改为"价值"，这一设计的确很有难度，几个同学合作才完成了这一句式的转化。但这一转化，不仅让学生从正面体会到了圆明园价值的不可估量，而且在"损失"和"圆明园是最大的博物馆、艺术馆"之间架起了一座桥梁，让学生顺利完成了学习的过渡。

再比如，在圆明园被焚烧以后，老师引领着学生用上"没有了……也没有了……没有了……还没有了"这些连词说话，以及最后师生配合改编课文的朗读，还有对"统统""任意"等词的理解，都给我们带来了"品词品句、咬文嚼字""品"的"语文味"。

在丰满的阅读中建构主题，在无数的细节中体验课堂生命的张力，一节真正的语文课，一首流淌的小诗，一曲大气磅礴的歌。这就是这节课留给我的深深的印象。

二、不遇中有遇

——感受《游园不值》中的哲学意味

[实录]

《游园不值》

主题：不值（不遇）

步骤：与文字相遇，理解"不遇"

与文学相遇，品味"不遇"

与文化相遇，升华"有遇"

课前预热：（课前背《黄鹤楼送孟浩然之广陵》等古诗。伴着美妙的旋律，师生唱起《让我们荡起双桨》）

师： 听着这美妙的旋律，让我们想到古诗的韵律美。古诗可以吟，还可以唱，关键在古诗的每一个字都是推敲出来的精华。著名诗人贾岛"两句三年得，一吟双泪流。"说的就是这个理儿。那我们就来读读贾岛的《题李凝幽居》，体会在贾岛身上发生的推敲的故事。（课件出示："闲居少邻并……僧敲月下门"）

生： 原本这首诗里面用的是"推"字，嗯……（生语塞），后来那个贾岛来到了李凝家，发现李凝不在，他就回去了。在路上他碰见了大诗人韩愈，他撞进了韩愈的军队仪仗队，韩愈问他："你为什么会撞到我的军队当中？"他说："我正在想一首古诗，不知道古诗当中的一个字，用'敲'好还是用'推'好"。韩愈也是位大诗人，他就想了起来。后来他告诉贾岛，还是用"敲"好，用"敲"更能体现出一个人有礼貌，也可以体现出夜晚的寂静。所以后来，这首古诗当中的这个字就用了"敲"。（全场掌声）（引出"推敲"的典故，为后面教学"扣"做铺垫）

师： "推敲"成了典故，所以得感谢贾岛。谁来读读这首诗，要注意五言诗的节奏。（生读略）

师： 该同学读得很准确。据说古人吟诵讲平仄。我们这么做也许不科学，不过尝试没有对错。那我们就试着把一声、二声当平声，这样的字音可以读得拉长平缓；三声、四声的字呢当仄声，读得短促一些。比如"闲"是第几声？（生答"第二声"）

师： 谁来试试读一读？

生： 闲——居——少（短促，有点儿夸张）邻——并。

师： 好，我可不说，不过看我手势。大家读读看。（教师手势指挥，效果明显）

生： 闲——居——少邻——并，草径入荒——园——。鸟宿池——边——树（很短），僧——敲——月下门——。

师： 当然，我们不但如此，还要注意五言诗自身的节奏。这样读起来的时候就显得流畅自然了。我们还学过贾岛的《寻隐者不遇》。请试着读读。

生： "松下问童子……"（老师辅以手势，学生读得很有味道。）

师： 像这样"不遇"的诗很多，比如邱为的《寻西山隐者不遇》，皎然的《寻陆鸿渐不遇》，李白的《访戴天道士不遇》（课件）。除了古诗，还有古文《雪夜访戴不遇》等。

师：人生有多少个不遇啊，为什么他们要把"不遇"记下来呢？看来这"不遇"中有值得我们回味的东西。（引出同构主题文章。后文生成的精神内涵，作为同类主题升华）

师：然而，我和同学们却在这里相遇了。这是人生的难得。愿我们的相遇能够留下些什么——上课。

1. 与文字相遇

师：雨过天晴，我们跟着叶绍翁一起——（生答"游园"）

师：在游园的路上推敲推敲这——"不值"。（学生接后半句）

师："值"，按教材中的解释，意思是？（生答"相遇"）"不值"呢？（生答"没有相遇"）

师：用两个字概括？（生齐说"不遇"，老师板书）

师：我们在"不遇"中遇到了些什么呢？让我们先读读，再聊一聊。

师：看看这首七言诗，该怎么读出诗味？

生："应——怜——屐——齿印苍——苔——"（根据刚才教的平仄来读，也带有一些自己的味儿，读得比较好，做到了字正腔圆，且有诗味儿。）

生："应——怜——屐——齿（短）印（短）苍——苔，小扣柴——扉——久（短）不开——。"

生："春——色满园——关——不住。"（短促，乍停）

生："一枝——红——杏出——墙——来——"。（听课教师给学生掌声）

师："诗"读百遍，其义自现。游园的路上，遇到了——

生：苍苔，柴扉，还有红杏。（生依次说出，教师让学生再把这几个词读一下）

师：谈谈你的所遇。

生：我说说"柴扉"。就是柴门，是用木棍和树枝编成的一个门。（生答完想坐下去）

师：喔，是这样的门吗？（课件出示四扇门：第一、二扇现代风格的门，第三、四扇是柴门。该生判断是后者。）请对比前两扇门形容一下这扇柴扉。

生：简陋。我觉得这扇门很简单，很简单，就是再普通不过了。

师：没有半点雕琢，是自然而然，接近大自然的本色，多么简单、朴素。谁再来读这句，让我们感受这是一扇特别的门。

生："小扣柴——扉——（重音，并拉长）久不开"。（师一起跟着轻读，强调柴扉，感觉很好听）

生：我知道苍苔是一种绿色的植物，苍苔的"苍"指绿色，"苔"指苔藓。一般都是长在石头上，一些石缝里面和潮湿的地方，看上去它们很滑，如果你站在这个地方的话，很容易滑一跤。（师连连点头，表示赞成）

师：嘿嘿，生气吗？

生：不生气，好玩、有趣，还有生趣。

师：多会说话，有趣，还加生趣。那是因为它给我们的生活带来了——（生：齐答"乐趣"）

生：只要春雨绵绵，潮湿的天气就会有苍苔。

师：（放两张图片）看这幅，延路石子中隐隐约约的一点绿，从石缝里钻了出来；再看这，延阶而上，因了春雨，绿了一地。"低看苍苔色，欲上人眼来"。给你怎样的感觉？

生：哇，春天来了。

师：这么普通的小植物，却将春天的生命唤醒啦。难怪你会这样感慨：春天——好美啊！（学生说出）

师：（缓缓地）那就请你读一读，把你的所遇告诉我们大家吧。

生：（轻轻地）"应怜屐齿印苍苔。"（苍苔两词有点颤抖）（师生齐读"应怜……"。老师还在拖音，"苍苔"拖得很长，学生已读完）

师：我还没看够呢，你们就看完了？（学生心领神会，重新读了起来）

生：我说说"红杏"。它一般在春天的时候开花。

师：春天的什么时候？（下面有学生说：清明节）

师：清明节都晚了。（生笑）（生：初春）

师：看那，（一边放课件，一遍吟诵）"万树江边杏，新开一夜风"。二月，正是莘莘学子要进京赶考，抬头望着那杏花，给他带来希望，杏花也叫及第花，于是诗人笔下就写出了许多赞颂杏花的诗。和叶绍翁是好朋友的陆游一生名篇佳作好多，其中，他也赞红杏，让我们也跟着夸夸吧。

生："杨柳不遮春色断，一枝红杏出墙头"。

生："小楼一夜听春雨，深巷明朝卖杏花"。（学生美美地读起来）

师：所以，叶绍翁也禁不住地赞叹他所见的这枝。那我们把刚才感受到的送到这一枝红杏里来吧。（读略）

师：抬头，那红杏，将春天的生命——（生：燃烧）

师：说燃烧，比我还热烈。我想说的是照亮。（笑）你们看，游园所见的都是如此而已的园，如此而已的景物，然而却给你怎样的感觉？

生：春意盎然。

师：好啊，你用成语表达。（又一学生随口而出"生机勃勃"）

师：就这样，绿绿的苍苔，染着我们的眼睛；红红的杏花，沁着我们的心脾。正是"风景这边独好"。让我们来美美地体会春天的景物所带给我们的愉悦。（古筝起。师生齐读，注重平仄的同时，学生在刚才的感受中读得比较好）

2. 与文学相遇

师：这就是我们游园的所遇。这样的一座普通的园，这样自然而然的景物，我们对此赋予了怎样的感情？从这首诗中的哪个字的字形看出来？

生：是"怜"字。（学生读这个字，教师板书该字）

师：下面，就请同学们再默读这首诗，拿起笔来，一边读一边品，推敲推敲这诗中的哪个字，饱含了对我们所见的这些景物的"怜"？（学生在音乐中静静读、画、推敲……）

（1）"怜"苍苔。

生："怜"就是喜爱的意思。我从这个"印"看出来"怜"苍苔。他舍不得"踩"苍苔，所以说"印"。你想啊，"印"上去，就好像在苍苔的肌肤上留下一点儿印儿，好像画上去的，一定很好看。

生：也许诗人想在苍苔身上留下印记，而不是踩，带有心心相印的意思吧。

生：还有，诗人为何穿屐鞋？一是怕滑，他怕自己摔一跤，更重要的是屐齿少，印儿就少。

师：是啊，为什么要穿木屐？大胆想象。

生：是不是很时髦？叶绍翁穿着屐齿，显示一种身份，说明自己很休闲。

师：到高年级我们就会背诵李白的"脚著谢公屐，身登青云梯"。（教师吟诵）

生：所以，叶绍翁也要穿木屐，自然的打扮，轻松地游园，好潇洒，好惬意。

师：可尽管如此，我这屐下面还有齿，会给苍苔留下印，我有点担心屐齿给苍苔

　　留下——

生：印子。还有一点，就是心疼的感觉。所以，觉得怜惜。

生：所以，这"怜"还有另一个滋味。

师：孩子啊，请你试着走一走，怎么走就怎么读。（指一生，笑）我们来听听，这"印"中既有喜爱，还有怜惜的滋味儿。（该生小心翼翼地踮着脚走向老师）

师：嗯，明白了，为什么这样，穿着袍子啊，拎着衣角啊。（师模仿生动作）

生：因为不踮脚，印会更多一点。踮一下，印会少一点啊。（生读略）

生：他走得慢，要是我的话（做难以下脚状），得这么走。（另一生走向老师，走得挺快，还跳着）我不忍心踩着哪怕一点点。你想啊，踩得快，印就少，还浅。（生读，读得特别轻）

师：这里还有一个美丽的故事呢！"杨柳不遮春色断，一枝红杏出墙头。""小楼一夜听春雨，深巷明朝卖杏花。"（生读）那日，叶绍翁看到陆游笔下的春雨过后的杏花。他偏偏不写春雨，而写春雨过后的苍苔——这也是——怜。（"怜"字学生说出）

师：你知道吗？叶绍翁最初用的是"应嫌屐齿印苍苔"。

生：嫌，你就会想到嫌弃。那个作者叶绍翁，用"嫌"好像瞧不起人，觉得他可能在嘲笑这些苍苔，或者说园主人不喜欢诗人来游园。亏得用"怜"，不然的话怎么能体现出对苍苔的喜爱呢？

师：你怎么这么了解诗人的心哪！用了"嫌"，还有这句中的"应"，在古文里的意思是大概，这"嫌"就成了一种揣测，一种猜度，一下子就把感情拉远了。

生：就这么一句话，我们咀嚼推敲了这么长时间，可以写一篇三五百字的游记了。可古诗仅是几个字。

师：难怪古人说，"吟安一个字，捻断数茎须"。今天的我们回到诗里去推敲，深深感受到诗歌中藏着的韵味，我们对古诗是发自内心的一种敬重——这就是诗的魅力！（深情地）让我们把这个"怜"，小心地放在心里，体会对苍苔的特别的爱吧。（生读出了诗情）

　　（2）"怜"柴扉。

生：对柴扉的"怜"，我从这个"扣"字中能体会出来。

师：扣的意思是——（生说"敲"）

师：刚才韩愈说用"敲"啊，那咱就把"敲"送进去读读吧！（指着另一学生）你笑什么？

生："小'敲'柴扉久不开"别扭。"小敲"读得不顺，"小扣"读得顺。而且那首诗中"敲"好，但放在这里就不合适。小扣就是轻轻地"扣"。（该生用动作区分了起来）

师：谢谢你的比较。那我们一起用动作体会体会。（学生表演略）

师：你看这位女同学的"扣"（指其中一位学生），刚才给人一个手背"敲"，现在却用手心"扣"。同学们就像她的样子扣一扣。（师生做动作，手呈握拳式，用手指肚扣）

师：（继续对着这位女同学）从这个"小"字儿，想起了一个成语，叫小心——（生：翼翼。老师让同学小心翼翼，轻轻地扣柴扉）

师：你扣了多久？（指一学生）

生：扣了很长时间。久得都记不住时间了。（生读略，体会"久"）

师：虽然性子我比她急，但我还是要，耐心地扣，小心地扣，轻轻地扣，尽管时间那么久，我还要扣。（师做手势，一扣一扣，很有节奏，一边"扣"，一边朗读）想起了一个成语，那叫扣人——心弦。（生齐说）

师：就这么扣啊，扣出了那可是对园主人的——尊重。（生说出）

师：对啊，扣出了那也是对春天的——（生说出"喜爱，热爱"）

生：对春天的虔敬。不忍心打扰它们。就是一个"怜"。可见，用这个"扣"体会喜爱中的怜惜。

师：真是"语不惊人死不休"。（读略）

（3）"怜"红杏。

生：毕竟我们小扣了这么长时间柴扉，可柴门还是不开，多少有些失望呢。

师：但，失望变成了希望——（教师引读诗的后两句"一枝红杏……"）

生："一枝红杏"，让我想象到了"春色满园"。

师：那就请同学们说说这两句的哪个字让你感到对红杏的"怜"？

生："出墙来"，你看一枝红杏从墙头翻出来，真了不起。

师：这个"出"和哪个字相对？

生：关。

师：（出示陆游的诗"杨柳不遮春色断，一枝红杏出墙头"）你能对比着讲讲吗？

生：叶绍翁和陆游都用了一个字来形容红杏的"出"。这一句"杨柳不遮春色断，一枝红杏出墙头"用"遮"；叶绍翁的这一句"春色满园关不住，一枝红杏出墙来"用的是"关"。"遮"就是简单地盖，想出来就出来，不想出来就不出来。"关"呢，"关"表现关得很紧，要出墙来不容易，可红杏没有关住，说明红杏很有生命力，很有活力。

生：这个"关"字，就是更加体现出它能关得更牢固，"遮"只是表面上遮了一下，而不是真正把它牢固住了。那就是说关得紧，出来时需要费力。

生："关"的意思就好像把它给牢牢地囚禁住了，而"遮"是在表面上遮了一下，它很容易就钻了出来，这样更体现出一枝红杏的力量有多大。

生：就像这屋子一样，把这门啊，都关上，这字啊，就叫"封"，我要想出来，那就需要力量。可是这个"遮"呢，就不怕，所以你看这个"关"字，你越关我，我就越想出来。你越使劲关我，我就越想出来。这样就显得我这枝红杏多了不起啊。

师：你们的见解竟然和原清华大学钱钟书先生的观点有异曲同工之妙啊。陆游的诗作很多，流传千古的也很多，叶绍翁仅用一个"关"字，这两句就成了千古名句。

生：如果没有"关"的话，红杏就像野花一样，想怎么长就怎么长，我也不知道被"关"的滋味，所以这一"关"，就显得红杏特别有魅力。

师：不仅美丽，还有魅力。所以亲爱的同学，读这句。（师读前半句，生接后半句，读得很有力量）

生：这枝红杏还有特别的地方，就是"一枝"引出"满园"。

师：那"一"和谁相对？（生："满"字）

师：既然"一"相对于"满"，红杏越多不更能说明春色满园吗？让我们把这句改一下。

生："三"枝红杏出墙来。

生："十"枝红杏出墙来。（全场大笑）

师：越多越好啊，那十枝，百枝更能说明满园的春色啊，干吗就这一枝？前后桌再讨论讨论。（生讨论）

生：我觉得这一枝太特别了，多独特啊！

生：如果说十枝红杏都出墙来的话，他就不能说是关不住了，"关"就没劲了。如果说十枝红杏出墙来的话，那么说明出墙很简单，就不能表示出红杏的力量。

生：一枝的话，我觉得很欣赏，能更加体现出它的美，如果十枝的话，不觉得它特别的吸引人，也不会非常注意它了。

生：看到"一枝"，才印象深刻，很神秘。所以，给我的想象太多了。

生：一枝引发的让我想象到春意盎然，想到满园春色。越少越好！越少就越想到多！没有一哪来的"满"？

师：你的话和老子的说的是一个理儿。道生一 ——

生："一生二，二生三，三生四"（全场大笑，教师及时改成三生"万物"）

师：难怪后来，因这"一枝红杏"引出的"春色满园"成了一条成语。把这两句连起来，让我们再次体会这因"关"而"出"，因"一"而"满"的对红杏的特别的珍爱！（读略）

（4）和红杏对话。

师：就这一枝红杏，我们想象出红杏"千朵万朵压枝低"，又让我们想到了一句"红杏枝头春意——"（生齐接"盎然"，老师改成"闹"，笑声）

师：你就是这冲出墙外的那枝红杏，我要和你说说话（来到一生面前）。红杏，你好！你在园内都看到了些什么呢？

生：我在园内看到了有杨柳啊，小草啊，他们都说外面的春色更加漂亮，我已经按捺不住激动，我想走出这座墙。

师：于是，你就出墙来了，是吗？哦，也感谢园内的植物这样关不住你，既然你出来了，我就问问你，在园外你又看到了些什么呢？

生：我看到的春色比园内更多更多，（生语塞，师指板书）有苍苔、柴扉。

师：还看到了——

生：全都是春色。因为我有欲望，我很想出到墙外面来看看外面的世界，所以我就出墙来了。

师："欲望"能否改成？

生：噢，"渴望"。

生：我不满足于园内的生活了。渴望，有梦想，加上我的毅力，就实现了我的梦想。

师： 假如你们（指其他同学们）就是关在这园子内的花啊草啊，现在请红杏出来，你们有什么想问问他吗？

生： 我是一棵小草，又没有你长得高，我该怎么出去呢？

生： 嗯，这个，（语塞，全场欢笑）我可以把信息传递给你，你也很开心啊。

生： 可是百闻不如一见啊！

生： 那也许只能算你倒霉了。（笑）

师： 虽然你是小草，不能说人家"倒霉"。你还有好多办法，是吗，小草？

生： 是的。不要紧，还可以出去，让风进来，传播进来，让动物们进来，让人们把我的种子带出去。所以只要心里有——就能实现自己的愿望。

生： 我要问穿粉色衣服的这枝红杏。你真够哥们儿，自己出去了，还传递给我们，谢谢啊。我可以让蜜蜂啊，蝴蝶等一些朋友帮你把我的梦带出园外。

生： 是的，是要靠别人的帮助，但有的时候，别人的帮助是帮助，不过更重要的是心里有梦。

师： 有一句话说得好，借来的火照不亮自己的心灵。让你的心灵亮了，借上它的火，让你锦上添花。依靠别人，更需要你自己，我的朋友！（拍此生肩膀。全场笑）

（5）和园主人对话。

师： 园主人也来凑热闹。我就是这园主人，你们就是叶绍翁。你来游我这园，能不能把你的感受具体地告诉我这个园主人。当然，我也希望你像刚才那样，避重就轻，还可以模仿创造。所以，请叶绍翁们具体地讲给我这园主人听听。（播放课件，进行诗意的内容巩固，同时进行口语交际的训练。句式训练：园主人啊，我"＿"，"＿"。"＿"，"＿"！"这四条横线指诗句，意在让学生用自己的话说说每句诗的意思，并连成一段完整的话。根据情况，教师总结）

生： 园主人啊，你知道吗，我穿了木屐来游你这个园子。不过我害怕我的屐齿留在苍苔上，我就是为了怜惜你的苍苔，你知道我是怎么走的吗？当我小心翼翼来到你的门前，轻轻地扣你的门，而不是敲，可你就是不给我开门。我又舍不得，怕把你的柴门敲坏，就在那等啊，敲啊。你虽然没有给我开门，可是你那春色满园，哪里关得住啊。你看，那枝红杏已经跑出墙外了。好啦，看到你的那枝红杏我就心满意足了。

师： 一枝红杏因何来，只因墙外有郎才（生笑），春色满园还想看，柴门就为你打

开。（师拍生肩膀，全场大笑。掌声）

（6）回到"不值"。

师：红杏真的会说话？我们真的听到了园主人和诗人的对话？（学生摇头）

师：那我们怎么能感受得到呢？（学生说想象出来的）

生：原来只要心里有，想象园子有多热闹，园子就有多热闹，想象园子的春意怎么热烈，园子就怎么热烈。

师：其实，什么都没有发生，园子还是这座园子，柴门还是没有打开，压根儿我们就没进园子，压根儿我们就没见到园主人，原来心有多大，园子就有——多大（学生说出）。心里所想园子多美，园子就有——多美（学生说出）。

师：只不过我们都把这些热烈，热闹，美好想象留在了心中。就让我们把这美好的憧憬和想象，深深地留在心里吧。（播放课件，古筝再次响起，学生读得很轻，很静。最后一句读了好几种语气）

3. 与文化相遇

师：这真是此时无声胜有声啊。至此，我们还有必要再去进园子里边吗？还有必要见园主人不可吗？（学生说没有必要了）

师：为什么？请你读读，《雪夜访戴不遇》，再读读《游园不值》，说说看。课件出示：王子猷居在山阴。某夜天降大雪，他一觉醒来，打开房门，举目四望，明月皎洁。于是在雪地上来回走动，吟诵左思的《招隐诗》。忽然想起老朋友戴安道。当时戴安道在剡县，王子猷马上乘船出发。船行了一夜才到剡县，可到了戴安道的家门前，王子猷竟然连门都不敲，转身就回去。旁人问他原因，他说："吾本乘兴而行，兴尽而返，何必见戴？"（备注：《世说新语》中的名篇，"雪夜访戴"的典故。王子猷，王羲之的第五子）

生：因为吾本乘兴而行，兴尽而返，何必进园？

师：哦，这句话，你根据哪句来的？

生：《雪夜访戴不遇》的最后一句。我觉得这与《游园不值》，有异曲同工之妙。他心里已到了自己要去的地方，进去也没有必要了。

师：哦，谢谢你。（指该生）

师：我突然明白了，原来这么多的不遇，是因为不遇中，我们却发现不知中的有知，不可能的可能，正如王子猷游访戴安道一样，我在路上已经获得了最美的精神享受，所以——

生： 吾本乘兴而行，兴尽而返，何必进园？

生： 吾本乘兴而行，兴尽而返，何必要见园主人？

师： 原来这"不值"不仅仅是"不遇"的意思。其中还有一份舍不得，不忍的滋味。他呀，想要把这美好的想象和精神上的享受，永远地留在了心中。所以不遇中是有——

生： 遇。不遇中有遇。（教师板书）

师： 天地大美而不言。生活中、人生中不就是如此吗？所以，请同学们，回过头来，再读诗题。游园虽不值，但——（指板书）

生： 不遇中有遇。

师： 所以，不值就是——值！（生接）

师： 那就让我们荡起欢快的双桨，唱起来吧。（老师和同学们把《游园不值》填进《让我们荡起双桨》的旋律中，优美歌声响起，热烈掌声响起！下课）

［反思］

"红杏出墙"的风景

杏，遍布祖国大江南北。甲骨文中有"杏"字。春秋时《管子·地员》也记载："五沃之土……其梅其杏。"孔子当年坐在四棵杏树的坛上弦歌讲学，故"杏坛"成了典故。传说三国时，吴国董奉隐居匡山（今江西庐山），为人治病不取钱，只求愈者为其种杏树几株，数年后蔚然成林，故医家称为"杏林"。

种种由杏而引的典故让我们感叹，这次因教学《游园不值》，读到因"红杏出墙"的隐喻，让我感慨。

一切经典最终都会指向结构。对《游园不值》中，"红杏出墙"的解读不可不注意。给小学生教学的时候，孩子们都会单纯谈到红杏的生命力——这很好。但作为语文教师，我们仍要从结构出发，深入阅读，将不同的文化复合在结构之上，来读出自己的理解。也许收获的不仅仅是教学。

1. "红杏出墙"的意境

"春色满园关不住，一枝红杏出墙来。"当学生默读，体会后句"出"字的时候，让学生借助前句的"关"帮助理解。为了理解深入，拿出陆游的"杨柳不遮春色断，一枝红杏出墙头"。与之比较。两位作者同是用了"出"，可一"关"，一"遮"之间，结果，前作名不见经传，后作却成了千古绝唱。

这是为什么？学生的发言特别精彩，有的认为，这一处小景，写出了满园的春色。先概括大地集"春色"于"一园"，又强调"春色"不但满园，而且满到关不住的程度，于是"一枝红杏出墙来"。

陆游和叶绍翁都用一个"出"字把红杏拟人化了，但前者没有明显写出非"出"不可的理由，而后者却先用"关不住"一"呼"，再用"出墙来"一"应"，把"一枝红杏"写得更活。有学生打的比方特别有意思。说"关"就好比锁头，把人锁在里面，要想出来那多不容易啊，必须想办法才行，可是，红杏却出来了，真了不起。

可见，"关"字激活了叶绍翁的诗。陆游的诗呢，未免平展，有点马上观花，不及叶绍翁之作那么精神专注。"关"字激发出的红杏的"出"，在深挚的精神体验和心理波折中，迸发出春光难锁、喜从天降的生命力度，以及情趣盎然的精神哲学的感悟。你想，春天到来，任何力量也难于阻挡，暗寓了任何美好的事物、有生命力的事物之难于阻挡。你看，有一枝红杏已探出墙来，正预告着漫天芳菲的春之信息。一切美好的、向上的、生机勃勃的事物都具有顽强的生命力，难道是能围得住、关得住的吗？因游赏受阻本来扫兴，却又因此得兴，这应该看作是一种精神奇遇。因此，这种精神奇遇，只一关一出，就把一首无法成游、却胜于成游的诗写得别具一格。

孩子们感受到，名家之诗不一定都能成为名作，非名家一旦对生命与诗进行精诚开发，也可能出现奇迹。其实，在诗歌史上，此类现象屡见不鲜，前后风格极相似的，甚至是同一位的作者，差别不大的两句诗，可一字之差，就会在全诗的艺术氛围、意境中达到最自然、最微妙、最和谐的境界，于是便脱颖而出、独占鳌头。

如果抛开"关"，仅仅从语文学的角度去分析"红杏出墙"的结构，我们看到，"出"仅仅是动词，它赋予主语"红杏"的仅仅是一种行为性，满园的春色就真的被束缚在园中了。

2."红杏出墙"的性格

中国文化讲究"留白"。唯美的东西表面上常常含蓄不露，其美往往潜藏在内。特别是，当某种偶然的美，突然地出现在你眼前，虽然它带给你的美其实超过了它本身的美，可我们总会追加更多的惊喜，而这种意外，结合着中国人的感情特点，带给人更多的是寤寐思服、辗转反侧的向往。

有人说，就性格而言，中国人的主体是被动和内敛的，主体性格是主动和向内的；相反，西方人的主体则是主动和外在的，而其主体性格则是被动和向外的。或者说，西方人注重创造和展现，而中国人则倾向于发现和保留。所以，红杏出墙与其说描绘着一种杏树生长的状态，不如说描绘着一种中国人生活的心态。

但，对天真烂漫、活泼可爱的孩子们，要让孩子们呈现出主动和外在（当然还要完成对语文教学本身的"口语交际"的训练任务），我特意安排了一次"园内"与"园外"的——即"'花草'和'红杏'对话"，"'诗人'和'园主人'"的对话，让彼此间把"心里话"释放出来。其实，园内园外这样热闹的对话根本就不存在。园还是原来的园，那一枝红杏还是原来的一枝红杏。所有的，只是想象而已，其实什么都没有发生。可就是这一枝红杏，留给我们的想象空间是那么丰富，心中想象怎么热闹就怎么热闹，心中感受怎么迷人就怎么迷人。心有多大，满园就有多大，想象春色有多美，生命就有多么灿烂。原来，只要心中有，满园春色已经满满地装在诗人和我们的心中。

有的学生想象自己就是红杏。讲了自己在园内和园外看到的不同景象，以及由此带来的不同感受，以及为什么要"出墙"并且能够出墙的理由。有的学生扮作关在墙内的那些花啊，树啊，草啊等景物，并和"红杏"进行有趣的对话……孩子们感悟到，为什么不是"春色遍野关不住"？因为，如果是遍野，便不需要关，而无墙就不会有出。没有"墙"，园内的红杏还有其他景物就如野花一样不存在出的必要和出的可能。恰恰是因为园墙的关，给园内的红杏们"外出"提供关不住的渴望和出墙来的快乐。

学生强烈地感受到，如果许多红杏出墙，就没有什么独特。可就这"一枝红杏"的有限形象却提供无尽的想象，这美好还会永恒地保留在心中。于是，红杏出墙作为一道风景，也成了"红杏"性格鉴赏的宣言，将中国人性格的深沉内敛在这宣言中，被孩子们放大提升了。

3. "红杏出墙"的精神

杏花摇曳多姿，让人联想到历代诗人的名句。杨万里的"道白非真白，言红不若红。请君红白外，别眼看天工"；高士奇的"谁道梅花早，残年岂是春？何如艳风日，独自占芳辰"。——残冬的梅花根本比不上沐浴在春花下艳丽的杏花；还有唐代王涯的"万树江边杏，新开一夜风"……

也许诗人不仅仅赞杏，而是借花喻人？现在，"红杏出墙"已经成了当代"婚外恋"的隐喻。女性"红杏出墙"往往被施以道德的谴责。但，没有内部强烈的压制，便不会有守墙的红杏，同样没有外界巨大的向往，自然就不会有出墙的红杏。如果说"红杏"理解为"女性"，"园"理解为"婚姻"，则"墙"就是家庭意义上的"束缚"，"墙"在某种意义上成了对女性的空间限制和行为约束。那么，红杏出墙就是女性冲破其束缚。

想到了前一阵看到的电影《断背山》，"每个人心里都有一个断背山，只是你没有上去过。往往当你终于尝到爱情滋味时，已经错过了，这是最让我怅然的。"导演李安还说，不要单纯将这部电影看作是讲"同性"之恋的，爱情的主题常常能超越时空与性别。

我想，对于"红杏出墙"，今天的阅读和生活，也应意会为一种对爱的渴望的生活，应该是弥漫着的，超越"狭窄"的异性间的爱情。

于是，在教学的时候，我扮作园主人，学生扮演叶绍翁，想象见到园主人他们会说些什么。学生不但把诗意说出来，还有创造："你也不可怜可怜我老远来，爱惜你园中的苍苔，在你家门口小扣，很久也不给我开门。但是，你家的满园春色是关不住的，你瞧瞧，这一枝红杏不是已经开出了墙头？……""我"这样回答："一枝红杏因何来，只缘墙外有郎才。满园春色看不够，柴门就为你打开。"

笑声和掌声在课堂回荡。

有一次，有学生随口而出"红杏出墙"，语气里透着已知的关于爱情的"典故"。听课老师们都笑了。但我不想让其思维朝着"诡秘"而行，而当作学生是懵懂的脱口，大可不必非要往那方面牵引，于是，课很自然地走下去了。可想，如果我从"家庭""法律"等意义阐释，是多么乏味而无聊啊，心中的那枝红杏也不美丽和令人向往。当然，如果学生想象：要见的会是什么人？说不定有的会说是心上人呢。老师就可以用"去年今日此门中，人面桃花相映红"升华一下。诗情就又显得高贵而迷人了。

看来，诗人所要见的，不应简简单单看成爱恋的或追求自由爱情的女性。而应该是广泛意义上的人。这样，人生才有趣，人生才豁达。人生在世，需要时时发现大自然的魅力，也要能时时适应人与人的感情——对朋友的期待和偶然"不值"的失望；对朋友的爱慕和笑声渐消的惆怅。有此眼界和心胸，就容得下诗，就能生出诗意。诗是美好的事物入眼、入心，用言语表达出来，并带有个性特点的韵律。

总之，引导出红杏出墙的几种价值，不管是谁，隐喻的是对宿命无畏的挑战；对生活封锁的突围；对人生"束缚"的"突破"。"红杏出墙"，既是人性的魅力，更是人性的魄力。

[点评]

一堂经典的课例①

福建师范大学　孙绍振

第一个感触：惭愧。作为大学老师，我们的文学课上得还没有小学老师上得好。我不是代表我个人，我是代表全体的大学老师。如果这首诗让大学老师来上的话，也许五分钟就完了。我算是比较厉害的，顶多上20分钟，上一个小时就够厉害了。

第二个感触：经典，是一个范例。

第三个感触：我看到了一线生机。对我们的基础教育改革来说，最重要的是在这样严峻的关头，我们从荷兰引进一个后现代的教育理念。多元对话、学生主体、多元价值，跟我们的教育传统师道尊严，"一日为师，终身为父"的传统迎头相撞。

与现行的教育体制的评估体系、原僵化的、客观化、标准化的美国教条主义的托福模式迎头相撞，在应试与素质之间发生了严峻的冲突。这就把一线的教师放在火炉上烤，把学生的青春和家长的企望都放在一个非常痛苦的、非常（我不说野蛮的）非常奇怪的、两难境界中进行着有理的与无理的争论。这样就产生一种现象，在基础教育改革的第一线的老师，要么就向应试教育投降，在题海战术里面讨生活。求一些表面的效果，增加一点儿分数。要么，就脱离实际，脱离新课程标准的评估体系，脱离我们高考的淘汰制，进行所谓的素质教育。

---

① 该文根据现场评课整理。

　　有一个观念我顺便讲一下，就是绝对的应试教育和绝对的素质教育是没有的。应试本身就包含着一种能力，也是素质的一个部分，就像奥林匹克运动会临场发挥一样，有的人平时非常好，到了运动场一紧张就在最后关头失误，冠军被别人拿去了。鄙人在应试方面很有经验。我就是一个考试机器，我很会考试，为此我获益匪浅。我们必须全面地理解素质，我们把应试作为素质的一个部分来看待。当然，这只是素质的一个部分，不是全部。另外在我们平时的素质教育档案里头，必须把真正的素质，能力化的素质，放在第一位。

　　我们今天正在反复钻研这个问题，这个问题是什么呢？我们表面上的改革、包装，都让我感到豪华。如果从这一点来说，今天这几位老师都有啊：多媒体、画面、音乐，包括学生的表演都有。但是窦桂梅老师，没有豪华的包装，她包装也许有一点，但是非常动人。为什么？她有实实在在的内容。

　　第一点，窦老师成功的原因是她真正落实到了文本。以文为本，是大家不应该忘却的，但是为什么忘了，去搞那些空热闹的满堂问呢？因为文本上深入不下去。文本是一个整体，你要进行深入感悟，必须抓住关键，进行分析。窦老师把文本落实在关键词上面。我认为"关键词"非常重要，因为，文章中有大量的非关键词，这对于理解文本是有干扰的。如果不抓关键词，只是这么一念，每个词都非常重要，结果每个词都不重要。她一共讲了这么几个关键词：第一个"怜"，第二个"扣"，第三个"印"，第四个"关"，第五个"满"，第六个"一"，每个字都有很大的潜在量，她不是随便讲就完了。为什么脱离文本的多媒体变成文本的干扰，就是忘掉了我们是母语教学，我们是语文教学，不管什么样的画面、音乐都离不开我们母语的言词的无限丰富，为什么"怜"呢？这个"怜"的现代汉语的意思是可怜，可是古代汉语里，它是"爱怜"。跟学生对话，共同创造有"惜"的意思，怜惜，爱怜。在古代汉语是个"怜"，在现代汉语双音化了。她不提出"扣"和"敲"的区别比较，而且让学生体会，然后还联系到一个"久"，"扣"和"久"的关系。由这里，揭示了诗人的心理特点，是蛮有耐心的嘛。"关"字讲得很彻底，反复讲这个"关"的意思，因为包含着满园的春色，它的生机关不住，好像要冲出来的样子。还有，为什么"关不住"，引申得非常好。"一"为什么好？"二""三""十"为什么不好？这些关键词讲得非常彻底。

　　第二点，窦老师的课有可模仿性和不可模仿性，包括模仿她的个性，她非常动人的动作。她有一个模式，第一就是关键词分析法。古代汉语、现代汉语、动作、感觉的联系、分析、对比。第二就是比较的方法。我们为什么一首诗讲不了多少东西呢？因为是孤立地讲一首诗，它的妙处是出不来的。任何一个事物孤立地看，要分析当然也不是不可以，但是需要高度的抽象力。这样的分析对小孩子不一定有用。最好的办法是比较。比较有两种，一种同类比较，一种异类比较。同类比较提供现成的可比性，许多老师能做到，窦老师直接上升到同类比较的方法论。"春色满园关不住，一枝红杏出墙来"，"杨柳不遮春色断，一枝红杏出墙头"，都是一枝红杏，都是讲红杏，比较所要求的一点相通，也就是桥梁，就出现了。但有了一点相同作为桥梁以后，就不能满足于同，而是要同中求异，这样才能把深刻的奥秘揭示出来。"杨柳不遮春色断"的"遮"和"一枝红杏出墙头"的"出"相比较，这是很有智慧的，相同中有不同，增加了学生对母语的体会。她之所以这样自由，是因为她对这首诗是有研究的，她知道钱钟书的相关说法，还知道有关的赏析文章。一个小学生老师能做到这一点是难能可贵的。窦老师用比较的方法把整个课堂调动起来，让学生兴奋起来，让自己进入角色，这就是张文质讲的生命化教育，把生命最光辉、最积极、最活跃的感情调动起来，把对话上升为心灵的互动，形成一个共同创造的氛围。

　　第三点，她在引申激发的时候，引导了同学，把他们调动起来。还用了另一种方法。讲"扣"字，用"敲"换下来。还有"印"字，如果换成"踩"字怎么样呢？她也许不知道，这在语言研究是一种科学方法，叫作替换法，这个办法是我的老师朱德熙先生在课堂上教给我的。检查语法有几种方法，一种叫压缩法，一种叫扩展法，一种叫替换法。用这个替换法讲了一个"出"字，"关"字，就把同学们激发了起来，参与了创造。教师提出为什么这一枝红杏出来了？同学们说有"欲望"，有"渴望"。为什么渴望，那个同学说了，"有梦"。这不是一般的创造，是诗意的创造。调动到这种程度，不但是智慧，而且是诗化的想象，调动起来，这是我们一般的标准化、应试化的考试绝对不可能有的高度。而且后来就这一点讲到"有梦就能出墙"，要"快快长大""好好学习，天天向上"。我觉得这是一个很好的境界。

　　第四点，她在讲整首诗的时候，讲到春天的美好，发现春天的明艳，这种形象是春天本身的吗？不，是诗人的想象。我听到这儿，加了两个字，写了一句话，"这个人是有理论的！"因为诗与散文的区别，散文是写实的，诗是想象的、虚拟的、假定的。说她有理论，是因为，她懂得诗的形式特点是想象的、虚拟的、假定的。有的老师讲诗，讲了一辈子，还是讲不好，原因就是对于诗与散文的最根本的特点，没有理论，没有感觉。窦老师后来讲到"游园不值"的"不值"就是"不遇"，但是转化为"有遇"，遇到了什么？红杏。这么美好的发现。"不值"变成了"值"，我看出来了，她懂得辩证法，对立的统一和在一定条件下的转化，在一定的条件下转化它的反面。先是"不值"，但是在遇到了红杏的情况下，转化为"值"了，值什么？我值的是这枝红杏太美了，很机智，最后她问同学说，这堂课怎么样，学生非常精彩地说"值"！这个"值"是个口语，是另外一个意思，语言相当丰富，相当活。所以我感觉到她是懂得辩证法的。这个值字的双重意味，让我感到她这堂课构思非常完整、精致，从游园不值始，以游园很值终。首尾呼应，首尾之间正好是对立的统一。

第五点，书面和口语。教师的课堂语言，有书面语言和口语之别，窦老师刚开始上课的时候我也担心，她用的全部是书面的、诗化的语言。诗的语言带有很大的想象性，但现场交流有障碍。书面语言缺乏现场感，不便于交流，我很担心，这样会形成教师和学生之间的障碍，感觉不能相通。你讲那么文雅的语言，我是活在现实世界之中的。你是完全是诗的语言，我是散文的感觉。但是很快我的顾虑消失了，她诗的语言渐渐超越文本，转化为学生的感觉，在与学生感觉对话，她开始用非常精彩的口语。有个同学讲到"照亮"，她讲到"你怎么这么会说话"时，那个同学很高兴。特别是后面的同学讲到"一枝红杏出墙来"，为什么"出墙"。她开始即兴发挥"一枝红杏出墙来，因为园外有郎才"。即兴调侃，出神入化。当然她可能有准备，但是有学生配合，形成一种氛围，交流无间。原来的抒情语言诗化，语言的某种隔阂成分到这里就完全和谐了。她那种诗化语言我觉得是有准备的，精心准备，语言显然推敲过。即兴的语言是现场的，这就要有口才，两者都需要功夫，即兴的语言功夫更令人惊叹，这就是我讲的第五点。

第六点，她的动作有很多强烈的戏剧性，有时是倾听，做出小女生的样子，有时是非常大幅度的动作，一会儿带着非常强烈的表情，一会儿是非常微妙的暗示，侧耳倾听，这两者的结合就是不可模仿的一类。模仿会很难看，作为诗，老师的肢体语言、表情、眼神，甚至演技都要符合自己的个性。

第七点，我在跟钱理群讨论的时候（钱理群教授就在旁边，也听了这节课，评价也很高），对朗诵表示怀疑，他自豪地说，朗诵很精彩，而且说，朗诵很动人。我一直表示怀疑。后来，我听了很多课，领略了很多精彩的朗诵，钱理群也是其中之一。但无疑钱理群的朗诵不是一流的，至少他不如窦桂梅，我觉得窦老师的朗诵特别精彩，她把朗诵转化为吟诵。现代的朗诵与古典的吟诵，她非常自然地转换。起初是现代的朗诵，现代汉语的抑扬顿挫。最后，更精彩的是她把诗歌的朗诵转化为歌唱，这首诗居然在她的带领下转化为"让我们荡起双桨"乐曲，学生都能很自然地唱出来了。这是为什么我惭愧的原因，她把她整个生命投入进去，每一个环节，每一个设计都不是孤立的，而是呼应的，有一系列的考虑。对她的敬业，我感到惭愧，感到焦虑。

第八点，我们当前教改存在问题。教师的忧虑是整天研究怎么教，怎样进行师生对话，怎么做多媒体，总是把注意力集中在用这些东西调动学生。老师教什么东西呢？教师有没有真知灼见？有什么本钱，对文本有什么出色的理解，没人去为这个问题动脑筋。窦老师懂得怎么教，而且她非常深刻地理解了教什么，她的语言，对文本的理解，特别是她后来引用了"杨柳不遮春色断"来比较，表现了她的理解，当然这个理解还可以讨论很多，但她的确有种独特的体会，是建立在她自己的专业和学养的基础上。

第九点，就是我们提出一些可以改进的空间，没有十全十美的教师。我记得有一个学生讲了一句话，如果是我在上课的话，我会把这句话给抓住，但窦老师没怎么充分的注意。这个学生讲"我们还看到了诗人惊喜的目光"，我觉得这讲得很好。为什么？你讲的是春天的美好、感动，我们看到了什么。但这是一首抒情诗，是表达诗人的感情的，那么我们也充分地讨论了"一枝红杏出墙来"。"红杏"本身为什么"出墙"。但从另一个角度来看，诗人为什么被这枝红杏吸引，虽然老师也接触到了"乘兴而行，兴尽而返"，但是这里有一个诗人的惊喜。窦老师也讲了，原来是失望的、扫兴的。但是，这个"惊异的目光"是内心突然的发现。这首诗一方面写的是春天，实际上写的不仅是诗人对春天的发现，而且是对自我内心的发现，发现后的自得。发现的情况很多，有非常抢眼的，"千里莺啼绿映红"，满眼都是花红草绿，鸟语花香，不这样抢眼，很微妙的，也可以，才看到"一枝"，就惊异起来了。所以"一枝红杏"，不是"多枝红杏""十枝红杏"。这里有个典故的，有个诗人，唐朝的诗人齐己，写梅花"前村深雪里，昨夜数枝开"，他的朋友笑说，说不要"数枝"，"一枝"就够了，"一枝"是早春，而且是"我"第一个发现的，是一种内心的喜悦，更加敏感。而学生提出"惊喜的目光",为什么"惊喜"?如果一大片,当然学生开心,但"一枝",教师分析:"一"比那个"十"还好,"一万枝"都不行。我们的文学理论,至今还受机械唯物论的束缚,总是在反映春天的景色上做文章,其实既然是抒情诗,要更多地关注诗人内心的感情和感觉的转折和变化。讲"一枝红杏出墙来了",因为它有梦,为什么比较精彩,因为把诗人的心灵提到了焦点上。我这里再提供一种可能,以从另一个角度讲,诗人突然发现,找这个朋友找不到,但是这个春色值得欣赏,虽然"一枝",但是,告诉我仅仅是关不住的一枝,那么"关不住"还有很多,我知道那是"满园"的春色。

第十点,窦老师讲朗诵的时候,讲到汉语的声调美,平仄交替,平声是长的,仄声是短的。吟起来有困难。这种说法是不全面的。有的仄声很短,如去声,调值是51,从5到1迅速下降。但是,有的仄声不短,上声就不短。它的调值可能是5—2—4,"满园春色"你不能把"满"缩短了。汉语的语音的特点不是长短的问题,是曲折的问题,在语言学上"长短"是拉丁语。拉丁语的诗歌是分长短音交替的,而日耳曼语、俄罗斯语、斯拉夫语,则是轻重。以英语为例,英语的重读音是长的。汉语的特点虽然有长短,但曲调的高低也在起作用。

第十一点,窦老师非常成功地运用了比较的方法,同类比较非常成功。但是最后的比较用的是异类比较,异类的比较难度较大。虽然她也比较了,用《世说新语》上的王子猷夜访戴安道的故事。"乘兴而行,兴尽而返",但是和叶绍翁的《游园不值》,这两个东西有可比性,也有不可比性。因为王子猷,是以自己的兴致为准,和叶绍翁的突然的美的发现和自我发现,是不怎么相同的。讲讲是可以的,但是作为一个学问的话,推敲的余地比较大,是不是这样?

最后,我以一个大学老师的眼光,按照我职业的习惯,批评的习惯,充分肯定她的优点,她整个语言比较丰富,既有现成书面语言,又有即兴发挥的语言,包括跟学生的动作,摸摸学生的头,都是一种修养。这是我们大学教师要学习的。

优雅些,再优雅些

《人民教育》编辑 赖配根

有些语文课,甚至是优秀的,听一次就够了,如果有第二次,那简直就是折磨。然而窦老师的《游园不值》,却再三地让我感动。

是公开课那种近乎完美的精致让我着魔吗？

单纯地从教学论的角度讲，公开课也无非就是这些因素：师生互动、以学生为主体、注重生成，等等，只不过窦老师发挥得更自然、更妥帖罢了。——顺便说一句，不像有的人把公开课贬得一钱不值，我以为公开课对于优秀教师的成长，对于广大教师专业素养的提高，立下了汗马功劳。我曾经说过，优秀的公开课是多种"营养素"的集合体，教师们只要把其中的一种吸收到日常的教学中，课堂就可能会有质的飞跃。

是窦老师把每一次上课都当作"生命的初念"的情愫令我沉醉吗？

激情，已经是窦式课堂的一个重要元素了，因为有了这一元素，她的每堂课，都或多或少给人心灵的震撼，比如，《秋天的怀念》之让人沉痛，《圆明园的毁灭》之让人感慨，《晏子使楚》之让人深思，《游园不值》也别有一种深情，但这不足以赋予它独特的意义。

那么《游园不值》深深"击中"我心的是什么呢？是一种风度，是一种气质，是一种精神的力量。是优雅。

做人要有绅士风度，语文要有优雅品格。窦老师的《游园不值》，奏出的正是语文教育界优雅的绝响。

优雅的语文首先是"文学"的语文。什么是"文学"的语文？就是说语文课要包蕴精致的情感和丰盈的想象。《游园不值》这样的古诗，当年我们在小学也学过，但只是弄懂字义，要会背诵，要记住诗人的姓名甚至所在的朝代（如果课文提到的话），其余的就是一片空白，哪里谈得上玩味诗歌的语言和稍微深一点的意蕴？初中乃至高中的诗歌教学，也几乎一样，其结果，就是直到现在，我也没有真正走进过诗歌的世界。

这样干瘪、无味的白开水式的教学，是窦桂梅所不屑的。她首先要做的就是带领学生与诗歌文字背后的绚丽的"情感世界"相遇。这就要善于抓住文本的"情感文眼"。她别出心裁又合情合理地抓住了"怜"字（这首诗的情感密码），并且找出它与"印""小扣"的内在联系。这是对这首诗的令人兴奋的"照亮"。每一首经典的诗，都是沉睡在暗夜中的美人，如果没有被"照亮"，其千般丰韵、万种风情，就无从触摸，无可想象。而对"怜"的涵咏琢磨，就是"照亮"《游园不值》花容月貌的"清辉"。你看，有了对"怜"的专注，学生才体会到了诗人的"心疼"，想象到了诗人"小心翼翼踮着脚走"的古典心情、姿态；这首诗对学生来说，就不再是干巴巴的 28 个字，而是内蕴多重情感、能激发和丰富自己生命体验的人格化的艺术品了。

让学生走进一般的情感世界是容易的（如今课堂上，流行的就是廉价的感动、夸张的兴奋），难的是让他们拥抱精致的情感。我以为，精致的情感可以有这几个形容词：真挚的、文雅的、细腻的、人性的、仁爱的。一般说来，古典诗歌都隐藏着精致的情感。比如，"秋风吹渭水，落叶满长安"，人与自然，"我"与物，不分彼此，融为一体，字里行间有一种大爱。《游园不值》中的精致情感是什么呢？是对万物的仁爱（怜惜苍苔）、对丰富的生命经历的渴望（红杏出墙）、对人生的超越性体悟（不遇之遇、不值之值）。对于一生追求"思想与激情"的窦桂梅来说，自己发现这些并为这些发现而兴奋并不难，问题在于是否有勇气及如何让学生也能去兴奋地发现、"照亮"。有人以为体会这些高雅的情感，是成人的事，不必要也不可能教给小学生，语文弄得这么有"深度"干嘛！对此，布鲁纳说得好：不论教什么，务必要使学生理解"学科的基本结构"，而"任何学科的基础都可用某种形式教给任何年龄的任何人"。那么语文，有什么理由拒绝学生去拥抱这些基础性的精致情感呢？不要让学生错失美好的东西——这是窦桂梅教学此类文本抱持的不畏人言的可贵勇气。

精致的情感需要有精致的教学方式来揭示、复原、演绎和传递。在《游园不值》中，窦老师至少运用了如下几种富有创造性和想象力的教学方式。

一是化静为动的画面化教学方式。有感染力的文本总是与感性的"画面"相连，因此，教学只有找到文本中隐藏着的"画面"，才能找到感染的力量。窦老师是善于此道的。让学生（包括教师自己）学着诗人如何在苍苔上走、模拟诗人如何"小扣"（同时要区分"扣"与"敲"的微妙不同）柴门，就是经典的画面化教学方式。尤值一提的是"和红杏对话"的情境创设，这一画面是诗歌中本不存在的，是教师基于文本想象出来的。这样的情境画面很容易成为一种臆造，关键是要把握文本内在的逻辑。在古诗词中，花花草草皆可为情的化身、人的形象，比如，"去年今日此门中，人面桃花相映红""花自飘零水自流，一种相思，两处闲愁""红杏枝头春意闹""云破月来花弄影"，等等。窦老师让学生化身红杏，与之对话，不仅暗合文本自身的逻辑，同时也在巧妙地让学生亲近古典的诗性世界。

二是用以扩大精神疆域的互文解读。宽泛地讲，任何比较式阅读都是互文解读。

但要真正影响学生的情感、精神生长，互文解读其实是大有讲究的。窦老师在这里引进了许多文本，但无论是《寻隐者不遇》等诗歌，还是《雪夜访戴不遇》之类的古文，大都与原来的文本有着相似的精神气质或主题，我们可以命名为"同质互文解读"（具体表现为以诗解诗、以文解诗）。当某种复杂的情感、博大的精神，具体化为有机的结构或有传承关系的链条之后，就很容易为学生所形象地理解、接纳。《雪夜访戴不遇》及其他标以"不遇"的诗，其作用就是勾勒出"不遇之遇"的精神链条，由此，"不值之值"就成了学生可触可摸的感悟。

还有情感化的吟诵教学（古诗的韵律本身就蕴藏着情感）、推敲式的文本细读（让学生逐渐形成对文字的尖锐敏感）等，都是在让学生走进文本精致的情感世界，亲近语文的优雅。

当然，文学不过是优雅语文的一个因子，深度思维的愉悦（语文中的思考，不能等同于理性的推理，有很多时候，学生是用美丽的形象思索，是用诗性的逻辑去构造世界）、富有深情的教学风格，都是让语文优雅起来的重要因素。

不管怎样，如果说"语文要有更高的追求"（成尚荣语），那么，语文教师就应该有对优雅的渴慕，从而让语文课优雅些，再优雅些——或许，这就是窦老师的《游园不值》给我们的最重要的启迪。

三、阅读尊严

——感受历史故事《晏子使楚》的启示

[**实录**]

《晏子使楚》

主题：尊重

步骤：对晏子的尊重，走向对人的"尊重"的思考。

对个人的尊重，导向对国家的"尊重"的思考。

对国家的尊重，引向首要是自我尊重的思考。

1. 抓课题，隐含主题

生：背古诗……最后背《墨梅》。

师："不要花开好颜色，只留清气满乾坤。"看你们，坐得大大方方，规规矩矩，说得更是字正腔圆。我呢，也是这样精精神神、大大方方地站在同学们面前。这样吧，彼此之间鼓励一下自己，送给自己牌匾上的一句话。（出示"规圆矩方"牌匾，矩字的"巨"多加了一点，变成了"短"。学生齐读）

【看似简单地交流，其间，教师那充满深情的语言一下子就抓住了学生的心，激发了学生的情感，唤起了他们探究的欲望，正所谓"入境始与亲"。】

师：注意观察"矩"字，和你平时写的有什么不同？

生："矩"的笔画都是横平竖直的。右边的"巨"里多了一点。

师：想象一下，为什么要在"矩"里多加一点？

生：是不是要强调自己规矩多一点？

生：是要告诉自己一定严格要求吧。

师：这个"点"正如同学们说的一样要规矩多一"点"儿。对外呢，更要讲规矩，懂礼节。比如对这个人（晏子）——本来他叫晏婴，为什么称"晏子"？

生：对古代有贡献的人的尊称。

师：我是女性，假如窦老师是古代值得尊重的人，那就叫我"窦子"？（笑）

生：啊，我明白了，是指对古代有贡献的男人的尊称。

【牌匾的解读既营造了宽松、愉悦的课堂气氛，又巧妙地组织了教学，引出了本课教学的课题。】

师：晏子的故事很多。

生：我知道《二桃杀三士》，《越石父》。

师：还有《金壶箴言》等。同学们可以读读《晏子春秋》，你会知道得更多。今天，我们就走进晏子的一个故事——"晏子使楚"。（题目出示，学生读出。）

【介绍晏子的同时也介绍相关的作品，很自然地把课外读物引入课堂，把小课堂置于一个大的语言环境之中，大气。这跟窦老师的主题教学是一脉相承的。】

师："使"是——（生答"出使"）；"楚"指——（生答：楚国）。让我们读读课文。

生："春秋末期……显显楚国的威风。"（读1、2自然段，内容略）

师：自评一下自己读得如何？

生：还不错。（学生表情得意）

师：的确不错，比如"大夫"，现在我们读 dàifu（指医生），过去我们读 dàfu。你读得很准。

生："楚王知道晏子身材矮小……楚王只好吩咐大开城门，迎接晏子。"

师：谁来评价一下读得如何？

生："我在这儿等一会儿。"这句有两个"儿"，儿化音，你读得也不错。（该生对着刚才朗读的同学说）

生："晏子见了楚王……楚王只好陪着笑。"

生：刚才读的时候"临淄"的发音要准一些；"晏子拱了拱手"，不是"拱拱手"。

师：大家很注意听。读人家的书一定要读正确，不能丢字落字。我理解刚才这位同学，她在创造性朗读呢。请你再规范读一次，以后表演或复述的时候你就可以尽情创造啦。（该生又读，读正确了）

生："楚王安排酒席招待晏子……没想到反让大夫取笑了。"（学生评议，读得很流利）

师：注意，这里出现了两个成语，是哪两个？

生：“面不改色”和“得意扬扬”。（要求学生把这两个成语画下来）

师：通过全篇朗读，我们发现，第一次，楚王让晏子钻狗洞。第二次呢？

生：楚王瞅了晏子一眼，冷笑齐国没人了；第三次，楚王讽刺齐国人在楚国偷盗。

师：晏子作为使节出使楚国，按理，双方一定要做到讲规矩，各方都要规矩多一点。然而晏子却没有得到尊重。

师：但，不管怎么样，最后的结果呢？

生：楚王不敢不尊重晏子了。（让学生再齐读课文的最后这句话，并板书）

师：尊重的意思就是——（生依次说出“敬重”“佩服”之意）

师：那“不尊重”呢？

生：尊重。（同学们啊了一声，该生一下子明白了）是瞧不起的意思。

生：侮辱，蔑视。

师：“不敢不尊重”呢？

生：尊重晏子了。

师：那就直接写了呗，为什么还要用上“不敢不”。

生：不能不尊重。（教师让学生把“不能不”送进句子中变成“楚王不能不尊重晏子了”）

生：楚王只好尊重晏子了。

生：楚王必须尊重晏子了。

【在教师的牵引和巧妙地点拨下，学生快速浏览课文，不但理清了文章的脉络，而且牢牢地把握了文本的重点，紧扣“不尊重”和“不敢不”通过换词训练，加强了学生对文本的理解，语文味极浓。】

师：那楚王佩服晏子的什么呢？

生：读了这篇课文，我认为楚王是不得不尊重晏子的才华。

师：晏子靠什么来表现他的才华？

生：表现在晏子说的那些话，也就是说楚王不得不尊重晏子能言善辩的口才。

2. 依文字，铺垫主题

师：那好，三个故事中，任选一个，找出晏子的话，给大家读读，看看晏子的话给你什么印象。（学生自由读。而后发言）

生：我说说第二个故事中晏子的这句话：“这是什么话？我国首都临淄住满了人。大伙儿把袖子举起来，就是一片云；大伙儿甩一把汗，就是一阵雨。街上的行人肩膀擦着肩膀，脚尖碰着脚跟。大王怎么说齐国没有人呢？"甩一把汗，真的就下一阵雨？袖子举起来，真的就是一片云？用夸张手法啊。楚王不是说我们国家没人吗，这样一来，楚王没话说了。

师：晏子的语言修辞手法用得真好（笑）。这是古文中晏子的话"齐之临淄三百闾，张袂成荫，挥汗成雨，摩肩接踵而在，何为无人"。后人从中概括了三个成语，结合课文，看看是哪三个。

生：有"张袂成荫"，意思是"大伙儿把袖子举起来，就连成一片云"。有"挥汗成雨"，意思是人们都甩一把汗，就能够下一阵雨。

师：快把这两条成语写在课文相应的意思下面。一边写一边记在心里。还有呢，谁再说。

生："街上的行人肩膀擦着肩膀，脚尖碰着脚跟"这句话说的就是"摩肩接踵"。还可以说成"比肩继踵"。（另一个学生脱口而出）

师：你怎么知道的？

生：我读别的书读到的，我平时看书看得多。

师：唉哟，你真用心。谢谢你给同学们提的醒儿，要多看书，注意积累。同学们赶快把这同一意思的两个成语写下来。也要工工整整地写，一边写就一边记在心里啊。

【既有词语的积累，又有方法的指导和学习习惯的培养，一举多得。】

生：第二个故事中晏子还说了这句话："敝国有个规矩，访问上等的国家，就派上等人去；访问下等国家，就派下等人去。我最不中用，所以派到这儿来了。"晏子的理由真充分，你想啊，先说我们国家的规矩，然后再说我最不中用，最后呢，就得出结论——"楚国是最下等的国家"所以只好我就来了。

师：晏子的话里有"所以"，既然有"所以"，那就必然有——

生："因为"。

师：用上"因为"说说这句话。

生：因为敝国有个规矩，访问上等的国家，就派上等人去；访问下等国家，就派下等人去。我最不中用，所以派到这儿来了。

师：这个"因为"还可以放在哪里说？

生："敝国有个规矩，访问上等的国家，就派上等人去；访问下等国家，就派下等人去。因为我最不中用，所以派到这儿来了。"

生：晏子说话真有艺术，避免了"因为"重复使用，语言不啰嗦，理由还充分。

生：我说第一个故事中晏子说的话："这是个狗洞，不是城门。只有访问'狗国'，才从狗洞进去。我在这儿等一会儿。你们先去问个明白，楚国到底是个什么样的国家？"晏子绵里藏针，他的言外之意是既然给我开了一个小门，像狗洞一样，那我就将计就计，把它说成狗洞，推理出楚国是狗国。这样听着好像很有根据。

师：那就请你给同学推理一下（课件打出）："访问正常国家开城门，访问狗国钻（狗洞），楚国让我钻狗洞。所以楚国是（狗国）。"（学生填出，大笑）

生：我说第三个故事中晏子的话："大王难道不知道吗？橘树种在淮南，结的柑橘又大又甜。可是一种到淮北，就只能结又小又苦的枳，还不是因为水土不同吗？同样的道理，齐国人在齐国能安居乐业，一到楚国，就做起盗贼来了，也许是楚国的水土使人容易做盗贼吧！"晏子用生活中的现象说明环境水土不同，植物生长就有不同的道理，人呢，也是这个道理。我觉得晏子的知识真丰富，拿这个比喻反驳楚王，挺好。

生：晏子的意思是楚国的风气不好才使人变成盗贼。他没明着说，而是做了个比较，不能说是比喻。

师：这叫类比推理。后人把晏子的话当作典故。老师给同学配的补充教材中就有这句话。

生：我知道了是"橘生淮南则为橘，生于淮北则为枳。"（教师让学生把这句背下来，提示今后可以适当用上）

师：请总评晏子的语言。

生：晏子口才非常厉害，口齿伶俐、能说会道。

生：晏子运用夸张、类比、打比方、推理等方法，让自己的语言有理有据。

生：晏子验证了一句话：一人之辩，重于九鼎之宝，三寸之舌，强于百万之师。

师：你可真会运用语言，读到补充教材上的这句话，在这里评价晏子，就不仅仅是积累这句话了，而是运用语言，表达你的观点。（学生回过头来读"楚王不敢不尊重晏子了"时语气很坚定）

3. 品文学，深化主题

师： 不过，请同学们再看看晏子的有些话，难道都是事实？他说的这些都是真的吗？

生： 也是。他从墙角挖的洞，就说是狗洞，然后推理出，既然是狗洞就是狗国，的确有一些狡辩的意思。

生： 另外，晏子说自己国家上等人访问上等国家，下等人访问下等国家，也不一定有这个规矩。

师： 谢谢同学们的思考。今天的一位外交官也有这样的观点（课件打出：晏子的语言，虽给人的感觉是有理有据，但感觉是在做语言游戏。逞口舌之能进行外交对话，谈不上真正意义上的智慧，也获得不了真正的尊重——某外交官）

师： 对此，你怎么看？请自己默读，静静思考一下，发表如下观点（板书如下：赞成/不赞成/说不准）

生： 我说不清。这位外交官考虑外交的含义，晏子如果得罪了楚王，楚国和齐国之间就会有矛盾，所以，晏子必须"绕口令"。不过外交官的话也有道理，晏子有点逞口舌之能。

生： 我怀疑这位外交官有些忌妒晏子的才能。（众笑）

师： 有意思，我相信，你理解的妒忌是说晏子在你心中——

生： 是神圣不可侵犯的。

师： 人家有不同的意见，你就说是忌妒，是吗？（教师表情带有不同意该生意见）

生： ……是。（学生挠头，不好意思了）

师： 我尊重你的意见，但，我更相信你的观点不一定代表最后的观点。

【正是课堂的民主平等，才会得以支持学生袒露真实的心路历程。老师巧妙地引导正是教师育人的高妙之处。】

生： 我觉得每个人说话都是通过大脑来思考的。在那种情况下，他有智慧，才能说出一番话，我认为晏子的口才也是智慧。晏子能随机应变，把楚王说得哑口无言，最后不得不佩服晏子。

生： 我赞成。晏子有做语言游戏的感觉，你想啊，真正的外交对话能那样吗？就是楚王逼的，要是我的话，我就保持一份沉默。

生： 我不赞成。晏子不是在耍嘴皮子，他既为自己的祖国赢得尊严又不伤害对楚王的尊重，他的做法令我佩服。要是我的话，我说不出来。那位外交官怎么能这样说呢?

生：我说不清楚。晏子说的的确是有依据地显示出了自己的智慧，但外交官说"晏子是在做语言游戏，谈不上真正意义上的智慧"，什么是"真正的智慧"? 也许外交官说的也是对的，所以我说不清楚。

师：每个人都有发表自己见解的权利。我尊重你们的意见。有的同学不赞成，有的赞成，有的说不清。我们的确要思考：越说不清就越需要我们去说说看。如果说晏子的话感觉是语言游戏，那么，晏子的智慧肯定不仅仅停留在语言的技巧上，那么，晏子的真正智慧在哪儿?

师：好，让我们回过头来，再看看晏子说的这些话。我们先看这句话："这是个狗洞……楚国到底是个什么样的国家?"晏子是怎么说那番话的? (学生说，教师加上"晏子看了看，说")

师：注意这个"看了看"，为什么不说晏子"想了想"，而是用了"看了看"?

生：这能表现晏子思维敏捷，随机应变能力强，压根儿就不用太长的时间想招儿。

生：不用想了想，只是看一下，眉头一皱，计上心来。

生：其实，"看了看"说明晏子是亲眼所见事实之后才说的话，如果用"想了想"，就不知是不是"看了看"才说的。其实，这个"看了看"也包括"想了想"。

师：原来这"看了看"藏着这么多意思啊。同学们再拿出《胯下受辱》。当无赖叉开双腿，让韩信从他裤裆下钻过去的时候，也是——

生：韩信也是"看了看"。

师：那么，晏子的"看了看"和韩信的"看了看"究竟有什么不同?

生：晏子"看了看"是想办法，韩信"看了看"也是考虑钻过去还是不钻过去? 这受辱对晏子和韩信都是一种考验。不过，韩信看到的是无赖欺负他一个人，而晏子不仅看到楚王侮辱自己，还看到了楚王侮辱他的齐国。

师：你有多高?

生：1米40。

师：看课文，课文写晏子身高五尺。古代一尺相当于八寸。估算一下晏子多高?

生：一米四左右。

师："左右"用得好。(和该生的个头比较一下) 也就这么高。

生：晏子是矮了一点 (笑)。

生：矮是爹妈给的，模样不好是天生的。你说我没学问，我可以学，但这样侮辱我，还借着我的个头侮辱我的国家，要是我会很愤怒。

师：可课文却是"晏子看了看"，没写出晏子的愤怒。

生：韩信虽然看了看，但他没像晏子那样去反驳。因为韩信是一个忍辱负重、大智若愚，有非凡气度的人，他可能是把这件事当作自己的一个锻炼。所以韩信能成为一个将领。（教师顺势和学生读《胯下受辱》最后一段话）

生：无赖在韩信心里，根本不算回事。因为韩信有自己的志向，无赖只是针对韩信个人，所以凭韩信的性格，韩信忍受了侮辱。晏子呢，如果楚王侮辱是针对晏子个人的话，说不定晏子也会像韩信一样做，可是，晏子清楚自己的身份是使节，所以，晏子不能像韩信那样忍气吞声，他选择了马上反驳。

师：好啊，从晏子的"看了看"，你看到了晏子的什么呢？

生：晏子真了不起，太有智慧了！

生：我觉得晏子的智慧是很冷静，而且也勇敢。你看，他受到楚王侮辱后，镇定自若，看了看，就想出这么好的办法。

师：是啊，沉着是睿智的保证，勇敢是赢得尊重的前提。看似简单地"看了看"，让我们看到了小个子晏子的大智慧。也就是从这"看了看"，才使晏子的话有了底气，这是超越了晏子脾气和性格的勇气！回过头来读这句话。（楚王不敢不尊重晏子了）

师：下面的两个故事中，晏子的语言背后，体现的智慧究竟在哪？请同学们自由选择，联系上下文读读晏子的话，看看这语言的背后究竟藏着什么力量。

师：请同学们交流。大家注意倾听，看看他的见解与你有哪些相同与不同，可以补充，可以升华。

生：我说第二个故事。你看，楚王嘲笑齐国没人，就是说齐国没有人才，怎么派你这么个拿不出手的人来了呢。晏子是"拱了拱"手说，既是礼貌，又是不卑不亢。也许在"拱了拱"手的时候，低头想对策，但不让楚王发现。（板书"有礼"）

生：请同学们注意，晏子用夸张的方法说自己国家人多的时候，确是"严肃地说"的，你看，本来夸张的事实就不是真正的，可晏子严肃地夸张，就不得不相信齐国的人多。

生：还有，晏子"装着很为难的样子"回答楚王的。这是故意的，让你楚王先得意，一会就让你哑口无言。同时，还是给楚王足够的面子。

生：再有，不但如此，晏子还说"敝国有个规矩"，不但把自己国家放在低处，还要说，不但我讲规矩，我们国家也懂规矩，不像你，作为一个国王竟然这样不懂规矩。

师：那意思就是晏子和齐国做到了"规圆矩方"了。再读读晏子说这句话的前后表现，看你还发现了什么？

生：我发现了，晏子说这句话的时候是"故意笑了笑"。我认为晏子故意笑了笑，是晏子笑楚王太狂妄了。但只是笑，不是发脾气。这就不是正面在讽刺楚王，他是在拐弯抹角地讥笑楚王。

生："故意"是说我们有目的地去做给别人看的事，所以，刚才晏子是"看了看"，现在是"笑了笑"，说明他缓解紧张的气氛，笑得非常轻松。

生：晏子的笑也是自嘲呢。晏子承认自己个子矮，不中用，因为不中用的人派到下等国家，所以说楚国是一个下等的国家。

师：而我们的国家人才多啦！用刚才学的成语，那叫——

生：张袂成荫，挥汗成雨，比肩继踵。

师：我们看了多少广告，你看那些形象代言人，什么飘柔洗发广告的靓女啊，什么雅戈尔西服广告的酷男啊，总之一句话，要做广告代言人，那得——

生：帅。而且要是国家外交官更是风度翩翩。可晏子个子就这么高，要形象，没形象，要个头儿，没个头儿。

师：楚王啊楚王，你笑吧，你冷笑、嘲笑吧，你不是说我不中用吗？这是敝国的规矩，就让我这不中用的人——

生：访问你这样的国家。（大笑）

师：我就笑着和你说，一点都不生气。（笑）大胆想象，当时晏子的表情会是什么样？

生：晏子一脸得意。

师：但没有忘形。那就请你得意地说。（该生读"敝国有个规矩……"）

师：表情没跟上去。注意，要通过声音让我们感受到晏子的得意，当然要有表情更好，这有促进思考的作用。（该生真的得意扬扬地读起来。掌声）

生：幽默地笑。

师：我们可要听听你的幽默啊！（生幽默地读起"敝国有个规矩……"来，还加了笑声。掌声热烈）

师：你的幽默富有创造，听你的声音，我们感到胸藏大智慧的矮个晏子的笑声，真是一笑解千"丑"，一笑解千愁。

生：晏子是笑里藏刀（笑）。

师：这个词我们要好好斟酌。你先想想，究竟笑里藏着什么。

生：我觉得晏子有点故意傻笑，他是装出来的。（该生表演朗读）

生：我觉得可能是冷笑，因为楚王你冷笑我，我的笑是反攻、回敬。

师：那就是说，这"冷笑"中是一脸严肃，请读。（该生的朗读很有特色）

师：就是这笑了笑，笑得那么轻松，那么潇洒，那么自信。谈笑间——

生：樯橹灰飞烟灭。

师：用今天的时髦词，那叫笑傲——

生：江湖！（笑声）

师：就是这笑了笑，我们感到，小个子的晏子也是潇洒倜傥，风度——

生：翩翩，气质非凡。（掌声）

生：晏子哟，才1米4左右，我很丑——但我很温柔，我魅力无穷。（众大笑）

师：刚才你说晏子笑里藏的是刀（对着刚才说"笑里藏刀"的学生说），晏子笑里藏着的究竟是什么？

生：是剑！（大笑）

生：（老师做了一个思考的表情）是晏子的智慧。

师：所以，晏子的话才透着他的骨气！

生：我想谈第三个故事。楚王故意叫武士押着齐国的囚犯从晏子面前走过，想让晏子难为情。哪知晏子面不改色，非常冷静，而且用举例的方法反驳楚王，楚王又失败了。

师：好，晏子是"面不改色"说这些话的。你发现的好，晏子不改的是什么？

生：不改的依然是那份沉着和从容。（让学生用沉着的语气说晏子的那句典故"橘生淮南……"）

生：晏子一次次面对楚王的侮辱毫不胆怯，一次次维护自己国家的尊严。

生：不改的是他对国家那种热爱的情怀。当楚王这样侮辱齐国的时候，他面不改色地和楚王对话，可以说做到了有礼有节。

师：那就是说晏子由勇气，到骨气，上升到民族气节。

生：因此，我认为不改的是他作为使节的这一重大责任。

师：谢谢同学们给我的启发，我明白了，晏子还是原原本本的晏子。他什么都没有改变。是晏子的智慧和自重，赢得了自己的尊严，以及国家的尊严。总之，晏子作为个人也好，使节也罢，不改的是他的气节！（板书"有节"）晏子一次次受到侮辱，都面不改色，谁改了？（采取引读的方式）第一次，楚王让晏子钻狗洞，结果只好——

生：吩咐打开城门，迎接晏子。

生：第二次，楚王冷笑说齐国没人了，怎么让晏子来。结果在晏子精彩的反击中，楚王只好陪着笑。

生：楚王说齐国人在楚国偷盗，晏子用类比推理，结果楚王只好赔不是。

师：相同的是都有"只好"，不同的是楚王越是侮辱晏子，就越一次次没面子，最后只好——

生：赔不是。

师：（课件）"我原来想取笑大夫，没想到反让大夫取笑了"。想象一下，楚王会怎么赔不是？

生：楚王苦笑着说："我原来想取笑……"（生苦笑着读）

生：楚王叹了一口气说："我原来……"（生读略）

生：楚王后悔地说："我原来……"（生读很有味道）

生：楚王惭愧地低下头说："我原来……"（生读略）

师：（抓住该生追问）堂堂一国之君，你为什么说人家惭愧地低下头说？

生：楚王能在大庭广众面前承认自己错误，说实话，楚王毕竟是一国之君呀。

师：能够在大庭广众面前承认错误，可爱之中也透着可敬，好难得的一国之君啊。（师用了几种不同的语气范读，掌声）

生：说不定楚王会说，我再也不狂妄自大啦，你真聪明，我认输啦！（一片掌声）

生：这是因为晏子真正做到了有理有据、有礼有节，才导致这个结果，不然楚王不会这么受教育的。

师：是啊，世上没有一边倒的真理，强者不可以恃强，弱者也不可以示弱。弱者赢得尊重，不是靠施舍，不是靠等待，而是需要个人的实力争取。

师：我们感到：一个人（板书）要获得尊重，不仅要讲外在的道德智慧，更要有内在的实力。（回扣这句："楚王不敢不尊重晏子了。"教师把这句话的句号变成叹号。引导读自己的味道。有的强调"尊重"，有的强调楚王的态度……）

【摒弃技术化痕迹的朗读指导，让学生在跟人物形象作跨越时空的对话后，有效地张扬了个性，文本的语言成了学生自己内心情感的抒发。】

师：晏子的使命最终胜利完成。虽然一波三折，但我们从中深深感受到作为个人的他，赢得了历史的尊重，所以，参考书这样评价晏子使楚的意义——（课件："晏子在这次外交活动中表现出的智慧，给齐国赢得了尊重。"）

4. 理文化，解构主题

师：然而，今天，一位历史学家对晏子使楚这样评价。（课件打出：一个人的智慧不能代表国家的智慧；一次外交胜利并不能获得国家永久的尊重。"晏子使楚"与国家真正的尊严无关——某历史学家）

师：这些观点你赞成吗？不赞成，还是说不清？请小组讨论，各抒己见。

生：这个历史学家说得对，只凭一个人的智慧怎么能挽救一个国家呢？人们应该享有和平，众志成城，合力对外。

生：只凭一个人的智慧远远不够，我觉得应该让晏子当老师，教齐国的人，让齐国人都聪明，这样齐国就会胜利。（众大笑后一片掌声）

生：晏子像编《孙子兵法》一样编一本书，把所有的语言记录下来，以便自己国家的人观阅、学习，让我们的语言都充满智慧。

生：我认为晏子很有智慧，并不代表齐国的每一个人都能像晏子这样有智慧，我尊重晏子而不尊重齐国。

生：晏子作为一个外交家，在外交方面他理应为自己的国家赢得尊严，但这是不够的。在外交的领域，晏子做得很出色，这不能完全否定晏子的功劳，所以晏子赢得了这次国家的尊重是事实，不能说和国家尊严没有关系。

生：历史学家说的那句话，有的赞成有的不赞成。前面我同意，比如说最后，可能史学家从历史的长河去看，说没有"真正"地获得尊严，但是，不能苛求晏子，晏子做了他应该做的。

生： 你想啊，历史会拐弯的。国王会变的，他的想法也得变，这个国家的情况就变了，这就和晏子没有关系了。但，想想史学家的话有道理，但我也说不准。

师： 各位从语文的角度，从思辨的角度等，多角度发表看法太了不起了。你们用智慧的大脑去分析、判断。让我们继续深入讨论，请同学们拿出《狼和小羊》。

师： 这是我们早在二年级就学过的一篇寓言故事，今天重温，我想作为高年级的同学应该知道寓言所表达的含义。如果狼和小羊代表不同国家或者个人。

师： "狼"指谁？

生： 楚王。

师： 小羊？

生： 晏子。

生： 是呀，小羊也像晏子一样有理有据、有礼有节地讲话啊。小羊也很有智慧。结果还是被吃掉了。这是为什么？无论是小羊代表个人，还是国家，被吃的原因就是没有和狼对抗的实力，所以这时的智慧一点用都没有。

师： 太好了，那晏子怎么就在这次外交上胜利了呢？快回过头来，读课文的第一句话："春秋末期，齐国和楚国都是大国。"作为"春秋五霸"之一的齐国，结合《狼和小羊》，读了课文这句话，你发现了什么？

生： 如果说齐国的这次外交赢得了尊重，那也有国家的力量在后面支撑。所以，参考书上说赢得国家尊重，绝不能说是晏子一个人的功劳。也就是说晏子这次胜利不仅仅是他的外交，是因为他的背后有一个强大的齐国在支持着他。

生： 我明白了，国家获得尊重，不是靠一个人或一次外交，需要每个人的努力，（老师在"一个人"前面加"每"）国家的尊严，才能实现由内到外的实力。

师： 看看历史学家的话，再看课文结尾的这句话。既然晏子赢得楚国的尊重，楚国又是大国，而且晏子代表的是国家，楚王尊重的应该是齐国，可楚王不敢不尊重的是却是晏子这个人。你是楚王，请讲你为什么这么说？（教师把黑板上的叹号变成问号）

生： 我首先尊重的是晏子，而不是齐国，因为晏子的才华使我非常佩服。

生： 我尊重晏子，就是说我要让大臣们好好向人家晏子学习。

生： 没有对晏子的尊重哪来对齐国的尊重？！

师： 看来，不管怎样，晏子的个人赢得尊重是事实，这也是最重要的。因此，有一组同学讨论时这样说，请默读（课件打出）。

（甲）你以为晏子使楚最神圣的责任是什么？

（乙）还用我说吗？是晏子对齐国的责任。

（甲）晏子还有别的责任同这一样神圣。

（乙）咦？你说说，是什么？

（甲）是晏子对自己的责任。

（乙）噢，首要的是做一个有尊严的人。

师：你读出了什么？你的观点就可以作为课题的副标题。

生：如果连一个使节都没有尊严，那平民百姓又会怎样呢？所以要做一个有尊严的人，让楚国看得起齐国。

生：按理是"楚王不敢不尊重齐国了"，可"楚王不敢不尊重晏子了"，楚王尊重的是晏子这个人，这是为什么呢？因为晏子有尊严，才能得到楚王的尊重。

生：原来，楚王首先想到的是这个人，如果要实现班级、集体、国家等尊重，每个人，首要做一个有尊严的人。

生：的确，每个人努力都做一个有尊严的人，在此基础上，才能谈得上班级、集体、学校，乃至国家的尊重。所以，首要的前提是——你必须首先做个有尊严的人，除此，才能谈到其他。

师："面对过去和未来"，个人，有压力和竞争；国家，经受国际风云变幻的考验。大到国家，小到个人，不管从哪个角度，都要做一个有真正实力的人。晏子和楚王发生的故事已经近两千五百年。"规圆矩方"里的"点"已经不"点"了，那么，点在我们心中的应该是什么呢？让我们用一首歌的歌词去体会这份沉甸甸的思考。"黯淡了刀光剑影，远去了鼓角争鸣。眼前飞扬着晏子和楚王的面容。湮没了黄尘古道，荒芜了烽火边城，岁月啊，你带不走这一串串熟悉的姓名……历史的天空留下的'尊重'，人间这股英雄气在驰骋纵横。"（伴着乐曲，教师一边深情地唱创改的歌词，一边擦黑板，最后只留下"尊重"两个字）

【教师深情改唱《三国演义》的片尾曲结束本课的教学，使课堂达到了高潮，正所谓"课始激情情始生，课中悟情情更浓，课终语情情未了。"至此，本课"主题式"教学的魅力得到了充分的展示，学生在经过与多个文本的交融与碰撞，熟读精

思，切己体察，对比内化，整合升华，达到了从文本中吸取文化知识，积累文化素养，提高文化品位，培养爱憎情感的目的。】

[总评]

九月下旬，全国著名特级教师、清华大学附小副校长窦桂梅老师亲临湖北武穴市，为我市教师展示了精彩的课堂教学。感谢陶靖老师的整理。让我们回过头来体会《晏子使楚》的教学，大气而不失精细，轻松而富有智慧，什么是语文的主题式教学？什么是学生的主体性体现？在窦老师的课上展现得淋漓尽致。她那出神入化的教学艺术、独具匠心的教学设计、师生间真实自然的精彩对话，以及师生精彩的思辨，赢得了听课教师一阵阵自发而热烈的掌声，这道色香味形俱全的精神大餐，让教师们着实过了一把瘾。可以说，窦老师所诠释和演绎着的语文具有典型的个性，拥有厚实的内涵，具体表现在以下方面。

1. 深刻透悟的大语文教学观

"语文的外延就是生活的外延"，有些教师看到这些话欣喜若狂，以为泛泛地、不加雕琢地走入生活即可学好语文，而窦老师把对这句话理解提炼为"主题教学观"，上下五千年、古今中外史，能用的尽管用，用出了一种大气，且用得恰到好处。本课围绕"尊重"这一主题，有效地整合了课程内容。"规圆矩方"教学生做人；用《韩信胯下受辱》启迪学生；用《狼与小羊》引导学生深思；古文、现代文对照帮学生积累；外交官、历史学家、教参用语，甚至学生的对话发人深省……如此大容量、高密度的课程资源势必将语文教学引向历史的深处，引向广阔的社会生活。的确，"世事洞明皆学问，人情练达即文章"，生活中处处都洋溢着语文的气息，就看为师的我们怎样去捕捉和运用了。

2. 原汁原味的语言文字课

"语文课不是政治课，也不是故事情节课，不能上成文字欣赏课，而应是语言文字课"，窦老师让我们欣赏到了真正原汁原味的语言文字课，那精妙的讲解，灵活的启发，逐层的推敲，语言的积累……让我们能实实在在地看到学生运用和积累语言能力的增强，从"矩"字上的一"点"到"子"，到"不敢不"到"看了看"，到"笑了笑"……到最终的"尊重"，充分地展示了窦老师对教材深刻内涵的透彻领悟和对语文教学的独特解说能力，正如某联句所言"莫被传统禁锢思想，不为时尚放弃永恒"，这就是特级教师的与众不同。

3. 层次鲜明的课堂教学艺术

课堂教学的艺术在于讲的层次，而且应该是一层深一层地理解，不是一层一层地叠加。窦老师在燃升温度的情境下扩充广度，在扩充广度的基础上拔高深度，自然而然，水到渠成。由初读浏览找出重点句，到再读体会文中的三个具体事例，到细读思考文中的词句用法，最后品读感悟文章带给我们更深的内涵，体现出了一种高雅典范的课堂教学艺术美。"天机云锦用在我，剪裁妙处非刀尺"，陆游的这句话恰好道出了能上出如此精彩纷呈、充满哲思、激情飞扬的语文课，决非刀尺之功，它所折射出的正是窦老师那精深的专业知识，开阔的人文视野和厚实的语言功底。名师授课的一个重要意义就在于培训、启迪教师——一篇课文的讲授只是语文教学网络中的一个点，窦老师充分发掘了这个"点"，起到了"四两拨千斤"的作用。

湖北　余　虹

［反思］

思想与精神的生长

1. 三个"维度"：温度、广度、深度

关于这三个"度"的阐释，笔者已有专文说明，这里不再赘述。温度，是指教学本课时，课堂呈现的既不是过冷也不过热的适度。语文教师先要有温度。当然，更重要的是善于挖掘教材中的情感思想。如《丑小鸭》。这是一个关于成长的主题，我们应该怎样体会丑小鸭最不幸福的那段经历？《井底之蛙》呢，也不要完全嘲笑它，因为它幸福地依偎在井水中，它在那个小圈子感觉很幸福，大海里的鳖在大海里快活，可青蛙不适合，这才是最重要的。

在课堂中，教师要把教材的情感思想挖掘好，结合自己的性情恰当把握和释放。来到课堂，你就是你，你要和你的孩子在这晏子和楚王的情感世界里走一趟，和孩子们体验文中"侮辱"与"尊重"的较量，体会这一对相反的意义给人生带来的滋味。这样，教师外在的激情就会内化为一种气质，就会化作课堂理性。于是，课堂就会充满张力，呈现流淌的状态。试想，这条课堂流成的情感之河，要是没有了温

度，水草怎会长起来？鱼儿怎会游起来？

晏子出使，举重若轻。上《晏子使楚》要诙谐、生动、活跃。晏子和楚王，他们彼此都有自己的使命，他们身上都有智慧所迸发出来的幽默。我们可以适当"戏说"一点，但绝不是取闹。

广度。这里的广度意在强调积累。语文课堂要丰满、厚重。当然，强调广度也要适度。两节课里，语文层面的，成语、格言、典故、外交官、历史学家的话，以及增补的两篇文章等，在循序渐进、层层深入思考课文内涵的过程中，有意识地进行了积累。教师的语言要有"语文"，要求学生说话也要有"语文"。个人以为，这篇翻译的白话文算得是"文质兼美"的。文言文的对照补衬，以及其他文本的互对生成，无意在大量的积累过程中，使教材的文字更有分量。

除了言语的广度，也要有思维和情感的广度。在大背景下把握课文的人物，就会客观一些。要学会提取资料，该用的用，不该用的不用。拓宽的目的最终是走向文字的深远和思想的深刻。所以，这个广度，不是发散的无边无际，而是在同构点或者异构点中的延伸或对比。补充《胯下受辱》就是理解晏子的"看了看"和韩信的"看了看"究竟有什么不同，从而深化晏子的"看了看"。补充《狼和小羊》就是要帮助说明课文的晏子的成功是背后有一个强大的齐国在支撑。广度决定深度，那便是，广度成了"尊重"这个"圆心"的半径。

温度如果好比人的血液，广度就好比人的骨肉，深度则好比人的神经。没有骨肉，人无法立起来，没有神经人无法活下去。要让孩子思考更加深入，才能让孩子的精神之树长起来。如何让孩子会思考？首先教师要思考这两节课要走向哪里。个人认为《晏子使楚》课眼是"尊重"。晏子的智慧终究是晏子的，与孩子无关。况且文中外交的"辞令"并不是孩子要运用的，重要的是要看这篇文章中，落脚在孩子的头脑和心灵里的是什么。当读到课文最后一句"楚王不敢不尊重晏子了"时，"尊重"就跳跃在眼前。于是尊重就成了本课的主题。两节课便围绕尊重逐步讨论了起来。如提供外交官、历史学家的观点，目的是提供思考的平台和空间，用一种思考引发学生不同的观点，这也体现教师对学生的尊重。总之，课走到一个板块，就来一个坎儿，让思考更多维，更深入。

"一个人的智慧不代表国家的智慧……"，苏洵说："六国破灭，非兵不利，战不善，弊在赂秦。"失败的结局是这个国家没有实力回击秦国。当年联合国大会上，美国记者讽刺中国人低头走路。周恩来总理立刻反驳:"中国人走上坡路所以低头,美国人走下坡路所以仰头。"对方哑口无言,非常敬佩周总理。但,事实证明,那一刻不因为周总理的伟大美国就从此尊重了中国。总理去世,联合国下半旗志哀。三十多年过去了,今天的中国在世界的地位仍需要提高。一句话,尊严来自于真正的实力,而不仅仅是一次外交的胜利。

语文课要走向浅薄,拒绝浅薄。课堂不是热闹和浮躁,而是要有真正的幽默、笑声或深沉。结尾改造的那几句歌词,自感虽是唱着说的,可却感到孩子们的冷静和庄重。当黑板最后沉淀下来的两个字"尊重"的时候,这颗思想的树由个人尊重的"根",引向了国家尊重的"干",最后走向——首要的是个人赢得尊重的"树冠"。树要想枝繁叶茂,须根扎得实,干长得壮才行。

2. 三个层次:文字、文学、文化

怎样把上面谈的三个维度——你中有我,我中有你的螺旋上升起来?

第一,先从文字入手,抓文字的表形,表象:文字的形式、语言的技术。先抓晏子话里的文字,以及课文议论的重点句子等。还有,进行语言的积累与揣摩,关于这一点上文谈到,这里不再强调。

第二,上出点儿文学的味道。什么是文学?语言文字里的东西,语言表达的意义。有些语词要领着孩子品一品。比如平常强调的咬文嚼字,反复咀嚼出了味道,也就品尝到了文字里的文学。文学不是明摆着的,如就晏子的"看了看"和"笑了笑"举一反三地感受,想了各种办法体悟。最后把感悟到的送进晏子最后的"面不改色"中。就拿"看了看"来说,用换词法比较:文章为什么不用"想了想",而是用了"看了看"?说明眼见为实,话有根据;"想了想"不知道想了多长时间,"看了看"的时间短,更突出晏子机智。接着拿出《胯下受辱》。读其中一句:"当无赖叉开双腿,让韩信从他裤裆下钻过去的时候,韩信也是'看了看'"。晏子的"看了看"和韩信的"看了看"究竟有什么不同?韩信代表他自己,而晏子不仅看到楚王侮辱自己,还看到了楚王侮辱他的齐国。然后让孩子比比个头,体会晏子是矮,但长相和个头在自己眼里那是特点,可楚王却当缺点甚至缺陷来侮辱,但,尽管如此,晏子却"看了看",然后马上理直气壮、有理有据地反驳。说明晏子的冷静与理智。的确,沉着是睿智的保证,勇敢是赢得尊重的前提。看似简单地"看了看",让我们看到了小个子晏子的大智慧。也就是从这"看了看",才使晏子的话有了底气,这是晏子对于自己性格的超越。

语文的教育是人的教育。有人说，哲学是一种生活方式，文化是生活方式不断变迁而却恒定的力量。这堂课，如何把"尊重"这个抽象的文化变成具体的，并成为生活经验的积累？历史长河的两千多年，走到今天，什么变了？时空变了、人变了、环境变了，不能变得是人性中自觉而恒定的力量——尊重。这堂课，要努力体现历史的厚重，文化的力量。正如我在结尾和孩子们唱的那样："黯淡了刀光剑影，远去了鼓角争鸣，眼前飞扬着晏子和楚王鲜活的面容……岁月啊，你带不走这一串串熟悉的姓名……历史的天空闪烁的'尊重'，人间这股英雄气在驰骋纵横。"

3. 三次解构：个人、国家、每个人

课到最后，孩子们在深深的历史沉思中走出了课堂。这两个历史人物定格在他们的心中，显得那么让后人尊重，还有一点淡淡的哀愁。尽管整个课堂氛围一直是轻松愉悦的。

先抓晏子个人是怎么赢得尊重的。只有把对晏子的尊重讲清楚才能引向后面。只有个人赢得尊重才能谈到国家的尊重。

当学生很佩服晏子个人的智慧的时候，教师出示外交官的话，打破学生的思维定式；当学生继续佩服晏子用个人的尊严赢得国家的尊严的时候，老师再运用历史学家的观点打破教科书的结论；当明白国家和个人的关系的时候，要清醒自己先要做受别人尊重的人。于是，晏子变得可爱起来，真实起来。由晏子的个人，引发了今天的个人如何有尊严地"活着"的问题。

课文就是这样一次次在统构与整构中解构了。

所以到最后，孩子们想到国家的尊重，不是这一次的"晏子使楚"，不是晏子一个人的智慧，应该是这个国家自身。所以最后，清晰的是，每一个人，都要做一个不让自己憎恶的人，即一个有尊严的人。"规圆矩方"里的"点"虽然已经不"点"了，但，"点"在我们心中的不仅是"规矩"，更重要的是"尊严"。

最后，我想说，教师的专业尊严该怎么样获得，你的课堂你做主，你的文本你解读，你的尊严你来呈现。如果把上面的三个"度"延伸到人的专业成长——每个教师的专业成长，我们要努力追求永远的温度。大量地读书，实践自己，让自己拥有背后的广度，从而走向思想的深度。

[点评]

站得有多高，看得就有多远

吴群英

感受一：你的基础有多扎实，你的起点就有多高。

看多了名家的课堂，产生了一个这样的认识，好像名家点子特别多，吸引学生的花样比较多。今天细细琢磨窦老师的课堂，多了份朴实、真实，让我们一线的老师有了一种惊喜，看到自己的教学中，也有和他们一致的地方，也有名家的一点淡淡的影子。那就是基础知识的扎实教学！不管是解题的准确到位、了解"张袂成荫""挥汗如雨""比肩继踵"这三个成语的出处，领悟"橘生淮南则为橘，生于淮北则为枳"的妙用，还是引领学生用几句话、几个词、歇后语评价一个人，还是教给学生课堂做笔记的方法，学生实实在在学到了知识，学会了积累，学会了提炼。

感受二：你的起点有多高，你的认识就有多深。

这是一篇老课文了，但窦老师以扩大篇章积累，赋予了课文以新的生命，在认真学习课文的基础上，科学地补充教材，准确地加工教材，学生不仅学会了现代文《晏子使楚》，还读懂了古文《晏子使楚》，在引领学生体会晏子受侮辱时内心的感受时，采用移情体验的方式，让学生谈要是别人侮辱你，你会怎样？要是你是晏子会怎么想？让学生充分暴露自己的想法，然后再引导学生读《胯下之辱》比较晏子和韩信有哪些本质的不同，让学生从内心深处感悟到晏子的那种超越自己性格沉着冷静，以大局为重的那种睿智，这不仅仅是在上课啊，分明是在教学生做人，在不同的对手（敌人）面前处理问题的方法！大家不禁拍案叫绝！在窦老师的课堂里教材已不是学生唯一的资料，有效地整合促进了学生量的积累。同时，这也是真实的课堂，课中窦老师出示一段历史学家对晏子的评价，让学生选择，学生可以赞成，可以不赞成，也可以说不清楚，让学生表达自己的观点，哪怕是读一段文字，她也让学生读出自己内心的感受，读出不同的感悟。把思考、发现、批判的权利教给学生，课堂上我们听到了学生心灵深处的声音！我从来没有听到哪一个老师在课堂上允许学生有不清楚的问题，不清楚，非得弄个清清楚楚明明白白真真切切！允许学生有不清楚问题的存在，窦老师是首创！其实，我们的学生对问题的理解、感悟都只是暂时的，随着他年龄的增长，阅历的丰富，很多东西他都会有自己的思考，更何况，对一个历史人物的评价专家都众说纷纭，我们又何必强求学生答案的统一呢！"该放就放"这是上策啊！

感受三：你站得有多高，你的目光就能看得有多远。

窦老师还在课堂有广度、深度上做文章，一篇课文引领学生从中走几个来回，从整体的感知到细细地品味，从晏子"看了看"中品味他沉着冷静，从"笑了笑"中感悟他的潇洒机智，从课文最后一个标点的修改体验楚王心中的别样滋味……最佩服的是窦老师带领学生走出教材，站在历史的长河上再来看晏子这个人，把《晏子使楚》这件事和齐国的最后灭亡联系起来思考，让学生意识到一个国家要真正赢得别国的尊重，仅靠个人的智慧是不够的，更需要国家的实力，让学生辩证地看待一个人，让学生从对晏子的个人崇拜中真正走出来，感悟更多的东西。

综观整篇课文的教学过程，其实就是让学生从多角度、多渠道、全方位从书籍中积累文化知识、获得情感体验、生活经验等人生涵养的过程，要让这个过程产生无穷的魅力，我们的教师学识的广度、厚度、深度决定着你把学生托起的高度。透过窦老师的课堂，我们可以深切地感受到：教师站得有多高，我们的学生能看得有多远！

栽培生命，自由生长

同济大学　陈家琪

2005年12月27日上午，在中央教育科学研究所深圳南山附属中学举办的"首届课程建设精英论坛"上，我有幸聆听了窦桂梅老师的两节课，讲的是《晏子使楚》。

离开中小学的课堂，对我来说，少说也有四十多年了；至于《晏子使楚》的故事，我是在什么时候知道的，从哪里知道的，也全然不记得了。所以这两节课，从形式到内容，对我来说都是全新的。我坐在那里听，有一种全身心都投入进去的感觉，自己的情绪也随着课堂的气氛而起落，到最后，当窦老师一边擦着黑板，一边用她略带嘶哑的嗓音深情吟唱起"黯淡了刀光剑影，远去了鼓角争鸣。眼前飞扬着晏子和楚王的面容……历史的天空留下的是'尊重'"时，我真的禁不住热泪盈眶，因为它让我想起了更多的往事和历史的情景。这些，孩子们是不知道的，也许就连我自己也说不大清楚，但一种感受性的呼应，却让黑板上最后留下的"尊重"二字，对我来说有了一种很具体、很厚重的分量；我真想站起身来向窦老师，向全体同学鞠上一躬，感谢他们在课堂上所共同营造出的这种"尊重"。

下午，我做了一个报告，题目是《现代性视域中文化与文明的冲突》。与窦老师的这两节课有关的，就是我想强调这样一个话题：西文中的"文化"（culture），从词根上讲，就与土地、农业、耕种有关；与之相反，"文明"（civilization）则是一个与城镇、市民、商业活动相关的词语。那么引申一下，我们的教育，首先是小学教育，主要应该被理解为一种类似于农耕活动的"栽培"，也就是心灵的耕种与培养；老师在这里扮演的不是工程师的角色，不能按照某种设想好了的规划来实施自己的建设，而是就如"农夫"或"园艺师"（horticulture）一样精心照料自己的"作物"，提供充足的光照和养料以让他们自由生长；越自由，就一定越健康，越饱满，越茁壮，这几乎就是所有与作物栽培打过交道的人都知道的一个常识。

文明是一种训练，或可理解为教化，总之与生存的技能有关。但前提是生命的播种与栽培。

问题在于，我们栽培的到底是什么？窦老师的课堂告诉我们，栽培的就是词语。词语是有生命的。词语的生命将随着孩子们的年龄一起成长，就如德国哲学家黑格尔所说的那样：从一个老人嘴中说出的"好人"与一个孩子心目中的"好人"是全然不同的两回事。正是基于这一信念，我才确信"尊重"二字在我这里要比在孩子们那里更具体一些，也更成熟一些；当然，具体、成熟的不只是"尊重"，还有别的词语，比如同学们在课堂上所指出的"侮辱""傲慢""轻蔑"等。楚王对晏子就曾这样表现过。窦老师让同学们反复咏读"楚王从此不敢不尊重晏子了"这句话，把它变成句号、叹号、问号，把"不敢不"换成"不能不"，再改为"只好""只能""必须"，如此，等等，就是为了让孩子们体会那种通过语气、语速、声调、表情所可能表达出来的情感，就是为了让每一个词、每一句话，甚至每一个标点符号，都能在孩子们那里具体起来、生动起来，成为他们自己的表达，就像晏子在暗中表达自己的得意和楚王公开承认自己的愚笨一样。

我在课堂上听着。当窦老师纠正一些同学的发音并再三强调规范时，我知道她不是在教普通话；她所要的"规范"，只为了一个目的，这就是尽情地发挥和创造。无论哪一个同学，只要能以不同的方式念出同一句话，就会受到大力的，甚至不惜有些夸张的表扬；就连孩子们的扭捏和不好意思，也成为一种对课堂气氛的活跃和对进一步鼓励的期待。而所有这一切，都是通过课堂上的那种相互尊重的气氛实现的。窦老师常挂在嘴上的一句话就是"谢谢你""谢谢你的提醒""谢谢你的发言""谢谢你的勇敢"等。我几乎能体会到这些孩子们的感受，因为他们表现得越来越积极，越来越勇敢，越来越富于创造性。

这就是生命的栽培。词语在孩子们心中活起来了。

什么是自由？当窦老师分别以外交家和历史学家的两段出自"权威"之口的话来对《晏子使楚》做出不同的评价时，窦老师总是告诉孩子们一定要各抒己见，大胆发表自己的独立见解，而且课堂上要的就是与众不同的看法。我不知道孩子们能想出多少"不同看法"；那时候，我的思想已经跑神了，只觉得，也许在孩子们眼中，此刻的"外交家"和"历史学家"与他们的关系就如同晏子与楚王的关系一样。

但愿我们这些在某种场合下也会被称作"什么什么家"的人也都能尽快意识到这一点。

什么叫"规圆矩方"？窦老师曾把这四个字投影在屏幕上。也许，有人说，它的意思就是"外圆内方"：对自己是"矩"，规矩要多一些；对别人是"圆"，更多一些宽容。但"圆"这个字，总让我更多地联想到"圆滑"。这也是一个在孩子们那里还多少有些抽象的词语。

我不知道我们是否应该为此而祝福我们的孩子：但愿……

让学生有思考的欲望和能力

魏 勇

语文究竟教什么？这是一个老问题，工具派和人文派，还有介乎两者之间的折中派，为这个问题打了不少口水仗。在关于语文人文性争论休战后，近年有了一种呼声，"让语文回到语文"。这样的呼声仿佛在拒绝语文学科以外的一些东西。那么，学语文的最终目标究竟要走向哪里？语文要不要拒绝思想、历史、政治、艺术？评《晏子使楚》一课之所以要扯上"语文教什么"这个老问题，是因为不从这个原初问题出发，我们就无法判断窦桂梅这堂课的价值。

1. 没有新奇的精神历险，就没有好的表达

小学语文究竟教什么？比较常见的回答是，帮助儿童发展使用语言的能力，即听、说、读、写的能力，然后在这个基础上培养孩子的思考问题、审美、想象能力及情感态度等。这个答案不错，听、说、读、写是语文最具特色的学科名片。正是在这个意义上，让语文回到语文的说法，似乎成了任何一个语文老师都不敢背叛的"意识形态"，否则，就是语文的叛徒，这样的课将得到一个平易而极具杀伤力的评价——"没有语文味儿"。窦老师两节课中，几乎花了一半的时间在课文的字、词、句以及朗读上面。为了落实，有些"重要的"字句还反复诵读，可以说，把"语文"的功夫做足了。

一般情况下，教师都要从语言文字入手，然后从中进行思维、审美等提升。大多教师似乎认为解决了语文的拦路虎才能进行其他。这是典型的由言语形式为主及言语内容为主的教学方式。这或许有一定的价值，我想探究的是有没有更好的语文教学方式。我们似乎还应该想一想，为什么小孩语言表达差，且错别字多？你可以说孩子不努力或者资质差，等等，但这种说法掩盖了一个基本的事实：孩子只有在各种有意义的经历和活动中使用语言时，才能能动地交流并活跃起来。若语文课堂没给学生提供足以让其燃烧的环境，没有刺激起他对精神世界的强烈好奇，学生就不会产生表达的欲望，没有表达欲望却为了配合老师的训练而进行的表达几乎是无效的。在这个背景下的表达能力和思考能力的训练，对学生而言是痛苦的，对教师而言是做作的。

所以，语文教学在这个问题上存在着两个现象：一是工具论者把训练表达能力同思考问题割裂开来，认为表达是语文的事，思考则主要是政治、历史的事；二是虽然兼顾了训练表达与思考，但把训练表达置于优先的位置，而把思考能力看作锦上添花，为表达得更加出色服务。这种做法可以用一句话来概括：在表达中学习思考。今天已经很少有人持纯粹的工具论立场，更多的人在第二个问题上徘徊。

的确，语文的首要任务就是要培养人的表达能力，但表达能力不是抽象的，不能脱离人的见解和思想而孤立存在，它在具体的情境中使用，也必须在具体的情境中培养。可以在学习和阐释历史中训练表达，可以在模拟参政议政中学习表达，可以在艺术鉴赏中学习表达，可以在社会考察与人交流中学习表达等。在各种新奇的精神历险中，学生对语言有一种新奇感，他们才乐于高效以及富于想象地使用语言。正是由于对语文教什么有不同的理解，西方的语文呈现出"四不像"

的特征。

前不久出版的《美国语文》中，我们看到的标题有，《国家的诞生》《论公民的不服从》《分裂、和解与扩展》《文明的交会》，作者有富兰克林、托马斯潘恩、华盛顿、帕特里克、大卫·梭罗等，他们大多以思想而著称，甚至还有南北战争时期著名将领罗伯特·李。按照我们的观点，这简直就是政治课、历史课。

教在"睡美人"这个单元时，美国教师讲"睡美人"的故事，要求学习"睡美人"圆舞曲，还进行表演、画画等。小学四年级上《沿着那颗星：用艺术和音乐来表现地下铁路的故事》一课时，由4~5名学生组成小组，每个小组选择其中的一首圣歌，确定音乐，并进行演出，可以有乐器伴奏。学生甚至可以做一首独创的圣歌。还让学生调查地形，帮助黑人设计从南方逃到北方的线路等。按照我们的看法，可能要问一问，究竟是语文课还是音乐课或者地理课？

当学生为完成工作进行访问时，沟通能力得到了实际提高；当他兴趣盎然地完成了自己的工作，自豪地向全班汇报时，他的表达能力在激情状态下得到了卓有成效的锻炼。为什么这样说？关于字词教学，其实有两种思路：一是以有意记忆为主，以课文为本的训练式的教学；二是以无意记忆为主，以主动的大量阅读与运用为本的情境式的教学。同样，在阅读教学上也有两种思路：一是遵循认知心理学的规律，强调感知理解运用表达的循序渐进的线性发展思路；二是依据母语教育与拓扑心理学的特点，"在运用中学习语言的运用"（参阅李海林的《言语教学论》）的模糊发展思路等。

其实，我们不难发现，表达与思考，语言与精神，实际是"言"与"意"之间的关系。对于学生而言，"意不至"的话所有的"言"只能是空壳，而这个"空壳"可是一个规范的体系，于是只能被动训练，只能有意记忆，那么今天的教学只剩下一个理由：为未来储备，但这个"空壳"却是重要的，而学生只能成为记忆的工具或容器，或者教师再用许多技术来修补兼顾一下学生的"意"，但再怎么修补学生还是工具。反之，"意至"而"言不达"之时，学生才会主动学习运用语言，语言才会真正成为工具。所以我个人认为至少语文教学还有一种可能，就是"意"先行，以神解形，在思考中学习表达。

2. 他们缺乏的是思考有价值问题的机会

在这个背景下打量《晏子使楚》，或许我们才能从容地把教师的教学技术剥离出去，看看剩下什么。可以打这样一个比喻来说明我的观点：课堂的内涵或者说"意"是一个实数前的自然数，课堂技术和课堂气氛是自然数后面的零，没有前面的自然数，后面再多的零都没有意义；有了前面的自然数，后面的零越多，数值越大。

那么，《晏子使楚》这课的"自然数"在哪里？窦老师把"尊重"作为课堂的落脚点，也就是人们通常所说的"课眼"，然后对晏子的尊重，走向对人的"尊重"的思考；对人的尊重，导向对国家的"尊重"的思考；对国家的尊重，引向首要是自我尊重的思考。这体现了窦老师已经意识到了"思考"对于语文课的价值，并试图升华课堂的境界。落脚于"思考"，并层层推进，让学生思维感觉一定程度的窒息，使这堂课产生了思想的张力。为了应对思想的挑战，学生不得不凝神定气，全力以赴向老师树立的目标出击，从而最大限度地调动了学生。这是这堂课的最大价值。当老师抛出一个有价值的问题时，学生忘记了自己是在上课，似乎忘记了还有其他听课的老师。

只凭一个人智慧远远不够，我觉得应该让晏子当老师，教齐国的人，让齐国人都聪明，这样齐国就会胜利。

我明白了，国家获得尊重，不是靠一个人或一次外交，需要每个人的努力，（老师在一个人前面加每）国家的尊严，才能实现由内到外的实力。

……

学生的回答可以说是精彩纷呈，出人意料，再一次印证了好的问题是打开学生思维的钥匙的说法。索尔仁尼琴说，"一句真话能比整个世界的分量还重"，学生在课堂上能够真实地进行思考和表达，比任何课堂技术都重要。对小学六年级的学生来说，他们不缺乏字词句的灌输，他们缺乏的是思考有价值问题的机会。我们许多语文老师并不否定思考的重要性，甚至也推崇窦桂梅这堂课后半截的价值，但他们把后半截看作是在前半段语言教学基础上的升华，没有前半段对基础的夯实，这堂课就是不完整的，就不像语文课。而在我看来，这篇800字左右的历史题材的白话文，绝大多数学生都能读懂，并非要学究式地推敲个别字词句。

个人以为，优秀的表达不是推敲出来的，而是思想锤炼的结果。对语言推敲的过度训练，还有可能伤害语言本身。现在的文字"推敲法"教学，固然可以在一定程度上实现表达得准确，但我们必须意识到，这种方式也有一定的副作用。我们现在所训练的表达是一种常规的表达，这种常规有可能扼杀学生另类、新鲜的表达，从而制约学生语言天赋的发展，造就正确的废话和准确但乏味的语言。我们发现有这样一种普遍现象：学生到了中学阶段以后，尤其是高中，大多能够做到写作流畅，错别字少，但很少有见地的文章，很少有新颖的叙述。平庸、千人一面，是现在作文的最大特点。这种状况显然跟小学开始的重字词、轻思考的语文教育有关。一篇议论文，如果没有独到的见解或者特殊的感受，哪怕用词十分准确，语言十分流畅，也没有什么价值。杰克·伦敦曾经很倔强地表达过类似看法："如果一篇文章不能使我感到额头被猛击了一掌，我还读它干什么！"

3. 为了"充满思考"的教室

反过来看西方的母语教学，他们把思考放在了首位。

在日本，把"使学生思考明晰起来"定为国语科教学的第一目标，特别强调培养人才的独立思考能力。国语科教师在教学过程中，应站在"阅读即思考""语言即思考""作文即思考"的立场上认识教学，指导教学。教师提问、启发，必须能够激发学生的思考或发问。法国规定，语文教学的主要目标是培养学生流畅的口头、书面表达能力和交际能力；学会分析、批判事物，发展自己的注意力、记忆力、思考力和判断力；发挥自己的独创精神。欧美诸国教育界还要求语文教师重视指导学生学会批判性阅读，即不囿于课文，而能用自己的目的和眼光去阅读，发表自己的见解。外国小语教学，不仅在教育思想上重视教学的思考性，锻炼儿童的思考能力，在具体教学实践中，也是紧紧遵循这一观念的。比如，英国语文课设有"讲读教室""作文教室"，教师们总是努力使它们成为"充满思考"的教室。德国语文课上有让学生阅读幽默故事、议论幽默故事的做法，还有观察图画、编写故事的做法。美国语文课配合课堂教学还采用程序教学法。这种学法主要靠程序教材让学生自教自学，在听、说、写各环节上，学生要独立思考、自行提问、自行检测，因此有利于发展学生的独立思考能力和判断能力。国外语文教学强调的思考锻炼并不止于逻辑思考、形象思考，还包括为日、美等国所重视的直观性思考和批判性思考。

所以，西方的学生跟中国学生恰好相反。他们在基本功方面大多不如中国学生，语法错误多，错别字多，甚至，多数人不会背九九表。据《参考消息》，英国的财政部长居然不会背九九表，超市里面的营业员，离开了计算器根本就不会算账。但西方学生基本素质却强于中国学生。大学外语系的朋友说，许多外籍教师在单词的记忆和准确书写方面远不如中方教师，甚至不如他们的中国学生，但我们仍然要聘请他们，因为"基础知识"差并不妨碍他们日常交流和表达，并不妨碍他们阐释对莎士比亚的准确理解，并不妨碍他们在文学领域拿诺贝尔奖。从根本上说，决定学生的语文素质的不是字词句功夫，而是思考的欲望和能力。所以，苏霍姆林斯基以语文课的改革为先导进行了一系列的改革实践，并在此基础上提出了学校整个教学体系改革的思想："现在的学校的整个教学和智育的体系，需要从根本上加以科学的改善。让鲜明的思想、生动的词语和儿童的创造精神来统治学校的王国吧。学生的精神生活和智力发展的全部内容和全部性质，都应当建立在这三根支柱上。"

当然，在语文课堂上对极少数非常精辟的字句，我们也应该引导学生推敲、玩味，但没必要把它作为语文的特色而成为必修科目。在《晏子使楚》一文中，除了进行的语文积累，以及对"看了看""笑了笑"的推敲与课文最后一句话的个性理解，是否还可以将更多的时间用来拓展思考的范围和深度呢？是否可以提供更多的资料引导学生思考：从政治、外交、做人的角度你如何评价楚王？晏子反击楚王的方式，在思维结构上有什么特点？在现实中面对侮辱，你会怎样应对？通过合作学习，仿照晏子"以其人之道、还治其人之身"的方式，虚构一个场景对话等。

总之，这堂课在体现窦老师一贯风格的前提下，实现了一次谨慎的突破。最值得一提的是窦老师在思考上的挖掘和突破，使课堂呈直线深入的趋势，突出了思考的价值。这一课直指目前语文教学最大软肋，可以说代表了未来语文教学的发展方向。在我视野之内，这几乎就是目前语文教学改革所能达到的极限。然而，这并不是我们应该止步的边界，如果我们完全跳出目前小语比较单一功能的模式，走向综合功能的语文，自然地结合音乐、历史、政治、社会调查等，或许会看到完全不同的一片天。即使从培养学生表达能力这一单一功能出发，对具备初步阅读能力的小学高年级学生而言，以思考为主，在思考中学习表达，或许更能培养出鲜活、生动的语文能力。

四、长成一棵树

——走进史铁生的散文《秋天的怀念》

[**实录**]

《秋天的怀念》

主题:"好好儿活"

教学步骤:在"秋天"的回忆中,感受"娘儿俩"的好好儿活;

在"怀念"的情意中,探究"我俩"的好好儿活;

在"秋天的怀念"中,思考"我们"的好好儿活。

1. 读出韵味

(1)感受"娘儿俩"的"好好儿活"。

师:今天,一位新的老师来给你们上课,刚才听主持人介绍,我从哪儿来?

生：清华大学。（笑）

师：是清华大学附属小学。

师：今天的课上，要为同学们带来什么礼物呢？我想起了我们学校的一位校友，他叫史铁生。这位在我们学校毕业的学生，今年已经 54 岁了，21 岁的时候，突然的重病使他高位截瘫。也就是在那一年，他的母亲也去世了，这么多年来，儿子一直用文字表达对母亲的感受。请同学们一起默读下面这段话，看你读到了什么。

（课件出示："我坐在小公园安静的树林里，闭上眼睛，想，上帝为什么早早地召母亲回去呢？很久很久，迷迷糊糊的我听见了回答：'她心里太苦了，上帝看她受不住，就召她回去了。'睁开眼睛，看见风正从树林里穿过。"——《合欢树》）

生：（学生默读后发言）我读到了他对母亲的思念。他把上帝召她回去作为安慰。

生：作者心中的母亲活得太苦了——"闭上眼睛，想，上帝为什么早早地召母亲回去呢？很久很久，迷迷糊糊的我听见了回答：'她心里太苦了，上帝看她受不住，就召她回去了。'"（师板书：苦）

【介绍作者的同时也介绍作者的作品，很自然地把课外读物引入课堂，把小课堂置于一个大的语言环境之中，大气。这跟窦桂梅老师的主题教学是一脉相承的。她围绕作者史铁生来组织读物，把一篇文章置于作者一组文章之中：《合欢树》《我与地坛》《有关庙的回忆》《病隙碎笔》等。互文理解：教材外的几篇帮助学生对教材进行深入理解，由教材又引出作者的其他作品，激发学生去读教材外的更多篇，窦老师找准了课内外结合的点，巧妙地处理好了"走进文本"和"走出文本"的关系。这是窦老师对以"主题"构建课堂的又一次成功尝试。学生一定会对史铁生留下深刻的印象，课后一定会去找史铁生的作品来读的。至于听课的教师，就更不用说了——名师授课的一个重要意义就在于培训教师——不是吗？一篇课文只是一个例子，一堂课只是语文教学网络中的一个点，窦老师正是充分发掘了这个"点"的作用，以点带面，起到了"四两拨千斤"的作用。】

师：他的好多文章都表达了这份感情，比如课前发给同学们的——

生：《秋天的怀念》。

师：作为高年级的同学，我相信大家的自学能力。我看到，同学们有很好的读书习惯，刚才拿到课文就迅速地阅读起来。这里有个自测题，请同学们看看，自己的读书到了哪一个台阶？

（课件出示："自测：正确——流利——有感情"）

生1：我觉得我到了"有感情"（这个台阶）。

师：好啊，想坐下可不行。（对着同学们说）他说他读到了"有感情"，咱就听听，他怎么个"有感情"。听人家读要听音儿，等一会儿我们可要对他进行一番评价啊！（对着该同学）好，你想读哪儿就读哪儿！

生1：读："邻居们……"（略）

师：想让谁评价？主动权给你了。（学生自己选择同学之间的评价）

生2：他读得……

师：（提示）你对他说话，要用"你"——

【"他"变成"你"，学生第一次体验了"面对面"的评价，很真诚，很兴奋。师生之间的评价，变成了生生之间的评价。我们看到了评价的主动权在学生，看到了动态评价的价值。】

生2：你读得很好，不过你读得太短了，不能表现你读得有感情，你应该读得长一点。（众笑）

生1：我是因为激动的原因。

师：也就是说，你读得太短，人家没感觉，你自己激动，人家还没感觉到。你愿意继续读下去呢，还是让别人读下去呢？主动权给你。

生1：（继续读下去）"看着看着……"

师：请你转过去，你看，评你的那个同学又举手了。

生2：没错，你读得很有感情，但你有添字也有减字的现象，刚才你读的……

师：根据你平时对他的了解，你认为他确实是激动呢，还是真的没读好？

生2：凭着我对他的了解，我想他是太激动了。（生1频频点头）

师：读正确是对作者的尊重，也是对你的朗读精益求精，高标准要求呢。对他读的感情如何，你也可以评价一下。

【窦老师的人文思想凸显在每一个细节，在学生发言时，非常注意保护学生的积极性。学生间的评价喜欢挑刺儿，窦老师巧妙地引导学生全面客观地评价，既激励学生，又让学生看到自己的不足，让双方都有"面子"。】

生 2：我觉得你把对母亲思念的感情读出来了，我想你以后可以读得更好。

师：既然你说他"可以读得更好"，加个"更"字，说明还有余地呀。（众笑）你还有什么别的见解？同桌要说话了。好，你说！

生 3：我也觉得你读得有感情，但是你有的地方并没有把他的脾气暴怒无常读出来，像"望着望着天上北归的雁阵，我突然把前面的玻璃砸碎"。他就是——（很平淡的语气读），没有读出动作的暴怒。这就是一点不好的地方。（该生"暴怒"地读了起来，众鼓掌）

师：怎么样？人家对你的评价，你怎么看？

生 1：我觉得你说得很正确。谢谢！

师：你对他的态度满意吗？

生 3：满意。

师：给他们掌声！（学生鼓掌）他们能发表自己的看法，这是难能可贵的！尤其是同学们对课文中出现的儿话音较多的两句读得很准。我们再读读。（读"咱娘儿俩在一块儿要好好儿活，好好儿活"；"我俩在一块儿要好好儿活"——强化之为后文作铺垫）

师：你们刚才给我的启发怎么那么大呀！一下子让我觉得，平常说的这个"有感情"，怎么这么模糊！他有感情地读，是这样，可那位同学的朗读却是那样的。

生：有人声音细，有人声音粗，有人性格深沉，有人性格外向。

生：由于理解的角度不同，自然读出的味儿也就不同。

师：是啊，读书是个人的，在尊重别人的朗读的同时，我们也有自己的滋味，我们不再评价别人，你读得"真有感情"啊。这真有感情，而应该说读得有特点，读得有个性，读得有自己的味道。（出示课件"读出韵味"）

【"读出感情"是语文课堂经常听到的，可什么才是"有感情"，确实是一个模糊概念。读一段文字，根据自己的理解，带这种感情可以，带那种感情也可以。"由于理解的角度不同，自然读出的味儿也就不同。"既要尊重别人，又要读出个性理解。窦老师生动形象地演绎了"个性化朗读"。读出自己的理解，读出自己的体验，读出自己的韵味，这才是真正地"读出韵味"了。】

师：让我们一起再大声提示一下自己。

生：读出韵味。

师：不信，我们先读读课题的韵味。

师：（板书怀念、秋天——生读这两个词语；中间加一个字"的"——生读出这个词组）注意：怀念的"秋天"——你的眼前会是怎样的情景？

生1：怀念秋天里发生的一件事，一件刻骨铭心的事。

师：带着你的想象读课题。（读略）

生："怀念的秋天"，让我踏着秋天的落叶，陶醉在小路上……

师：带着你的理解读出你的韵味。（读得陶醉）

生：我的眼前出现的画面是：一个人在怀念秋天的美景，那片片飘落的黄叶，那从北向南的雁阵……

师：好，带着你的体会读吧。（读得舒缓）

师：注意：把这两个词语调换一下，再读。

生：秋天的怀念。

师：有什么变化？最后一个男孩，虽然你在最后，但是我注意到你了。

生：词语位置变了，我觉得秋天的某个事件或者某个人物……变成了深深的怀念。

生：或者怀念秋天里的给自己留下感慨的一片叶子或者一片花瓣……

生：我明白了，这秋天的景啊，人啊，事啊，沉淀成了一种感情就是怀念。

师：读出你的理解了哟，这题目的韵味儿就出来了！（拍该学生肩膀，众笑）

【读出韵味，当然要读出课题的韵味。巧妙地把课题中的词序调换一下，让学生想象不同的场景，在想象中，推进一个一个的场景，带着不同的体验进行朗读。】

师：现在我们就走进课文，品品课文中文字的味道。

师：通过读书，我们知道课文写了几次秋天里看菊花的故事？

生：两次。第一次没有去成，第二次去了。不过是和妹妹去的。第一次母亲要推着他去，没去成。

师：这是为什么？

生：他双腿瘫痪，脾气变得暴怒无常——根本没有心情的。

师：是的，作为21岁的年轻人，突然得了高位截瘫，自然受不了这个打击。读读课文，让我们体会他脾气变得暴怒无常时的心情。

生："双腿瘫痪后……"（学生读得好）

师：（引读课文，进一步深化）望着望着北归的雁阵，他会——

生：把眼前的玻璃砸碎。

师：听着听着李谷一甜美的歌声，他会——

生：猛地把东西摔向前面的墙壁。

师：还有呢，妈妈要他去北海看菊花，他喊着——

生：不，我不去，我活着有什么劲儿！

【这一堂课里，窦老师三次使用这段教材进行引读。"望着望着北归的雁阵——""听着听着李谷一甜美的歌声——"第一次，在作者体会"好好儿活"之前，表现作者的喜怒无常；第二次，体会母亲是在怎样的情况下，"忍"着怎样的痛苦向作者说"好好儿活"；第三次，作者体会到应该"好好儿活"之后。三次引读，分别展示了三种不同的情景，让学生清楚地感受到"好好儿活"是怎样在作者身上产生强大的力量的。】

师：作者觉得活得没劲。课文有一句话，请同学们大胆想象，作者又会怎么样呢？（出示课件：独自坐在屋里，看着窗外的树叶"刷刷拉拉"地飘落，我＿＿＿＿＿＿）

生1：……我会想起小时候像落叶一样尽情飞舞的情景，可是现在再也不能像落叶一样飘飘洒洒了呀，我活着还有什么劲儿？

生2：独自坐在屋里，看着窗外的树叶"刷刷拉拉"地飘落，我不禁暗暗流泪，我的命运就像那落叶一样刷刷拉拉落地死去。

【敏锐地抓住训练点，别开生面地进行语言训练设计，"树叶飘落"这一意象，引发了学生的联想，带着伤感，充满诗意，学生深情地坠入了"我"当时的情感之中。这语言训练中有丰富的内涵，丰厚的情感。】

师："我"活着还有什么劲儿！原来活蹦乱跳的，现在突然坐在轮椅上，发这么大的脾气，此时的他的确很痛苦（回扣一下"苦"字），要是他是你的朋友，或者你的哥哥、妹妹，面对他这副样子，你会怎么做？

生1：我是他的妹妹的话，我会劝他说，人人都有苦，但不要随便发泄这苦，这会更伤你的身体的。

生2：我会安慰他，人不一定没有双腿，就会变得懦弱，人没有双腿，还是可以干出一番大事业的。

生3：我可以告诉他，你可以练一项体育技能，将来参加残疾人奥运会，说不定能拿大奖呢。

生4：虽然你的腿瘫痪了，但是世界是美好的，你要用心灵去感受。

【学生"劝"的过程，就是他们的思想成长的过程，同时也为后面进一步体会母亲毫不张扬的爱埋下伏笔。】

师：谢谢同学们，你们的爱心让大家感动。不过我想采访你们，你们讲的道理很对，建议也不错，不过，请你设身处地地想想，他能听进去吗？（学生停了停，开始议论，有的摇头，有的说听不进去）

生：嗯，他也许听不进去。

师：是啊，面对这样的儿子，面对这样的现实，怎么做更合适一些？让我们看看母亲是怎么做的吧。

生：母亲扑过来，抓住我的手，忍住哭声说："咱娘儿俩，好好儿活，好好儿活！"我从母亲的动作中看出她劝儿子要好好儿活。

师：感谢你，让我们大家跟这名同学一起讨论讨论母亲的话。

（出示课件文字：母亲扑过来，抓住我的手，忍住哭声说："咱娘儿俩在一块儿，好好儿活，好好儿活……"）

师：请你们默读这句话，注意这几个动作。（老师点示"扑"）母亲"扑"下去的会是什么？

生：因为儿子不想活了，所以母亲扑下去的一定是儿子想要去死的信念。

师：啊？"信念"？把其中的一个字换一下意义完全不同了。

生：是念头。

师：好。其实，你很会联系上下文理解呢，那就把你理解的"扑"带进句子里，读给我们听。（生读，很有力量）

师：那么，我还要问，"母亲抓住我的手"，"抓"住的仅仅是"我"的手吗？

生：母亲抓住的是"我"想要死的念头，她想抓住"我"，怕"我"轻生。

师：就把你的体会带进去，读。

生：咱娘儿俩在一块儿，好好儿活，好好儿活。（生读。掌声）

生：我想补充，母亲抓住"我"，也是让"我"必须具有好好儿活下去的信念。（再读）

师：请再默读这句话，看看母亲"忍"住的究竟是什么？（小组讨论）

生：我明白了，母亲隐瞒自己的病情，没有告诉儿子。

生："她的病已经到了那步田地……疼得她整宿整宿翻来覆去睡不着觉。"

生：邻居把她送到医院时她是大口大口地吐着鲜血……

生：她的病已经进入晚期了。用医学名词说，这是——肝癌。

师：肝癌是什么症状？除了课文的说明，还有哪位同学或听课的老师知道吗？

生：（该生哽咽）自己的姥爷就是这种病死去的。（他说不下去了。听课老师站起来接着讲，自己的父亲就是得这种病去世的。肝硬化，肚子硬了，尿排不出去，肚子越来越大，还吐血，不是一个"痛"字了得……）

生：这是一位病入膏肓的母亲。

师：母亲她活着很苦啊！（回扣一下"苦"字）亲爱的同学们，一个患肝癌病的人只有自己知道有多痛，无法用语言描述，而且还知道自己就要死去……是这样的母——亲！那么这样的一位得绝症的母亲，有没有"看着看着北归的雁阵，突然把玻璃砸碎"？（生：没有。）

师：她有没有"听着听着李谷一甜美的歌声，把东西摔向墙壁"？

生：没有。

师：有没有大声喊着"我活着还有什么劲儿"？

生：没有！

师：母亲为什么没有这样做？

生：为了儿子。

师：送她一个字。

生：爱。

师：这爱就是——

生：忍。

师：带着你们的体会读这句话。（咱娘儿俩在一块儿，要好好儿活，好好儿活）

师：请再读课文，琢磨琢磨，母亲忍住的还有什么？

生：母亲还忍住了儿子的病给自己带来的打击。

师：谢谢你的发现，请具体讲讲。

生：对这样的打击就像天塌下来一样，但这样的痛苦不能让儿子知道，她还要让儿子坚强起来。所以，面对这样的双重打击，母亲让儿子去看花："听说北海的菊花都开了，我推着你去走走吧。"

师：继续谈，我可不评价。

【虽然说"不评价",但"继续谈"已经给了正面的评价,学生体会到了其中的鼓励。而且这鼓励不是来自一个远距离的高高在上的老师,而是一个近距离的可爱的甚至有点儿顽皮的老师。"继续谈"同时也把学生思维引向深远,有利于激发学生思维,有利于引发更多学生的更多精彩。】

生:母亲想让儿子看花,让心情变得愉快一些。

生:母亲也是一个爱花的人,所以母亲让儿子去看看花儿。

师:母亲几次要求推着儿子到北海看菊花?

生:两次。第一次:"听说北海的花儿都开了,我推着你去走走。"第二次:母亲进来了,挡在窗前:"北海的菊花开了,我推着你去看看吧。"她憔悴的脸上现出央求般的神色。

师:我听出来母亲的"央求",谁再读读这句话,再体会体会母亲的央求。(读略)

师:注意,母亲还是憔悴的脸上现出央求般的神色。

生:母亲不仅仅是自己的病让自己憔悴,为儿子操碎了心,更会让她憔悴。

师:所以啊,是一副憔悴的脸上现出的央求般的神色——再读!(读略)

生:母亲是个爱花的人,就是说母亲热爱生活,也要让儿子像她那样接受现实,热爱生活。

生:当儿子有去的意思——"什么时候?"的时候,母亲就——"你要是愿意,就明天?"儿子的回答已经让她喜出望外了。

生:当儿子说——"好吧,就明天"的时候,她高兴得一会儿坐下,一会儿站起:"那就赶紧准备准备。"可"我"又不耐烦的时候——"哎呀,烦不烦?几步路,有什么好准备的!"她竟然笑了,还坐在我身边,絮絮叨叨地说着:"看完菊花,咱们就去'仿膳',你小时候最爱吃那儿的豌豆黄儿。还记得那回我带你去北海吗?你偏说那杨树花是毛毛虫,跑着,一脚踩扁一个……"

生:母亲把所有的苦都藏在自己心里。她还笑着——你看,儿子的话让她"喜出望外",让她高兴得坐立不安。这一切都是为了儿子,让他学会快乐,面对未来充满希望。

师:好,带着你对"忍"的理解再读一读。(咱娘儿俩在一块儿,要好好儿活,好好儿活)

师:谢谢你们,让我们在这个"忍"中体会又一层韵味。那么,再请同学默读课文,看看母亲还忍住了什么？

生：忍住的还有儿子的抱怨。因为母亲对儿子特别理解，所以她能忍受儿子的摔东西、砸玻璃等暴怒无常的脾气。

师：好！会读书，请再细读读，看看母亲又是怎么"忍"的呢？

生："……母亲就悄悄地躲出去，在我看不见的地方偷偷地听着我的动静。当一切恢复沉寂，她又悄悄地进来，眼边红红的，看着我。"

师：这里重复用了一个词，那就是说，母亲的"忍"体现在——

生："悄悄地"。还有一处，也是"悄悄地"——对于"跑"和"踩"一类的字眼儿，她比我还敏感。她又悄悄地出去了。

师：母亲这"悄悄地"忍的细节被你发现了，感谢你给大家的启发。请任选一句读一读。（学生读，随机课件出示："（1）……母亲就悄悄地躲出去，在我看不见的地方偷偷地听着我的动静。（2）……当一切恢复沉寂，她又悄悄地进来，眼边红红的，看着我。（3）……她比我还敏感。她又悄悄地出去了。"）

师：把"悄悄地"去掉，再读读上面的三句话，任意选择一句谈谈你的看法。

生：我谈第三句。因为母亲一说"跑"和"踩"，就会想到儿子的脚瘫痪了，不能走了，不能跑和踩了。所以，母亲又悄悄地出去了。"悄悄地"就是说母亲在儿子面前说话特敏感。

生：这个"悄悄地"体现了对儿子的歉意，觉得自己怎么那么粗心，说话不注意呢。

生：这"悄悄地"也体现了对儿子的关心。

师：还能把关心再具体一点吗？

生：母亲对自己的话很敏感，就连说话都那么小心。就是怕儿子伤心，她在儿子面前特别小心。

师：用个成语，那就是——

生：就是小心翼翼！

师：这是一位怎样的母亲啊，请你读读这句话，让我们跟着你体会母亲的"小心翼翼"。（生读。掌声）

生：我谈第二句。不用上"悄悄地"呢，就体会不到母亲的苦心。她想让儿子尽情地发泄一下，就又悄悄地进来，这就更体现母亲非常耐心，不忍心打扰儿子。

生：的确，母亲出去了又回来，回来又出去，一遍又一遍，眼圈红红的，说明刚哭

　　过，可是在儿子面前还要忍，一句话，就是为了儿子。也就是同学说的耐心无
　　比啊！（生读得很慢）

生： 我说第一句。悄悄地躲出去，又在看不见的地方偷偷地听动静。如果母亲不是
　　"悄悄地"，就那么随便地出去，根本就体会不到母亲对儿子的理解和关心。

师： 把"关心"再具体些，就是对儿子特别——

生： 无微不至，也就是特别细心。

师： 是啊，她的心真细啊。把你的感受送进去再读。（生读得较轻）

师： 母亲的脚步还是稍重了一些，再轻一点儿。（生读得很好。掌声）

师： 你们真会读书呀！由于你（握住该学生的手）的启发，引领着大家体会到母亲
　　痛心中还要细心、耐心、小心——因此，这"忍"中透着的是看不见的爱。

　　【三个"悄悄地"，充分体现了慈母的一片爱心，体现了母亲的良苦用心。学生
从"悄悄地"体会母亲的心，再把体会到的情感放进语言中读出来。通过阅读产生
体会，再把自己的体会"送回去"，读出来。窦老师的课堂很少是一问一答的机械，
多的是读书，谈感受。语言和思维，朗读和感悟有机地结合起来，这就是有韵味的
朗读，从文字的里面抠出情感来读，这才是真正的读书。】

师： 经过同学们的品味，我们感到这"扑"，这"抓"后的"忍"——除了忍住儿子
　　的抱怨，还要忍住自己的痛苦，更要忍住儿子的病痛给自己的双重打击！这是
　　一种怎样的忍啊。

生： 母亲太理智了，太坚强了！母亲的忍是一种怎样的滋味！

生： 这忍中，我感觉到了母亲所忍住的巨大痛苦！

师： 大爱无形。儿子的得病，自己的重病让母亲苦上加苦——然而母亲依然是苦
　　口——

生： 苦口婆心。（教师再次回扣"苦"字）

师： 也是母亲的良苦——

生： 良苦用心。（教师再次回扣板书"苦"字）

师： 那么，"咱娘儿俩在一块儿，好好儿活，好好儿活……"，这"好好儿活"究竟
　　要告诉儿子什么呢？

生1： 要接受现实，不要自暴自弃。

生2： 现实已经这样了，未来还长着呢，儿子，你一定要好好儿活。

生 3：正值壮年，你的路还长呢，更要坚强起来啊！

生 4：她要用仅有的时间陪伴儿子一起好好儿活。

生 5：她要儿子坚强地活下去，不要发脾气，要找到一条好好儿活的路，让他笑看人生，不要被病痛压倒。

生 6：她要告诉儿子面对生活的打击要学会忍受。

师：母亲没有你们说得那么精彩，那么丰富。母亲的话不是豪言壮语，只有那万箭穿心的"忍"啊！但你们所说的都含在了这句再简单不过，再朴素不过的话里——

生："好好儿活"！

师：所以，这"好好儿"两个字的韵味、复杂的情感都蕴含在这里——母亲告诉儿子怎么去面对有残缺的生命的理儿，真是意味深长啊。同学们在下面好好读一读。（生自由品读）

【"好好儿活"是窦老师为本节课教学确定的主题。她以独具慧眼的解读，把教学主题由"母爱"升华为"好好儿活"。这是窦老师在反复研读教材，研读史铁生后确定的。为了突出这个主题，窦老师精心地抓了这句话："母亲扑过来，抓住我的手，忍住哭声说，咱娘儿俩，好好儿活，好好儿活！"把这句话作为贯穿整个课堂的主线，把指导对这句话的感受和朗读作为教学重点。窦老师抓了三个动词"扑""抓""忍"，让学生体会到母亲要"扑"灭儿子想死的心，"抓"住儿子活下去的欲望。尤其是"忍"的品味的高明。紧紧围绕"忍"，牵一发动全身，引导学生一层一层地体会意思，一次一次地把体会到的意思"送进去"读出来。一次一次地读，一波一波地把情感催过来。在课堂上，能很清楚地看到，每体会到一层意思，学生就读得更好了，情感体验也更深了。既培养了学生的朗读能力，又让学生强烈地感受到要"好好儿活"。语文教学的工具性和人文性很好地结合起来了。——这样，母亲的"苦上加苦""苦口婆心"与"良苦用心"不仅送进了儿子的心里，更送进了孩子们的心里——真可谓一"忍"三叹！】

（2）探究"我俩"的"好好儿活"。

师：可是，母亲就这样悄悄地去了，她去了就再也没有回来。邻居们——

生：邻居们把她……（教师引读，让全班同学把课文写母亲临终的话读出来。直到最后一句——"我懂得母亲没有说完的话。妹妹也懂。我俩在一块儿，要好好儿活……")

师：（出示课件："我那个有病的儿子和我那个还未成年的女儿……"）多少年过去，儿子终于明白母亲那句没有说完的话。你们读懂了吗？省略号里没有说完的话，究竟是什么？

生：好好儿活！（学生异口同声）

师：我们送进去，一起把这母亲没有说完的话，说完。

生：我那个有病的儿子和我那个还未成年的女儿，你们俩要好好儿活。

师：你们懂了，儿子和女儿也懂了，所以课文最后一句才说——

生："我俩在一块儿，要好好儿活。"

师：同学们，母亲去世7年之后，作者写了这篇文章，结尾就落在这里——"要好好儿活"。那么，他究竟懂得了要怎样好好儿活？我们一起来读读描写菊花的句子。（课件出示：黄色的花淡雅、白色的花高洁、紫红色的花热烈而深沉，泼泼洒洒，秋风中正开得烂漫）

师：下面同学就结合这句话，可以小组合作，好好儿讨论讨论，可以自己思考，他们究竟懂得了该怎样好好儿活？（生讨论很热烈，之后发言）

生1：菊花"淡雅"，就是说人可以活得平凡，或者普通一些也可以的。

师：读人家的书，把人家的语言变成自己的独特理解，这就是创造。好，那就带着你的感受读这句话——"我俩在一块儿，要好好儿活……"（读略）

生2：其实，人可以活得淡雅、高洁、热烈、深沉等，不管怎么说，每一个阶段不一样的，总之要活得多姿多彩，也就是泼泼洒洒。（掌声）

师：那你就泼泼洒洒地读——"我俩在一块儿，要好好儿活，好好儿活……"（读略）

生3：我想补充，不管有多少秋风萧瑟，有多少风雨打击，人活着就要泼泼洒洒地笑对人生。就是说，要活出自己的尊严。

师：好，让我们感受你的尊严。读吧。（读略）

生：我觉得"高洁"就是说人活着要高尚、纯洁、善良。

师：多么独特的理解啊——"善良"，我看到了你那柔软的心。

生4：我看，因为不同的花有不同的特点，母亲想让自己的孩子在自己的心灵里、在人间绽放出属于自己美丽的花，也就是母亲让儿子选择自己的人生。（热烈的掌声）

师：母亲没有告诉儿子，你就得是这样的花，母亲是让儿子自己去选择，活出自己的个性。淡雅也好，高洁也罢，热烈而深沉也行，总之，要活出自己的……我不说了，你们说。（笑声）

生：活出自己的个性。比如"热烈"——就是让生活充满阳光！

师：带着你们各自的体会再读这句话。（读略）

生：我还想说，像丑菊一样活。（众笑，议论）

师：我知道了，你是想说跟菊花一样，秋风萧瑟，菊花给你的感觉可能不如另一些花那样五彩缤纷？但你的心里——

生：有一种说不出的感受……（众大笑）

师：哎哟，那就不说，读！（该生读。笑声、掌声）

师：你们懂得了应该怎样去好好儿活，文中的兄妹俩也正像你们一样，懂得了要好好儿活。

【借着菊花，体会"我俩"的"好好儿活"，而不是研究菊花如何如何，此设计堪称经典。以往好多教师总是研究菊花的不同特点，表面地理解菊花的象征，告诉学生应该像菊花那样坚强等。而窦老师是"穿"过菊花的表象这一文学象征意义的写法，直接进入更进一层地"好好儿活"。让学生借着菊花的"淡雅、高洁"等体会到人活着的各种滋味。因此，学生的理解充分体现了个性的张扬。有了前面的铺垫，学生才会有"说不出"的深刻——这才是精彩，"说不出的感觉"不正是情感升华吗？】

师：伴随着生命的脚步，作者如菊花一样，泼泼洒洒，开出了他人生的烂漫之花。所以，33年之间，他懂得了这句话的含义，懂得了自己该用怎样的行为走出这"好好儿活"。回过头来，看吧——

师：望着望着北归的雁阵，他还会把玻璃砸碎吗？（出示课件：望着望着北归的雁阵，我＿＿＿＿＿＿＿）

生：不会。

师：听着听着李谷一甜美的歌声，他还会猛地把东西摔向墙壁吗？（出示课件：听着听着李谷一甜美的歌声，我＿＿＿＿＿＿＿）

生：不会。

师：看着看着窗外的树叶"刷刷拉拉"地飘落，我——（课件出示：此处让学生再

次创造，和前面内容形成对照）

生：看着看着窗外的树叶"刷刷拉拉"地飘落，我会想到母亲微笑着在窗前和我说话的情景。

师：原来母亲挡在窗前，是要挡住什么？

生：挡住儿子看到落叶想要死的心。现在，儿子终于知道母亲的苦口婆心和良苦用心，所以，他知道母亲给了他第二次生命，所以，他想象母亲是微笑地靠在窗前的。因此，这回看着看着窗外的树叶"刷刷拉拉"地飘落，我会想，我绝对不会像这落叶一样死去，我已经勇敢地面对未来的生活。（掌声）

【这里，第三次抓住"望着望着北归的雁阵""听着听着李谷一甜美的歌声"进行引读，再次让学生用"看着看着窗外的树叶'刷刷拉拉'地飘落，我——"进行创造说话，同样是看着"树叶"，学生所说内容与前次截然不同，生动地再现了作者的情感历程：他再也不会暴怒无常，再也不会伤心绝望，他已体会到了母亲的良苦用心，他已真正懂得了"好好儿活"。】

师：就这样，儿子不再暴怒无常了，儿子终于懂得了母亲的那句话，就这样，直到今天。前两天，我们采访了史铁生，他说，文字更能表达他的心，我们就来默读他在《病隙碎笔》中的这段话，看看他对"好好儿活"的理解到了怎么样的一种境界。

（出示课件：生病也是生活体验的一种，甚或算得一项别开生面的游历……刚坐上轮椅时，我老想，不能直立行走岂非把人的特点搞丢了？便觉天昏地暗。等到生出褥疮一连数日只能歪七扭八地躺着，才看见端坐的日子其实多么晴朗。后来又患尿毒症，经常昏昏然不能思想，就更加怀念起往日时光。终于醒悟，其实每时每刻我们都是幸运的，因为任何灾难的前面都可以加上一个"更"字。生病的经验是一步步懂得满足……）

生：他终于懂得了活着，好好儿活着，就是一种满足。

生：现在，在史铁生叔叔的眼里，活着就是一种幸运。

生：活着就应该满足。如果说史铁生懂得了痛苦，他把这苦当作一种别开生面的游历。

【用《病隙碎笔》中的话，告诉学生，作者对"好好儿活"的理解达到了更高的境界。由教学文本走向课外读物，把学生引向更丰富、更宽阔的天地。】

师：这是怎样的一种超然，这是怎样的对生命的敬畏。如果说最初生病对他来说是痛苦的，那么，现在的他对"好好儿活"怎么一个"苦"字了得？

师： 对这样一位校友，因他对生命的理解，我愿意郑重地向大家推荐这几本专著——（课件出示：推荐书目《我与地坛》《病隙碎笔》《务虚笔记》）

师： 有谁知道，史铁生目前的身体状况吗？（学生沉默）

师： 由于长时间地坐在轮椅上，他患上了肾衰竭，每个星期必须要做三次血液透析，换血，不能少一次。不然就会死去。但他还是要拿起笔来，尽管拿笔已经非常困难，但是他一直记得母亲的那句"好好儿活"！他是用笔表达他自己 33 年来是怎么个"好好儿活"，母亲会含笑九泉的。（擦掉"苦"）

师： 越是懂得该怎样好好儿活，他就越是愧疚和自责啊！他是多么希望母亲能知道他已经趟出了属于自己的路啊，获奖、成功已经不重要，重要的是自己在那看菊花的世界里，他找到了属于自己的人生之花。越是体会到这一点，他就越深深地怀念着她啊，告诉她自己是怎么"好好儿活"的啊——

伴随哀伤抒情的音乐，让学生阅读文章片段——

片段 1：摇着轮椅在园中慢慢走，又是雾罩的清晨，又是骄阳高悬的白昼，我只想着一件事：母亲已经不在了。在老柏树旁停下，在草地上在颓墙边停下，又是处处虫鸣的午后，又是鸟儿归巢的傍晚，我心里只默念着一句话：可是母亲已经不在了。把椅背放倒，躺下，似睡非睡挨到日没，坐起来，心神恍惚，呆呆地直坐到古祭坛上落满黑暗然后再渐渐浮起月光，心里才有点明白，母亲不能再来这园中找我了。——《我与地坛》

片段 2：我有一个凄苦的梦……在梦里，我绝望地哭喊，心里怨她："我理解你的失望，我理解你的离开，但你总要捎个信儿来呀，你不知道，我们会牵挂你，不知道我们是多么想念你吗？"但就连这样的话也无从说给她，只知道她在很远的地方，并不知道她在哪儿。这个梦一再走进我的黑夜，驱之不去。——《有关庙的回忆》（师诵读此段。有的学生和听课教师啜泣……）

【老师的深情诵读，又一次把课堂推向高潮。窦老师的配乐朗诵，是一种高超的艺术。所有听课的人，都被她打动，都如经过一次精神的洗礼。这样美的朗读，肯定会给学生心里留下深深的印象；有关史铁生的一切，必然会在学生心灵打下深深的烙印。】

师： 这个梦一直伴随了我 33 年，我只好在梦里念着她，在文字中写着她，在一个又一个秋天里，让妹妹陪着我，到北海去看——她！端起书，读——

生："又是秋天，妹妹推着我到北海看了菊花。黄色的花淡雅、白色的花高洁、紫红色的花热烈而深沉，泼泼洒洒，秋风中正开得烂漫……我俩在一块儿要好好儿活。"（全体学生深情朗读课文最后两段）

师：回过头来看课题。这《秋天的怀念》，怀念的究竟是什么？

生1：不尽的怀念，这深深的怀念，这刻骨铭心的怀念——"秋天"两个字化作了母亲。

生2：他怀念的秋天的菊花，就是他母亲啊。（该生泪流满面）

生3：其实，怀念的是母亲和他一起度过的美好时光，怀念的就是母亲给他的——"好好儿活"啊。

师：母亲的"好好儿活"化作了我的血液，借了我一生啊，成就了我一生啊。是这句话让史铁生在无法弥补的身体缺憾中，找到了另一种生命的延展！再读课题。
（学生个别读，最后齐读。韵味已和课前大不相同）

【对课题的理解至此又更进一层。把"怀念"和"好好儿活"联系起来，把主题和课题自然联系起来。】

2. 读出思考；思考"我们"的"好好儿活"

师：通过这两堂课的学习，我们通过品悟文字的韵味，尝到了这一家人的人生韵味。同学们感动了，老师也感动了。我相信，同学们今天回去，肯定会跟家里人说今天的学习体会的。也许就跟老师看电视剧一样，抹着眼泪，"这电视剧，太感人了！"那么，他们家这件事，跟我们有没有关系？

生：有关系。（个别学生说"没关系"，有的若有所思）

师：（来到那个说"没关系"的同学面前）你说说看，怎么个没关系？

生：（沉吟一会儿）有关系吧。（笑声）

师：有时就像我们听一个很感人的故事一样，听完了，抹完眼泪了，过后该干什么还干什么。不过你又说，"有关系"，有什么关系？

生：面对生命，珍惜生命。我们这些健康人更要好好儿地活。

师：为自己喝彩吧。（掌声）我们到这一家人的情感世界里去走了一趟。不光是读出了这一家人的人生韵味，还读出了自己的思考！这才是语文学习的真正目的。
（课件出示：读出韵味——读出思考）

师：因此，亲爱的同学们，文章结尾的这句话，（课件：我俩在一块儿，要好好儿
活，好好儿活……）这个"俩"应该变成——

生：我们！

师：连起来读这句话。（生读"我们在一块儿，要好好儿活！"）

生：就是说，面对自己的母亲，要好好儿活。

师：面对自己的家人要——

生：好好儿活。

生：面对自己的同学、老师要好好儿活。

师：每个人的人生体验不同，每个人的体会不同，每个人的人生道路也不同，我想
问，今天走出这语文课堂，"好好儿活"这句话沉淀在你心中的思考是什么？一
个词，一句话，都可以。

生：笑对人生，乐观面对所有的一切事！

生：凡事一切都要包涵，酸甜苦辣，就是好好儿活。

生：无论面对怎样的困难，我们都要活出自己的坚强。

师：面对曾经煎熬过你的困难，你痛苦过，请把这一家人送给你的"好好儿活"铭
记在心。

生：每天，当我们醒来，发现自己还活着，这就是幸运。因此无论如何要好好儿活。

师：泰戈尔大致说过这样的话——每次，醒来之后发现自己还活着，这本身就是奇
迹。你的思考和他不谋而合。（笑声）

生：上帝要你怎样活，你就要怎样活呗。

师：上帝要你怎样活那是你的"命"，该怎样好好儿活那是你的"运"。命和运是分
不开的，所以叫命运。用你的"命"走好你的"运"，就是你的"好好儿活"走
出的"人"字，一撇一捺。（掌声）

生：身体健康本身就是幸运，要好好善待自己的健康。因此，我们的一些打击啊，
苦恼啊，在史铁生面前不值得一提。

生：怎样才是"好好儿活"？该怎样"好好儿活"？我一时还说不准，让我再想想吧。

师：亲爱的同学们，每个人都有自己的思考，这也确实值得我们思考一辈子。因此，
"好好儿活"给我的思考是什么呢？愿意说出来和同学们共勉——世界上有看得
见的残疾，也有看不见的残疾。面对"好好儿活"，我要说，身体的局限我们这

辈子改变不了，但，可以改变的却是我们的心理残疾。下课！

【从感受作者一家的"好好儿活"引导到思考我们要怎样"好好儿活"。从"咱俩"到"我俩"到"我们"，从母子到兄妹，从他家到我们大家，水到渠成，学生的感受真切而自然，学生的思想闪耀出绚丽的火花，那些透着思考的精彩语言显示着学生生命在课堂的成长，而这种"成长"不仅仅是问号，也是省略号。】

[总评]

窦桂梅老师执教的《秋天的怀念》，如一件精美的艺术品，带给我们无与伦比的震撼。从窦老师"为生命奠基"的课堂，我们感觉到了说不尽的精彩，获得的是艺术的享受，精神的洗礼。

窦老师的课堂，疏密有致，粗细结合。疏处可走马，密处不透风。疏者大气，细者精致，不愧是大家手笔。整个课堂设计，就由两大部分组成：读出韵味，读出思考；围绕主题"好好儿活"构建课堂，三个层次一层一层推进：感受"咱俩"的"好好儿活"，体会"我俩"的"好好儿活"，思考"我们"的"好好儿活"；而整个教材的处理，又置于作者史铁生一组作品之中。新颖、简洁、深刻、广博。

窦老师教学艺术的"大手笔"还表现在她的"超越"。对教学主题的超越，对当下教学的超越，对学生要求的超越，对课内教材的超越。从"母爱"到"好好儿活"，从"读出感情"到"读出韵味"，从"读出韵味"到"读出思考"，从《秋天的怀念》到史铁生的系列作品，从课堂教学研究到语文课程的建构，我们分明看到，窦老师就是一直在超越、超越、超越！

细处呢，细到对一句话、一个词含义的挖掘，对每一个学生发言的评价，甚至对范读时每一个音调的读法，课件中每一个画面的处理，都用心对待，不轻易放过。对文本的解读，对学生的引导，无不闪现着教师智慧的光芒。而所有细节展现出来的美，体现的是窦老师"以生为本"的人文思想的光辉。

请看文本解读。窦老师深入研读文本，走进语言的深处。在抓关键词句教学方面，那"扑"，那"抓"，尤其是那"忍"的挖掘，可谓一"忍"三叹。多角度、多层次的语文训练，包孕着丰厚的情感、丰富的内涵，使语言训练立体化，真正实现了语文教学工具性与人文性的有机结合。

窦老师的朗读指导，也是精妙绝伦。声情并茂的朗读，打动了在场的所有听众，给学生作了一个极好的示范；指导方法也别出心裁，她改时下流行的"有感情读"为"读出韵味"，她抓住关键词句，理解后，感悟后，再让学生"送进去"读一读，让学生把自己的个性体验与文本朗读很好地结合起来，读出了思考，读出了文章的韵味，也读出了自己的韵味。

　　窦老师的教学艺术，有人说是炉火纯青，那是有坚实的思想支撑。肖川在《成为有思想的教师》一文中说过："有思想的教师，会对学生的心灵丰满和精神充实有一种自觉而又自然的引领。"以我的理解，"自觉"是对教师思想底蕴的要求，"自然"是对教学艺术的要求。思想赋予窦老师"超越教材，超越课堂"的智慧和魄力，她大胆取舍，把教学主题由"母爱"升华为"好好儿活"，用"好好儿活"把一篇教材与多篇课外阅读文本串起来。在她的引导下，学生走进教材，又走出教材，立足教材，又超越教材，一步一步地领略着"好好儿活"的意蕴。

　　因为窦老师的引领，学生的认识水平达到了一定的高度，思维活跃，说得精彩，读得精彩。学生的个性在课堂飞扬，学生的生命在课堂成长。而学生的这些精彩，正是来自于老师激情的感染，来自于老师巧妙的引导，来自于老师热情的鼓励。课堂上，窦老师全身心地投入，仿佛一朵燃烧的"玫瑰"（窦桂梅的网名），学生跟随着窦老师，朗读、感受、思考、表达，展现着他们生命的精彩。在老师"自觉而又自然的引领"下，学生"心灵丰满"起来，"精神充实"起来。窦老师真正实现了她的语文教学目的："为生命奠基。"

湖南　吴　群

［反思］

"母爱"的落脚应该在哪儿

　　1997 年，读《我与地坛》。

　　2002 年来清华附小工作，知道史铁生是清华附属学校毕业的学生——亲近之感，油然而生。《病隙碎笔》《我与地坛》《务虚笔记》都让我在琐碎而忙碌的生活中多一份沉静的思索，让我对生活充满了感恩和信心。

　　人教版和苏教版新教材选编了史铁生的一篇散文《秋天的怀念》，我们学校使用北京版教材，没有这篇文章，一直没有在课堂上和学生分享的机会。当苏州市盲聋学校校长邀请我去给盲人讲课的时候，我一下子就想到了这篇让我流泪的文章。

1. 发现的震动——"母爱"的特殊意义

关于《秋天的怀念》，以往授课大多围绕"母爱"做文章。有的教师为了体现这位母亲的伟大，还要求学生拿自己的母亲和这位母亲比较；有的把课文的菊花化作了母亲。结果，有的学生通过对比，突出母亲爱的深沉、伟大、壮烈……其实，当我们把母亲形象变得如此坚硬的时候，我们的母亲距离我们已经很远了，母亲不再是一个生活中的具体存在，母爱不再蕴含在日常生活的细节中——母爱被空化、泛化。

因此，挖掘这篇文章的时候，我想，"母亲"这两个字究竟意味着什么？阅读时，对母爱的意义有了特殊的发现，母爱是朴素的祝福和祈愿："好好儿活"——朴素得不能再朴素、简单得不能再简单的一句话，所体现的母爱竟是那么意味深长。在这里，母亲以自己残缺而悲苦的余生，教给儿子如何面对有缺憾的生命。意味深长的话语还表现在文中三次出现的"悄悄地"——那不张扬的"细心""耐心""小心"充分体现了母亲对儿子的小心翼翼；母亲的"挡""扑""抓"，都是为了"忍"——忍住儿子的抱怨，忍住儿子的病痛给自己的双重打击，更忍住病入膏肓的实情……所有这一切都是告诉儿子要"好好儿活"。母亲这句话所表现的苦口婆心和良苦用心——正是"谁言寸草心"照亮了儿子的后半生，让有缺憾的生命放出光芒来。

大爱无形啊——母亲的爱不是高谈阔论，母亲的爱不是哭哭啼啼，那是看不见的爱。由此，这样的母爱才显得那么有张力，那么让人久久回味无穷，而不是一个"马列主义老太太"。因此，母亲的"好好儿活"才像家常的话儿一样——母亲的爱才显得真实、可信、可感、可叹！

于是，我把母爱的落脚点归结到"好好儿活"上。

2. 认同的舒畅——关于"好好儿活"

不仅要明白作品所写表情方面的主题，更可贵的是能掌握作品中流露的作者隐意识中的某种心灵和感情本质，从而自其中得到"感发"——叶嘉莹教授如是说。

读史铁生的书越多，越发觉得母亲的"好好儿活"对儿子的意义。试想，如果儿子对母亲的怀念没有一定支撑的时候，"爱"就变得空虚和缥缈。一句朴素的"好好儿活"，胜过多少高谈阔论。所以作者写道：

"母亲为什么就不能再多活两年？为什么在她儿子就快要碰撞开一条路的时候，她却忽然熬不住了？随着小说获奖的激动逐日暗淡，我开始相信，至少有一点我是想错了：我用纸笔在报刊上碰撞开的一条路，并不就是母亲盼望我找到的那条路。母亲生前没给我留下过什么隽永的哲言，或要我恪守的教诲，只是在她去世之后，她艰难的命运，坚忍的意志的爱，随光阴流转，在我的印象中愈加鲜明深刻。"

《秋天的怀念》写在母亲逝去的7年之后——

"别人告诉我，她昏迷前的最后一句话是：'我那个有病的儿子和我那个还未成年的女儿……'

又是秋天，妹妹推我去北海看了菊花。黄色的花淡雅、白色的花高洁、紫红色的花热烈而深沉，泼泼洒洒，秋风中正开得烂漫。我懂得母亲没有说完的话。妹妹也懂。我俩在一块儿，要好好儿活……"

母亲没有说完的话正是："我那个有病的儿子和我那个还未成年的女儿，你们俩要好好儿活。"

文章的结尾又强调了"我俩在一块儿，要好好儿活……"可谓点题之笔——"我和妹妹终于懂得了应当怎样好好儿活！"

湖南岳阳的同学结合描写菊花的段落，体会到人活得完全可以多姿多彩——或淡雅，或深沉，或热烈，或高洁，但，不管怎样都会泼泼洒洒，烂漫一生，开出属于自己的花儿。

安徽淮北实验小学的一个学生发言道：母亲没有告诉儿子非要活得"淡雅"，她只是要推着儿子去看菊花——菊花的各种姿态就是人活着的各种姿态，她只是给儿子提供一些建议，重要的是让儿子活出属于自己的个性。

北大附小的学生体会到：儿子去北海看菊花，就是看母亲，菊花已经是母亲的化身，热烈而深沉的菊花，就是对母亲"好好儿活"的最好解读。

清华附小的学生认为菊花的"淡雅"就是说人可以活得"平凡"，浙江义乌实验小学的学生认为，人可以活得"平平淡淡、普普通通"，他们还认为菊花的"高洁"，就是说人要"善良"和"纯洁"。在苏州盲聋学校的学生眼里，菊花的"热烈"就是

"人活着要有激情!"

多么富有个性的解读啊!

我想，突如其来的疾病从肉体上毁了他，在心理上摧残折磨他，在此后30余年或卧病不起或置身轮椅，命运剪断了他飞翔的翅膀，还要让他时时刻刻面对"生与死"的问题。到母亲去世的头几年，他肯定会一次一次想到死，也一次一次想到母亲的"好好儿活"，他必须用心叩问世界、叩问人生、叩问生命，这便让他高拔伟岸地活到至今。"子欲孝，而亲不在"——正是对母亲无限的愧疚和自责使他活出了自我，活出了尊严，活出了生命的高贵——这一过程也正是他用笔完成生命的过程——直到今天。那么，已经54岁的史铁生，轮椅33年的生活，"好好儿活"的理解又到了一个什么境界呢？

他在《病隙碎笔》中写到：生病也是生活体验的一种，甚或算得一项别开生面的游历……刚坐上轮椅时，我老想，不能直立行走岂非把人的特点搞丢了？便觉天昏地暗。等到生出褥疮一连数日只能歪七扭八地躺着，才看见端坐的日子其实多么晴朗。后来又患尿毒症，经常昏昏然不能思想，就更加怀念起往日时光。终于醒悟，其实每时每刻我们都是幸运的，因为任何灾难的前面都可以加上一个"更"字。生病的经验是一步步懂得满足……

"接受""忍受""承受"的33年，也是与生命的疾病搏斗的33年。尿毒症，造成肾衰竭，经常发高烧，有好几次昏迷，一个星期都要透析三次，但你依然能看到他脸上单纯而善良的笑。现在的他完全超越了一般生命的生存层面，已经到了一种俯视和超然的境界。正是母亲的这份给予，让他对生活有了另外的发现。现在，史铁生对命运终于醒悟到的是幸运、满足。如此，他把命运当作别开生面的游历，当作一种人生的另一种享受，用笔写着自己的"好好儿活"，于是他依然在——好好儿地活。他用笔代替他的双腿写出自己怎样"好好儿活"，写出了《我与地坛》《病隙碎笔》《务虚笔记》……因此，"他的生命成长的变化，他的心的升华，成为他作品的境界，他的人生哲学正是在无数次与绝境搏斗中完成着"。（徐晓）

在报纸上看到史铁生和世界长跑冠军刘易斯的合影。身体衰弱的史铁生虽然连站也站不起来，但他的灵魂却在无羁地奔跑着，跑得跟刘易斯一样快，甚至比刘易斯还快——"好好儿活"的殷殷期待，已经成为壮美的生命的诗篇。此时，对于史铁生来说，获奖的一切荣誉已经不能成为活着的成功的唯一标志……

3. 思辨的悠远——发现自己

为了让学生体会更深，我创设了一个情景，在音乐中朗读史铁生怀念母亲的文字。

（1）摇着轮椅在园中慢慢走，又是雾罩的清晨，又是骄阳高悬的白昼，我只想着一件事：母亲已经不在了。在老柏树旁停下，在草地上在颓墙边停下，又是处处虫鸣的午后，又是鸟儿归巢的傍晚，我心里只默念着一句话：可是母亲已经不在了。把椅背放倒，躺下，似睡非睡挨到日没，坐起来，心神恍惚，呆呆地直坐到古祭坛上落满黑暗然后再渐渐浮起月光，心里才有点明白，母亲不能再来这园中找我了。——《我与地坛》

（2）我一直有着一个凄苦的梦……在梦中，我绝望地哭喊，心里怨她："我理解你的失望，我理解你的离开，但你总要捎个信儿来呀，你不知道我们会牵挂，你不知道我们是多么想念你吗？"但就连这样的话也无从说给她，只知道她在很远的地方，并不知道她在哪儿。这个梦一再地走进我的黑夜，驱之不去……《有关庙的回忆》

读者、听者，泪不自禁。接着，我们回到课文，再读文中描写菊花的句子——史铁生写这篇文章的目的肯定不是让你知道：你看我多了不起。他肯定也不是让你们宣传：他母亲是多么了不起。所以，当我们走进秋天的故事——读出了书中的味道的时候，我们还要走出"怀念"——"读出思考"。那么，《秋天的怀念》，怀念的究竟是什么？

对于"怀念"的究竟是什么，孩子的回答太精彩了。的确，母亲的"好好儿活"照亮了我一生，给了我一生的影响，让我怀念一生，让我在有缺憾的生命中找到另一种延展。

课上到这里，学习已经结束——戛然而止，会让你意犹未尽。但我还要问，他们的故事感人，跟我们自身有关系吗？

没想到，清华附小的学生、山东青州实验小学的学生基本上是异口同声地回答——没关系。乍想也对，这就好比看电视剧，感动得一塌糊涂，过后拉倒。学生呢，当天回家也许会对父母说自己好感动：你看人家的母亲，你看史铁生……如果我们读书，总是停留于人家的感动中，没有和自己的感情和心灵对照，进而产生"化学反应"。那么我们的读书，即使读上万卷，也无济于事。

"最好的读者要提炼出属于自己的东西。读书在于读自己，发现别人的时候也发现自己。因此，读出人家的味道，更要读出自己的人生思考。"于是，我和同学们把课文最后一句的"我俩要好好儿活"，的"俩"改为"们"。成为——"我们在一起要好好儿活……"并讨论这里的"们"会指谁，指家人、同学乃至天下所有的人。最后，我让同学们用一句话说说"好好儿活"留给自己的独特思考。当然，这"好好儿活"需要思考一生，感悟一生。不仅仅是问号，也是省略号……

下面呈现的就是湖南岳阳实验小学学生的发言实录。

生1：笑对人生，活出自己的尊严。

生2：乐观面对所有的一切事，潇洒走一回！

生3：凡事一切都要包涵，酸甜苦辣，就是人生。

生4：无论面对怎样的困难，我们都要活出自己的精彩，自己的人生。

师：面对曾经煎熬过你的困难，你痛苦过，请把这一家人送给你的"好好儿活"铭记在心。

生5：我们应该把握现在的时光，珍惜自己的生命，不虚度自己美好的人生。

生6：我们应该笑对人生，乐观向上，不管面对怎样的困难，能开出属于自己的花儿，能铺开自己的人生道路。

生7：每天，当我们醒来，发现自己还活着，这就是幸运。因此无论如何要好好儿活！

师：泰戈尔曾经说过这样的话——我发现一个奇迹，醒来之后发现自己还活着。你的思考和他不谋而合！（掌声）

生：上帝要你怎样活，你就要怎样活呗。

师：上帝要你怎样活，那是你的"命"。该怎样好好儿活那是你的"运"。命和运是分不开的，所以叫命运。用你的"命"走好你的"运"就是你的"好好儿活"走出的人字，一撇一捺。（掌声）

生：身体健康本身就是幸运，要好好善待自己的健康。因此，我们的一些打击啊，苦恼啊，在史铁生面前不值得一提！

生："好好儿活"中的"好好"这两个字，对于我来说意味着什么？让我难以一下子回答……

师：有这么多同学都在思考，有这么多同学都在把这句话送到自己的心里。人生的路太长了，该怎样"好好儿活"？这的确是值得我们思考一辈子。

师：亲爱的同学们，"好好儿活"对于我的思考是什么呢？愿意和同学们共勉，那就是——身体的残疾是看得见的，可怕的是，还有看不见的残疾，身体的局限我们这辈子改变不了，但心理的残疾是完全可以改变的。下课！

掌声响起来。

掌声是给学生的，也是给我们每个人或许充满波折的人生的。

［点评］

种下一棵树

张学青

在杭州师范学院礼堂内，与窦桂梅老师一起走在史铁生的《秋天的怀念》里。如今再度回味课堂，脑海中悄然长起的，是一棵树。

1. 须根，扎在坚实的土壤

《秋天的怀念》是史铁生的名篇。行文平朴，从容不迫，明净的文字，纯粹老练，看似不经意的笔墨用字，传达出作者深厚的文学功力和极高的语言素养。窦桂梅老师充分考虑了文本的这一特点，教学中紧紧扣住课文的语言，让学生在文字与情感里走了个来回。不得不提的两处经典：一是引导关注母亲的行为，通过关注三处"悄悄地"这些细节背后传递的信息，让学生在反复阅读揣摩中，把握母亲对肢残的儿子的"细心""耐心"和"小心"，进而感受母亲的"良苦用心""苦口婆心"，如此这般，"谁言寸草心"的母亲形象，也在学生心头"悄悄地"站起，且一次比一次丰满、厚重；二是关于母亲动作的描写，窦老师抓了一句"母亲扑过来抓住我的手，忍住哭声说：'咱娘儿俩在一块儿，好好儿活，好好儿活……'"一"扑"与一"抓"与上句中的"悄悄地"形成了强烈的反差，于失控中体会母亲的焦灼痛苦，接着通过一个"忍"字，展开对话，母亲忍住的是什么？是自身的病痛的折磨，是对失去生活信心的儿子的一万个不放心，是身心俱苦的肝肠寸断，一"忍"三叹，层层递进，"把所有的苦都一个人扛"，如此坚毅的母亲，怎一个"忍"字了得！这一环节，窦老师的高明之处，不仅仅让学生体会毫不张扬的母爱之伟大，而是更多感受母亲用自身的行动来诠释"好好儿活"的真谛。

如果仅仅从字眼上做文章，多少带着点匠气的话，那么对文本的拓展与扩充，则体现了这节课的另一个高度。窦老师把《秋天的怀念》放到史铁生的一组作品中理解，《合欢树》《有关庙的回忆》《病隙碎笔》相关文本段落的呈现，丰富了学生情感的深度体验，这样的拓展，不是孤零零的"阳春白雪"似的"曲高和寡"的"凌空舞蹈"，而是对文本加工后的再创造再回归。这样的课堂，既有深度，又有温度；既有大泼墨的写意，也有工笔细描的精致，这种平衡，何尝不是一种新的突破呢！

2. 花叶，摇曳在怀念的气韵里

一堂好课，就像一棵树，每个环节，如同树上的枝干和花叶，汁液流转，一枝摇，百枝摇，它是"活"的。

下面举两个例子。

▲史铁生高位截瘫后，脾气暴怒无常，甚至不想活了，如果你是他的弟弟妹妹，会怎么劝他？"哥哥，你的腿废了，你还有手啊，你可以妙笔生花啊！"……学生的发言大多为慷慨激昂的大道理，窦老师在充分肯定学生的回答的基础上，再引导学生关注母亲贴着心的"劝"——"咱娘儿俩在一块儿，好好儿活，好好儿活……""好好儿活"，质朴平淡，却蕴藏着多少丰富的内涵。怎样才算"好好儿活"呢？窦老师再出示文本中描写"北海之菊"的一段话："黄色的花淡雅，白色的花高洁，紫色的花热烈而深沉，泼泼洒洒，秋风中正开得烂漫。"由菊想人，让学生谈对"好好儿活"的理解，体验就不再是浅层次的"好死不如赖活"——活得从容，活得平淡，活得自在，活得有尊严，活得有激情，活出意义与价值等，窦老师又多次让学生把体会到的送到"我俩在一块儿，要好好儿活"中，一遍遍地读，一遍遍地感受不同的人生美丽。

▲课始，讲到史铁生对生活失去了信心和希望，窦老师出示了这样的一个句子：独自坐在屋里，看着窗外的树叶"刷刷拉拉"地飘落，我_____。

学生说得精彩：我想，我就像那树上的枯叶，再没有生机与活力了，就飘在地上，零落成泥碾作尘吧。课终，讲到史铁生明白了母亲的良苦用心，幡然悔悟，把对母亲的怀念化为"好好儿活"的力量后，窦老师再以此句为引子，还是让那个学生来说，学生说得就更精彩了："我想，秋天过去是冬天，冬天来了，春天还会远吗?"全场不禁响起了热烈的掌声。

像这样的花叶，还有很多。窦老师的这堂课，每个细节，都是耐品的，起承转合，前后呼应，每片花叶在"怀念"的气韵里，在"好好儿活"的浸润下摇曳生姿，顾盼有情。这样的课堂教学艺术，来源于教者对文本和课堂的极高的驾驭能力，读文要语感，唱歌靠乐感，上课，我也把它称之为"课感"。窦老师的"课感"极佳，她的一言一行，一笑一颦，深深地抓住了每一个听课者的心。我虽然对她褒奖学生时狠狠拍肩膀、屁股的做法还有些微词，但，这就是她，毫不做作的激情状态，你不得不叹服她的魅力。成功，就是经营人的特长，我深以为然。

3. 果子，成熟在秋天后

语文教学的终极目标是什么? 是"立人"。就这堂课而言，窦桂梅老师在引导学生关注文本语言的妙处外，更把目光锁定在"好好儿活"的精神气上。这是教者对史铁生文字的一种高度把握。史铁生是一个真正用生命写作的人，他对自己内心的省察，对生命本身生而为人的价值的执着叩问，让他在中国作家中有一种少见的高贵气质。读过窦桂梅老师的不少文字，她的"三个超越"的理念，她一路走来的艰辛历程，她对生命状态的一种执着热烈的追求，何尝不是对"好好儿活"的一种诠释呢? 教者自身对生活的体察和生命的体验，让窦老师与文本与课堂达到了"人课一身"的相融境界。我不晓得这堂课后学生对"好好儿活"的体验有多深，我只知道，台上的学生和台下的老师，在走出这个师范学院的礼堂时，都微笑着念叨着这句"好好儿活"，也许，我们都觉着没有比这最简单的话更足以表达我们此时的全部感情了。我们也不指望现在学生对"好好儿活"能够有多深的理解，这堂课，也许只在学生的生命树上结了个青涩的果子，甚至说，连个果子也没有，只是在他的土壤里播了一颗种子，但这又有什么关系呢? 我相信，随着孩子的人生阅历的不断丰富，当特定的场景去激活它的时候，这颗种子，一定会倔强地发芽、长叶、开花、结果。

会后，我和同行的几个年轻老师一起去文史书店，老师们不约而同地寻找着史铁生的作品。无独有偶，在书店，我又遇到另一拨人，也是听课的老师，手里捧着的，也是《我与地坛》《务虚笔记》。

走出书店，杭城的街道，一片新绿。远处的树，一棵挨着一棵，成了一道风景。

一粒沙里看世界；

一瓣花里有菩提；

"好好儿活"中感化无限……

在秋天里站成春天

楼淑建

"我有一个凄苦的梦……在梦里，我绝望地哭喊，心里怨她：'我理解你的失望，我理解你的离开，但你总要捎个信儿来呀，你不知道，我们会牵挂你，不知道我们是多么想念你吗？'但就连这样的话也无从说给她，只知道她在很远的地方，并不知道她在哪儿——"

侧对着我们，窦老师诵读着《有关庙的回忆》。她站立在那儿，孤零零地站着，看不到她脸中的颜色，只能听到史铁生心灵的喊声，在会场任何可见和不可知的角落，温暖地燃烧着。

她的声音已落，全场依然静寂一片。大鸿过后，啼声宛然在耳，纵是啼声已断，却留下来一片感人的凄楚。那份感觉一直走入内心，我还来不及细细回顾它即刻就泛滥了，我知道自己总也经担不起这条河流的阵阵激荡。此时，抑制不住滑落的便是我的感动了。

她，还是静静地站立着，似乎要把这个秋天站成春天。

1. 一言断流"好好儿活！"

禅学中信仰一个"悟"字。省念禅师极力主张"一言截断千江口，万仞峰前始得悟"。这是说，要用一句话来包容那千条江流般的言谈，从而让学生在千感百慨中入得省悟之门，即"一言断流"。

窦老师《秋天的怀念》这堂课，如果是师生共同长成的一棵枝繁叶茂、凝重挺立的树，那"好好儿活"这句朴素得不能再朴素的大实话，便是苍劲有力的枝干，直指整堂课的主旨核心，最大限度地调动与激发学生的思路和领悟力。枝干动，树叶、汁液便随之流转；一枝摇，百枝摇。于是，在课堂上，我们便听到了"生命拔节"的声音。

　　这堂课，以"感受'娘儿俩'的好好儿活，探究'我俩'的好好儿活，思考'我们'的好好儿活"作为主线，却并不仅仅让学生悠然于"坦荡平川"，而是时时设疑，处处设点。让孩子们在一个长久的追寻和执着的思索之后，突然明白了母爱和生命的那种永恒的意义，获得那种充溢全身心"可意会而难以言传"的彻"悟"。

　　感受母亲的"好好儿活"——史铁生的母亲是"活得最苦的母亲"，也是"忍得最苦的母亲"，对于这样一位具有宗教情怀的母亲，窦老师以"忍"字为眼，和孩子们一起用整个心去读悟文章的"扑""抓"和三个"悄悄"。就这样，一位"上帝也不忍看她再受苦，就召她回去了"的母亲悄悄地离去了，却分明在孩子们和听课老师的心里撒满了"母爱"的圣洁。坐在偌大的体育馆，在时空交错的现在，我依然看见她在天国淡淡地微笑。

　　探究我俩的"好好儿活"——史铁生，坐在秋季里，如同几千年前那位部落的王子坐在菩提树下一样沉思着生命的意义。当经过苦苦思索和病痛磨难之后，他终于豁然心智洞明，找到了万事万物生命的真谛。但是，"悟"是一种自我体验，"悟"没有捷径，也没有替代。如何让灿烂如花被幸福快乐包围的孩子们，从内心深处真正体会到生命的意义？窦老师还是选择了让文字来传达情感，用文字来叩击心灵。借着史铁生七年后的《北海赏菊》，借着他33年后的《病隙碎笔》，让孩子们在品读交流中一次次聆听史铁生"好好儿活"的声音。那声音在星光寥寥的夜空里低吟高唱，时而悲怆时而苍凉，时而缠绵时而深沉。最后，在经历千磨万难之后的今天，"满足和感恩"成了史铁生对"好好儿活"的最终阐解。这回答声悠远绵长，犹如可以穿山越岭一般。它深深地渗入人心，带来了一种惊醒与沉静的力量。我们怎能不为之动容呢？

　　思考我们的"好好儿活"——"好好儿活"就像是史铁生的灵魂，在千百里外的时空被不同的人磨着，借着灵魂的苦磨，他的文字洗涤了更多的灵魂。生命的思考已经不再是他个人的问题了，这已是芸芸众生共同关注的话题。这堂课上，学生们将一份感动深深根植在心底，但窦老师试图让孩子们带走的，却不仅仅是读出的这份感动，更重要的是读出自己的思考。因为有了对文本的深刻感悟，因为有了和文本的亲密对话，因为有了和史铁生心灵的交融，孩子们此时的交流，显得如此真实亲切，自然有味。

　　一直以来，"母爱"和"生命"是两个永恒不变的话题，在这堂课，窦老师用"好好儿活"将它们长成了一个树上的两个权，它们偎依互助，彼此交融共生。"好好儿活"，在这个被怀念的秋天之后，被我们重新思索，这才忽然发现，一年之中竟有那么多美好的日子，我们的身边竟然包围着如此多值得珍惜的亲人、朋友和同事。于是学会了为相遇相聚感谢——因为分离并非不可能；学会了对平静而索味的日子感谢——因为风雨并非不可能。而每一件平凡的事，都是出于一种意外的幸运。于是这个"好好儿活"回旋飘转，久久不散……

2. 两片烧开"凤凰花"

如果说《秋天的怀念》是窦老师和孩子们在这堂课长成的一棵树，那它一定是一株"凤凰树"了。凤凰树的美不仅仅在于它的绿，更因为它的花。凤凰花是一种分离和相聚轮回的生命之花。四五月的季节，正是凤凰树开花的时节。那翠绿的枝叶上，火红火红，好像栖息着一只只美丽的凤凰鸟。这堂课，在"好好儿活"的枝干上，窦老师让孩子们用心品读文章的字字句句，让孩子们来来回回在文本中行走，一层又一层，一片连着一片，浇开了一朵朵凤凰花，让整个课堂涌动着一种生长的热烈和绽放的芬郁。

（1）一"忍"三叹寻寻觅觅里深思。

> 母亲扑过来，
> 抓住我的手，
> 忍住哭声说："咱娘儿俩，好好儿活，好好儿活！"

苦难像一块无比巨大的石头躺在史铁生母亲的面前，而她只是像西方神话中的西西弗弗一样，咬紧牙关，将它推上山顶，看着它又一次无情地滑落，又开始新一次的拼搏。她默默地忍受着它，用忍受进行着反抗。在这篇文章中，她将所有的情感都凝固在一句"好好儿活"里。

为了体味母亲的这句"好好儿活"，窦老师引导学生反复吟读。

交流：母亲"扑"下去的会是什么？（学生读后自悟得出，母亲扑下去的是儿子想要去死的念头）

接着交流："母亲抓住我的手"，"抓"住的仅仅是我的手吗？（学生们感受到母亲抓住的是让我必须具有好好儿活下去的信念。这时，孩子们再用心读这句话，感

受已比刚才深了不少)

窦老师紧接着追问：请再默读这句话，然后联系读上下文，看看母亲"忍"住的究竟是什么？（这一个问题，一下子推开了孩子的心窗。他们感悟到，母亲忍住的是自己的病痛，母亲忍住的是孩子暴怒无常的脾气，母亲忍住的是生活给自己的打击……)

窦老师顺着孩子的感受和他们一起承受着母亲的"忍"。

讲到母亲忍住的病痛。孩子们联系着课文描述母亲整宿睡不着觉的句子，讲述自己对肝病症状的了解——肚子硬了，尿排不出去，肚子越来越大，还吐血，这不是一个"痛"字了得……这时，会场里开始有一种情愫在弥漫，渐渐地笼罩住我们的心。

讲到母亲忍住孩子暴怒无常的脾气，窦老师和孩子们一起细细品味了文中的三个"悄悄地"——"悄悄地躲出来""悄悄地进来""又悄悄地出去"。这三处"悄悄"就仿佛母亲河里波澜不惊的水面下深藏的感情，每一滴水珠都流淌着无尽的关爱。在这堂课里，窦老师用大块的时间，引导孩子们读、品、思，他们一次次地读，情感一层层地递增，递增的情感又促使他们读出了更多的感受。正是营造了这样的情感磁场，窦老师和孩子们在一起读出了史铁生母亲心中的痛心、揪心、担心、耐心、细心、小心，读出了母亲的无奈、无助、无怨、无悔……

大爱无形，我知道，这是一种需要孩子一生去读才能读懂的母爱，现在，孩子们能读懂多少便是多少，这就足够了。

我听到他们深深的叹息，我知道，那苦苦的"忍"触动着他们。然后，我又听到另一声更深的叹息——我知道，那是我自己的。

(2) 一"落"三情来来回回中引读。

望着望着北归的雁阵，他——
听着听着李谷一甜美的歌声，他——
独自坐在屋里，看着窗外的树叶"刷刷拉拉"地飘落，他——

这一堂课里，窦老师三次使用这段教材进行回读。

第一回，在作者遭受打击，还没领味到"好好儿活"之前，窦老师先引读这段话，然后让孩子们想象史铁生看着飘落的树叶，会想些什么。有学生说："他会想起小时候像落叶一样尽情飞舞的情景，可是现在再也不能像落叶一样飘飘洒洒了呀，他想：我活着还有什么劲儿？"有学生又说："独自坐在屋里，看着窗外的树叶刷刷拉拉地飘落，他不禁暗暗流泪，他想：我的命运就像那落叶一样刷刷拉拉落地死去。落叶啊，请把我的生命带走吧！"这一独特的语言训练设计，借用"树叶飘落"这一意象，既拉近了和作者的距离，又使学生深情地坠入了"我"当时失望、无望的情感之中。

第二回，在深刻体味到母亲"忍"着怎样的病痛，向作者说"好好儿活"后，教师动情地叩问："一个患肝病的人只有自己知道有多痛，而且还知道自己就要死去……是这样的母——亲！那么这样的一位得绝症的母亲，有没有望着望着北归的雁阵，突然把玻璃砸碎？"生："没有。"师："她有没有听着听着李谷一甜美的歌声，把东西摔向墙壁？"生："没有。"师："她有没有看着窗外的树叶刷刷拉拉飘落，叫我活还有什么劲儿？"这一次次回读和追问，将母亲的"忍"渲染到极致，孩子们对母亲的疼惜之情无处可泄……

第三回，在母亲去世七年，作者体会到应该"好好儿活"之后。教师又引用了这段文字："伴随着生命的脚步，他懂得了这句话的含义，懂得了自己该用怎样的行为走出这'好好儿活'。回过头来，望着望着北归的雁阵，他还会把玻璃砸碎吗？"生："不会！"师："听着听着李谷一甜美的歌声，他还会猛地把东西摔向墙壁吗？"生："不会！"师："看着看着窗外的树叶'刷刷拉拉'地飘落，我——"（此处再一次借用"叶落"意象，让孩子借景抒怀）生："看着看着窗外的树叶刷刷拉拉地飘落，我会想到母亲微笑着在窗前和我说话的情景。"生："我知道每一片落叶便是新生的希望……"

这最后一次的回读想象，和第一次的表述截然相反。跟着落叶，孩子在史铁生的情感世界里走了一个来回，感受到了其挣扎的痕迹，也体味到母亲的"好好儿活"带给史铁生的震撼。这三次的回读，在孩子的心灵上，经历了一种剧烈的洗礼。尤其是最后一次的想象，不仅孩子们，连同听课的我们，突然间心扉洞开，犹如电光石火一样，感到了一种从未体验过的颤抖和喜悦。

3. 三回路转"真韵味"

在这堂课，窦老师常常会宕开一笔、另辟蹊径，以看似风马牛不相及、实则一针见血的反问，来启发对文本的顿悟解惑。她的妙问，平中见奇，浅中寓学，闪烁着智慧的光芒，令人于心念一动之后，茅塞顿开，拍案叫绝。

（1）一拐见韵味。

上课始，检查孩子自学情况，窦老师出示了朗读自测：正确——流利——有感情。让孩子对照，达到了哪个阶段。学生说已经能做到有感情读课文，老师便让他们自己选择文本任何一处放声朗读，读后请一名学生评价。评价的孩子提出如果读得慢一点，会更有感情。窦老师随即请评价的孩子再读这一处，读后又请了第三个孩子来评价。第三个孩子认为第一个孩子虽然读得快，但是几个词重点强调了，听上去挺有感情的，而第二个孩子虽然读得慢，却没有感情。这时，窦老师走到第二个孩子那儿问："你觉得自己读得有感情吗？"那孩子说："我觉得自己还是有感情的。"

听到这儿，我的心里除了纳闷，还是纳闷：还没深悟文本，在这儿评价来评价去表象意义上的"有感情"，到底有何价值？

这时，窦老师才不露声色地一拐："你们刚才给了我们的启发，我们常说有感情，有感情，可这个有感情，怎么这么模糊？他有感情地读，是这样的，可那位同学的朗读却是那样的。"这一拐，拐出了孩子们对"读"本质内涵的认识：读书就要读出自己的感受，自己的理解，自己的韵味。

接下去，窦老师和孩子一起，读课题，读课文，一步步"读出真韵味"。

（2）一转惊深情。

课中，教师创设了一个情境："在史铁生望着望着北归的雁阵，突然砸碎玻璃时；在他听着听着甜美的歌声，猛地将东西摔向四周的墙壁时；在他望着窗外的落叶，不想再活的时候……孩子们，如果他是你的朋友，或者你的哥哥、妹妹，面对他这副样子，你会怎么劝说他？"

孩子们都试着用自己的理解来劝慰史铁生，他们的语言优美动人，而且情深意切。就在我们暗自为这情思交融的说话训练叫妙的时候，窦老师却话锋一转："谢谢同学们，你们的爱心让大家感动。你们的愿望很美好，讲的道理很对，建议也不错，但是——"

这时，我心里马上顺接窦老师的话想下文——"此时狠命捶打自己腿的史铁生却根本听不进去。"可，压根儿没料到的是，窦老师轻轻淡淡抛出了一句："但是，作为一个最了解自己孩子的母亲，只是说了一句最平常最平常的大实话——要好好儿活！"

这一句"好好儿活"的揭示在此时如神来之笔，轻松一转便见到了另一个洞天，个中妙处难以言说。

（3）一弹展缤纷。

这堂课中，开得最洋洋洒洒的是那一地的菊花，一不小心，便开到了我们的心上。谁也没料想到，那时的菊开，竟开出了生命之花。

只听得窦老师问："同学们，母亲去世七年之后，作者写了这篇文章，结尾就落在这里——要好好儿活。那么，他究竟懂得了要怎样好好儿活？"因为前面的猛火熏攻，文火细炖，孩子们对"好好儿活"已有了自己独特的思考和理解，他们纷纷欲言。这时，窦老师却随指一弹："我们一起来读读描写菊花的句子。——黄色的花淡雅、白色的花高洁、紫色的花热烈而深沉，泼泼洒洒，秋风中正开得烂漫。读读这些话，他们究竟懂得了该怎样好好儿活？"

这一弹，弹开了满眼的菊花，也弹开了孩子的眼睛。借着这缤纷的菊花，孩子们畅谈着对"生命"的感受。孩子们喜欢菊花"淡雅"，人可以活得平凡。孩子们向往菊花的热烈和深沉，人可以活得奔放。孩子们认识到每一个人生阶段都不一样，要活得多姿多彩。甚至有孩子讲到，不管有多少秋风萧瑟，有多少风吹雨打，人活着就要潇潇洒洒地笑对人生。要活出自己的尊严。有一名学生竟然让我们看到了在菊花丛中笑的母亲，他说："因为不同的花有不同的特点，母亲想让自己的孩子在自己的心灵里、在人间绽放出属于自己美丽的花，也就是母亲让儿子选择自己的人生。"……

也曾多次静读《秋天的怀念》，但那菊花一直只是开出了坚强的象征意义。在这儿，却开得如此缤纷多彩，富有个性。随着孩子们每一次的回答，屏幕便绽开了一朵高洁的菊花，最后那泼泼洒洒的菊花成了一种定格。在这儿，绽开的究竟是不是菊花，是怎样的菊花并不重要，借景抒情这样的解释也会显得苍白，重要的是，那些弹开了的"生命之花"能在孩子心里开得多久多久……

《秋天的怀念》已经渐行渐远了，但却还清楚记得，窦老师站在那儿，面对着，告诉我："如果是一棵树，便要在暖暖的温度中，往深度、广度里生长，追求一种举手苍穹的高度。"我知道，她举手苍穹，并不是为了采摘星月，而是需要这个不能放弃生长的姿势。

是的，她就这样站着，站在这个怀念的秋天里，似乎要把这个秋天站成春天。

借着树上的枝叶，树上盛开着的花，我们竟然真切地触摸到春天。我感觉自己抽芽的心情，那是一种春天的心情，只有在最深的土地中才能探知。

五、将"信赖"进行到底

——走进冯骥才的散文《珍珠鸟》

[实录]

《珍珠鸟》

主题：信赖

　　步骤：品味人与小鸟的信赖。

　　　　　　探讨人与大鸟的信赖。

　　　　　　思考人与鸟类的信赖。

1. 品味人与小鸟的信赖

（1）引出人与鸟的话题。

（学生课前朗读苏轼《题西林壁》，白居易《忆江南》，李白《赠汪伦》……）

师：听到刚才白居易的《忆江南》，让我们想起他的另一首《鸟》，我愿意与同学们一起诵一诵。

生："莫道群生性命微，一般骨肉一般皮。劝君莫打枝头鸟，子在巢中盼母归。"

师：那嗷嗷待哺的鸟儿，呼唤人啊千万不要打鸟，他们在等待母亲赶紧回家呢。好在我们有爱心，不会再打鸟了，还经常把鸟带回家养着。真好！（板书）恰巧前几天，朋友就送"我"一对珍珠鸟。放在——（引读）

生："一个简易的竹条编成的笼子里，笼内还有一卷干草，那是小鸟舒适又温暖的巢。"（学生读这句，教师同时板书"珍珠鸟"）

师：（解题）珍珠鸟又叫锦花鸟，应了成语"锦上添花"，这花儿就是——

生："珍珠"。一说珍珠就会想起"宝贝"，可见，珍珠鸟长得一定很好看，很讨人喜欢。

师：想看看吗？（出示图画）我愿意享受同学们看到之后再读题目的感觉。

生：珍珠鸟，好小啊。（学生读题目《珍珠鸟》读得很美，很轻）

师：让我们打开课文，看看作家冯骥才是怎么写珍珠鸟的。（教师让学生从头至尾读一遍课文。之后在老师的鼓励下开始举手发言）

生：我发现了，珍珠鸟胆子小！课文说"它是一种怕人的鸟"。

师：这位同学读书真细心。好，你领着我们再读这句话。（读略）

生：珍珠鸟啼叫的声音也很小，又细又亮，一定很清脆——"从中传出笛儿般又细又亮的声音显得格外轻松自在了。"（学生朗读了课文的句子）

师：谢谢你给同学们借鉴。我们提示刚才那位同学找到相关句子读读，你呢，不用提示，就这么做了，真好。介绍珍珠鸟的特点，能直接用课文的句子读给大家，不失为一种好方法。当然，你读的声音也像笛儿一样好听呢。

生：珍珠鸟长得小！我发现课文写珍珠鸟"小"的词语很多，也找出句子读给大家听——"小红嘴儿"。（师引导读出"儿"化的"小"）

师：你真会体会这儿化音。听起来很舒服，感觉它小得好可爱。

生：小脑袋。（读得很轻快）

生：小红爪子。（读得很轻柔）

师：知道这珍珠鸟有多大吗？

生：估计就我手掌大小。

师："估计"用得好，其实比手掌还小，从小嘴儿到小尾巴也就十厘米。（教师用手比量，有些学生情不自禁比量，还叹声"真小啊"）

师：咱们把你们发现的这几个词，以及刚才的感受送到句子中再读读吧。

生："跳动的小红爪子踏在纸上发出嚓嚓的响声。"（学生读得活泼）

生："却见它们可爱的鲜红小嘴儿从绿叶中伸出来。"（感觉珍珠鸟的好玩儿）

生："忽然有一个小脑袋从叶间探出来。"（感觉珍珠鸟的可爱）

（2）人是如何赢得信赖的。

师：通过读书，我们了解到的珍珠鸟胆子小，声音小，长得小。总之，可以用一个字形容——（**生**：小）

师：瞧这一个个"小"，我们会想到好多形容小的成语——（**生**：小巧玲珑）

生：还可以换一个成语叫娇小玲珑。而且胆子还小，那就可以说"胆小如鼠"。

师：意思一样，但就是不美了。（学生领悟）

生：谨小慎微。

师：胆子是够小的。不过你们发现没有，课文还有一句——"渐渐，它胆子大了。"（课件打出）俗话说"本性难移"，自然也可说"鸟性难移"。从怕人，到胆大，怎么反差这么大呢？

生：起先，珍珠鸟是生活在澳洲密林深处的鸟，它们觉得人是怪物，会抓它们，所以它们害怕。

生：也许因为它们太美了，所以怕人捉走它们放在笼子里，从此就没有了自由。可作者对它们爱护有加，所以就不怕人了，也就对人相信了。这里关键是文中的"我"努力的结果，让这本来怕人的鸟胆子变得大了起来。

师：那好，现在就让我们看看作者"我"是怎么赢得小鸟的信任，使它"渐渐，胆子大了"的？读读课文，找出具体的语句，用自己的话来说也可以。（学生读书……）

生：“我呢，决不掀开叶片往里看，连添食加水时也不睁大好奇的眼去惊动它们。”
　　“我”这样做目的就是怕惊动小鸟，惊吓着小鸟，装作若无其事的样子。（教师
　　再次指导该生把这句话读给大家听）

生：“我不动声色地写，默默享受着这小家伙亲近的情意。”通过我的努力，珍珠鸟
　　开始亲近我了，真好。（读略）

生：“我把它挂在窗前。那儿还有一盆异常茂盛的法国吊兰。我便用吊兰长长的、串
　　生着小绿叶的垂蔓蒙盖在鸟笼上，它们就像躲进深幽的丛林一样安全。”

生：“我不管它。这样久了，打开窗子，它最多只在窗框上站一会儿，决不飞出去。”
　　它和我有感情了，都不飞出去了。

师：感谢你们的发现，可以让我们更进一步去体会语言里的滋味。那我们就从你们
　　读到的或者谈到的地方具体品味品味。比如同学们谈到的这句——

生：（读）“我便用吊兰长长的、串生着小绿叶的垂蔓蒙盖在鸟笼上，它们就像躲进
　　深幽的丛林一样安全；从中传出的笛儿般又细又亮的叫声，也就格外轻松自
　　在了。”

师：采访你，（指刚才读的学生）“我”为什么要这样做？

生：就是让它感觉有安全感，“我”故意用吊兰来让珍珠鸟感到这笼子跟以前的巢差
　　不了多少。

生：用吊兰不如说是用心。所以作者要想办法用长长的、串生着小绿叶的垂蔓蒙盖
　　在鸟笼上……

师：请你再读这句，注意啊，它可是胆小的，不要吓着它们，你该怎么读？

生：“我便用吊兰长长的……也就格外轻松自在了。”（有些重音）

师：气重，音可不重。要是我的话，我的读还要轻，因为它们那么娇小，那么怕人，
　　我会这样读：“我便用吊兰……”（教师读得“小心翼翼”，学生读，读得精彩）

师：三个月后，听！（播放珍珠鸟的叫声）

生：啊，这对珍珠鸟便有了它们的孩子——雏儿。

生：这声音，和它的爸爸妈妈叫得一样，笛儿般又细又亮的叫声，还更娇嫩，真
　　好听。

师：快看，它钻出了笼子。你看到了吗？看到了吗？

生：看到了！"雏儿，更小哟，正是这个小家伙！"

师：再读这句，把你的惊喜赶快告诉大家。（引导学生读出语气）

生："雏儿，更小哟，正是这个小家伙！"（学生读得很带劲儿）

师：一起来。（学生一起读："更小哟，雏儿！正是这个小家伙！"）

师：至此，课文称珍珠鸟为"小家伙"。让我们再找出几句读读。

生："起先，这小家伙只在笼子四周活动，随后就在屋里飞来飞去。"（读得小心）

生："我不动声色地写，默默享受着这小家伙亲近的情意。"（读得小心）

生："待一会儿，扭头看，这小家伙竟趴在我的肩头睡着了。"（读得小心）

师：把"小家伙"换成"珍珠鸟"，再读读，看看有什么不同？

生："起先这'珍珠鸟'只在笼子四周活动。"用"珍珠鸟"可没有用"小家伙"这样生动，没味道。

师：这是对人的称呼，应该叫珍珠鸟嘛，为什么称为小家伙？

生：一定是特喜欢的，比自己小的人，一般称"小家伙"，表示心里特别喜爱。

生：你看这句："更小哟，正是这个珍珠鸟。"如果这样说，就显得干巴巴的，多难听，句子里没有感情，就谈不上对珍珠鸟的喜欢。

生：我看，作者天天写东西也挺寂寞的，这小家伙的出现，就好像他们家多了一个人，俗话说"添人进口"，所以就叫"小家伙"啦。

生：作者把小鸟当成了家里的一员，家里的一个可爱的小孩子。而且，称呼小家伙的时候，语气和感情是不同的，从此"小家伙、小家伙"地叫着。不信我读读看。（学生又选几句读出不同的感觉）

生：我还想读一句："待一会儿，扭头看，这小家伙正趴在我的肩头睡着了。"（该生读得惊喜又声小）

师："我"不仅给它们的笼子装扮成家的模样，还要对这珍珠鸟"客客气气"的，当作家里的小孩子、小朋友，小宝贝。

师：刚才你们谈到"我决不掀开叶片往里看……"；"我不管它……"；（读课文句子）"我不动声色地写……"（读课文句子）这一个个"不"，可以用这里的一个成语概括——

生：不动声色。

师：假如去掉一个个"不"，把这几个句子连起来，变成一段话："假如我大动声色，掀开叶片往里看、管它，小家伙就会＿＿＿＿＿。"

生：假如我大动声色……小家伙就会受到惊吓。

生：假如我大动声色，掀开……小家伙就会吓得逃跑。

生：假如我大动声色，掀开叶片……小家伙就会不敢从笼子里出来了。

师：然而，这都是"假如"。我这么喜欢它，怎么会这样做呢？所以，"我决不……
不……不……"（和学生又把刚才这几句读了读），如果说装扮笼子，感到作者
的用心，这里真可谓用心良苦。（学生和教师一起说出这个成语）

（3）小鸟是如何理解信赖的。

师：原来鸟怕人，人不怕鸟，现在我怕鸟害怕，怕鸟担心，怕鸟飞走，结果呢，鸟
却不怕人了，信任了。那小鸟对人的信任表现在哪？让我们再次回到课文中，
结合具体文字谈谈。

生："起先，这小家伙只在笼子四周活动，随后就在屋里飞来飞去，一会儿落在柜顶
上，一会儿神气十足地站在书架上，啄着书背上那些大文豪的名字；一会儿把
灯绳撞得来回摇动，跟着跳到画框上去了。"（老师出示刚才学生说出的上面这
段话，但把三个"一会儿"去掉了）

生：老师，这句话不完整了，你把"一会儿"丢了。

师：意思没有改变啊，用与不用究竟有什么不同呢？

生：这个词重复用了三次，说明小家伙活动的时间特快，一会儿这样，一会儿那样，
表现了它的调皮，让人好喜欢。

生：这三个"一会儿"，一个比一个程度深，就把小家伙一次次小孩子似的调皮写得
活灵活现了。

生：注意这句话中有一个成语"神气十足"。去掉这三个"一会儿"，小家伙顶多也
就"神气"，谈不上"十足"，可用上这三个"一会儿"，那可真叫"神气十足"！
（该生朗读这段，表现了小鸟的"神奇十足"。掌声）

师：我愿意和大家一起读，女同学读第一个"一会儿"，男同学读第二个"一会儿"，
我读第三个"一会儿"，大家读了以后一定要像小家伙一样神气十足哦！（师生
合作读。很好。读略）

师：是啊，这小家伙多么神气十足——竟然跳到画框上，在上面打秋千，真有趣儿！
由此可见，这小家伙是多么的可爱。

生：还有呢，你看"它先是离我较远，便一点点挨近，然后蹦到我的杯子上，俯下头来喝茶，再偏过脸瞧瞧我的反应"。这小家伙真调皮啊，竟然和我一起喝茶。

生："它完全放心了。索性用那涂了蜡似的、角质的小红嘴儿，'嗒嗒'啄着我颤动的笔尖，我用手抚一抚它细腻的绒毛，它也不怕，反而友好地啄两下我的手指。"我觉得这小家伙多么淘气，这时候珍珠鸟已经完全不怕作者了，还友好地对待作者呢。尤其是后半句"反而友好地啄两下我的手指"，这是胆大妄为。

师：好一个"胆大妄为"！这个成语用的幽默。谢谢你们的朗读和见解。我觉得你很会读书，抓住文中这些细致的描写来谈自己的感受，真好。

生：是的，我觉得加了"再偏过脸瞧瞧我的反应"就更能具体形象地反映出它对"我"观察的细致，说明小家伙很聪明。如果去掉这后半句，就没有小家伙的活灵活现了。从这儿，我也能看出作者观察很细致，所以描写很有趣。

生："它完全放心了……反而友好地啄两下我的手指。"别忘了，小鸟啄你的手指，那感觉，多有趣啊！如果把这后半句去掉那可没意思了！

生：你想啊，看到珍珠鸟那双小眼睛瞅着我，跟我眨眼睛，还啄我的手指，这个画面多有趣哦。

生：不管怎么说，如果把它去掉的话，说明小鸟对他还是有警惕感，加上就是完全信任他了。更重要的是，如果没有这样的描写，珍珠鸟也只是单纯的不怕，谈不上友好。加上之后，就感觉到珍珠鸟心里已经彻底放松了对人的警惕，跟我有感情的，而且很深了。

师：作者细腻生动的描写，就把珍珠鸟的调皮和淘气写得真真切切——

生："神气十足"！

师：（引读）因此，白天，它这样淘气地陪伴我。夜晚——

生："天色入暮，小家伙才在父母的再三呼唤声中飞向笼子，扭动滚圆的身子，挤开那些绿叶钻进去。"

师：（继续引读）以至于有一天，我伏案写作时——

生："它居然落到我的肩上。我手中的笔不觉停了，生怕惊跑它。呆一会儿，扭头看，这小家伙竟趴在我的肩头睡着了，银灰色的眼睑盖住眸子，小红脚刚好被胸脯上长长的绒毛盖住。我轻轻抬一抬肩，它没醒，睡得好熟！还呷呷嘴，难道在做梦？"（课件打出，进一步品味）

师：注意这里小家伙的"趴"的动作。联系上下文，说说小珍珠鸟趴着的样子。

生："银灰色的眼睑盖住眸子，小红脚刚好被胸脯上长长的绒毛盖住"——小家伙全身依附，完全的放松。（学生做了一个动作，很形象）

师：（继续问该生）一般情况下，鸟是怎样睡觉的？

生：应该是站着睡的，随时保持警惕。要趴也是趴在自己的"巢"里，那是能保证安全的，可是小珍珠鸟却"趴"在"我"的肩上睡着了。"我"轻轻抬一抬肩它都没有醒，你说，它睡得多熟。

师：你见过可爱的小宝宝趴在母亲的怀里睡觉的样子吗？（学生有的说见过）这珍珠鸟就像小宝宝趴在妈妈的肩头睡觉一样，这是怎么样的情景哟！

生：小家伙在做梦，它已经完全进入梦乡了。看来它睡得太香了，只有孩子在自己母亲的怀抱里才这样睡的。

师：那我们就仿佛是这小家伙一样，趴在"我"的肩头上做着这香甜的美梦吧。

生：配乐朗读略。（整个气氛美好，声音柔美、舒缓）

师：看，这就是小鸟趴在"我"肩头做梦的情景，请给画面题词。

生：和谐。（老师顺势引导：这个词用得有意思，现在大家都在讲和谐呢）

生：信赖，往往创造出美好的境界。

师：呵呵，你用了课文的最后一句话，让我们把这句话画下来，读读。（教师板书这句话）

生：我想用一个成语概括——小鸟依人。

师：你和我的题词一样啊。那这"依"就是——依靠，就是依赖。（学生答出）

师：从刚才细致的品味中，感觉到：一个"不动声色"，一个"神气十足"，这两个截然不同的表现却换来了一个共同的境界——

生：信赖。

师：如果说小家伙一点一点的和人亲近，正像同学们说的心里放松了，行为上就——

生：就变得有些放肆了。

师：嗯？再想想，怎样才能更准确地形容此时的小珍珠鸟，别忘了它是那么可爱？

生："放肆"这个词用得过了点儿，应该是"放纵"比较合适。（掌声）

师：真正的放松，还有点儿放纵，这是撒娇的表现，呵呵。至此，才可以说是完全的——

生：放心。把那颗"怕"着的，竖着的心，彻底平放在心里了。再也不会提心吊胆了。（掌声）

师：那就请同学们说说人获得信赖的原因是：句式训练："信赖，就给它 ——"

生：信赖就给它在屋子里撒欢的自由。

生：信赖就给它趴在人肩头睡觉的幸福。

生：信赖就给它更多的关心，甚至是关怀。

生：信赖就给它更多的关爱，让它感到人的温暖。

师：你们说的这些不正是因人的努力而和小鸟创造的这信赖的美好境界吗？把课文开头的"真好"和结尾的一段话连起来，再朗读。

生：真好！信赖往往创造出美好的境界。（朗诵中透出的感情，已经明显带着阅读后的体验了）

师：把课文开头与结尾的这两句再颠倒过来说——

生：信赖往往创造出美好的境界。真好！

2. 探讨人与大鸟的信赖

师：题目是珍珠鸟，我们上节课只研究了"我"和小鸟创造的"信赖"的境界，那大鸟呢？（让学生再回到课文中，找出相关语句讨论，再交流）

生：你可别忘了，小鸟还能在房间飞来飞去，它的父母一直待在笼子里从来没出来过呢。朋友送我这对关在笼中的大鸟，我觉得真好，大鸟也这样觉得吗？我心里感觉它们的叫声轻松自在了，大鸟真的会轻松自在吗？我看不是。你看小家伙在屋子活动，玩得特别开心的时候，大鸟"在笼里生气地叫……"

生：还有，当小家伙贪玩，晚上忘记回到笼子里的时候，"天色入暮，父母再三呼唤……"它们急得不得了，召唤孩子赶紧回笼子。

师：（放图像）看到笼中的那对大鸟了吗？（学生盯着屏幕并随口说出看见了）

师：人有人言，鸟有鸟语。听，父母在生气地叫呢。（放鸟的叫声）

生：看它们着急的样子，来回踱着步子，叫声也不是笛儿般的又细又亮的，而是悲鸣了。知道吗，有资料显示，观赏鸟在抓捕、运输、驯养过程中，死亡率为20%。

师：谢谢你结合资料补充你的观点。这是怎样的代价啊，养鸟，多么惭愧，甚至可以说是多么残酷的爱好。课前我们说"劝君莫打枝头鸟，子在巢中盼母归"，此时却是"劝君赶快让儿回——"

生："母在笼中盼子归"。即便"我们"在笼子里，也盼子归啊。

师：听到笼中的父母对小鸟的"再三呼唤"，想想大鸟为什么这么做？

生：同是笼中鸟，大鸟它们见过世面，而小珍珠鸟是怀着一颗童心的，它太天真了，从未经历过这复杂的世界。

生：那就是说，大珍珠鸟的眼里和小珍珠鸟眼里的世界是不一样的，完全的不一样，大鸟很清醒自己的处境。尽管养它的主人很爱它们，比那些抓捕或者杀害它们同类的人不知道要强上多少倍，但对人的警惕大鸟是没有放松的。

师：一句话，就是大鸟们对作者是不信赖的。本来自由的大珍珠鸟呢，因为不能忘怀的恐惧，它们知道人类的残忍，从身体到心灵剥夺了它拥有自由的可能。

生：看似自由的小鸟，也只不过在房间活动，它压根就不知道窗外的世界有多么宽广多么美妙，这种自由又是多么的可怜。当它身体钻不出笼子的时候，也便失去了身体的自由。由此，我们了解到，大鸟呼唤的就是，一句话：孩子啊，我们大鸟的今天就是你小鸟的明天。（热烈掌声）

师：其实，你们说的这些，不就是大鸟发自心灵的呼唤吗？

生：其实它们呼唤的就是让它们回到属于自己的家，而不是这里的笼子。

师：既然课文说"再三呼唤"，那就让我们先听听千百年来笼中鸟的呼唤吧。（提供关在笼中鸟的话外音，给画面配音，同时理解"呼唤"之情）

生："……未闻笼中鸟，飞去肯飞还。"

师：从未听说笼中的鸟，飞出去的，肯飞回来。

生："……虽知主恩重，何日肯重来。"

师：我知道主人对小珍珠鸟特别的爱，比那些捕杀我们的人不知道要强上几百倍，但即便如此，如果放飞我们，我也不会再回到这里来。

生："……始知锁向金笼听，不及林间自在啼。"

师：即便是金子做的笼子，我的叫声也不如在林间那么自在欢畅。就这样一而再，再而三地呼唤，让我们把这几首诗连起来，再次呼唤。

生："见苦方知乐，经忙始爱闲。未闻笼中鸟，飞去肯飞还。"（白居易《看嵩洛有感》）

生："野性思归久，笼樊今始开。虽知主恩重，何日肯重来。"（司马光《放鹦鹉》）

生："百啭千声随意移，山花红紫树高低。始知锁向金笼听，不及林间自在啼。"（欧阳修《画眉鸟》）

师：这诗中的"笼中""笼樊""金笼"，再精致华美、精心装扮的笼子，也挡不住它们的呼唤。它们呼唤，离开这笼子究竟要回到哪里？

生：回到密林深处，回到它们自己真正的家。

师：回到课文第一句。作者以为这笼子就是鸟儿的巢，在鸟的眼里，笼子和巢、家一样吗？它们的巢应该在哪里？（播放象形字"巢"的演变过程）

生：它们呼唤的，是要离开这些笼子回到森林，回到属于它们自己的树上的巢。那才是它们真正的家。

师：是啊，方寸之地，何谈信赖！这渴望获得生命尊重的鸟，即便死，也不愿被笼子囚禁，这笼子也许就像它们的牢笼，说不定就是自己的坟墓呢！（把"笼"加框）

师：现在回过头来说说，这大珍珠鸟和小珍珠鸟理解的信赖究竟有什么不同？

生：小鸟眼里的信赖是屋子内的安全，大鸟呼唤的信赖是给它们真正的尊重和平等，而不只是在房间里，在人的肩头。小鸟它压根就不知道外面的天有多么蓝，树有多么绿。它一旦长大，像它爸爸妈妈一样，它就再也飞不出笼子了。

师：大鸟对人不信赖，这就让我们对文中的"我"理解的信赖有了思考。

生：可不是嘛，"我"一直把大鸟关在笼子里，怕它们飞走了。

生："我不管它。这样久了，打开窗子，它最多只在窗框上站一会儿，决不飞出去。"我觉得作者并没有做到真正的信赖，如果做到了，就不会把大鸟关在笼子里。把窗户关上。注意：开始是关着窗的小鸟撞到玻璃不但飞不出去，反而会感到疼痛，所以后来即使打开窗户，小鸟条件反射，为避免疼痛，也不会飞出去了。它已经完全依赖人来生活。

师：这里还有一处，小鸟依人的时候，作者"笔尖端流泻下一时的感受：信赖往往创造出美好的境界"。体会这"一时"的感受。

生：是的，这"一时"不是"一生"。

师：对此，你有什么话要对文中的"我"说吗？

生：作家啊，小鸟们原来的家是在森林的树上的。这想必你也知道，你是个爱鸟的人，所以你才这么用心对待它们，不过，即便这样，最好的境界也不是你认为的这样。

生：作者，其实你的感受只是以你自己的标准判断的，可惜鸟儿们不会说话，不过大鸟的表现你也应该看出来，它们需要的信赖不是一时的，而是永恒的。

生：希望你把那些鸟儿放飞在蔚蓝的天空吧，如果你真正喜欢珍珠鸟那你就让它们自由飞翔。如果真正对它好的话，让父母带着小家伙翩翩起舞飞出窗外。当然，它们永远不会忘记你对它们的好。

生：大鸟们呼唤的是原本飞翔的生活，夜晚回到自己的巢中做着属于自己的梦。

师：它们呼唤人类给予它们天然的生命尊重，呼唤人类必须用宽广的胸怀放飞它们，而不是如对家禽一般豢养戏弄。

师：如果说，刚才我们理解小鸟的"信赖，就给它……"那么，此时这个"给"字应该换成什么？

生：还！（改课件："信赖，就还它……"）

师：这一字之差境界是多么不同！请用这样的句式再次呼唤出大鸟们心中的信赖。

生：信赖，就还它本来应有的尊重。

生：人和鸟都生活在这个世界上，如果说要建立信赖的关系，那么信赖，就还它平等的权利。

生：信赖，就还它本来的鸟性。不信，把人放在笼子里试试，看你难受不难受！

生：信赖，就还它真正的安全感，让它不因为人的出现而害怕不已。

生：信赖，就是该还人家的，都应该还人家，而不是供自己养着观赏好看。

师：谢谢你们发出的这样多的感慨。一个"还"字的不同，意义就不同。也许，你们理解和感受的这么多信赖的内涵，才是大鸟眼里的信赖。

3. 思考人与鸟类的信赖

师：谢谢你们给大家的启发。原来，信赖的美好境界应该是相互的，平等的。这样才能得到两者的真正平衡。精神心灵才会相通，相属。彼此有一份强烈的安全感。就好比我们信赖一个朋友时，因为我们知道他（她）是可靠的，真实的，不需要做出什么来的一样。

生：所以我要说，人，不能按自己的意志想怎么做就怎么做，这样的信赖不是真正的信赖。

师：那，我们就按照我们理解的信赖，改编改编教材。如你们所说，放飞它们，还有必要用心装扮笼子吗？

生：我们就把课文可以改写成——"我不用吊兰长长的、串生着小绿叶的垂蔓蒙盖在鸟笼上，鸟儿们依然会把笼子当作第二个家，从中传出的笛儿般的声音依然轻松自在。"

师：更重要的是，笼子的门是开着的，想飞出笼子就飞出，想飞回笼子就飞回笼子。甚至连笼子都不用设置，整个屋子就是小鸟的家。（擦掉"笼"字）

师：真正的信赖，"我"还有必要"决不……、不管……、不动声色"吗？

生：我们就可以把课文改写成——"假如我大动声色，掀开叶片往里看，管它，小家伙也不会＿＿＿。"（学生答出"大惊小怪""难过""害怕"……）

师：真正的信赖——小家伙白天，这样淘气地陪伴我，大鸟还会生气地叫吗？夜色入暮小家伙还在和我玩耍，大鸟还会再三呼唤吗？（根据学生发言改原文内容）

生：我们就可以把课文改写成——"白天，小家伙不仅在我的肩头睡觉，哪怕在我的手掌上翻跟头，大鸟也不会生气地叫了，夜晚，假使小家伙贪玩一些，大珍珠鸟也不会再三呼唤小家伙赶紧回去了。"

师：是啊，真正的信赖非得等把窗户关久了，才打开吗？

生：不用。可以把这句改写成"不用多久，它最多在窗框上站一会儿，就飞出去了……"

师："小家伙"想飞出窗外就飞出窗外，还可以再回来，依然趴在我的肩头做梦，我们打开的不仅仅是窗户，更是心灵的窗户。下面，就请大胆想象，因信赖创造的这种美好的境界。（学生听音乐，创作。六七分钟后学生发言）

生：我打开鸟笼，让它们出去透透气，可是它们一去不复返，就连小家伙也一去不复返了。鸟儿们感受大自然的呼唤，蓝天是鸟儿飞翔的家，草原是鸟儿生活的家，那树上的巢啊，是鸟儿休息的家。自由就是它们的家。

生：不知太阳升起又落下了几次。有一天，"我"站在那窄小的窗框前向外望，三个自由自在的小小的身影在窗前掠过，我的心底不禁涌起阵阵思念……轻抚着窗框，我又感到了一丝宽慰，这样总比让它们在牢笼中过完孤寂的一生要好多了……

师：是啊，在人的世界中，我们倡导以人为本，在鸟的世界里，如果我们还说"以人为本"，也就失去了信赖最基本的平等与平衡。

生： 小家伙尽情地在天空翱翔，穿过丛林中茂盛的枝叶，和着泉水叮咚的响声歌唱……倦了，就飞回来，回到我的身边，回到正在笼中休息的父母身旁，讲述它见到的奇闻趣事，要知道，那笼门自从它做梦的那天起，就再也没有了……

师： 自然界的生灵，与人类共同享有这个世界，不是占有的，而是互相信任，互相依赖，甚至有时也是互不干涉的，这才是共存、共生，并创造了符合大自然的一个平静的、和谐的世界。

生： 笼门打开了，父母带着小家伙飞出去了……它们在那蔚蓝的天空中翩翩起舞，自由飞翔，亮开它们那笛儿般清脆的嗓子自由啼唱，在翠色欲滴的丛林中，在叮咚叮咚的山谷里，回荡……回荡……但它永远忘不了在那间小小的屋子里，有一个让它信赖的人，在祝福着它……

生： 不知过了多久，在那一片蔚蓝色的天空中，我看到了它扑、扑、扑……的翅膀，听到了它婉转动人的轻啼，好像那已放飞的灵魂激荡、回响。小家伙变成了大家伙，大家伙又有了小家伙……一天，小鸟带着它的小家伙回到了那让它放松，甚至放纵的那间小屋，像当年那样，和我嬉戏玩耍，看着它们那快乐的样子，我想，我和小鸟的信赖永远存在……

师： 多好啊，"放松到放纵"，这是我们刚才感受到的词语，学语言，用语言，这就是了不起的创造！

生： 打开窗子，小家伙看了看我，展开翅膀，飞了出去……去拥抱蓝天，拥抱白云……望着那娇小而又自由的身影，我在内心悄悄祈祷：小家伙，一路平安！小家伙在天空中和它的鸟儿朋友们一起欢唱，飞翔……我的心中涌起一时的感受：让爱之泉永远流淌在人们的心灵中。不，这应该是我生命中永远的感受！

师： 感谢这一家珍珠鸟给我们的启发，感谢作者的创作，才让我们没有停留在文字中的"信赖"里，而是在创造性地发现"信赖"的另一面。正如冰心所说，开头真好读着带劲，结尾一句体会有味。因此，体会出"信赖"这新的意味，创造出了一篇新的《珍珠鸟》。真好！

师： 然而，你们创造的关于信赖的美好境界毕竟是写在纸上的。面对现实的这个世界，作为著名当代作家的冯骥才，难道他就想象不出这么美妙的创造？难道他就不知道要放飞鸟儿的理儿？

生：嗯，应该知道。如果放飞它们，它们就真的会拥有安全？自由？平等？也许冯骥才想过这个问题。

师：所以，还要感谢作者给予我们的更深的思考：假使是你，你放不放？假使你是珍珠鸟的父母，冯骥才如果打开鸟笼，你们走不走？选择一个角色谈一谈。（学生充分讨论）

生：我是冯骥才我不放它们，因为即使放了它们，也会有别人去抓它们，它们需要的不仅仅是作家的尊重，需要的是整个人类的尊重，就像人尊重自己的生命一样。可惜，总有一些人贪婪，伤害它们，那么还不如就让它们生活在笼子里呢。

生：假如我要是冯骥才，我一定放，真正还它们自由。假如我是珍珠鸟，我一定要走，回到自己原来的家。

师：你相信它们会回到原来的地方吗？你相信所有的人吗？

生：的确人类应该给它们幸福快乐，毕竟它们长着翅膀，而不是久活在笼子里面，可是，已经习惯了在笼子里的它们，即使放飞，也不一定能飞走多远。你想，在我们这个城市里，都是楼房，哪有它们生活的地方，说不定它们就会死在寻家的路上。（学生显出难过的神色）

生：假如我是珍珠鸟，我可不飞出去，你想啊，作者对我们这么好，外面生活也不安全，还不如在这里过一辈子呢。

师：那你宁肯失去蓝天，丢掉你翅膀的飞翔？（该生若有所思，另一个就站起来）

生：所以，我是珍珠鸟，一定要飞出去，哪怕自由飞上一会儿，也有了鸟性的释放，哪怕是死也值得！（掌声）

生：如果我们飞走了，是自由了，可是面临的危险太多，不是又要承受不自由吗？要自由，代价也是无价的。晚了，一切都晚了，要是回到从前，人没有这么多，没有这么坏，也许就好了。

生：我觉得这是个两难的道德问题。（老师和同学们觉得他这个词语用得特别，把目光投入他的脸上）你说放吧，的确这珍珠鸟已经失去了应有的本能，也许不如在这里生活得好，而且你的确不能保证别人不会伤害它们；不放吧，就觉得不道德，因为我们人类和鸟类的生命应该是平等的，生命没有先后顺序，我们不能让它们满足人类的欲望……（掌声）

师：人放还是不放？鸟走还是不走？这的确是个两难问题。这也不是放与不放，走与不走这么轻松和简单。这让我们想到许许多多复杂的，也可以说是哲学问题：人与人的信赖究竟达到了美好的境界了吗？人与自然的信赖呢？人与动物的信赖呢？怎样赢得信赖？怎样创造信赖的美好境界？一句话，我们人类不只是地球的唯一，该怎样和众生彼此信赖，互相尊重，共同分享和经营这个世界？明白这个问题的沉重与迫切，引发同学们更多的思考，也许才是我们走出教室后的真正收获。（下课）

[反思]

关于"信赖"的解读

本课时形同狮子搏兔，兔微不足道，本不值一搏；然锁定此目标，勇猛精进，全力以赴，仿佛力之舞围绕着一个中心，或可于昏眩中，窥见别样的意志。

——郭初阳

每一个读者在阅读文章的时候，都会读到自己心中的"主题"。就《珍珠鸟》来说，有老师读到了"境界"，读到了"真好"，读到了"怕人"，读到了"亲近"……我在阅读，解读教材的过程中，开始以"家园"为主题——围绕"笼"与"巢"展开教学。最后升华到信赖，并贯穿整个教学，将"信赖"进行到底。课文的落脚在"信赖，往往创造出美好的境界"——这句结尾的话成了统领全篇的点睛之笔，闪耀着动人的思想光彩。个人以为，循着作者的"主旨"，作为教学的主题是合适的，也体现了对作者、教材的最大尊重。

1. 解读小鸟眼中的信赖

1957 年，南极科考活动中发生了一件真实的事件：一场罕见的暴风雪不期而至，在运输条件有限的情况下，科考队员们在返回内陆时，不得不将曾经相依为命的八只雪橇犬留在基地，使得人与犬天各一方。狗儿们一直相信人们不会扔下它们，它们一边"自救"一边等待人的回来。人呢，"不得已"才开始"营救"，最后，终于履行了他们对狗的承诺。

　　动物对人的信赖不是装出来的，那八只狗相信主人会回来。那《珍珠鸟》中的小珍珠鸟呢，对"我"也渐渐产生信赖。

　　"我"呢，为了赢得珍珠鸟的信赖，用吊兰把它们的笼子装扮成"家"的模样，"用"的仅仅是吊兰？"用"的是那颗心——"我"喜欢它，就要用心思，想办法让小鸟感觉这是它的家。除此，还要称呼它们是"小家伙"，把这珍珠鸟当小朋友、小孩子——

　　"更小哟，雏儿！正是这个小家伙！"；
　　"起先，这小家伙只在笼子四周活动，随后就在屋里飞来飞去"；
　　"我不动声色地写，默默享受着这小家伙亲近的情意"；
　　"呆一会儿，扭头看，这小家伙竟趴在我的肩头睡着了"。

　　面对小家伙的日渐调皮，我是怎么做的呢？"我决不掀开叶片往里看……""我不管它……""我不伤害它……""我不动声色地写……"这一个个"不"，就可以用"不动声色"来概括。如果去掉"不"，变成"假如我大动声色，掀开叶片往里看，管它，甚至伤害它"——小家伙一定会……可想而知的后果如何。然而，没有假如，只有一个个"不"。

　　可见，"我"无论是对待小鸟的笼子，还是它们的称呼，以及自己的一举一动，都是为了让珍珠鸟信任他。的确，原来鸟怕人，人不怕鸟，现在我怕鸟害怕，怕鸟担心，怕鸟飞走，结果呢——鸟却不怕了。于是，鸟开始放心，最后是彻底的信任，人对它的关心、宠爱，导致它的调皮淘气甚至放纵。这依赖让我们感动，感动于作家这种驯化过程中的专心与耐心。最终，满足了我们情感上的需要。如果是仁爱的话，"我"的用心与费心，以及一种从内心深处释放出的爱心，是对这个可爱的小生灵的"仁慈"。因这特殊的仁慈，分明让我们感受到，人为了赢得信赖，真是用心良苦。

　　因此，在小珍珠鸟眼里，它从头至尾接受的都是人"善"的一面，就如同上面讲的那几只狗儿一样，对人产生了无比的信任。但，大珍珠鸟可不同，它们是明白这一点的。

2. 解析大鸟眼中的信赖

最悲壮的是鹰的死。当一只老鹰知道自己死期将近的时候，便悄悄飞到绝壁上，在一个永远不会被人发现的岩洞中躲起来，默默地死去。人们无法找到鹰的尸骨。这渴望自由的生命，即便死了，也不愿被牢笼囚禁。假如灵魂不灭的话，坟墓也真可以算是另一个牢笼呢！

朋友送"我"这对关在笼中的大鸟觉得真好，大鸟感觉是真好吗？"我"用心把笼子遮上吊兰，弄成像森林一样的家，大鸟认为这是真正的家吗？"我"心里感觉它们的叫声轻松自在了，大鸟真的会轻松自在吗？"我"觉得小鸟开心快乐，大鸟的心情"我"想过吗？请看两处描写大珍珠鸟心情变化的句子：

大鸟"在笼里生气地叫……"
"天色入暮，父母再三呼唤……"

要知道，珍珠鸟生活在澳洲东部的密林深处，胆小，常常躲在红花绿叶中，有时候探出小脑袋和太阳捉迷藏。它的羽毛五颜六色，体态娇小玲珑，叫声细柔清脆。"生物"与"宠物"，不是同一概念。人自以为赢得信赖，以为有了吊兰与些微阳光的笼子，就不再是笼子？"笼"是竹字头，可见是用竹子编成；里面一个"龙"，是因为"龙"能飞，把"龙"（能飞的动物）限制住，多么可怕。

读着大鸟们的"再三呼唤"——我们相信，这渴望自由生命的鸟，即便死，也不愿被笼子囚禁，这笼子就像它们的牢笼，说不定就是自己的坟墓呢！它们要回到大树上的"巢"中，而不是作者开篇以为的那个"巢"。

大鸟们懂得生命的平等与敬畏。因此，大鸟的再三呼唤是要告诉小鸟，自己的今天就是你小鸟的明天。看似小鸟眼前的自由，也只不过在房间活动，它压根就不知道窗外的世界有多么宽广多么美妙。当小鸟身体钻不出笼子的时候，也便失去了身体的自由；可见这是有限的自由，供人玩赏的自由。原本自由的大珍珠鸟，因为不能忘怀的恐惧，它们知道人类的残忍，从身体到心灵剥夺了它对再度拥有自由的可能。

也许，在大鸟眼里，"我"努力的一切，也只不过都是刻意做出来的一个效果而已。人为了自己故意装作这样而达到一个效果，这种费心本身就说明不信任。因此，信赖的美好的境界是不需要这样伪装的。要知道，我们灵异的神性，尽展无余，所代表的，是在人类世界之上的，另一个明亮、美丽、温暖和自由的世界。如果没有污染和人类捕杀甚或"笼中观赏"，鸟儿们实在过着神仙的生活。它们在乞求人类，回到原本飞翔的生活，回到自己的巢中做着属于自己的梦——而不是在人的肩头上。

所以，为了这只珍珠鸟，"我"心里应该有着隐秘的、忏悔的感觉，甚至还不只是对这只具体的小鸟——"我爱我自己，我也爱我的父母；我爱雏鸟，我也爱雏鸟的父母。"（冰心）因此，大鸟真正呼唤的是，自己天然的"鸟性"，呼唤人类必须用宽广的胸怀放飞它们，不是驯养玩赏，这才是对自然生灵的最大尊重。

3. 解构人与鸟的信赖

辽宁省宽甸县军民村有一位叫黄丽杰的妇女，1999年，她用准备买蔬菜种子和大棚薄膜的300块钱救下了一只差点儿成为人口中食的受伤的大雁。她和丈夫精心治好大雁的伤，大雁不愿离开他们，就待在了他们家里。他们给它取了个名——雁宝（自己的儿子叫忠宝），还买来大白鹅和它做伴。从此雁宝成了他们家庭的正式成员，并且和那六只大白鹅日久生情，生下了许多小雁。黄丽杰一家成了远近闻名的养雁专业户。

看看上面的故事，再回过头来看看文中写"我"对小珍珠鸟的感受。

"我不管它。这样久了，打开窗子，它最多只在窗框上站一会儿，决不飞出去。"
"笔端流泻下一时的感受：信赖往往创造出美好的境界。"

我们可以体会第一句中的"久"，开始"我"是关着窗的，后来小鸟已经不可能再飞出去，我才打开窗。后一句的"一时"呢，是"当时"不是"永时"。的确，我们有话要对文中的"我"说：信赖是相互的！真正的信赖是精神心灵的相通、相属，以及一份强烈的安全感。当我们信赖一个朋友时，因为我们知道他是可靠、真实的，不需要刻意做出什么来的。我们还可以说，人，不能按人的意志安排自然界的一切生灵，不能以人的幸福为标准。

既然如此，我没有必要用心装扮笼子，课文应改成："我不用吊兰长长的、串生着小绿叶的垂蔓蒙盖在鸟笼上……鸟儿们依然格外轻松自在，笼子门早就开着，甚至连笼子都不用设置。想飞出笼子就飞出，想飞回笼子就飞回笼子。"

我没有必要"决不……、不管……、不去……、不动声色"，课文可以改成"假如我大动声色，掀开叶片往里看、管它，小家伙也不会生气、不安，而是理解我……"白天小家伙陪伴我，大鸟们也不会生气，晚上贪玩忘了回笼，大鸟们也不必再三呼唤。甚至课文的"这样久了，打开窗子，它最多只在窗框上站一会儿，决不飞出去"。完全可改写成"小家伙想飞出窗外就飞出窗外，还可以再回来，依然趴在我的肩头做梦……"——我们打开的不仅仅是眼前的窗户，更是心灵的窗户。

这就要深入思考一个问题：如果这样还它们真正的信赖，放飞它们，它们真的就会拥有尊重，从而获得安全、自由、平等、幸福？在人与自然，与动物构成的世界里，毫无疑问，是以人为中心的，即所谓的人类中心主义。作家是爱鸟的——爱心、善良、敏感，这都是好品质。如果说小珍珠鸟"小鸟依人"，这里的"依"，也许还有轻柔、舍不得离去的意思。还有上面的例子——"从此雁宝宝成了他们家庭的正式成员，并且和那六只大白鹅日久生情，生下了许多小雁。"人类如果这样接受一个温柔的自然，就是驯化。这小鸟依人般的关系，雁与鹅的结合的现象——人类有多少种办法可以改变与自然的关系，人类就会受到多少自然的惩罚。

上帝创造世界和人类，但是人类出现之后开始带来灾难。因为人类总是以自己为中心去改变自然界，改造到最后，自然界就开始反扑。因此，自然界的生存竞争不具有道德意味，站在人类中心主义上，根本无尊重可言，一味地征服就打破了自然的平衡。也就是说，在人类社会，我们倡导以人为本，在人与众生同在的世界里，如果我们说"以人为本"，也就失去了信赖最基本的平等。自然界的生灵，与人类共同享用这个世界，不是占有的，如果说互相信任，互相依赖，也是互不干涉的，这才是共存、共生，这才能创造符合大自然的一个平衡、和谐的世界。

这是个永远的困惑。这些困惑，作为作家的冯骥才不是不知，而是带给我们更多的思考。

也许，人类生存多久，就要思考多久。

怀着深深的敬意，感谢作者。也许，解读这么多并非作者意图，但我们知道，当文章发表出来的时候，丰富的"解释"才成其为作品。

谁在解释作品，谁就是创造者。

当骂"禽兽不如"的时候

电影《金刚》讲的是 1930 年，历经美国经济的大萧条，一个导演带领编剧以及摄影组和一个因为找不到工作而差点沦为妓女的女子——安，他们带着各自的"私心"，前往海上拍摄电影。没想到拍摄经历却成了冒险之旅——误入禁区，然后遭遇土著人袭击，惊恐，救援，巨型昆虫、异形生物袭击，捕杀，死里逃生……回到繁华的都市，混乱，破坏，陌生，追杀，爱情，泪水，直至最后一刻，一场超越现实的爱，在帝国大厦上，轰轰烈烈地落下帷幕。

这是一出悲剧，是人类酿造的悲剧。

手边的《珍珠鸟》中，课文发出了"信赖往往创造美好的境界"的感慨——然而，这毕竟是人由笼中鸟的故事引发的感慨。是不是悲剧？

主角是叫"金刚"的大猩猩。在禁区里，它救了安。为了保护这个曾给自己快乐的人，金刚告别了丛林之王，精疲力竭，粉身碎骨，万劫不复，直至告别了生命。电影中，金刚的一个翻手，一次扭头，一次捶胸，这些常人看来不算太难的事，却成了这个无坚不摧的生命给我们的震撼。

珍珠鸟是生活在澳洲森林深处的小鸟，身长不过十公分，比起金刚小得不能再小。但课文中，小珍珠鸟的一声啼叫，一回啄手，一次跳跃也足以让我们深深感到——在受物质日益冲击的今天，人与人之间的爱，竟然不如一只猩猩来得这么彻底，不如小珍珠鸟来得这么温柔。

金刚的住处除了吸血蝙蝠，就是死去的其他大猩猩的遗骸等。它的洞穴正对着夕阳落下的方向，空旷而遥远。或许它是留在世界上的最后一只巨型大猩猩，或许它只是失落的种群中的一个幸存者，这我们无从知道，然而，可以确定的是，这些元素汇总起来，让我们看到的就是两个字——孤独。金刚的生命便是孤独的生命。女人的出现让它看到了其他的颜色。这颜色更加美丽更加温柔。它的感情需要是简单的，女主角凭借杂耍舞蹈等一些小把戏让自己笑，缓解了自己在小岛上弱肉强食那种残酷、冰冷的环境中的那种孤独感。于是，它就可以竭尽全力地来保护她，甚至牺牲自己的生命也在所不惜。

　　珍珠鸟们就不孤独吗？笼子里的大珍珠鸟总是"生气地叫""再三呼唤"。任凭人类精心打扮的笼子怎么漂亮，怎么像森林中的"巢"，但毕竟不是自己的家。但，它们的感情需要也是简单的，只要作者给它在屋子里飞翔的自由，只要作者不打扰它在屋子里的一切自由，小珍珠鸟就能和主人淘气一把，甚至在肩头睡觉，还做着美梦。

　　无论是庞大的金刚还是弱小的珍珠鸟，它们的感情也是单纯的，所以才显得它们的可爱。也正因如此，它不知道人的险恶，所以金刚才送了性命，珍珠鸟永远关在笼子里被人观赏。在人类中行走，单靠力量和理解是远远不够的。然而金刚和珍珠鸟怎么能懂？这个庞然大物和娇小鸟儿，就是因简单和单纯，却带着大自然的粗糙与纯洁——而这恰恰是生活在文明社会的人们所缺少的情感。

　　爱创造了美丽的神话。金刚斩龙的强悍让男人为之心折，金刚保护爱人的勇气令女人心碎，而金刚为片刻的美丽付出生命，则让所有相信美好情感的观众为之动容。尤其是金刚大战三龙之后，一段与安共赏夕阳的情节，应该说无论从剧情方面还是从影片的精神层面，堪称经典。在这一情境中，金刚似乎在与三头霸王龙的战斗中得到了一次淋漓尽致的发泄，疲惫不堪的它第一次拥有了沉静的表情，甚至连安俏皮的杂耍表演也不能令它分心。原来金刚正在静静地欣赏落日的美景。那一刻，人与兽第一次对事物拥有了共识，而且是"美"的共识，金刚这个巨兽角色在行为动机和精神境界方面都得到了升华，让我们对金刚也拥有一种更加人性化的认同。有人评价金刚，人们往往用爱情来界定金刚与安的关系，我相信，如果说是爱，那是一种超脱于情欲之外，相互理解、相互依恋的沟通之爱。这个精彩的镜头，使一段容易被歪曲的情感变得温暖而健康，为金刚最后的牺牲埋下了同情的伏笔，提供了我教学《珍珠鸟》的思考。

　　影片结尾，金刚垂死的挣扎充满了悲剧性的英雄气概。金刚的眼睛从闪烁着最后的光辉到最终归于黯淡，并毫无声息地从高耸入云的帝国大厦坠落，怎能不令观众柔肠寸断？而金刚被人类工业文明摧毁的原因正是对美丽的渴求，带着自己关爱的安，它只想在钢筋水泥的丛林中找到一个至高之处，像以前一样欣赏日出，然而子弹却穿过了它的胸膛……按时间推断，那似乎是朝阳，却是金刚的夕阳。无论如何，金刚无声地落下时，相信观影人和影片一样，都是异乎寻常的安静，但却不会是平静。男女主角相拥，迂腐的士兵在小山一样的尸体前合影……

我们经常听到有一个人骂另一个人"禽兽不如"的时候，我们是否感到脸红？禽兽真的不如我们？镜头里，金刚只有动作、表情和吼声……如果让金刚开口，他会怎么说?! 文章中，珍珠鸟们除了小珍珠鸟在屋子里飞，大珍珠鸟除了叫还是叫。假使我们听懂"猩语"和"鸟语"会有何感受？金刚毕竟死于人类的无情，文明战胜或是说摧毁了自然的力量，然而，金刚曾经站在一个人类当时最强大的国家的顶端，并向世界发出怒吼，笼子里的大珍珠鸟对人的不信赖应该让我们人类汗颜。

《珍珠鸟》的作者也让我们感动，他尽力给珍珠鸟创造着舒适的生活，尽力给予最大的呵护。因此，人与小鸟在慢慢地接触中，创造了"小鸟依人"的情境。可受《金刚》的启发，教学《珍珠鸟》时，我要把同情化作向往的力量，要让学生大胆创编教材，让笼中的鸟飞出去，让它们呼吸自然的空气，回到属于自己的森林鸟巢，让它们按照自己的"鸟性"繁衍自己的后代，创造自己的生活。尤其是，让学生们想象也是夕阳西下之时，天空布满红锦，"小家伙"（珍珠鸟）们又带着子子孙孙成群结队和人共赏自然的造化，也达成一种"美"的共识与"美"的境界。从而让学生升华对人类更人性的认同，对鸟儿更深层次的理解，彼此达成和谐的、美的信赖的境界……此时，金刚与安的关系，就如作家与珍珠鸟的关系，不再是保护与被保护或者占有与被占有的关系，也应该是平等的、精神层面上的交融。

不过，假使我们放飞珍珠鸟就会带有人性的解脱和平衡？"放还是不放？"这也许就像讨论"娜拉出走后会怎样？"一样，令我们继续产生更"头疼"的思考。

写到这里，教学《珍珠鸟》的想法更强烈了。再次回过头来看影碟封面上这个强悍但手里捧着"人"的金刚，后面是一片朝阳。朝阳化作火焰，燃烧着我备《珍珠鸟》的激情……

[点评]

觉醒抵达新境界

史金霞

真正好的教学不能降低到技术层面，真正好的教学来自于教师的自身认同与自身完整。

——帕克·帕尔默（美）

2006 年 9 月 15 日下午，我来到清华附属小学，聆听了窦老师的《珍珠鸟》。

作为高中语文教师，两节课听完后，我依然无法不为这我所亲见的富有创造精神的精彩课堂而激动兴奋：如果我们的小学语文课堂，能够全面抵达窦老师这一新境界，那么，奠定文化根基，培养思辨能力，打造人文精神，培育一代公民，将不再是玫瑰色的梦。

1. 课堂本身：传统与现代的完美接榫

依据传统标准评价，第一课时结束后，课堂就已经达到了一个相当完美的境界：凭借高超的课堂驾驭能力，抓住"信赖"这个主题，循循善诱层层剥笋，窦老师已经引领学生完成了对文本的深涵细品：

从对遣词造句的精心玩味——如课堂中对"小""小家伙""一会儿""趴"等几个词语的反复诵读和"我决不掀开叶片往里看……""我不管它……""我不动声色地写……"等一系列句子的鉴赏评价，到对作者观点态度的深刻领悟——通过对文本的细致品味，窦老师引导学生领会了"一个不动声色，一个神气十足，这两个截然不同的表现却换来了一个共同的境界——信赖"这一精髓，并进一步升华，采用填充句式的方式，让学生补充"信赖，就给它……"这个句子，挖掘出了"尊重、关爱、安全、自由、快乐、幸福"等丰富内涵，从而深会作者之意。

对文本的诠释，已经达到了如此完美的程度，接下来还能怎么做呢？

第二课时之后，一个全新的境界，"如有所立卓尔"，呈现在我们面前：

通过回顾第一课时所品味的"小鸟与人的信赖"，窦老师适时抛出了这个为人所忽略的问题："小珍珠鸟是如此，它的爸爸妈妈呢？大鸟有和小鸟一样的感受吗？大鸟有'我'与小鸟所创造的境界吗？"所谓点石成金，用来形容课堂上教师引导学生时所提出的有价值的问题，是非常恰当的。窦老师这个问题，就是这点石成金的神来之笔。

这个发问，使原本好像已经走到尽头的对文本的解读，又绝处逢生。学生的思维顿时被激活，他们睁大自己明亮的眼睛，开始了异乎寻常的发现。于是，原来文本中被外显的主题所遮蔽的信息，一层层剥落了饰金的装潢："当小家伙在屋子四周活动，玩得特别开心的时候，大鸟为什么在笼子里'生气地叫'？""当小家伙贪玩，晚上忘记回到笼子里的时候，大鸟为什么要'再三呼唤'？""这大珍珠鸟和小珍珠鸟理解的'信赖'究竟有什么不同?"……这些思维的火花,一连串地从学生的头脑中冒出来,又一个接一个地,由学生自己,通过对文本的二次解读,找到了答案。于是,"信赖,就给它……"这个句式,水到渠成地发生了质的飞跃,学生认识到:"给"并不是真正的尊重,"信赖,就还它本来应有的尊重","人和鸟都生活在这个世界上,如果说要建立信赖的关系,那么信赖,就还它平等的权利"。

就这样,窦老师引领着学生,先品味了"小鸟与人的信赖",又探讨了"大鸟与人的信赖",对文本之主题"信赖"的挖掘,已经达到了前所未有的深度。

但是,"能否在别人停步的地方再朝前走一两步,这是创造性教育实践的入口。也许只是那么一小步,你的眼前可能就会出现一个不同于他人的、全新的教育世界"。接下来的这一步,正体现了窦老师《珍珠鸟》这一课呈现给我们的"不同于他人的全新的教育世界"的创造性教育实践的特点。

以"信赖"为核心,探究人与鸟的关系,是窦老师构思《珍珠鸟》的基本框架。前面两个层次,"小鸟与人的信赖""大鸟与人的信赖",都是从鸟出发,从鸟到人,其思维的角度是一样的。于此,窦老师轻轻一问:"大鸟对人不信赖,那人就真正信赖鸟吗?"思维的角度便因之而逆转,从分析鸟对人的信赖,逆挽为分析人对鸟的信赖。进而又推而广之,从个别到一般,将作家与鸟的关系扩展到人类与鸟类的关系,乃至整个人类与自然的关系。诚如窦老师课堂结语所言:"明白这个问题的沉重与迫切,引发同学们更多的思考,也许才是我们走出教室后的真正收获。"带着深思后犹然未解的困惑走出课堂,学生再去面对飞鸟游鱼乃至整个自然的时候,他们的心胸中该会有一些不同于过去的感情了吧? 探究至此,我们不得不感叹于窦老师思考的深邃与睿智:小小一篇《珍珠鸟》,竟然包蕴大问题。

这两节课好比是一首宋词,窦老师则是一个填词高手,在我们感到上阕已经词工意穷无复可增益的情况下,又另辟蹊径,宕开一笔,将下阕提升到了"出乎意料之外而又在情理之中"的大境界。

值得赞赏的是,窦老师对课堂境界的提升,不是刻意拔高,不是霸王硬上弓,不是教师个人智慧才情的张扬炫耀,而是婉转推提,是四两拨千斤,是全体学生思想思维的闪烁飞跃。而最能体现窦老师思维的逻辑力量,也最令人心悦诚服的是,在完成了对文本的全新解构之后,窦老师引导学生一起"回望来时路",将第一课时里,师生共同品味过的字字句句,逐一用新的视角来考量评价,其情态之差别、其境界之高下，顿时立现！学生的认识从那里来，通过这种回望，再回到那里去——从形式上看，这课堂如同一个精致典雅、对称工整的闭合的圆；就思想而论，这课堂则是一条螺旋上升的盘山路，愈转愈高，其见愈奇，峰回路转之后，乃觉豁然开朗，发现别是一个境界，别有一番滋味，使认识层次达到了前所未有的深刻和犀利。学生的思想精神获得了自我的提升；学生的思维品质得到了极大的锻炼，不事雕琢而心意悠然。思考的乐趣，思路的跌宕，思维的力量，思想的觉醒，尽在其中矣！

综观整个课堂，第一课时承续传统，给文本以充分的重视，立足于字词章句，围绕"信赖"这个主题，以"读"为线，以"品"为珠，串联起全文的脉络精神。从认知到认同，再到深刻的理解体悟，不曲解不非难，尊重了作者的创造劳动。这种实事求是的态度，这种平静内敛的处理方式，体现了尊重事实的理性精神和尊重对象的宽容精神。第二课时则层层推进，抓住文本所隐含的具有丰富价值的信息，继续围绕"信赖"这个主题，开凿挖掘，深浚廓清，从对文本的深入解读，走向了对文本的理性解构，提出了一个"关系到人与人，人与动物，甚至人与自然以及整个世界之间等很复杂的哲学问题"——"我们该怎样和众生彼此信赖，互相尊重，共同分享和经营这个世界？"质疑而不指责，谅解而不和解，冷静中不乏沉重，客观中蕴含深情，这种风格精神，不正是一个现代社会的公民所应当具备的品质吗？

2. 课堂背后：觉醒，拨云见日的开始

如窦桂梅老师所言："追求'有思想、有情感的技术'，这是寻回自我的开始……我从教参出发走向更辽阔的研究，成为'我思'式文本解读的逻辑基础。'我'，就是'我的思'，它体现为一种逻辑力量，思维的逻辑力量，这样的'觉醒'是艰难的开始，但也是拨云见日的开始。"近年来，窦老师先后在全国各地执教了《圆明园的毁灭》《秋天的怀念》《晏子使楚》和《游园不值》等公开课。这些课都产生了很大的影响，引起了广泛的讨论，倘使我们把它们串联起来，不难发现窦老师在小学语文课堂教学领域孜孜以求琢磨探索而开创的一条新路径。

这条路，用窦桂梅老师自己的话说，是一条"觉醒"之路。而今，通过《珍珠鸟》一课，我们再一次惊喜地发现，窦老师"觉醒"的脚步越迈越大，"觉醒"的道路越走越宽。

（1）智慧的觉醒。

当大部分教师还在一本教参包打天下的时候，窦老师已经意识到依赖教参会使"独立思考成为一件极端困难的事情"。她把读书当作自己生活中不可或缺的一部分。一日不读书，便有面目可憎之虑！读书的目的不仅在于怡情养性，更主要的是对于知识的开发和启迪。深度决定高度，厚积才能薄发。

广泛的阅读，拓展了视界，理解文本的时候，才不会局限在教参的方寸之中，才能够触类旁通举一反三。如执教《晏子使楚》时，引用《胯下受辱》一文将课文"侮辱"一词的意义升华；联系《狼和小羊》以深挖"尊重"背后的东西。

持续的阅读，开阔了胸襟，体悟文本的时候，才不会人云亦云视某一种解读为圭臬，才能够从浅表层面上升到新的高度，统筹全局予以俯瞰。如执教《秋天的怀念》时，围绕作者史铁生来组织阅读，把这一篇文章置于作者一组文章之中：《合欢树》《我与地坛》《有关庙的回忆》《病隙碎笔》等，以独具慧眼的解读，把教学主题由"母爱"升华为"好好儿活"，将教学层次分解为三——感受"娘儿俩"的好好儿活，探究"我俩"的好好儿活，思考"我们"的好好儿活——从"母子"到"兄妹"到"我们大家"。

深刻的阅读，提升了思想，探究文本的时候，才不会流于浮浅的感动廉价的煽情，才能够触摸精神的脉搏擂响灵魂的鼙鼓。如执教《圆明园的毁灭》时，关于那段屈辱的历史，窦老师精心择选了李大钊、雨果、咸丰、慈禧等一些震撼人心的遗文史事，使学生认识到："走进圆明园，我们不应当光停留在恨上，难过上，我们还要有一份对未来的希望。""我们应该思考圆明园的毁灭，毁灭的究竟是什么？必须毁灭的是什么？不应该毁灭的是什么？永远也毁灭不了的是什么？""我们作为一个中国人，作为一个活生生的人的时候，我们应该拥有智慧，拥有尊严地活着！"从容而不失激情，沉痛但决不矫情。

正是智性的觉醒，才有了窦老师今天对《珍珠鸟》的这种立足文本的深入解读和超越文本的深层解构。课堂教学主题的"线"围绕"鸟"展开："鸟怕人""鸟疑人""鸟依人""鸟离人"。课堂教学思路则围绕"鸟"与"人"的关系分成三个步骤："小鸟与人""大鸟与人"，"人类与鸟类乃至人类与整个自然"。如此，将文本中的"信赖"这一"美好境界"逐层推进，逐步拓展，直至达到了对文本的成功超越。

（2）人性的觉醒。

帕克·帕尔默曾经说过这样一句话："智力工作伴随感情同时存在，所以如果希望开启学生的思想，我必须同时开启他们的情感。"从窦桂梅老师的课堂上，我们找到了一把开启学生情感的钥匙——人性化。

"追随了爱，思想才会诞生。所以爱，也不是本能，而是智慧。"在窦老师的课堂上，我们时时能够感受到教师对学生心灵和情感的关怀：倾心聆听每一个学生的发言，悉心引导每一次思维的转换，耐心等待每一回思想的升华，让每一个文本的主题探究都产生于相互问询的复杂过程。"最高形式的爱，允许差异与亲密共存的爱。"在课堂上，我们所看到的，都是一个有着深刻的洞察力却亲切幽默满腔热爱的窦桂梅，是一个有着强烈的感染力却能够自持内敛的窦桂梅。

有爱，便有尊重。无论是阅读还是品味，无论是思考还是追问，窦老师从来不包办代替，她尊重学生的独特体悟、个人感受，她把课堂的空间尽量地打开，让学生尽情地舒展自己，释放自己，提升自己。只在那关键的节点上，她才巧妙而自然地做一下提点，把创造和收获的快慰与惊喜，留给学生去体验。与其说这是高超的驾驭课堂调控学生的技巧，毋宁说这是真正地发自内心地对学生的尊重、"对学生的一种亲切款待"。

德国哲学家、心理学家和教育家雅斯贝尔斯说："教育意味着一棵树摇动另一棵树，一朵云推动另一朵云，一个灵魂唤醒另一个灵魂。"唯有真诚，方能如此。课堂上的窦老师，以她的真诚机敏，努力建构一个"对话"的氛围，师生之间、生生之间，甚至是听课的老师与课堂上的师生之间，共同构成了一个多元的活跃的"对话场"。如沐春风，说的是沐浴清化的感觉，而在窦老师的课堂上，我们每个人都会感觉，自己就是那春风。于是，在课堂上，学生找到了"我"发现了"我"并欣赏着"我"激励着"我"。

在教学《珍珠鸟》时，窦老师联想到了电影《金刚》。受《金刚》的启发，课堂教学中，"把同情化作向往的力量，让学生大胆创编教材，让笼中的鸟飞出去，让它们呼吸自然的空气，回到属于自己的森林鸟巢，让它们按照自己的'鸟性'繁衍自己的后代，创造自己的生活。尤其是，让学生们想象也是夕阳西下之时，天空布满红锦，'小家伙'（珍珠鸟）们又带着子子孙孙成群结队和人共赏自然的造化，也达成一种'美'的共识与'美'的境界。从而让学生升华对我们人类更人性的认同，对鸟儿更深层次的理解，彼此达成和谐的美的信赖的境界……此时，金刚与安的关系，就如作家与珍珠鸟的关系，不再是保护与被保护或者占有与被占有的关系，而应该是平等的、精神层面上的交融"。

（3）理性的觉醒。

亚里士多德说：人类是论理的而不是讲情理的动物。在历史上，我们却是一个重实用情感轻逻辑理性的民族，这个特点固然发展了我们的唐诗宋词等，却也同样使我们较西方人缺少了很多很多。再加之清朝以前长期的闭关锁国政策，使得我们不但在自然科学上远远落后于西方，在社会科学方面也难以望其项背。

改变这种落后状况，教育可谓责任重大。而一直以来，我们的语文课堂却是滥情的，是缺乏理性的。课堂上，越热闹越精彩，图片和音响、眼泪和欢笑成为组成课堂的要素，"感动"这个词，越来越多地被当作语文课堂的效果标签。要想方设法让学生哭或者笑，要把学生感动得一塌糊涂。煽情成了必然，表演随处可见，浅薄在所难免。如果在我们的课堂上不能培养学生的思辨能力，不能让学生逐步学会冷静客观理智全面地分析评判纷繁复杂的世界，却依然充斥着浅薄的感动无稽的笑谈甚或虚张声势的喧嚣热闹的话，作为教育工作者，我们是应该感到惭愧的。

并不是说"情感"是必须回避的，也绝不是说"感动"是错误的，"感人心者，莫先乎情"，能够从情感上先打动人，这确实是很关键的。但是，如果只停留在以情动人上甚至只是为了追求以情动人，就是一个很严重的问题了。

窦桂梅老师十分清醒地意识到了这个问题，她的语文课堂上从来就不缺少感动，但是，越来越多的是感动之后的深深思索。从过去的"三个超越"，到现在的"主题教学"，她从生命的层次、哲学的高度，在语文课程概念下，重新全面认识课堂教学，着力于文与人、语言与精神的同构，形成了整体构建课堂教学的一种思想。她日益重视对教材中的哲学主题和文化主题的寻找和挖掘：《圆明园的毁灭》中的"毁灭"、《秋天的怀念》中的"好好儿活"、《晏子使楚》中的"尊重"和《游园不值》中的"不值"。在课堂教学中，窦老师抓住这些源于教材却又高于教材的"意义主题"，实现了对思想主题、知识主题、写作主题等内容的重新构建，使课堂教学在高处大处着眼，从细处、小处落脚，洋洋大观，扎扎实实，在潜移默化之中提升学生的思辨能力和精神境界。如窦老师所言，一系列的主题教学之后，这些"词语"就成了学生人生成长必要的"因子",成为他们未来发展的一个个精神的"脚印",是一颗颗精神成长的种子。

而《珍珠鸟》一课,我认为,与窦老师此前的课堂相比较,它代表着这种理性的成熟。

在让学生创编教材想象珍珠鸟的未来之后,窦老师并没有做煽情之呼唤(而这里,倘使换作别人,我真不知道会不会因此而感慨而诅咒而激情澎湃呢!因为这时是一个多么好的煽情表白赞美高尚的时刻啊!),而是平静而真诚地对学生说:"感谢这一家珍珠鸟给我们的启发,感谢作者的创作,正如冰心所说,开头真好读着带劲,结尾一句体会有味。在此之上,你们体会出'信赖'这新的意味,创造出了一篇新的《珍珠鸟》。然而,你们创造的关于信赖的美好境界毕竟是写在纸上的。作家那么爱珍珠鸟,难道他就没有想过放飞它们吗?可是他为什么还是不肯放飞它们呢?面对现实的这个世界,假使真的还它们呼唤的信赖,放飞它们,它们就真的会拥有安全?自由?平等?"于是就提出了"放还是不放?"这个严肃的令人深思的问题。

如本文第一部分所述:"综观整个课堂,第一课时承续传统,给文本以充分的重视……从认知到认同,再到深刻的理解体悟,不曲解不非难,尊重了作者的创造劳动。这种实事求是的态度,这种平静内敛的处理方式,体现了尊重事实的理性精神和尊重对象的宽容精神。第二课时则层层推进,抓住文本所隐含的具有丰富价值的信息……从对文本的深入解读,走向了对文本的理性解构……质疑而不指责,谅解而不和解,冷静中不乏沉重,客观中蕴含深情,这种风格精神,不正是一个现代社会的公民所应当具备的品质吗?"对教材的把握与解构,对课堂的调控与把握,对学生的启发与引导,所有这些,无不体现了教师成熟稳健的理性特点。

在小学语文课堂教学领域,窦老师不断地"走进——领略——超越",不肯停住自己成长的脚步,充分印证了马克斯·范梅南的话:"教育,对成长迷恋的事业。"

3. 课堂理想:焉知来者不如今

窦桂梅老师的教育生命在课堂上得到了不断的生长,正如一朵玫瑰,努力绽放,酝酿芬芳,顽强地、执着地吐露馥郁的芳香。作为一个诚挚的教育人,她在追求一种境界,她在追求一个教育者梦寐以求的理想的课堂。

什么样的课堂才是理想的课堂?

回答这个问题，我们应该先厘清这个问题："课堂到底是谁的?"

一直以来，我们都在呼唤"把课堂还给学生!"毫无疑问，课堂应该是学生的。而同样毋庸置疑，真实的课堂并不属于学生。在20世纪八九十年代，曾经十分盛行"以教师为主导，以学生为主体，以训练为主线"所谓"三主式"课堂的说法；而今，又有关于课堂是"预设"还是"生成"的不断论争。

于是，我们发现，问题继续延伸，变成了："课堂上，理想的师生关系应该是什么样子的?"

针对课堂中学生主体地位的丧失之现状，有论者提出师生平等的观点，这个平等，倘使指人格、意志、尊严、自由等，自然无可非议。但是倘使以为在教学活动的组织中，在探究学习的过程中，教师与学生之间也来一个平等，则属于不负责任地信口开河了。教师和学生之间，是否是对等的? 教师和学生，本身是有差异的，所谓"闻道有先后，术业有专攻"，尤其在知识水平上，差异更加明显。抹杀客观差异，刻意追求平等，是对教师的藐视，也是对学生的忽视，更是对课堂教学基本规律的盲视。

但是，"以教师为主导""以教师的课堂预设为目的"，如此操作，固然可以使课堂风行水上畅通无阻、圆转缝合滴水不漏。而学生在课堂中处于什么地位呢? 是教育的接受对象? 是课堂大舞台中的配角? 是教师完成自己教学目的过程中必不可少的道具?

"虽有佳肴，弗食不知其旨也；虽有至道，弗学不知其善也。是故学然后知不足，教然后知困。知不足，然后能自反也；知困，然后能自强也。故曰：教学相长也。"《礼记·学记》中的这段话，我们读来当不陌生。理想的师生关系，用"教学相长"来概括，应十分恰当。以"教学相长"的原则来定位师生关系，既提示了教师"教"的必要，又体现了教师在教的过程中、从学生身上所"学"；既重视了学生"学"的必然，又确认了学生在学的过程中、对教师个人的所"教"。

那么，教师就需要考虑自己的双重角色，在备课的过程中，努力发掘自己在知识上的优势，力争在更高的平台上准备课堂教学，教师的备课是教师对文本进行个性解读的必要环节，可以视作教师对课堂的一个基本预设，这个预设是必然要存在的，不但不能避免而且应当提倡，只有当教师对文本有了属于自己的独特见解之后，才能够得心应手地驾驭课堂，才能够在课堂教学上对文本做出合理的取舍，才能发挥教师的积极主动性。而在课堂上，教师则应从学生的知识水平出发，循序渐进，与学生一起朝向更高层次迈进。这个迸发的过程，应该是"教学相长"的最美妙的过程。在这个过程中，教师应该把握学生的思维角度、关注学生的思想内核、体验学生的情感体验，课堂中的惊喜与新奇，是师生共生而成的，甚至，大部分的惊喜是来自于学生的。而不再是教师事先准备好了的包袱，适时抖开来，震惊一下学生。它也许与教师对文本的解读契合，也许还能够超越教师的个体解读，也许与教师的深度解读尚还有一段距离——那又有什么要紧，课堂教学不应是揠苗助长，如果学生还无法达到教师所预设的高度，何妨暂时先让学生保留他自己的稚真拙嫩，只要思考不停止，总有一天，他是会真正领悟懂得的，而那个时刻的自然到来，由于是他自己心灵的跋涉而得，将是怎样的一种欣喜啊！

这样的课堂，教师的推动引领是内隐的，是平缓的，是满含期待的，仿佛春煦鼓动小草破土一般，教师帮助学生把思维舒展、思想成熟、精神生长的原动力启开，而其舒展、成熟和生长的过程，这个美妙自在的过程，则归还给学生自己。而教师，乃"不愤不启，不悱不发，举一隅不以三隅反，则不复也"。这样的课堂，无论是提出问题还是解答问题，无论是发现疑问还是做出结论，所有这些精彩之处，是经由学生通过个体的努力或者合作探究乃至交相问难而攀登求取得来的。这样的课堂，教师能从中发现自我，并认同自我，但绝不只是发现"我们卓越的特色或者伟大的行动"，更不是"为了掩饰自身的困惑和复杂而带上的勇敢的面具"，而是发现"自身认同就像与我们现在的能力和潜能有关一样，也与我们的缺点和局限有关，与我们的伤痛和恐惧有关"（帕克·帕尔默）。

可见，这样的课堂，必然是稳健的课堂，因为它根植于实际的土壤，它能够耐心地期待生长；这样的课堂，必然是沉静的课堂，因为它必须沉淀咀嚼，它需要深思默想；这样的课堂，也必然是活泼的课堂，因为它充满了挑战，它离不开交锋；这样的课堂，也必然是真实的课堂，因为它连接教师和学生的心灵与思想，它能够让师生在人的平等的层面上真正地达到"教学相长"。

这样的课堂，距离我们并不遥远，因为，从窦老师一系列课堂实验的脚步中，我们已经嗅到了它的芬芳，我们已经看到了它的希望。

这样的课堂，必然存在于我们实际的课堂之中，因为，叶圣陶曾说，教是为了不教；陶行知亦言，先生之最大骄傲，乃是教出让自己佩服的学生；孔子则云："后生可畏，焉知来者之不如今也。"

走向建构儿童自己语言的主题教学

张康桥

　　研究窦桂梅的教学，你就会发现，无论是"三个超越"阶段，还是在主题教学阶段，其背后一贯的理念就是"为生命而奠基"。实际上，主题教学是"三个超越"阶段的自然发展，其中《朋友》的教学是一个重要的转折点，随后的一系列如《圆明园的毁灭》《晏子使楚》《游园不值》《清平乐·村居》《珍珠鸟》等教学，应该是主题教学的代表作。但这些代表作与当前典型的讲读教学课堂有着很大区别，也正是因为这个"区别"引起了全国小语界的广泛关注，有的极力赞誉，有的严词批评，那么究竟如何看待窦桂梅老师的主题教学？这应该是当前小学语文教师迫切需要认清的问题之一。

1. 主题教学的实践突破

　　认真研读窦桂梅老师的主题教学案例以及考察清华附小语文教学的现状，结合"为生命奠基"这一教育理念，对于当前小学语文教学而言，从实践的角度，我们不难发现主题教学有着明显的突破与创造。

　　（1）主题教学走向了建构儿童自己语言的更高境界。语言是人的交流工具，这在理论上是清楚的，可在小语教学实践中是模糊的。因为我们常常以知识或规范的语言为出发点为归宿，而不是以人为出发点为归宿，所以在教学中学生常常匍匐在知识或规范的语言之下，表现在语文课堂中，我们总是用语言来规范、训练学生，实际上人才是语言的工具。例如在《珍珠鸟》的教学中，学生按照自己对"信赖"的不同理解，分别用"信赖，就给它……""信赖，就还……"的句式说话，及至改编教材。在这里学生始终是主动运用语言，而不是用语言来训练学生。而在一般的教学中，因缺乏关于"信赖"这一主题的思辨，缺少了表达自己见解的空间，学生往往只能是模仿文本中的句式说话或者只是变换一下句式等，变成了纯粹的语言文字训练，反过来，正是因为有了关于"信赖"的思辨，也有属于学生自己的精彩发言，所以说主题教学从语言文字训练走向了建构儿童自己语言的更高境界。

　　（2）主题教学尝试探索新的语文素养发展理论。目前，语文素养发展的基本假设有两种，一是多读书，基本假设是学生多读书，读好书，书读多了，语文素养自然而然就高了，因此语文课要上成读书课，这是叶圣陶先生提出并主张的，也是当前儿童语文教学的主旋律；二是多用书，基本假设是正如游泳的本领是游出来的一样，语文素养的提高也是用出来的，因此主张"在运用语言中学习语言的运用"，这是欧美主流的语文教学，在我的目力所及范围内，当前大陆小语界还没有十分成功的实践代表人物，但有一些实验取得了明显成效，例如深圳南山小学语文教学改革就是一例。

这两个假说合起来就是"多读多用"，这也是中国传统语文教学经验之一。首先主题教学是对以上成功经验的继承，表现在课堂上是信息量大，并想尽一切办法让学生多读多用，所以在《珍珠鸟》的教学中，穿插进了几首古诗，更是不断地创造机会让学生说、写。而在《圆明园的毁灭》与《朋友》等的教学中，更是一篇带多篇。多读多写这个传统经验也是窦桂梅老师主张教学要有"广度"的重要依据，但她的"广度"还要走向"深度"，这个深度有个重要的标志就是"儿童思考的深刻性"。《珍珠鸟》的教学，通过品味人与小鸟的信赖、探讨人与大鸟的信赖、思考人与鸟类的信赖，学生在不断地思想中直抵人与自然的哲学。她的这个"多读多用"是建立在"独立思考"这个基础上的。《游园不值》中的"遇与不遇"，《晏子使楚》中的"国家尊严与个人尊严"等的思考至今让人回味。语言是思维的外壳，语言是思想的存在，窦老师用实践告诉我们，语文素养的发展还有一种新的假设，有可能是"多思说"，其基本假设：发展是语言——思想——语言的螺旋上升，主张"在学习语言文字的过程中学会思想、在学习思想的过程中学会运用语言"，这几乎就是《珍珠鸟》教学的写照，这样一个假设似乎脱胎于海德格尔由思抵达诗意栖居的哲学思考。我发现，极力赞扬窦老师主题教学的几乎都对现象哲学有所了解，尤其是高校教授更为欣赏都给予《晏子使楚》等教学很高的评价，有哲学教授、历史学教授，也有中文系教授，当然更多的是教育学专家；而持批评态度的基本上是研究小语多年的一线专家，这很有意思，谁对谁错，我无法判断，因为这需要长期的实践证明。但是我觉得面对当前语文教学效益总体不高的现状，这可能是一条新的解决思路。

（3）主题教学丰富了小学语文的教学策略。我们知道主题教学本身不新鲜，改革开放以来，中国的小语界就开始了各式各样的主题教学的实践，主要有主题单元课程与教学、学科主题单元教学也被称之为单元整体教学，但窦老师的主题教学不是以上类型，从《珍珠鸟》的教学中我们就可以看出来，这个"信赖"的主题就是来自这篇课文的，显然这是立足教材自身、立足课堂的主题教学。除了主题建构方式不一样，窦老师实践的主题教学明显区别于主题单元课程或单元整体教学。

第一是转换了语文教学的思维方式。长久以来，我们都强调立足文本、用足文本，原先也叫吃透教材，不管怎么个说法，其理由都是我们现在是教学"这个文"，为什么教学"这个文"很重要呢？因为教材是依据课程标准而来的，"这个文"承担着具体的教学使命，这个思路遵循的是课程标准目标要求——教材具体化——教学实施，实践中的用文本教还是强调更好地落实课程目标，其本质思路与用教材教是一致的。这个由上至下的思维方式也是当前的主流，几乎所有批判窦桂梅主题教学的老师都是采用的这个思维方式，需要注意的是课程标准要求只是一个底线而不是限高，不能因为窦老师超越了课程目标的要求，我们就觉得不好，当然这只是极个别的批评者。

我不觉得"由上至下"这个思维方式有什么不好，但这也并不能否定另一种由下而上的思维方式，从现实学生发展与教材文本出发逐步达成或超越课程标准要求。《珍珠鸟》教学的主题"信赖"，显然来自教材文本，也是学生生命发展过程中的一个重要命题，但它不来自语文课程标准。其实，无论是《圆明园的毁灭》中理性审视的"毁灭"，还是《晏子使楚》中颇受争议的"尊严"解读，包括《秋天的怀念》中的"好好儿活"，都不来自语文课程标准，而首先在研读教材的基础上考虑这是否是学生生命发展中的重要命题，然后才是语文学科加工走向或超越语文课程标准的问题。我觉得这样的思维方式也是很好的，因为这是语文教学走向语文教育的有效路径之一，在实践中真正突破了"语文教学渗透德育"的怪胎学说，回归了语文教育、母语教育之本义。

第二是创造了新的教学与文本的关系。我们知道，教学与文本，无非是教学文本或用文本教学的关系，但不管是教学文本，还是用文本教学，都要求尊重这个文本。在实践中，尊重文本还被错误地演绎为不能批判文本，这是非常滑稽的，所谓尊重文本就是实事求是，也就是说我的一切言论必须依据此文本，文本没说的，我不能依据自己的想象来解读。但并不意味着我不能批判，就像"我尊重你但并不意味着我就赞成你的观点"一样，批判了就说不尊重这个文本，这个论调是不对的。《珍珠鸟》的教学显然是尊重这个文本的，其批判也均实事求是，从文本中来到文本中去，走了几个来回。但与此同时，窦老师不停留于此，她的教学还创造了另一个文本，师生共同重写的《珍珠鸟》，而且这个重写的文本与原文的立意思路是完全不一样的。这完全突破了原来的教学与文本的关系，尽管是教学文本、用文本教学的发展，但发生了质的变化——教学即创造另一个文本。

由下而上的思维方式，以及"教学即创造另一个文本"的实践，使主题教学更具活力，当然这个活力还源自主题教学这个"主题"本身，这使我们找到了更好的教学抓手，就像情境教学的"情境"一样充满魅力，因为它们更容易扎根一线语文课堂而又走向更丰满的教育。

2. 主题教学的问题探讨

实践探索中的主题教学，必然也面临一些问题，存在一些问题，这些问题的探讨有利于更深入地研究主题教学。

（1）儿童视角与成人视角的问题。教育要从儿童出发，但教育最终又要"成"人，每堂课都应是这样一个演进过程。

首先，我们来看怎么学的视角选择问题。在《珍珠鸟》的教学中，窦老师先帮助学生了解珍珠鸟的胆小怕人特点，然后利用课文中"渐渐，它胆子大了"这句话，引发认知冲突，"从怕人到胆大，怎么反差这么大呢？"引导学生阅读课文。为什么先要帮助学生了解珍珠鸟的特点？因为学生关于珍珠鸟几乎没有什么具体的认识，在此基础上引发认知冲突是为了激发学生的学习兴趣。后来关于"小鸟是如何理解信赖的""大鸟是如何理解信赖的""假如你是作者，你放还是不放飞？"等问题的探讨始终在冲突中演进，也始终站在儿童的视角组织教学但又是一个"成"人的过程。人们都不会反对这个阅读教学切入点的选择，但有人反对这又是个"成"人的过程。理由是小学语文是儿童的语文，小学语文课堂应该是属于儿童文化的课堂。我不否认这是一个十分重要的观点，回归儿童文化的确十分有价值，但儿童文化终究要向成人文化演进的，这个演进是一点一点变化的过程，我们回归儿童文化的目的是充分挖掘儿童文化的价值实现教学过程以及成人文化的优化，而不是拒绝"演进"，一味回归儿童文化的论调是不恰当的。所以我赞成既从儿童出发又是一个"成"人的教学过程，当然这里面还有一个度的把握问题。

其次，我们看学什么的视角选择问题。学什么大体上是被怎么学决定的。《珍珠鸟》的教学中，儿童理解并比较了"小鸟、大鸟眼中的信赖"，在新的认识下创作了自己的《珍珠鸟》并尝试回答了"放"与"不放"的问题。学习内容越来越广，越来越深，直至面对"道德两难"的哲学问题。这个学什么的视角是不是儿童的？在这一点上一些人是坚决反对的。让我们先来看欧美的小学生在讨论什么问题，有中国的昨天与今天的问题，有第二次世界大战谁应该负责的问题等，比起这些"大巫"来，窦老师的问题简直就是"小小巫"了。其实，我们不难发现，问题讨论的结果不是最重要的，重要的是讨论的过程，正如《珍珠鸟》的教学，最后实际走向了更多的问题。更何况儿童最向往的就是像成人一样讨论成人的话题甚至做出决策但又不必承担责任，这不就是玩吗？儿童文化的本质就是玩的文化啊！可见学什么并不决定课堂是不是从儿童出发，关键还是要看怎么学的视角选择。

实际上关于儿童文化与成人文化问题的核心还是在于"度"的把握。而这个度怎么把握？得看具体学生的心智状态与水平。需要特别提醒的是时代在发展，人类也在"进化"，地域有差异，我们既不能把今天的学生等同于卢梭那个时代的学生，也不能把清华附小的学生和溧阳实小看作一模一样的，因为创造适合当下学生的教育才是最重要的，我这不是否定共性，而是提醒关注个性、具体的学生，要面向现象本身。也正因为如此，主题教学的主要代表作又是以公开课的特殊形式传播的，这使得我们的一些争论显得意义不大，因为老师在上课之前对学生几乎是一无所知。

（2）规范与自由的问题。在教学活动中，规范与自由是一对矛盾，怎样处理？理论上讲规范与自由是对立统一，但在实践操作中有一个怎么统一的问题。

窦老师基本采用的是规范在前自由在后的思路，《珍珠鸟》的教学是十分明显的。先前在"人是如何赢得信赖的"与"小鸟是如何理解信赖的"中，提问"我是怎么赢得信赖的"或"那小鸟对人的信任表现在哪"之后，学生读书，紧接着窦老师就开始"采访学生'我'为什么要这样做"或者是直接呈现预先去掉的三个"一会儿"的句子，然后引导学生讨论或比较。这里学生的学路是被教师规范了的。而后的教学则逐步放开，例如在探讨"人与大鸟的信赖"这一部分中最为明显，第一个问题是"我们上节课只研究了'我'和小鸟创造的信赖境界，那大鸟呢？"这个问题难度很大，空间也很大，可学生只是读书，窦老师又赶紧收作铺垫，铺垫到一定程度时，她又放，问"大鸟与小鸟理解的信赖有何不同？"学生能说了，也就不再铺垫了。这个过程不仅是在现场听出来，而且在设计的时候我就知道窦老师有这个想法。最后到"重写"及至"讨论放还是不放飞的问题"，学生的学习空间与自由度也越来越大。除了这种思路，还有一种思路就是先自由后规范，例如，教学《珍珠鸟》也可以先读课文，读了之后就由学生谈感受或提问题，然后再根据学生的疑惑处或学生之间的矛盾处等再切入读书。

先规范后自由的思路，实际上学习规范是由教师预设的，然后学生掌握规范，运用规范走向自由，这就是我们常说的由扶到放的教学；先自由后规范的思路，实际上这个规范是在学习过程中生成、不断完善的。前者教师主导性强，后者学生自主性强；前者教师选择了教学的最佳路径可能获得最佳的学习效果，但学生可能会失去完整的学习过程，后者学生体验了学习的全过程，但可能无法获得单位时间内的最佳效果；前者学科教学的有效性高，后者个性发展更充分等。当前小语界一线教师更多的选择前者，而教育教学理论界更倡导后者。这个问题实际就是"我们到底要什么"的问题，要什么都不是错误而是价值取向的问题。

（3）"深挖洞广积粮"与"一课一得"的问题。"深挖洞广积粮"是主题教学的一个重要特征，几乎每个课例都有十分明显的体现，也被窦老师概括为深度与广度，"深"表现为思想、语境、含义与意义的整体深刻把握，"广"表现为纵向连接、横向拓展、互文整合、丰富语境、拓展阅读。例如《珍珠鸟》中关于"再三呼唤"这一词的教学，先是什么叫"再三呼唤"，"再三呼唤"什么，接着穿越时空，引领阅读各种笼中鸟"呼唤"的诗歌，最后讨论究竟呼唤什么直至大鸟眼中的"信赖"。而《圆明园的毁灭》《晏子使楚》更是多篇文章的穿插。

对于这样"深挖洞广积粮"的方式，有些人是反对的，主张"一课一得"。这个问题的症结在于汉语的认识。"一课一得"者认为汉语是"法治"的，所以语文学习也应有"法"可依，学其关键的一就能知晓十，所以不必深挖洞广积粮，只要掌握最有价值的知识就能实现教学效率的最大化，可遗憾的是至今为止语文还是糊里糊涂的一大片，没有建立起科学的学科知识体系。主题教学的实践却建立在另一个认识上，认为汉语是"人治"的，义随境动，正如申小龙在《语文的阐释》一书中所说："语义执行语法的解释权"，所以一课很难一得，主张深挖洞、广积粮，丰富体验与经历才是最为有效的教学策略。当然也有人把"一课一得"理解为一课得一学习方法，可语文有什么科学的学习方法？不动笔墨不读书，还是多读多想，要么更像学习习惯，要么零散又不具有普遍性，或者干脆就是各学科通用的认知策略等，总之也没有一个科学的语文学习方法体系。当然我并不否认语文学习还是有一定"法"可依的，毕竟还是有一个现代汉语语法体系，尽管千疮百孔；毕竟对语文还是有一个基本认识的，尽管争论不休。如果从这个角度看主题教学的研究，语文教学的研究还任重道远。

不可否认的是这样"深挖洞广积粮"相对于删繁就简的"一课一得"来说，学生的自由学习空间就小了，尽管有可能获得更高的"一课多得"教学效率但也有可能剥夺孩子自主发展的权利。这又是一个公平与效率的哲学难题。

儿童文化与成人文化的问题、规范与自由的问题、公平与效率的问题等均指向一个核心命题，主题教学必须建构自身的教育哲学。否则主题教学的实践可能一直会在这些问题上摇摆，而无法获得更好的发展。

3. 主题教学发展建议

建构自身的教育哲学，就是说主题教学要对语文教育是什么，为什么，怎么做等问题做出自己的回答。从教育教学实践的角度来看，最为要紧的是要从价值观的角度做出自己的回答。怎样的小学语文教育更有价值？我所了解的窦桂梅老师与清华附属小学的老师已经建立起了"主题讲读""主题阅读""主题作文"的语文课程方案，就此问题进行了深入的实践与思考，自然有自己清晰的语文教育主张、原则与行动指南。我这里所谓的发展建议只不过是一些个人的学习体会而已。

（1）以"建构每个儿童自己的语言"为价值取向。自己的语言哪里来？儿童必须要有自己的思想。但思想不只是一个结果更重要的是过程，实际上语言与思想是整体共同发展的。建构每个儿童自己的语言，这在主题教学中已有明显的走向，在《珍珠鸟》的教学中是有体现的，研读小鸟眼中的信赖与大鸟眼中的信赖，这是一个铺垫，然后比较小鸟与大鸟眼中的信赖，儿童开始思辨，至讨论"放还是不放"，孩子们有了自己的思想同时也有了自己的语言。而《晏子使楚》的教学则更为明显一些。这样一种价值取向，谁也不会否认这是时代发展的必然要求，但我们的看法并不统一，有人认为思想至少是中学生的事，儿童思想什么啊，我认为这种想法既不符合事实也不科学，事实上每个儿童都有自己的思想，只不过有的比较幼稚或者不成熟，但不能说没有；说不科学是因为思想不是突然长出来的，而是在思想的过程中一点一点学会思想的，更何况语言本身就是思想的存在。

我这里并不是说《珍珠鸟》《晏子使楚》等课上得多么完美，恰恰是说从"建构每个儿童自己的语言"的角度还需要完善，还要进一步强化语言与思想同构的整体性，还需要进一步拓展时空，为"每一个"儿童的自主建构营造环境，还需要进一步开放教学，为儿童"自己的语言"创生创造条件等。总之主题教学需要一个坚守的教育信念并在实践中不断完善形成自身独特的教育哲学。当然这并不是说主题教学非得以此为哲学主张，因为主题教学本身已经有了丰富的实践，所以也有着丰富的可能，只是我个人觉得这样的主张可能更有价值。

（2）以"主题、儿童与语文的完美建构"为基本原则。在《珍珠鸟》等课例以及清华附小的日常教学实践中，我们可以发现：主题源于儿童与教材文本，但又高于儿童与教材文本，主题一旦决定也在大体上决定了教学内容与教学形式，因此要谋发展自然要抓住"主题"这个牛鼻子。"完美"其实就是追求价值的最大化，如果以"建构每个儿童自己的语言"为基本价值取向的话，那么我觉得"主题"还要更具动力功能、辐射功能、实践与创造功能。

从动力功能的角度来看，目前窦老师呈现的课堂还是主要靠师生交往本身产生学习动力，还不是靠"主题"产生动力，一方面窦老师是此中高手，另一方面也是公开课教学的无奈。从辐射功能来讲，窦老师还是非常注重的，《珍珠鸟》的教学就能影响学生后续的语文生活，儿童至少有可能去进一步思考"人与自然"究竟如何"信赖"等问题。从实践创造功能来讲，《珍珠鸟》的教学体现是十分明显的，不过可能主要囿于课堂但公开课也只能如此。那么如何让"主题"更具动力、实践创造与辐射功能呢？主题生活化，因为生活是儿童与语文的共同基础；主题活动化，因为活动是儿童与语文的共同诉求；主题话题化，因为话题是语言与生活的共同表征。这样一来，实际上就是要"让主题成为策划儿童语文生活的关键"，这必然要突破课堂时空，走向关注每个儿童全部的语文生活，这就需要依托教材、根据儿童、基于生活，建构有自己特色的小学语文课程体系。

六、回到事情本身

——读、悟、演《皇帝的新装》

[实录]

《皇帝的新装》

主题：回到事情本身

步骤：理解迷失

　　　　领悟迷失

　　　　表现迷失

（一）预学：带着问题与准备来到课堂

师：同学们曾经学过安徒生的常人体童话《卖火柴的小女孩》，今天我们一起走进他的另一篇常人体童话，题目叫。

生：（齐读课题）《皇帝的新装》。

师：学习语文的途径，除了阅读，还可以比较、讨论、表演、研究，今天，我们的主题实践活动，就用多种方式来研究研究这则著名的常人体童话。作为高年级同学，大家已经有了良好的预学习惯，打开预学单，小组内交流一下，你们组最大的收获和疑问是什么，开始。

（学生结合"预学单"，小组交流）

生：我们组通过阅读知道了全文是按照"爱新装——做新装——看新装——穿新装——展新装——揭新装"的顺序来写的，表现了国王和大臣的虚伪。

师：你们不仅概括了主要内容，而且还列了小标题，真好。

生：我们组觉得《皇帝的新装》这个故事写得特别好，作者比较注重故事的完整性，而且"皇帝的新装"是全文的线索，文章中所有的人物故事都是围绕它展开的。

师：你们从写法的角度，有了自己的发现。

生：我们组的收获就是皇帝因为好面子，所以才信了骗子们的话，为了讨好皇帝，大臣也说了假话，最后才有了如此尴尬的局面。我们的问题是，为什么大家不敢说出皇帝没有穿衣服，而小孩敢？

生：我们组通过阅读发现皇帝和大臣都是虚伪的人，为了怕别人说自己愚蠢，或不称职，都说了自己看得到衣服。我顺便回答一下刚才那个小组的问题，文中正是利用了皇帝的这种要面子的性格，突出了小孩的诚实和天真。我们组的问题是皇帝知道自己没穿衣服为什么还要继续走下去？

生：我们的收获和前面小组一致，这里就不重复了。我们组的第一个问题是，为什么所有的人都没有看到皇帝的衣服，但他们却说看到了，并且表扬它有多么美丽。第二个问题就是，课文第一段写皇帝特别喜爱新装目的是什么？

师：这个小组善于倾听，真好。

生：我的问题是在这篇课文里面重复出现了三次多么美的花纹和多么美的色彩，请问这个在本文中有什么作用？会不会显得啰嗦？

师：同学们以小组为单位，针对主要内容、写作方法、人物、主题等多个层面进行了深入的思考。真好

生：（使劲举手）老师，老师，我要补充一下，我认为，文章里的骗子特别聪明，他的这个计谋让所有人都上当了，结果自己发财了。

师：骗子的计谋，是帮人的，还是害人的？

生：反正他把钱挣到手了，这不就是聪明吗？

师：你可以保留你的看法，看看到我们今天的学习结束的时候，你是否还这样想？行吗？（陆续请学生上黑板，将本小组体会到的主题的关键词，分褒义词和贬义词两组，板书在黑板上。如：诚实、天真；好面子、虚伪等）

师：同学们，造成我们刚才产生这么多疑问，甚至现在还有不同意见的，我们现在再次回到课文，究竟是个什么的东西，让皇帝、大臣这些大人们都迷失了？

生：就是那件皇帝的新装。

师：这是一件怎样的新装，读读课文。

生：（读课文）这种布不仅色彩和图案都分外美观，而且缝出来的衣服还有一种奇怪的特性，任何不称职或者愚蠢的不可救药的人，都看不见这件衣服。

师：这件衣服对谁有杀伤力？

生：对任何人都有杀伤力。因为谁都不想被别人看作愚蠢或不称职的人。

生：那两个骗子，就抓住了人们的心理软肋，利用了人性的弱点来诈骗。

师：但这样的骗术，换个国家能行得通吗？

生：不行，因为，那件所谓的衣服还有个特点，那就是色彩和图案分外美观，这正对了这个国家国王的胃口，如果国王不那么迷恋新衣服，骗子也不可能行骗成功。

师：读书关键在于去发现，通过同学们的解读，我们就知道了这"任何"里包括谁？

生：皇帝，大臣，还有老百姓。

师：对这些人而言，如果你说自己看不见这件衣服，就意味着你。

生：不称职。

师：还意味着？

生：很愚蠢

师：而且不称职和愚蠢得？

生：不可救药。

师：然而，这件衣服，真的对"任何人"都有杀伤力吗？

生：不是，文章中，那个小孩子就没管那套。

师：快来读读。

生："可是他什么衣服也没穿呀"，一个小孩子最后叫了出来。

师：同学们，都来读读，你们也都是小孩子。

生："可是他什么衣服也没穿呀"。

师：小孩子说的这句话，跟称职不称职有关吗？

生：没有。

师：跟愚蠢不愚蠢有关吗？

生：没有。

师：那跟什么有关？

生：我认为跟他的诚实和天真有关。

生：还和这个小孩子敢于说真话，敢于说出自己的想法有关。

生：和这个小孩没有任何的虚荣心，一点儿也不虚伪有关。

师：小孩子看到"事情本身"是什么样，他就怎么说。看到皇帝没穿衣服，他就说？

（板书：事情本身）

生："可是他什么衣服也没穿呀"。

（二）共学：超学科整合中合作实践释疑

1. 理解迷失

师：提出问题，是深入研究的基础。我发现你们的质疑大多指向文中出现的人物，这恰恰抓住了"常人体童话"质疑的基本方法。那么，究竟是什么东西让皇帝、大臣这些大人们都迷失了？

生：就是那件皇帝的新装。

师：这是一件怎样的新装？童话里怎样描述的？让我们走进课文中。

生："这种布不仅色彩和图案都分外美观，而且缝出来的衣服还有一种奇怪的特性，任何不称职或者愚蠢得不可救药的人，都看不见这件衣服。"

师：这件衣服对谁有杀伤力？请"紧扣文本"寻找答案。（板书：紧扣文本）

生：对任何人都有杀伤力。因为这件新装说"不称职或愚蠢得不可救药的人都看不见这件衣服"，你想啊，谁都不想被别人看作愚蠢或不称职的人。

生：而且有人说你愚蠢这还不算完，还要说你"愚蠢得不可救药"，那谁能受得了？

生：那两个骗子，就抓住了人们的心理，利用了人性的弱点来诈骗。

师：是的，骗子真会炒作概念，也的确抓住人性弱点诈骗。

师：但这样的骗术，换个国家能行得通吗？

生：不行，因为那件所谓的衣服还有个特点，那就是色彩和图案分外美观，这正对
　　了这个国家国王的胃口，如果国王不那么迷恋新衣服，骗子也不可能行骗成功。

师：还记得刚才有个同学质疑课文第一段写皇帝特别喜爱新装目的是什么？现在明
　　白了？

生：是铺垫。先交代这个皇帝爱新装，才有上了骗子当的可能。

师：请紧扣文本，注意这句话里还有一个词"任何"。在课文里指谁？

生：皇帝，大臣，还有老百姓。

生：对这些人而言，如果你说自己看不见这件衣服，就意味着你不称职。还意味着
　　很愚蠢，而且不称职和愚蠢得不可救药。

师：然而，这件衣服真的对"任何人"都有杀伤力吗？

生：不是，文章中，那个小孩子就没管那套。

师：何以见得？紧扣文本说话。

生："可是他什么衣服也没穿呀"，一个小孩子最后叫了出来。

师：小孩子说的这句话，跟称职不称职有关吗？（学生异口同声：没有！）

师：跟愚蠢不愚蠢有关吗？（学生异口同声：没有！）

师：那跟什么有关？

生：我认为跟他的单纯有关。小孩子嘛，什么也不顾忌。（学生板书"单纯"）

生：还觉得跟这个小孩子敢于说真话有关，他敢于说出自己的想法。

生：与这个小孩没有任何虚荣心，一点儿也不虚伪有关。他看到这个事情什么样，
　　就说什么样。

师：是啊，小孩子看到事情本身是什么样，他就怎么说。

生：也就是说小男孩看到皇帝没穿衣服，他就说："可是他什么衣服也没穿呀"。

师：按说，事情本身什么样，就照实说呗，这有什么难的？但为什么大人们却迷失
　　在这件新装里，像刚才那么多同学质疑的那样，不敢面对这个事实呢？（学生稍
　　有沉默）

师：就让我们带着这个问题进入"共学"阶段。小组内可以选择一个角色，或皇帝
　　或大臣或百姓来研究，他们迷失的原因究竟在哪里？友情建议，一定要紧扣文
　　本，同时可以整合各种资源、利用各种工具，比如联系你们以前的阅读、联系
　　其他学科学习到的知识、利用手中的 ipad 查找资料等，总之，要让你们的大脑

伴随着实践活动一起动起来。把你们小组讨论的收获，记录在共学单上，现在开始。（板书："整合资源"。学生小组交流讨论的时候，教师用 iPad 拍照，记录学生讨论时的场景，以及共学单上的笔记）

2. 领悟迷失

（1）聚焦大臣。

生：我们小组讨论的是大臣。（教师用 iPad 展示该小组讨论时的画面）请大家看第 10 自然段。"'我的老天爷！'他想，'难道我是愚蠢的吗？我从来没有怀疑过自己。这一点决不能让任何人知道。难道我是不称职的吗？不成！我决不能让人知道我看不见布料。'"老大臣明明什么都没有看到，然而他说看到了美丽的布，他怕自己显得不称职或很愚蠢，说白了，就太爱面子了。

师：他们的小组发言紧扣文本，还有补充吗？

生：在文中的第 17 自然段，皇帝又派了另外一个官员察看这块布料，结果这个诚实的官员也犯了同样的错误。"'我并不愚蠢呀！'这位官员想，'这大概是我不配有现在这样好的官职吧。这也真够滑稽，但是我决不能让人看出来。'"我想，他迷失的原因，有可能是怕一旦说出真相，自己的前途就彻底断送了。还有一种可能就是，没准真是被骗子的话骗住了，不相信自己。

生：我还想补充一下，后来文章中还出现了好多大臣，他们不仅不敢承认自己看不见衣服，还给皇帝出馊主意：让皇帝去游街。搞得皇帝最后骑虎难下了。

师：所以，你说这些大臣中，谁是第一责任人？

生：我认为第一责任人是那个老大臣，如果他能第一时间发现问题，根本就不会发生后面的事，那个词叫什么来着？

师：始作俑者。

生：第二个也有责任，人都说事不过三，他进一步把存在这么一件衣服的事落实了。

生：后边那伙推波助澜的大臣更坏。

生：看来，所有的大臣都有责任。

师：作为朝中的大臣，掌柜国家大权，按说最应当诚实，看到什么就说什么，但他们都因为面子和权力迷失了，你说这皇帝有这样一伙大臣他也挺……

生：可怜。

师：这也许就是所谓的可怜之人，必有可恨之处吧。继续聊。

　　　（2）聚焦百姓。

生：我们组研究的是老百姓，我们觉得老百姓，迷失的原因，是太在乎名誉了，怕万一说露馅了，邻居说自己太愚蠢。

生：而且皇帝大臣都说新衣服好，老百姓如果反对，没准得被拉出去杀头，他们只能迎合。

生：弄不好，有的老百姓连想都没想，听别人怎么说，自己也怎么说。

师：用一个成语形容叫？

生：人云亦云（请学生上黑板板书：人云亦云）

生：随波逐流（请学生上黑板板书：随波逐流）

师：所以老百姓也不容易，有时候沉默的大多数也会为事件的帮凶，这也提醒我们在未来的生活中要多加注意。好，继续聊。

　　　（3）聚焦皇帝。

　　　◇皇帝爱新装。

生：我们组研究的是皇帝，我们觉得，皇帝会招来骗子的原因是因为他太爱衣服了。

师：读读。

生："许多年前，有一个皇帝，为了穿得漂亮，不惜把所有的钱都花掉。他既不关心他的军队，也不喜欢去看戏，也不喜欢乘着马车去游公园——除非是为了去炫耀一下他的新衣服。他每一天每一点钟都要换一套衣服。人们提到他，总是说：'皇上在更衣室里。'"

师：皇帝爱美错了吗？

生：没错。

师：但爱到这个程度，错了吗？

生：错了。爱美，爱到，什么也不管了，连国家大事都不关心了。这简直就是走火入魔，像得了强迫症一样。

　　　（学生大笑）

生：这样的皇帝太爱慕虚荣了，这个国家有这样的国王，可太危险了。（请学生上黑板板书：爱慕虚荣）

师：所以，刚才有个小组质疑，开篇为什么写皇帝爱新装？现在，你们能回答了吧？

生：给骗子留下了可乘之机，为下文做了铺垫。

师：掌声为你们响起。的确，爱美没错，窦老师也爱漂亮，一个男皇帝爱打扮还显得挺可爱的，但是如果把爱好变成嗜好，甚至癖好的话，你就会发现，这叫？

生：不务正业。

◇皇帝爱权力。

生：我们组也想谈谈皇帝，我们还觉得这个皇帝的心理很阴暗。请大家看 5 自然段。"'那真是理想的衣服！'皇帝心里想，'我穿了这样的衣服，就可以看出在我的王国里哪些人不称职；我就可以辨别出哪些是聪明人，哪些是傻子。是的，我要叫他们马上为我织出这样的布来。'"

师：皇帝要考验大臣错了吗？

生：没错。

师：皇帝这样考验大臣错了吗？

生：那他一定是错了。按理说，谁好谁不好，应当看他工作当中表现出来的才能，哪儿能靠衣服检测呢？

生：这个皇帝，太昏庸了，治理不好国家，不去反思自己的问题，却去想用这样的方式，维护自己的权力，真是自作聪明。

师：权力多么可怕，把你的思考写在黑板上。（学生板书：爱权力）

师：同学们，皇帝这样的想法，能让别人听见吗？

生：肯定是不能的。

师：这个自作聪明的皇帝的自言自语，该怎么读？

（学生再读，声音很小，半捂着嘴，偷偷摸摸，仿佛怕人知道一样）

师：掌声给他，谢谢同学们的发现，继续聊。

◇皇帝爱面子。

生：还有 21 自然段，"'这是怎么一回事呢？'皇帝心里想，'我什么也没有看见！这可骇人听闻了。难道我是一个愚蠢的人吗？难道我不够资格当皇帝吗？这可是最可怕的事情。''哎呀，真是美极了！'皇帝说，'我十分满意！'"皇帝是国家最高的首领，所有人都要听他的话，如果别人发现他不称职，当不了皇帝，民众就会让他下台，皇帝为了自己的权力和面子，就不能承认自己看不见。

师：注意，里面有两个反问句，你读读？

生："难道我是一个愚蠢的人吗？难道我不够资格当皇帝吗？"

师：两个"难道"反问自己，你觉得皇帝什么心情？

生：心惊胆战。

生：毛骨悚然。

师：你刚才的朗读我怎么没听出来？

生："皇帝心里一想，'我什么也没有看见，这可骇人听闻了，难道我是一个愚蠢的人吗？难道我不够资格当皇帝吗？这可是最可怕的事情'。"

师：皇帝怀疑自己错了吗？

生：没错。

师：皇帝发现自己的所见和两个大臣不一样，怀疑自己，这是人之常情，如果此刻的皇帝，真的看见什么就说什么，尊重这个事情的本身的话，他也许会转过身来，对大臣们说什么？会对骗子说什么？

生：他可能对大臣们说，我没有看见这件衣服呀，难道你们看见了吗？

师：这个皇帝还征求大臣的意见呢？也太缺少魄力了。

生：如果是我，我就说，明明什么也没有，你们这些大臣，竟然敢跟我说假话，当我是吃干饭的吗？拉出去，各打 20 大板。

生：我还会对骗子们说，你们胆敢欺骗我，还跟我要生丝和黄金，我要用王法处置你们。

师：掌声送给他们，然而我们的皇帝却这样说。

生："哎呀，真是美极了！"皇帝说，"我十分满意！"

师：皇帝这回错了吗？

生：皇帝这回可真是错了，因为他口是心非，他明明没有看见，还在那里赞美，这可真是颠倒是非了。（请学生上黑板板书：口是心非）

师：谢谢你啊，亲爱的同学们，这是一个世界经典翻译的文本。英文中，这句话是怎样写的？读读。

生：（朗读）"Oh! the cloth is charming," said he, aloud. "It has my complete approbation."

师：这里的感叹词"Oh"，翻译成中文就是。

生：啊！

生：嗯！

生：哎呀！

师：翻译家叶君健先生就译作"哎呀"，我们汉语有四个声调。于是，这个"哎呀"朗读的时候，你就可以加入自己的创造。

（生读，"哎"分别为一声、二声、三声、四声）

师：你还可以适当夸张，加入自己的创造。

生："哎呀妈呀，这衣服太带劲，太招人稀罕了，我十分满意"。（用东北味的语言朗读）

师：这是个有东北口音的皇帝。

（学生大笑）

师：亲爱的同学们，想怎么读就怎么读，大家一起来。

（学生再读）

师：同学们，遇到这样的翻译文本，像刚才一样，用比较阅读的方式，也许你会发现，里面藏着特别有趣的丰富的内容，不信还看这句话，"said he，aloud"意思是？

生：大声说。

师：中文译为"说"，表示可以？

生：大声说。

生：小声说。

师：还可以？

生：正常地说。

师：那我们就送到这个语境里面去，看看我们的皇帝是怎样的口是心非。

（学生读，心理活动小声读，语言大声读）

师：心里惴惴不安，表面却故作镇定。

（学生读，心理活动大声读，语言小声读）

师：内心波澜起伏，让他的语言也不那么自信了。

（学生读，声音大小不变，但语言中加入颤音）

师：这个皇帝，被这事吓得话都不会说了。所以，如果说，皇帝爱美爱到偏执，显得可笑；大臣们骗皇帝，显得皇帝可怜，此时此刻皇帝就显得？

生：可恨。

生：最可恨的是，皇帝并没有就此打住。接下来，还给骗子发勋章，还去举行游行大典，就想不断显示自己看得见新装，这就是一个谎言，往往要用一个又一个的谎言去掩盖。

（听课者响起热烈的掌声）

3. 表现迷失

师：刚才同学的研究活动中，开展了讨论、朗读、中英文比较、联系上下文等多种实践方式，所以就有了那个小组质疑的文章的最后一个自然段，作为故事的高潮，我们该用什么方式表现最好？

生：朗读。

生：表演。

生：排成课本剧。

师：那就听大家的，各小组可以加入自己的创造，融入朗读，试着合作表演这段。当然，在实践的过程中，工具的使用必不可少。大家打开 iPad 中的 Explain Everything 这个软件，从提供的三幅世界名画和三首世界名曲中，选择你们小组认为恰当的，作为表演背景。老师做个友情提示，大家可要分工明确，各司其责呀。

（各小组，运用 iPad，选择背景音乐、背景图片，4 名组员，分别当技术员、旁白、皇帝、大臣。然后开始练习表演）

师：好，表演马上开始，咱找一个同学扮演小孩，没上台的同学都当百姓，怎么样？上台的小组可以尽情地表现和体验，哪个小组来？（请一个小组上台）

师：我们来一个垫场。（拍桌子表示表演开始）

扮演小孩的学生："可是他什么衣服也没穿呀！"

全体同学："他实在没穿什么衣服呀！"

旁白："最后所有的百姓都说。皇帝有点儿发抖，因为他觉得百姓们所讲的话似乎是真的。不过他心里却这样想："

扮演皇帝的学生："我必须把这游行大典举行完毕。"

旁白："因此他摆出一副更骄傲的神气。他的内臣们跟在他后面走，手中托着一条并不存在的后裙。"

（扮演大臣的孩子，跪在地上表演大臣托着一条并不存在的后裙的情景。座位上、没有上台的同学，把自己当成在场的百姓，有的站起来，有的在嘲笑。表演过程中，笑声不断）

师：掌声送给他们，技术员，请你讲讲为什么选择这样的背景？

生：我们选的是一段滑稽的音乐和一幅喜庆的图片，它们组合在一起，正符合当时皇帝的心情。

师：掌声给他们。对这个大臣，我想提个友情小建议，他想表现拖着后裙，太卑躬屈膝了，下次可以动点小脑筋表现得更精彩。我想采访一下皇帝，皇帝，小孩说你什么也没穿，百姓们也对你指指戳戳，你为什么还要游行，甚至还要表现出一副骄傲的样子？

生：因为当时场面非常隆重，我如果半途而废了，不仅丢人，搞不好皇位都没了。所以，我就得表现得好像就我能看见衣服，别人都看不见那样，这才能显得我特别有尊严，能当好这个皇帝。

师：终于理解了他心里所想，掌声送给他们。咱们继续找一组。

（请上另一个小组，表演中，演皇帝的同学，一开始哆哆嗦嗦，表现出冷的样子。接下来，听了百姓的话，开始发抖。到说完自己的心理活动，开始昂首挺胸）

扮演皇帝的学生：我必须把这游行大典举行完毕，否则我誓不为人。（说罢，用力一挥手，增加语势）

师：掌声响起，他们加上了自己的动作和想象，真好。先来采访技术员，你们为什么这样表现？

生：我们选了一幅凄凉的画面，我们觉得这个皇帝不务正业，他的国家也好不到哪儿去。我们选的这个曲子我听过，是莫扎特的《安魂曲》，也很悲催，你想全国上下一起看皇帝出丑，这不是一出悲剧吗？

师：之前是不是有同学提问，为什么百姓、大臣都不敢说出真相吗？我就来问问大臣，大臣啊，你看见你的皇帝，在众人面前裸奔，你什么心情啊？

生：我觉得这个行为实在是非常的荒诞可笑，但是心里也挺不是滋味的。不过，如果我不这样去迎合皇帝，我的官职会丢掉，更坏的情况下脑袋都保不住，所以我只好托着那不存在的后裙，好像真有一样。

师：所以，如果说这件新装，是一个照妖镜，那照出的就是？

生：皇帝、大臣们的不称职和愚蠢。

师：而且还不称职和愚蠢得——

生：不可救药。

师：可以想象，这样国家未来的命运是？

生：民不聊生。

生：亡国灭种。

师：所以，刚才有个同学说，骗子聪明，现在再请你分析分析，他造成这样的后果，那叫聪明吗？

刚才那个学生：应该说是狡猾。

生：诡计多端。

师：事情本身该什么样，就是什么样。所有人都实事求是，按理没有什么难的，可是当真相涉及个人的利益时，我们却发现一切都变得复杂了。

师：亲爱的同学们，都说学以致用，由今天的研究引申开去。链接现实生活中，或者历史上，有没有类似于皇帝新装这样的事情呢？（板书：链接生活）

生：我在看历史书的时候，读到了一篇赵高指鹿为马的故事，赵高牵着一头鹿说这是一匹千里马，大家为了迎合赵高都说是千里马，很多时候，人们会在迫不得已的情况下说假话。

生：我们刚学了一篇课文《楚王好细腰》，因为楚王喜欢腰细的人，所以大臣们就拼命减肥，领导喜欢什么，大臣就迎合什么，这和这篇课文也有相似之处。

生：我看过一条新闻，日本海啸核泄漏的时候，本来跟咱们中国没什么关系。但有人谣传，海盐会被污染，还有人谣传吃盐能防辐射。所以，人们都疯狂的上超市抢盐，有些人没弄明白怎么回事就一起去买盐，这种盲目跟从和文章里的很多大臣和百姓是一样的。

师：原来从古至今，类似这样的事一直在上演。这则童话 200 多年了，皇帝的新装已经成为经典的符号，一直敲打着人们的内心，面对刚才你们说的那些现象，和文中这些大人们，难道你不想劝劝他们吗？

生：我想对国王说，作为一国之君，你首要的责任是管好国家，管理好你的军队。喜欢美，是没有错的，但不要把爱好当癖好，过分追求，不然后果不堪设想。

生：我想对那些大臣说，你们不要为了讨好皇上就隐瞒事情的真相，应该实事求是。

生：我想对老百姓说，你们不要光考虑自己的面子，一定要眼见为实，不能随风倒，要像小孩子那样说出真相。

生：我想对大臣们说，你们应该学习唐朝时期的魏征，魏征总是直言指出皇上做得不对的事情，所以唐朝才会昌盛。

生：我想对皇上说，也要学习唐太宗的精神，他非常重视向他进言的忠臣。如果所有的皇上，都鼓励说真话，而不是给拍马屁的人更好的官职，就会有贞观之治那样的盛世。

师：你们讲的道理，给我也上了一堂教育课，这个世上有大皇帝，也有小皇帝，比如你们的班干部，比如窦老师现在是校长，每个人在扮演不同的角色，而这个过程中，去选择、去判断一些事情的时候，真是一种考验。阅读的意义，也许就在于将文本与我们的生活相整合，透过文章让我们看到另一个自己。而你们的这些话呀，无外乎要告诉我们这些大人们，应该去掉——

生：好面子。爱权力。虚伪。爱慕虚荣。人云亦云。随波逐流。口是心非。（学生依次说出，教师依次擦掉黑板上的这些贬义词）

师：而要回到——

生：诚实。天真。单纯。实事求是。

生：不要因为个人的权力、面子之类的东西说假话。要尊重事实，事情本身该什么样，就是什么样。

师：瞧，儿童是天生的哲学家，你们深富哲理意味的建议，帮助我们大人划破了这看不见，但又无时不在的皇帝的新装，告诉我们一个简单而又深刻的道理，不论对事物，还是对自己，都要正确地判断。在哲学上可以用这么一句话概括——回到事情本身。

生：现在我明白了，原来安徒生在把西班牙的民间故事，改编成童话的时候，特意放置了这样一个揭示真相的孩子，他就是想让大人像孩子一样回到事情本身。

师：所以，童话不只是给你们读的，也是给窦老师，和大人们读的。透过这则童话，安徒生那忧郁的眼神，仿佛是在告诉我们（出示安徒生警句）——"当我为孩子们写每一篇童话故事的时候，我永远记住他们身后一定会有一位读给他们的父亲或母亲"。

（三）延学：带着更高的期望与疑问走出课堂

师：经典不厌百回读，同学们小时候听到这个故事，或许当作一个小笑话开开心，通过今天的共同学习，我相信同学们实践还会继续，可以表演、对比阅读、创意改编，甚至还可以去探究实践，比如利用咱们清华大学的学术信息门户研究研究，民间故事和童话到底有哪些的不同？总而言之，主题实践活动能够帮助我们在轻松愉快中，获取知识、培养能力。现在，课就要结束了，你收获了这么多，分享了这么多，还有新的疑问吗？

生：我的疑问是文章写得这么精彩，为什么到后面大臣手里面拖着的后裙戛然而止了，为什么没有把最后的结果写出来吗？

生：我的问题，最后为什么没有说那两个骗子到底怎么样了？他们干了这么多坏事。

师：其实困惑才是我们的收获，你们的疑问让我也在思考，这个小孩，如果长大了，他还会说出真相吗？

（有的学生摇头，有的学生举手想发言，但欲言又止）

师：答案不同，人的心理一定不同，我亲爱的同学们，人生的路好长啊，好长啊，人啊，怎么才能回到事情的本身？这也许真是我们一生要追寻的课题。

（教师出示延学单，鼓励学生继续编排课本剧、中英文对读《皇帝的新装》、延伸阅读《爱你本来的样子》《败坏了哈德莱堡的人》等，并提出新的疑问）

[反思]

回到教育本身

——整合思维下的《皇帝的新装》

2013 年 10 月 17 日，北京市海淀区委教育工委、海淀区教委在清华大学附属小学为我举办"超越·主题·整合，为聪慧与高尚的人生奠基——窦桂梅教育教学实践研讨会"。从语文的"三个超越"到主题教学，到主题整合，到由此带动全校的"1＋X课程"整合，这既是对我将近三十年的教学生涯的总结，也是我自己借此梳理教育教学思想，乃至成为校长之后提升办学思想的机会。

从语文特级教师到校长，于我而言，转变的不是职位，而是看待教育的视角。我发现自己最大的进步，是从学科本位走向到课程整合，能够站在教育的高度看待学科教学，课堂关注的不再是教学方法，而是课程观与儿童观的体现。我们认为，学校里与儿童相关的一切，包括课程与课堂教学，都要回到教育本身——培养完整的人。

1. 追问：我们究竟怎样培养完整的人

我们的教育究竟怎样培养完整的人？这是我们清华附小在整合思维下对教育的思考。就语文学科而言，该拥有怎样的对待自我、对待他人、对待自然、对待社会的态度与行为？就每节语文课来讲，除了这样的担当以外，又该同时还儿童一个怎样真实的教育情境，使之能在这样的过程中实现语意与语用的双馨？让我们先从解读教材、选择教学内容与学习方式谈起。

（1）关于主题。

虽说一千个读者有一千个哈姆雷特，但哈姆雷特还是哈姆雷特。对这篇经典童话，学生的理解不尽相同，但大多停留在诚实、勇敢、天真这个层面。我们发现，名家解读不少，名师授课者也很多，可落脚点似乎停留在"情节"层面或对皇帝等人物单一的评价。

这几年我们学校在构建"1＋X课程"中，一直强调"回到教育本身"。皇帝、大臣、百姓怕被别人认为"不称职"或"愚蠢得不可救药"，于是为了面子、为了虚荣、为了权力，最终迷失。只有一个小孩子没有任何欲望，这跟称不称职没有关系，跟愚蠢不愚蠢也没有关系，只跟他看到什么就说什么的这件事情有关。也就是说，小男孩看到了事情的本身。而这恰恰是哲学上"回到事情本身"的一个命题。这篇童话揭示的不正是这样一个主题吗？带着这份激动，我们请教了哲学教授，得到了充分的肯定。"事情本身"指事物的本真、本来的面目，更是指每个人真正的自我。"回到事情本身"意味着，排除一切成见与定见，在意识之中追寻事情的本质，反思我们思想世界的"原点"。

但是，怎样回到事情本身？我们每个人都能控制自己的欲望、客观地认识自己吗？也许在更多的时候，我们也不得不像文中的皇帝、大臣、百姓一样，经常会穿上"新装"。而这也许就是这则童话二百多年来经久不衰的原因。

如果这堂课，能将这个主题印在脑海中，这对儿童一生的发展将多么重要！所以在跟学生对话时，教师要尽量基于对人性的尊重而进行追问与反思。当然，这个复杂的哲学命题，课堂上我们不必刻意为之，适当、适度点拨，在孩子心里种上这颗哲学的种子，可供一生发酵，便是福德。

（2）关于整合。

我国小学采用分科教学，语文学科内部"以纲靠本"也是业界的共识。怎样在此基础上适度补充综合性学习内容、拓展学生的阅读视野和文化视域，提升学生整体素养？

"整合"的理念贯穿这堂课。我们希望借此为儿童创造接近现实生活的真实的教育情境，让儿童在情境中获得一个完整的人应有的创新精神与实践能力。

学科内整合——尊重教材、超越教材。清华附小的语文教学，在使用北师大版教材的基础上，还编入人教版、苏教版等教材中的经典篇目。这次选用鄂教版教材中的《皇帝的新装》，是对学生们学过的常人体童话《卖火柴的小女孩》的进一步拓展。

学科间整合——本课通过语文与科学、英语、美术、音乐、信息技术等多学科的整合，使学生建立学科与学科的联系、学习与生活的联系，提升综合素养。例如，文中加入中英文对照，世界名曲和名画，以及现代技术手段的使用，都是体现学科间整合的理念。

学科内外整合——抓住常人体童话反映社会现实的特点，我们与学生一道，将文本深入学习后与社会现实生活对照，进而形成对生活、对文本的丰富而又深刻的认识，警示自己身上的"新装"，从而促进儿童在与生活的链接中获取知识、提升对问题进行价值判断的能力。

（3）关于学习过程。

儿童站在课堂正中央。"教是为了不教"，课堂的精彩，一定是学生自我建构的精彩，为了实现儿童的自主、自立、自知、自省，在学习方式的选择与学习过程的预设中，我们努力为儿童提供自主建构的空间，通过"预学""共学""延学"的过程设计最大可能地让儿童实现意义的创生。

2. 伟大构想：破解"脑中之轮"

德国哲学家施蒂纳在150年前警告世人："通过学校控制思想的传播将很快成为

现代国家进行统治的重要手段。如果不是个人拥有思想，而是思想拥有了个人，那么这一思想就成了人头脑中的一个轮子。"作为教育者，我们一定不能实施奴化教学，因为一旦给学生脑中安放机械装置，稍有外力施功，它就会疯狂地滚动、乱动，使人沦落为一部自反性的机器。

我欣赏他"脑中之轮"这一说法，并时时自我警惕。如今的教学，我们不追求课堂的完美无缺，我们更愿意传递一种声音：透过语言文字，要让孩子们保有天真和纯粹、批判与反思，只有思想的力量，才能如阳光般照耀孩子的心灵！我们当下努力，今后依然努力，让儿童在一节节课上，在未来成长的路上，不被欲望、世故、权利所左右，真正成为学校办学理念中所提到的拥有"聪慧与高尚"这人字一撇一捺的"完整的人"。

[点评]

教学模式改革仍很必要

中国教育学会会长　钟秉林

教育高质量的关键是教师的质量。窦老师给我们展示了如何成为一名优秀教师的过程。我们要向窦老师学习，转变教育思想观念，坚持以学生为本，同时遵循教育教学的规律，敢于对教学模式进行大胆的改革和探索。今天的课让我觉得语文不仅是一门学科，更是一门艺术。我自己是一名大学教师，我现在觉得我们不要老埋怨中小学的教育，换一下思路，我们的大学怎么样向我们中小学老师学习。大学的教师要和中小学的教师多进行交流，从而改变大学的课堂教学模式。

一节课怎样才有杀伤力

北京教育学院原院长　李　方

窦校长多年的实践和探索，抓住两个本质：一是语文教学的本质，二是小学教育的本质。她的课很有魅力。什么叫魅力？关键是看教学能否直抵灵魂。窦老师引导孩子们进行了深度的心理分析，皇帝、大臣、老百姓各有各的心理。教学中还涉及集体无意识、从众心理等。当然，窦老师没有给小朋友讲这些概念，而是糅在平等的讨论中。一节课也好，一篇语文教材也好，甚至一个自然科学的原理现象也好，都应该有这种魅力。从小给孩子奠定人文素养和科学素养，从学文习语到体验思维训练的过程，都需要这真正的魅力。有了这真正的魅力，才会有学生的聪慧和高尚。

不动结构不足以产生足够的效益

北京市教育委员会委员　李　奕

义务教育课程改革深入到今天，不动结构是不足以产生足够的效益的。窦老师这节课 60 分钟，不是拖堂，而是清华附小设置大小课时后而带来的结构上的调整。这节课，教师把平板、经典的图片和音乐引进来，不仅让学生在课堂上混脸熟，更让学生在选择、使用的过程中，体验一个饱和的思维过程。真正优质的课程资源，不是写好的，专家编的，而是在课堂生成的。窦老师创生教育资源的过程，为我们在大数据时代进行理性思考提供了很好的空间。同时，她把小学语文教学带入了哲学的境界——回到事物本身，让学生和听课者在其中找到了自己工作和生活的影子。

语文课的边界

教育部基础教育课程教材专家工作委员会　柳夕浪

语文课该不该有自己的学科边界？窦老师的课，关于核心问题的思考、分组讨论与发言，始终要求学生"紧扣文本"，朗读并体会思想情感，培养了学生的阅读与表达能力。从这一意义上说，是语文课。但窦老师的课却不同于一般的语言文字训练课。第一，多元。通过中英文比较阅读、小组运用 iPad，选择背景音乐、图片进行表演等，将语文与英语、信息技术、音乐、美术多学科元素融为一体。第二，重大。将课堂上所有的学与思整合到"回到事情本身"这一人生的重大主题，挖掘出语言文字"小学"背后的重大文化景观、心理图像。第三，长远，课前，让儿童带着问题走进课堂；课中，多次采取小组合作的方式学习；课末，又让他们带着疑问走出课堂，着力培养学生的终身发展所需要的能力与品质。清华附小着眼于"为聪慧而高尚的人生奠基"，聚焦人生重大主题和学生发展的核心素养对课程进行整合，令人敬佩。

七、书海奇遇

——发现、创作、分享《威利的奇遇》

[实录]

《威利的奇遇》

主题：奇遇

步骤：发现：书中奇遇的一本本经典之书

创作：自己喜爱的一本本经典之书

分享：同伴创作的一本本经典之书

（一）发现：书中奇遇的一本本经典之书

1. 初览图片，猜想插画家

师：读书不仅是用来装点自己的生活的，更重要的是要用来分享的。我们都来做阅读推广人。在我们清华附小，高年级同学们要给低年级同学分享他们自己读过的好书。下面我们先做一个游戏。

师：你手里有 10 张画片，猜猜出自哪位画家？

生：我猜是达·芬奇？感觉画面画得挺神秘。（板书：神秘）

生：我看是毕加索？反正画面挺奇怪的。（板书：奇怪）

生：不过，我发现挺卡通的，估计是位儿童画家。

生：这些画面感觉很神奇，预示着有什么事情要发生。（板书：神奇）

师：哈哈，你们好了不起，知道了这么多世界著名画家的名字，而且还感受到画面带来的气息。言归正传，这位画家，虽然并不是全世界所有人都知道他的名字，可全世界的小朋友们应该都认识他。他就是获得世界安徒生插画大奖，而且几乎把世界所有儿童图书奖项都收入囊中的安东尼·布朗，今天他就坐在台下。
（学生出现惊喜状）

2. 围绕题目，猜想书的内容

师：安东尼·布朗把这十张图片组合在一起，选了其中一张做封面，编成一本书。你们猜猜会是哪一张？

生：我估计是选小猴子爬城堡这张吧。他顺着绳子爬进去，会发生什么？挺奇妙。
（板书：奇妙）

生：我帮刚才那位同学纠正一下，画面里的应该不是小猴子，而是小猴子的亲戚——小猩猩。而且小猩猩爬的也不是绳子，而是长发辫子。接下来我说自己的观点，我认为不是这张，而可能是用大鲨鱼追赶小猩猩的这张图做封面，因为太刺激了。而刚才这名同学说的，我估计女孩都会选择，有辫子嘛！（笑声）

师：你瞧，你们的性别不同，理解也不同。选择做封面的理由也不同。作家选择的是这第二张，众多人物在船上的这一幅，并起的名字叫《威利的奇遇》。他用的是"奇遇"。你怎么看呢？

生："奇遇"就是说在一个地方遇到了一个奇怪的事。（学生边说边到黑板板书：奇遇，教师引导学生用思维导图的方式，连接各个词语。）

生："奇遇"就是冒险的意思。（学生板书：冒险）

生：是指经历好多好玩的、有趣的、奇妙的事情。（学生板书：有趣）

生："奇遇"就是遇到意想不到的事情。（学生板书：意想不到）

生：我觉得应该从两个方面分析，"奇"就是奇特、意想不到；"遇"就是冒险，应当是一个人经历了自己从来没有经历过的事情。（板书：奇特）

师：刚才这位同学把"奇"和"遇"拆分了理解，把之前同学们发言说的内容进行了组织、编制。多有意思呀！其实前面我们观察 10 张图片的时候，你们的理解已经是"奇遇"了。瞧，我们在见到封面和题目时，可以抓住题眼，把你的猜想和联想写在一个便签上，在阅读的时候做一个比照，这样的阅读也是"奇遇"呢！

3. 观察第一幅图，猜想图书

师：那就让我们带着这些猜想，每个人都把自己当作威利，一起去——

生："发现奇遇"！（课件出示，学生一起呼出）

生："每个星期我都会走进这一扇门，遇上一些不可思议的事，经历一次次妙不可言的冒险"来吧，让我们一起再去见识见识。（学生朗读书中的导读语言）

师：这句里有两个词语，有意思。

生：一个是"不可思议"和"妙不可言"。

师：如果这两个词语，写在黑板上，怎么分类。

生：不可思议是经历的过程，所以，我将"不可思议"写在刚才解读"奇遇"的一栏里。是一次次"妙不可言"写在另一边是对奇遇结果的感受或评价。（学生给掌声）

师：问题来了，是真的不可思议吗？怎么就说是妙不可言的？下面就让我们从封面选取的这张图片看起，说说你奇遇到了什么？（出示金银岛图片）

生：我发现这是在海上，估计是一艘海盗船。你看船上的这些人，好像好干什么坏事。

生：我发现啤酒桶里有个小猩猩，估计就是威利，他头上顶着一个苹果。

生：我发现这里面有个头儿，带着黑色的帽子，座位下是用书做的。

师：你很会发现细节（板书：细节）。真是蛮奇怪的，如若你们所说，这海盗船上的人跟书有关吗？我们一起看看旁边的文字。像这样的图画书，文字和图画好比双人探戈，两者互为补充，缺一不可。请你们读读这段文字，看看你又奇遇到了什么？

生：（读文字）"有一次我走进一扇门，发现自己成了一名水手，正乘着船寻找宝藏。我们有一张地图，宝藏就应该藏在一座岛上。我饿极了。我发现一个装苹果的木桶。没错，我想拿一个苹果。我藏在木桶里，听到外面有一个叫独腿西尔弗，正跟几个同伴嘀嘀咕咕，只听他一旦找到宝藏，就把船上当官的都干掉，宝藏就归他们了。随后他命令同伴在木桶里拿一个苹果给他。不说你也知道，我有多害怕，我想从木桶里跳出来逃走，可是我被吓傻了，那个水手的脚步声越来越近，这时……你觉得接下来会发生什么事呢？"（配上一段惊悚的音乐。该学生朗读后，直接问其他同学接下来会发生什么事）

生：天，好恐怖，我觉得可能那些水手拿苹果的时候，发现了威利，然后把他揪出来，问他在那儿干什么，说不上会杀了他？

生：这样的结局不好玩了。我想在这个时候水手可能突然碰到一件事，注意力被吸引到别的地方了，没有去拿苹果，这才有趣一些。

生：有可能威利突然发现水桶底下有一些机关暗道，逃走了。

师：你们三个同学刚才都用了这个"可能"，蛮有趣，那就是接下来的情况还有其他可能。请同学们图文结合看看你奇遇到什么？

生：啊，我估计文字中的那个叫"独腿西尔弗"的船长就是图中的这个戴黑色帽子的船长。

师：不错，你结合着，让图画中的人物有了名字。（板书：人物）

生：我发现这段情节跟一本书有关，好像《金银岛》。对，就是《金银岛》！（板书：情节）

师：天啊，真是奇遇！你问问同学们，看看他们是否确定！

生：一定是这本书。书中的人物就是叫这个名字。小说故事的地点也是在海盗船上。而且，威利就是书中的主人公吉姆。这个情节很令人紧张，当时船长说不吃苹果了，要喝白兰地酒，吉姆逃过一劫。如果真是同学们刚才说的那样，那么，故事就不能开展下去了。另外，画家在画面上画上去的书，也是提醒我们，这些内容跟一本书有关。（掌声）

4. 依照方法，图文结合，自主发现其余的书

（1）小组合作，发现第二本书。

师：真是妙不可言！你们从"细节、人物、情节"发现了这本书。那么，请同学们图文结合，看看第二幅，你奇遇到的是哪本书？注意，要至少说出"情节、人物、细节"等三条理由。小组讨论一分钟，之后谈发现。

生：我代表我们小组发言。我们发现这本书是《鲁滨孙漂流记》。因为，这张图片中展示的情节就是这本书中的。而且图上出现了鹦鹉和小狗两个人物，它们都是书中陪伴主人公的。我们发现一个大脚印的线索。这个脚印就是星期五的。文字也能看出这条线索，说每到星期五，鲁滨孙都会刻上记号，这让我们想起了书中的另一个人物——星期五。基于这细节，所以，我们认定这本书就是《鲁滨孙漂流记》。

师：你们说话用因果或"果因"句式回答，有理有据，真好。不仅说出三条理由，还发现了另一个密码——"线索"。是啊，抓住线索，顺藤摸瓜，又找到了一条依据。（请该同学板书：线索）

师：请同学们再次读读文字的最后一个自然段。告诉你故事的结局了吗？

生：没有。他给我们设了一个悬念，让我们去猜想结局。（板书：悬念）

生：我还要补充，不仅仅是文字的结尾，刚才我们所发现的"情节、人物"等作家都没有直接告诉我们，都是我们在联想猜测中发现的。

师：哈哈，真是奇遇！此刻，安东尼·布朗就在下面坐着，我们一会儿跟他对接、交流，问一问他是不是这样设计这本书。

生：不过每一幅图都是一本书的想法，可是我们的专利，安东尼·布朗可没有直接告诉我们。（笑声，掌声）

（2）运用方法，发现其余八本书。

师：发现了作家推荐书的这些密码，那我们就来做一个快速抢答。让我们跟着威利穿越后面的八扇门，看看你能不能猜出是哪本书？小组继续讨论，别忘了图文结合。给你们三分钟，每个小组至少发现三本书。选一个主持人，主持抢答环节。

生：（学生当主持人）非常荣幸，大家选我当主持人。给每一个组机会，答对了赠送清华附小百本经典必读书单。现在我数一个倒数，五、四、三、二、一……好，按照安东尼·布朗的顺序，把这些画放在这里了。来抢答！

生：第四幅图是安徒生童话的《打火匣》。

生：第八幅是《莴苣的姑娘》

师：停，问一下，谁的童话？

生：是格林童话（掌声）。

师：你怎么记忆这么准确？

生：其实我早就看过，翻译到中国有好几个名字，除了《莴苣姑娘》还有叫《长发姑娘》或《长发公主》。我比较喜欢长发姑娘，给我神秘感。你看，威利手拽着公主的长发，要去城堡里见她。

师：哈哈，哪一位王子或男孩不喜欢神秘又充满执着的爱情故事呢？未来，你也会遇到一位最美的姑娘。

生：第十幅是《木偶奇遇记》。

生：我发现第五本是《小飞侠彼得潘》。

生：第三本是《侠盗罗宾汉》。

生：第四本是《打火匣》。

师：暂停，再问，谁的童话？

生：安徒生的！

师：嗯！你不仅发现了一部伟大的作品，还发现了背后伟大的作者。

生：第七本是《爱丽丝漫游奇境》

生：第九本是《柳林风声》。

（3）聚焦《木偶奇遇记》和《小飞侠彼得·潘》。

师：我们可以在这八本中选两本书，聊聊。比如《木偶奇遇记》蛮好玩的，正好是你们这个年龄段最爱读的。同学们，我们来比较一下好吗。左边是原著中的插图，右边是安东尼·布朗的创作。有什么不同？

生：主人公匹诺曹的形象，一个是人，一个是猩猩；一个是游泳的猩猩，一个要被冲进嘴里、被吞掉的人。

生：原著插图中的鲨鱼非常凶猛，显得很血腥。其实不一定适合女孩看（有的女生噘嘴，喊着"那可不一定"）。安东尼·布朗先生画的鲨鱼比较温和。虽然两条鲨鱼嘴巴都是张的特大，但是安东尼·布朗先生画的鲨鱼的牙齿没有插图中的那么尖利，让人感到温暖。（在思维导图上寻找位置，板书：温暖）

生：我还发现安东尼·布朗先生画的这幅图，鲨鱼头上画的是云，右上角的海鸥也变成了一些书。左边这张图显得非常的黑暗，右边那张图天显得很蓝，暗示匹诺曹会得救，给我们带领希望。（板书：希望）

生：我觉得安东尼·布朗先生是知道这是给我们小孩子看的，所以右边的画面比较卡通，比较适合儿童阅读。有位作家说，故事要源于生活，要高于生活，是不是这个道理呢？

生：安东尼·布朗的画很有意思，他借鉴了原著中的图，但是他创作的图，又会让你不会感到那么恐怖。要经历让人意想不到的冒险，但不能把你真的吓坏。匹诺曹不诚实，老犯错误，所以安东尼·布朗设计的时候，也惩罚了匹诺曹，但也给了匹诺曹机会，没有让你感到绝望。（板书：借鉴）

生：下面我来总结一下，一个伟大的作家，他在创作的时候，不是原样照搬照抄，而是在尊重原来作品的基础上，有所改进创新。

师：于是你会发现，这书、这色调、这场景给你了这样一份柔软。我们才发现，好的图画书绝不会将作者的观念强加于人，而是通过故事和场景的设置让你水到渠成地获得一份体验。说过了图，我们再来说说文，同学们看原著，你细读一下原文："我太不幸，没有人救我"，这个倒霉蛋没人管。安东尼·布朗在创作的时候是这样，同学们读读试试，"救命啊，我有气无力的喊着"。你有什么发现？

生：安东尼·布朗先生图画得好，文字也好，图和文都能够在尊重原作的基础上进行创新，太了不起了，怪不得能够获得世界安徒生插画大奖。

师：每个人都是曾经的匹诺曹。谁不会犯错误，知错能改，善莫大焉，我们应该给他力量，给他成长的空间。多好啊，谢谢刚才那个同学的分享。

生：我想谈谈第五本《小飞侠彼得·潘》。我发现图中个子比较高的人是书里的海盗船长，底下那个穿着蕾丝草裙的人就是小飞侠彼得·潘。

生：我是从一句话中发现小飞侠彼得潘的，"我是青春，我是快乐，我是永远长不大的孩子"。

师：啊，你怎么对这句话感兴趣？

生：这句话是小飞侠说的，他不愿意长大。我当时读这本书的时候，一下子就记住了这句话。生活中，我们常常要写那么多课外作业，爸爸妈妈还要给我报那么多班儿。我希望自己像小飞侠一样，永远长不大。

师：是啊，我读到这本书的时候，这句话就像小太阳一样，照耀并触动了我。我发现安东尼·布朗也把这句话放上，我特意把这句话刷红了。你懂我吗？

生：您是希望我们永远保有快乐，永远拥有童心，去掉烦恼吧。

师：握手啊。你是我的知音啊。每一个人心中都住着一个彼得·潘。我希望你们，永远长不大，即便长大了，也要做长大了的儿童。这经典的语言，就是书中的灵魂，只要把这句话加入，我们一下子就猜到——这经典的书就是《小飞侠彼得·潘》！所以，好的书，有时就用一句话，就能让你记住，并且爱不释手。那让我们朗读这句话、记住这经典的语言，并把它送给自己。（板书：语言）

生：（全体朗读）"我是青春，我是快乐，我是永远长不大的孩子"。

师：1904 年，诞生了这部童剧，原名是——

生：Peter Pan：The Boy Who Wouldn't Grow Up. 意思是彼得潘：一个永远不愿意长大的男孩。

师：中英文对照一下，翻译到中国，你喜欢哪个题目？

生：我喜欢原题目，这直接体现了作家的思想。也把书中要表达的核心在题目中呈现出来了。

生：我不觉得。《小飞侠彼得·潘》的名字会更让我产生联想，这究竟是怎样的故事？这是一个怎样的小飞侠？读了书名，我就有往下看的冲动。

师：啊，一千个读者——

生：一千个哈姆雷特。

师：你是怎么知道这句话的？

生：我看过一本书，后面推荐语中写了这句话"一千个读者心中就有一千个哈姆雷特"。意思是，不同的读者就有不同的想法。但不管怎样，要永远保有一颗童心。

师：为自己鼓掌！你们就这样奇遇到了十本书！在书的扉页上，安东尼·布朗为了这份创作，表达了这样的心声——

生："仅以此书献给所有的伟大的作家和插画家，是他们激发我创作绘本的灵感"。

师：这句话告诉我们，一个高贵的作家是知道自己的创作是在前人的基础上的。威利为了表达对你们的祝贺，手捧着这十本书送到你面前，让我们一起把这十本书的名字呼喊出来。

（4）整体回放，再次发现十本书的奇妙之处。

师：了不起，这十本书，享誉世界，被各国的少年儿童喜爱，并且很多都被改编成电影，有的还翻拍多次！现在我们就把这十本书放在一起，整体让威利再次穿越，看看你又有怎样的发现？

生：我发现这十本书组成了一本书，名字叫《威利的奇遇》。用了"有一天，又有一次"这样的连接词连起来的。这也是整本书的线索。

师：啊，威利穿越的这基本书的顺序可以调整吗？

生：我觉得可以调整。可能按照他阅读的顺序排列的，也可能有其他原因。但作家重要的目的是推荐这十本书吧。

生：我还发现威利替换成为不同书中的主人公。

生：这也是悬念，我们都可以把自己想象为威利，都可以当里面的主人公。这也是安东尼·布朗推荐阅读的妙不可言之处。

师：这样看来，作家整本书的设计，无论从文字到图画，都藏着悬念！安东尼·布朗推荐的书都是非常有名的，推荐的方式也很特殊，不是直白逼迫你去读，而是把你带入情境，让你身临其境。那么，这些主人公都有怎样的特点？安东尼为什么向我们推荐这些书？

生：比如鲁滨孙吧。他在荒岛上寂寞孤独生活了几十年，靠一把斧头，一把枪，取

火，播种，盖房，一点一点构建家园，克服了常人无法想象的困难，多么勇敢坚强！（板书：勇敢、坚强）

师： 你们知道吗？他每一天晚上都要读一本书，用书安慰弥补自己的恐惧与孤独。

生： 是《圣经》！

师： 经典的书，不但影响你的人生，可以拯救你的人生！

生： 我想说说匹诺曹。他懒惰不愿意读书，还撒谎，可是经过一件件被骗、遇险等的教训后，他真正认识到自己的严重错误，变得诚实了。这可能是安东尼推荐这本书的原因吧。（板书：诚实）

生： 我在《柳林风声》中感受到鼹鼠、獾等对自己的朋友蟾蜍不离不弃，帮助他，包容他的缺点，最终获得了真正的友谊，这是多么难得！（板书：包容、友谊）

（5）学生采访安东尼·布朗。

师： 是啊，是啊，这些经典的书，每一个主人公的经历无不诠释着人在成长过程中所要经历的坎坷、考验，虽有冒险，但最终会被正义善良等美好的人性光辉照耀一生！（板书：正义、善良）到此，你有什么想法，要问问安东尼吗？让我们请出安东尼·布朗先生。（安东尼·布朗先生起身向同学们挥手致意）

生： 安东尼·布朗先生您好，您在创作这本书的时候，是什么样的感受呢？

安东尼·布朗： 这是让我感觉最高兴的书之一。它给了我一个机会，向大家推荐我小的时候喜欢的那些书，给我机会为这么多书做插图。看到你们上课，又给了我非常多的启发，我真希望自己小时候能在这样的课堂上有这样好的老师。（热烈掌声）

生： 安东尼·布朗先生听说您这本书是在你 70 岁的时候创作的，您为什么要在 70 岁的时候创作呢？

安东尼·布朗：（哈哈大笑）我还没到 70 岁，不过也差不多（当时 69 岁）。但是之前我创作过很多关于威利的书，我创作了一本叫《威利的画》的书，是关于威利喜欢的很多的画。我还创作了一本关于威利的梦的书，书的名字是《梦想家威利》。以前，我经常告诉大家，我不是威利。现在当我快 70 岁的时候，我现在认识到我是威利。

生： 您真的非常像威利。

安东尼·布朗： 真的？谢谢这位可爱的小朋友！今天的对话太有意思了。

生：安东尼·布朗先生，请问您创作这本书是为了什么？

安东尼·布朗：我创作这本书的时候，我非常开心。非常幸运的是，我现在做的工作，别人都会付给我钱。这是我从小的时候就喜欢做的事情。而且我也很高兴来向大家推荐这些非常有名的书。而且我也想鼓励没有读过这些书的小朋友，能够来想象这些故事的结尾。

生：我想知道您在创作这些书，画这些插画的时候，心情是什么样的？

安东尼·布朗：当我创作这本书的插图的时候，就把自己当成孩子来画画。但我总是感到非常失望，觉得它没有达到我想要的那个程度，我总是想画得更好。当你成为作家、插画家的时候，你会觉得这些会变得更容易，但是有时候还不是这样的，我们总是在挣扎，总是在奋斗。但是现在当我回过头来再看这本书的时候，我觉得还是挺好玩儿的。

师：同学们，其实你发现没有，刚才安东尼·布朗先生说了他在创作的时候有挣扎、有失望，还说了一个词"好玩儿"，人生就跟阅读一样，有这样那样的艰难，但是人生也许就让你这样意想不到，你才会有一种阅读的味道，就是这样不可思议，但却妙不可言。

（二）创作：自己喜爱的一本本经典之书

师：刚才，同学们通过与书对话、与作家对话，学习了安东尼的推荐书单的方法。在生活中，老师、同学、朋友也经常会需要我们为大家推荐书单。

生：是啊，学习了安东尼的方法之后，我们可不能给个书名就得了，也得想想办法怎样让我们的推荐吸引读者。以前我们做书签、读书海报时，只是把书的主要内容，以及书中的插图照着画下来而已。安东尼先生的推荐方法的确会激发我们阅读发现的兴趣。

师：下面，就请同学们选择一本自己喜欢的经典图书，模仿作家的方法，推荐书单学生小组合作，进行"创造奇遇"的动手实践活动：先选择喜欢的书，确定某个情节当作导读，然后依据情节作画，图文结合，互为补充。（板书：创造。为学生准备形式与书中一样的任务纸、各种各样姿势的威利图卡、画笔等学习工具。教师出示以下秘籍）

（1）秘籍一：选择或改造威利形象，当作书中主人公。

（2）秘籍二：制作步骤提示。

 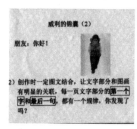 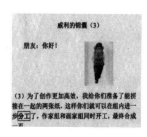

威利的锦囊（1）。

组内同学先用1至2分钟时间，确定所画的情节和细节元素，一定要选取那些书籍中的经典情节，让人一下子就联想到书的内容。

威利的锦囊（2）。

创作时一定图文结合，让文字部分和图画有明显的关联，每一页文字部分的 第一个字 和 最后一句 ，都有一个规律，你发现了吗？

威利的锦囊（3）。

为了创作更加高效，我给你们准备了能拼接在一起的两张纸，这样你们就可以在组内进一步 分工 了，作家组合画家组同时开工，最终合成一页。

（3）秘籍三：小组合作完成。

> 创作提示
> 内容：结合一本书的某个情节来设置悬念。
> 分工：小组有的创编情节，有的创作图画。
> 方法：先图文并茂创意，后声情并茂展示。

（三）分享：同伴创作的一本本经典之书

（该环节采用了两种形式。一是可以按照安东尼原创的意愿，把这十本书推荐给5—8岁的小朋友，让他们产生阅读兴趣；二是学生借鉴作家的手法创新，进行二度推荐）

1. 分享给低年级小朋友，引导发现《威利的奇遇》

师：安东尼·布朗他在这本书上做了说明，他建议推荐给5到8岁的小朋友。刚才我们是以赏析和创作的方式来发现这本书的妙不可言之处，如果现在我们就把这本书推荐给低年级的小朋友，低年级的小朋友到你面前，你觉得这些书里面哪本最合适他们，你打算怎样讲给他们？当然，推荐自己喜爱的作品也可以哦！

（一年级学生上场，五年级学生们小组形式，给一年级的一个班的小朋友们用多种方式分享，时间大约 10 分钟）

师： 来让我们检验一下五年级同学，你们推荐的如何。（让高年级同学主持该环节）

主持人：（五年级学生）我只问一年级小朋友，你们最想读哪本？

生：（一年级学生）最想读《爱丽丝梦游奇遇》。

主持人： 你发言很好啊，他最喜欢读的《爱丽丝梦游奇遇》。你去书架找找吧，去寻找你喜欢的这本书。一年级同学中还有哪个同学分享的特别愉快。

生：（一年级学生）我最想读《鲁滨孙漂流记》。我觉得很有意思。

主持人： 有意思，你怎么知道的？

生：（一年级学生）里面有很多冒险的事情，很有意思。

支持人： 冒险？是小姐姐给你讲的？

生： 是的，谢谢小姐姐。

主持人： 你快去找你的冒险吧。

生：（一年级）我最想看《木偶奇遇记》。我觉得那个冒险特别可怕。

主持人： 如果你可以冒险，你想去哪？

生：（一年级）鲨鱼的肚子，我吓得直哆嗦。

主持人： 谁给你讲的呀，让你这么哆嗦，这么刺激。

生：（一年级）这个哥哥。

主持人： 他讲的有什么特色。

生：（一年级）觉得他讲的有感情。

师：（教师见缝插针）哦，有感情，这叫"声情并茂"。

生：（一年级）他一边讲，还随时向我提问。

师： 他提完问题后，有没有告诉你答案？

生：（一年级）我自己猜出来。

主持人： 你有没有想到什么方法？

生：（一年级）不太了解，能告诉我吗？

主持人： 叫"设计悬念"（笑声）。

生：（一年级）我记住了，谢谢你。

师：他挺会总结方法，感情朗读，像刚才那两位同学那样，要提问题，不是找答案。

生：（一年级）我觉得哥哥讲得特别好，我最喜欢《打火匣》。

主持人：你把这个童话的名字再说一遍，《打火匣》。是你知道的故事还是你对面的哥哥讲给你的？

生：（一年级）是我们班同学在课前三分钟的时候讲给我们的。

主持人：哥哥没讲？

生：（一年级）没讲。刚才简单讲了一下，他就讲了《爱丽丝梦游仙境》。

主持人：你自己最喜欢《打火匣》。不管怎么样，他推荐他喜欢的书本也没错，你喜欢你自己想要读的书本也没错。你能不能给他做点评，他推荐有什么特点？

生：（主持人）这个哥哥推荐的时候特好，他不断给我和别的同学提一些问题，比如说他让我在兔子洞里找一些跟爱丽丝梦游奇遇符合的一些物件，他讲的特别引人入胜。

师：（见缝插针）这个小朋友连《打火匣》都没发音好，但是他却告诉我们什么叫讲故事的时候引人入胜，推荐给别人阅读的时候，也让对方引人入胜。创作一本书的时候也是引人入胜。老师太激动了。

生：（一年级）我最喜欢的书是《金银岛》，因为我喜欢那里面的苹果。

师：你是想吃那个苹果？

生：是（大笑）。

主持人：是哥哥给你引读的好，让你有想吃的欲望了吗？其实小苹果也是一个小小的道具，最后也会引人入胜。

师：刚才都是一年级谈，我们让一个五年级同学谈谈，他们做阅读推广人的心得体会，我们找几位，现场陈词。

生：（高年级）我认为在给他们分享的时候，应该不要讲得那么详细，不是把故事内容全部说一遍。因为我是跟两个同学一块讲，所以我要找一本两个人都没读过的书，这样他们两个都有一些新鲜感，我觉得就是这些。

生：（高年级）就是先让他看这一页，让他看一下他想了解哪本书，然后再把他想了解的那本书讲给他。

生：（高年级）因为我对着的是位女生，我给他挑了一个女生喜欢的《莴苣姑娘》。

师：你确定女孩子不喜欢《侠盗罗宾汉》？你应该在选择的时候，让她来选择更好。

生：（高年级）再给一年级的小朋友说推荐的时候，自己还能再回味一遍这个故事，并且回答他们问的不懂的问题，也是对这个故事做一遍新的思考。

师：你看你说得多好，我记得有一位作家说过，你读过你就忘记，你再重新读就记住，这个过程不是一般的分享，而是享受。

生：（高年级）这就叫教学相长。我给他讲的时候，我也读过那个《爱丽丝梦游仙境》，我还是有长进，我跟他分析我自己懂得一些新的东西。我俩是共同进步的。

师：所以你说"教学相长"，所以我们说"一起成长"。有一位作家说，阅读从来没有年龄大小，也从来不分你读过没有读过，好书总是不厌百回读，其实同学们想说的话有很多，这仅仅是阅读，仅仅是分享吗？

生：（高年级）这堂课下课后，我们可以像安东尼·布朗那样去创作属于自己的奇遇。

生：（高年级）但你在推荐书的时候，不一定非得把精彩的内容完全呈现，也可以图文并茂，或者设置一个悬念，或是引用一句经典的话。

生：（高年级）还可以模拟书中的某一个人，或者利用一个小小的道具。

（老师请同学们将这些方法写成便签）

师：一会儿下课后，一年级的同学可以把从书架上拿来的书带回班里，放到班级的图书角中，抽空阅读。五年级的同学可以这些阅读方法，拿回去张贴在班级的板报上，如果再想到一些方法，还可以不断补充，形成班级的读书长廊，分享给其他的同学们。在清华附小每年读书月的活动当中，你们做的那些推荐书单，如果把这些方法用上去，把安东尼·布朗的方法加进去，真的是锦上添花。

2. 小组合作创作并推荐新的书

师：同学们，创作过后，让我们分享一下大家的作品吧。我们再请一位同学来主持这个环节。

生：（学生当主持人）我也很高兴作为这个分享环节的主持人。哪个小组最文明，我就先请哪个小组来分享。好，请上第一个小组。

生：（第一小组的同学）大家看这一幅，我不告诉你是哪本书，你一定看图就猜到了吧。

生：你依然选择了小威利的形象。借着这个形象，你又选择了书中的关键人物，这本书一下子就能猜出来，是《白雪公主》，一眼就看到白雪公主啦。

主持人：还有一幅，这是？

生：你们猜一猜？

生：《三只小猪》。

生：对，图画有关键人物，小猪。在推荐的结尾，我们也用了悬念做结尾"我会被狼吃掉吗？"

主持人：这个呢？

生：《西游记》，画面有关键线索，就是金箍棒。

师：好啊。同学们，接下来请继续分享！

生：这是我们小组的创作。里面藏了很多线索，猜猜我们推荐的是哪一本书？

（一个4人小组上台汇报）

生：那我为大家来导读。"我走进一扇门后，我去了朱克曼家的谷仓里，快乐地生活着许多我的同伴，而我变成了一只猪——威尔伯，当然还有我的蜘蛛朋友——夏洛，我们建立了最真挚的友谊。然而，未来我却要成为熏肉火腿！夏洛听了……"你们觉得我们小组的创意怎么样？（全体掌声）

生：我发现了一只蜘蛛。我断定是《夏洛的网》。

生：我觉得他们非常棒。他们发现了细节和书中的关键人物，请同学们给他掌声。

生：我们最后设置的悬念"你猜接下来发生了什么事？"，这也是让你们去想象。

师：掌声再次送给这组推荐人。《夏洛的网》这本书是多么温暖的一个故事，可以说四年级的同学可以读，一年级的同学也可以读，六年级的都可以找到不同的味道。（第三个4人小组上台汇报。）

生：我们创作的推荐书单，你一眼也会猜到吧。

生：是《老人与海》。

生：再看这一幅，请看我们创作的画面最明显的是一只怎样的鸟？这是世界文学史上第一部，也是唯一一部获得诺贝尔文学奖的童话作品。作者是瑞典女作家塞尔玛·拉格洛夫。你们猜猜是什么书。

生：我知道了！这是《尼尔斯骑鹅旅行记》。

生：从画面和文字上也能猜到这本书。耶！

生："有一天，我走进一扇门，发现自己正在一个牢房里。门外是一个面目可怕的日本人，我不敢说一句话。我看着日本人残害着中国人，鲜红的鲜血满地都是。我不敢上前去，因为我连自己的命都保不住，更何谈拯救他人呢？此时，我看见了祁老爷，接下来会发生什么事情呢？"

生：大家从文字中发现了什么细节呢？

生：我发现了一个人物，就是祁老爷。还有就是日本人残害中国人，还有牢房。我猜测这是《四世同堂》。这里面是威利化作了"祁瑞宣"，他被关进了牢房里。

生：你说的很对，大家给他掌声。大家可以再看看我们创作的画。

生：这是一个抽象画。但还是能看见写实的鲜血啊。

师：（见缝插针点评）老舍的现实主义小说《四世同堂》他画成了抽象画。鲜血的红色的意象，给我们以震撼。继续。

生：你们觉得我们创作的如何？

生：我发现了威利化作了一个小姑娘，手里拿着一个小筐。还发现森林里有一只大灰狼。

生：我来导读"有一天，我走进了一扇门，我走在一个小路上，遇见一只大灰狼，他说，你看路旁的花多美，送给你的外婆吧？听后，小红帽想，要是能给奶奶带一朵花该有多好。你觉得，接下来会发生什么呢？"

生：我觉得是《小红帽》的故事，因为威利的头上还戴着一个小红帽。这里面威利是一个姑娘。

主持人：你们发现了吗？这里的"你们觉得会发生什么？"这些都在模仿安东尼·布朗的什么手法？

生：设置悬念。

（再请一个 4 人小组上台汇报）

生：这是我们小组创作的，我来读读语言"有一天，我走进一扇门，我躺在床上，睡不着。突然，门外传来了一阵哭的声音。我又仔细听了听，声音没有了。我又闭上眼睛。过来一会儿，门外又传来了哭的声音。我忍不住了，拉开门，走了出去。外面黑的伸手不见五指。我慢慢地走着，哭声越来越大。我寻着声音走了过去。推开了门。你猜我看见了什么？"

生：从语言中我们知道你看见了一个男孩，他是《秘密花园》中的关键人物！而且你们画面的色彩、环境的呈现，都揭示出来，一定是《秘密花园》！

生：我们组设计的是一个绘本，也是安东尼·布朗写的。具体的内容是"有一天，威利在沙发上睡觉，觉得太无聊了。突然他面前出现了他无数次要穿越过的时光门，他便穿越过去。他来到一个足球场，他没有足球天分，正在他迎接一个足球时，足球不听使唤，四处乱撞，他也被撞飞了。眼看球要飞进自己的球门了……接下来会发生什么呢？"大家猜猜这是哪一本书？

生：《大英雄威利》。

生：请同学们看图，这是什么地方？威利围着的围巾师什么颜色的？还有哪个细节提示你是哪本书？

主持人：谁来替这个小组读读导读部分？

（再请一个 4 人小组上台汇报）

生："有一天，走进了一扇门，发现自己站在一个美丽的星球上，一个人在我旁边不停地开灯关灯，我很奇怪，于是就去问他：'你好！你为什么在不停地开灯关灯呢？'……"

生：这本书是《小王子》！而且你们特意把小王子最喜欢的玫瑰画上了，真是匠心独运。

（再请一个 4 人小组上台汇报）

生：我们小组推荐的这本书中有一个重要的人物，我不说他的名字，你们一看应该就能猜出是谁。（学生齐说"稻草人"）我们选择的方式与安东尼先生不同。你觉得我们创作的奇妙之处在哪里？

生：导读的悬念之句，用美术体进行了设计，有创意！稻草人及后面的背景画面鲜活，带我们走入了书中的世界！

（再请一个 4 人小组上台汇报）

生：我们设计的这本书是什么？请哪位同学读读导读语？（学生读"有一天早晨，我走进了一扇门，我来到了纽约地下的广场里……"）

生：哇，是《时代广场上的蟋蟀》！你们还画了亨利猫，真是惟妙惟肖。

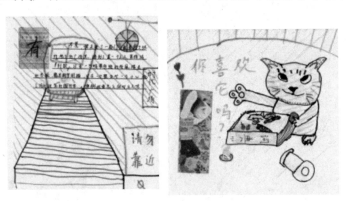

（再请一个 4 人小组上台汇报）

生：想必这本书你们一定喜欢！"有一天，我走进一扇门，在伍德的教导下，我学会了骑笤帚飞天！……"

生：哈哈《哈利波特》！光看图中的飞天扫帚就知道啦。

生：读过的请举手。（班级三分之二的同学举手）

生：这套书一定回去好好读，一共有 7 本，太有意思了，强烈推荐。

师：感谢同学们，通过动手实践，你们赋予了你们所推荐书精彩的导语、生动的形象，当我们全班同学，把自己喜欢的推荐书目加以归类，比如童话、小说等等，然后把这样的一类推荐的书订在一起，就会像安东尼·布朗这样，编成了一本书。你也会拥有一本自己的《威利的奇遇》。

3. 超越创新，总结升华

（1）超越拓展。

师：我们学习模仿安东尼推荐书的方法后，就在清华附小迎来百年华诞之际，六年级的同学，学着安东尼·布朗的方式，创作了一本书——《丁香娃娃奇遇记》。我们也请上他们，来谈谈体会。

生：我们超越了安东尼·布朗，不再用"威利"了，而是用了清华附小的丁香花化喻的"丁丁"和"香香"。创作了这样一本奇遇记《丁香娃娃奇遇记》！

生：这里根据我们自己的理解、自己的形象、自己的奇遇进行创作。

师：知道吗？竟然创作了清华附小 100 本必读书！这些都是世界经典图书，都装进了这本《丁香娃娃奇遇记》。所以，亲爱的同学们，在清华附小的校园里，到处都是高年级为低年级的书单，甚至也有"长满书的大树"。

（2）总结升华。

（围绕黑板出现的所有语词进行梳理，理清逻辑，并升华）

师：从我们最初发现的十本书的过程看——现实生活中总会与一本本书相遇。

生：即使这路上会有遭遇，但我们还是会……充满奇迹。

师：在这虚拟的世界里，带着这样的奇迹，我们总会感到……

生：不可思议。

生：妙不可言。

师：但是，从我们奇遇后的感受看——读书的过程，正是自己获得的……

生：诚实、勇敢、正直、勇气、温暖的过程。

师：于是在这些的阅读里面，我们遇见了未知的……

生：自己。

师：但我们也愿意，把这些好的感受分享给朋友。所以，最终我们因为感谢的是……

生：我们自己。

师：是因为你们懂得……

生：阅读就是奇遇。

师：你们与窦老师也是一场……

生：奇遇。

师：而我们的奇遇又都是因为……

生：阅读。

师：所以，阅读就是……

生：奇遇。

师：亲爱的同学们，阅读吧。因为，阅读就是在构建你的第二重生活。一起说吧……

生：阅读就是奇遇。

师：阅读就是……

生：奇遇……

[反思]

阅读就是奇遇

　　阅读就是奇遇。与书相遇，与热爱阅读的人相遇，与书中更广阔的世界相遇，阅读便成为妙不可言的奇遇。

1. 奇遇缘何开始

执教《威利的奇遇》一课，是在 2015 年北京国际儿童阅读论坛上。选择这本书，在题材选择上是颇费心思的。国际儿童阅读论坛，不管每年主题有何不同，弘扬阅读都是永远的主旋律。作为一名阅读推广人，让孩子们爱上阅读是我的夙愿。《威利的奇遇》一书，以大猩猩威利分别进入十本书中的情境为线索，巧妙地将 10 个经典儿童故事融入书中，可谓引人入胜、书中有书。且不论这本书本身多么有趣，选择这样一本绘本，至少起到了荐书的作用。

2. 品品奇遇的味道

主题教学一直强调遵循文本自身特点开展教学，即什么样的文本，要还它自身所具有的"味道"。《威利的奇遇》的独特之处在于它是书中有书，它以对经典儿童故事的引荐为主旨，希望激发儿童的阅读兴趣。《威利的奇遇》一书适合 5～10 岁儿童阅读。基于受众特点和创作主旨，对这本书的教学可以采取不同年龄段共读一本书的策略。高年段学生在向低年段学生推荐这本书的同时，也有书中推荐的十本书，共同分享奇遇，奇遇便借由阅读的翅膀而生发开去。同时，因为《威利的奇遇》是一本绘本，对这本书的教学也不能脱离绘本自身特点，要把握图文并茂的特点，从图画和语言文字中发现奇遇。

3. 走入奇遇的每一步

本课是一次奇遇之旅，分为发现奇遇——分享奇遇——创造奇遇三个板块。为了更好地体现书籍传递的力量，高年级与低年级共上一课。在"发现奇遇"板块中，五年级学生在学习绘本鉴赏的同时，对绘本中推荐的 10 本名著也进行了品读和回味，师生通过分析人物、情节、细节，一道发现图文背后一个个的秘密，经历一次次妙不可言的奇遇。在"分享奇遇"板块，五年级学生向二年级学生推荐《威利的奇遇》一书所推荐的 10 本名著，高年级学生学会了推荐书籍的技巧，并将阅读的快乐传递下去；二年级学生初步感受作者独特的推荐方法，并与更多经典儿童作品相遇，激发"将奇遇进行到底"的阅读兴趣。在"创造奇遇"板块，学生与绘本作者安东尼·布朗现场对话，理解创作主旨，学习"图文并茂""巧设悬念"的推荐书籍的方法，将阅读的快乐传递给更多的人。

4. 感受奇遇的丰厚

群文主题教学是主题教学的经典实践样态之一。在将多篇文本围绕同一主题进行学习时，学生对于多篇文本信息的掌握和处理，需要更高效的方法和策略。围绕同一主题或同一方法进行同类或对比提取信息，也是主题教学自身的应有之意。在群文阅读教学时，根据文本的特征提取信息、筛选信息等处理信息能力是信息提取的基本能力，如何以各种方式提取的信息进行整合，以综合地链接学生的生活以及解决问题，是快速阅读更高的素养要求。将《威利的奇遇》中关于《木偶奇遇记》的画面与原著画面对比，体会绘本作者安东尼·布朗的别具匠心。将《威利的奇遇》中关于《小飞侠彼得·潘》的文字与英国同题材戏剧《彼得·潘》对比，通过朗读戏剧英文名称 *Peter Pan*：*The Boy Who Wouldn't Grow Up*，并将其翻译为汉语：一个永远长不大的男孩，感悟永远保有童心的可贵。

5. 爱上奇遇的美好

如果仔细看看，其实这堂课并不像一堂课。课堂上没有桌椅、讲台，我与学生们亲密地围坐在小方凳上。课堂也没有黑板，但学生们可以自由地在白卡纸上写下自己的感受。周围一个个摆满书的书架，让人感觉仿佛身在图书馆、徜徉于书海之中。甚至，连学生们的回答，也无须按照课堂发言的规矩。学生们在课堂上自由地探索，自主地发言，奇遇是这般的美好。这是儿童站在正中央的课堂，而我只是一个陪伴者。也许有人会为我的个人魅力没有得到充分发挥而感到遗憾，但我却深深喜爱并沉醉于这样的课堂。

绘本，还可以这样教。不同年段，可以共学。绘本，还可以这样读，从一本书到多本书，读出书中更广阔的世界，与他人分享阅读的喜悦。在阅读的奇遇中，我们的精神世界变得丰满起来、鲜活起来。阅读奇遇，乐在其中。

[点评]

阅读绘本的乐趣

世界著名绘本作家、《威利的奇遇》的作者 安东尼·布朗

《威利的奇遇》这堂课是多么的精彩！我在任何国家都没有看到过类似的课。我上学的时候还是几十年前，我已经很长时间没有回到学校。听了这一课，我被课

堂深深吸引了，我想重新回到学校。

　　阅读是非常有趣的。关于阅读的教学如果能够选择适当的材料，能够让人更加体会到阅读的乐趣。这一课选择了《威利的奇遇》这一绘本作为课堂的阅读材料，是别具眼光的。通过阅读这本书，可以接触到书中推荐的那些非常有名的书。

　　作为一个儿童绘本的作家和插画家，我常常在思考绘本的价值和意义。随着年龄的增长，孩子们一般被施加很大的压力，即应该把图画书丢到一边，转而去阅读文字，就好像这是成熟的标志和教育应该达到的新目标。但是我坚定地相信，阅读图画的能力和阅读文字的能力是同样重要。儿童书里面的插图是孩子们最先读到的图画，正因为如此，那些图画特别重要。我们在孩童那个年龄看到和分享的事物将会伴随我们一生。在最好的绘本里，插图所能告诉大家的和文字所能告诉大家的信息一样多。这些插图能起到这样的作用，并不是偶然现象。实际上，图画中各种物体的空间摆放、事物相互之间的关系、它的用色用光对于表达人物的感情和讲述故事都是非常有帮助的。阅读绘本，首先是阅读图画、发现图画。这一课，孩子们在课堂上有很多这样的机会，他们发现了很多图画背后的秘密，带给我很多惊喜。

　　绘本中插图和文字之间的空白，留给了读者很大的想象空间。我们现在活在一个视觉的年代，孩子们被电视、电影、视频等快速移动的影像进行视觉轰炸，但是没有时间来思考。看一幅图画是需要时间的，在时间中可以充分地想象。我的许多插画中都是用隐藏的视觉和影像来讲述部分的故事，并没有文字描述，而我看到，孩子们能比成年人更快地找出这些细节。我看到这些阅读绘本的孩子们还拥有那种可贵的天生的创造力，哪怕没有读过这本绘本中推荐的故事，依然可以大胆想象故事的结局。

　　一图抵万言。如果我们忽视这些图画，我们将变得比现在更加视觉无知。书中的插图能够加强阅读的乐趣，正是通过这些阅读的乐趣，书籍能够吸引更多的真正的读者，而这些读者是真正热爱阅读的。

　　我不仅想说读书对孩子非常重要，我更想说的是要让大家觉得读书非常有乐趣。如果能多一些这样的课堂，老师和孩子们一起快乐地阅读绘本，我相信阅读的乐趣会感染很多人、很多家庭。

【反躬自省】

为了破解工具性与人文性割裂、教学内容碎片化、教学目标不清、教学方式僵化等语文教学的困境，在近30年的语文教学实践中，我主要采用亲身实践、课例研究的方法，用一节一节的研究课，表达自己对于语文教学的探索与追求，形成了40余节，在全国范围内具有广泛影响的经典课例。

本章按时间顺序呈现了主题教学不同时期的、比较具有代表性的8个典型课例。这些课例涵盖了主题教学的四种基本样态：单篇经典主题教学、群文主题教学、整本书主题教学、主题实践活动，它们为我博士在读期间系统总结主题教学实践样态，提供了重要的实践依据。

特别是从这些课例中能够看出主题教学在发展变化中，不断实现着自我超越。早期的主题教学，如本章中所选的《游园不值》《晏子使楚》等，主题主要通过教师的文本解读生成，即：静态、预设式主题教学。以本章中所选课例《皇帝的新装》为代表的后期主题教学，主题是教师与学生在课堂教学的互动过程中生成，即：动态、生成式主题教学。主题教学前后期的变化，源于笔者不断更新的儿童观、教育观，体现了主题教学"儿童站在课堂正中央"的理念。

2015年2月，我到联合国参加中美知名校长论坛，2015年8月，我到芬兰参加第十二届世界校长大会，两度在世界级的舞台上分享中国基础教育的经验与成就。

每次当我将附小"成志教育"的育人故事和"儿童站在课堂正中央"的理念与来自世界各地的教育同仁们分享的时候，总是能够赢得潮水般的掌声。我想，这不是对我个人的赞美，而是对于"中国基础教育最强音"的肯定。

我的社会反响

——激励与鞭策

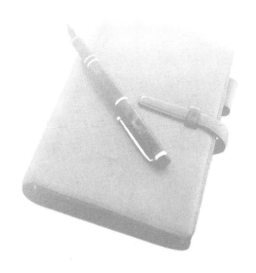

一、来自《中国教育报》的系列报道

（一）原汁原味窦桂梅

1. 教师领着学生在小河塘一样的课堂扎猛子，头上不撞个大包才怪呢

今天，全国正在全面推进新课程改革，效果甚是明显。当然，也有遗憾。就课堂来说，有些教师把"改"变成了"挖"。在课堂里围绕教材挖呀、挖呀、挖呀。挖的不是井而是一个个坑。一堂课，从来没有想过要让课堂这条船引学生走进广阔的知识与智慧的大海。而是一个劲儿地和孩子"挖"这个船头、船尾……一会想这个招儿，一会用那个招儿，把整个船身都研究遍了，可以说是黔驴技穷。这好比在小河塘里扎猛子，说不定会把学生的脑袋上弄个大包，学生被"拽"得死去活来——教学效果是茶壶里面翻波浪。最后，水都变成洗澡水了，还在那儿凿啊、抠啊、磨啊。（笑）

还有的教师呢，把"改"变成了"跑"。不是说课程改革要和生活紧密联系吗，不是要超越课堂吗，于是干脆弃"船"投"水"，让学生飞向课堂以外，甚至翅膀没有长，就让其奔向知识的天空。结果呢，可想而知。要知道，学生学得眼花缭乱，身心疲惫不堪。教育不是在沙漠上建构大厦，这种因噎废食要不得。

为什么会这样？老师们，除了教育制度的局限，也因我们没有深厚的学养，没有对教育，对自身进行过很好的审视和反思。我们教师自己的"学习力"不够，我就不够。所以，当教师的我们必须读书，必须不停地实践并反思。不然你只能领着学生守着"那个坑"挖呀挖，或者领着学生跑啊跑，离题万里——于是你最后说："同学们，上岸吧！"或者说："同学们，还是先回到岸上吧。"结果到头来事倍功半，没有获得真正实在的收获。所以，我们要努力让自己的思想与教学驾驭的课堂游刃有余。既有钻进去的力量，又有飞出来的底气；既要深挖洞，又能广积粮。

2. 巩俐和冰心都75岁的时候，谁漂亮

就读书来说，我不敢称自己是个真正的读书人，但我知道天下第一好事就是读书。我不能称自己是真正的知识分子，因为我底蕴与情怀不够。不过，我真的知道，

读书感觉太好了！人，尤其是女人，要想富有气质，真正地漂亮起来一定要读书，读书是最好的"精神化妆"。你穿再昂贵的衣服、买再高档的化妆品，这仅仅都是外在的修饰，经过岁月的打磨，还是会像电影《手机》里说的那样"产生审美疲劳"。一句话，要想保持内在的张力，读书就是最高档的身心保健品。一个人读书读多了，内心那个丰富呀，感受社会、人生、周遭的一切的时候，你的心魂就不一样。看书看多了，我觉得人生怎么这么有意思、这么多姿多彩。跟着作者和主人公痛苦的时候，我哭过了，化作了人生的一次沉甸甸的精神与情感的经历；你会不停地感慨，读到这样的故事觉得太幸运了，痛苦了一回，就是宣泄了一次——排毒了。（笑）一句话，你就觉得自己不止活过一回，而是和书中的男男女女一起，活了上百回、上千回，人生多带劲儿，那是生命的厚度和审美的愉悦啊。

我常想：75岁时的巩俐和75岁的冰心，谁漂亮？现在很多人都说："窦校长挺爱美的。"我说："对。"人家说："窦校长是这么年轻的特级教师！"我答："是。"别人提醒："你那么累，一定要注意身体！"我笑了："读书就是我的生活，也是我最好的美容健身之术。"读书滋润了我的内心，精神世界变得丰富了，人就舒展了，神经也展开了，自然会散发书的气息。有的老师每天皱着眉头，有的老师脸上乌云密布，孩子怎么可能星光灿烂呢？这样的教师教出来的孩子大多长不开，皱皱巴巴的，不信你琢磨琢磨。（笑）其实精神上的状态对生理有直接的影响。反正内心健康丰富的人，心灵就明朗，甚至眉毛、眼睛、脸都可"甜"起来，以至脸上写满阳光、写满淡定与从容。书籍就是这样滋润了我们的心灵，丰富着我们的世界，延续着我们的生命——所以，书，会送给我们一副有气质的美丽容颜，让我们变得高贵大气，呵呵。（笑）

3. 别把林黛玉讲得让学生恶心

我是语文教师，就一篇课文来讲，一个人的语文能力，不是老师"讲"课文"讲"出来的，而更多的是自己读书多，读出来的。在清华附小，我经常对老师们讲，教课的时候，你要当这篇课文是个例子，这一点很重要，但更要当它是个引子——发面的"引子"，时时刻刻想着：除了这篇课文，你还要引导他（学生）读哪些书，你还应该给他（学生）推荐哪些文章，做教师的怎么真正让学生拥有"运用知识的知识"，因此，有的课文不能紧揪着教材不放。我想就打个林黛玉的比方吧。林黛玉真可谓窈窕淑女，病胜西子三分，静如姣花照水。（做模仿教师上课状）"同学们，她到底怎么美，请大家一起和我从整体到部分进行分析。既然林黛玉整体那么美，部分怎么样呢？先看课文的重点段，就是林黛玉的'肺'，她的'肺'上有个'阴影'，就是重点词儿。研究半天，终于明白怎么回事了，然后总结这段写得这么好、那么好。接着让学生带感情读这段——读！读！学生皱眉头想，应该怎么读？怎么读能读出这个语气呢？"（严肃而沉重地）我在想，这不是学习语文，而是"做作语文"。我们学习语文的朗读，绝不是为了读而读，为了学习一种腔调而读。（接着模仿教师上课）"这还没完，接着还要进入次重点段，就是林黛玉的'胃'和'腰'。她的胃那么小，吃得少，所以杨柳细腰，所以那么迷人、可人啊。"

当你把文章一段一段解剖完了之后，还要回到整体："同学们，你们看，林黛玉就是这么美的！"学生说："啊呀，一点儿也不美了！"（笑）所以，我个人认为，有些真正的经典教材一定要尊重文本的规定性，从整体入手，真正地要"掘地三尺"好好品味。而有些教材，尤其是很浅白的白话文，也不必那么较真儿。如果，我们教师，课堂上讲一篇教材，作业回去完成一大堆——课内学习课外化，就成了真正的负担。现在孩子课外班又那么多，你指望他课后读那么多、写那么多，那么，请问，你课上干什么去了?! 因此，教师要想，怎样在单位时间内，给学生真正丰盈肥美的"食物"，而不是让他们饿着肚子找食吃。学生的厌学情绪哪里来的？有时就是我们一手造成的。有时我们不自觉地成了压抑他们成长的"罪人"。

4. 激情是装不出来的

一个孩子喜欢你，不是因为你脸上有多少褶皱，而是因为你的眼睛里有光彩、有神韵，目光能"抓人"，能"勾魂"。激情可不是体力活。年轻时，我的激情爱（方言，指容易）变成体力活。比如我高兴起来，上课就眉飞色舞，一下课，就感觉特别累——有些时候，觉得用劲儿过大，应该是自然的生命姿态才恰到好处。所以，我经常提醒自己适当再收敛一点，把握好一个"度"——随着年龄的增长，教师应该把激情化为自己最重要的精神气质。我相信自己会越来越好，会最终把气质化作一种气象。

但无论如何，在孩子面前，教师要脸上溢满期望，激发出孩子的力量，焕发出他们学习的激情。孩子心中的阳光是教师用激情去点燃的。激情是装不出来的。现在，有的老师上课，给人的感觉就很淡。有的课太浓，看似挺有朝气，但那朝气是假的，"做"出来的。我还要提醒年轻教师，激情不要表现在动作上的张牙舞爪和你优美姿势的"孔雀开屏"——千万不要这样。学生注意的是重在你的眼睛，手势不过是起到辅助的作用，不能喧宾夺主。有的年轻老师一笑，露出小白牙一排，可就是不美——因为不是发自内心的。有的老师在课堂上表扬学生，给人感觉也不是真诚的。比如有的老师说："夸夸他！"学生回应："嘿！嘿！你真棒！"学生倒很卖力，老师发出的声音很大，但眼睛里透出的光却不是温暖的。（昂扬地）教师的激情怎么能不老、怎么能常青？靠的是内在的、真正的对学生的喜欢，这也是对自己生命的热爱。

5. 闭着眼睛，把腿搭在桌子上

夸张一点儿说，我们的生命写照是，今天评比、明天检查、后天赛课，老师们很累、很苦。各种各类名目繁多的进修必然挤占了你的时间。我们有时像狂蜂浪蝶——今天别人怎么做，明天就跟着怎么做。今天有个"体验式学习"，明天就弄个"发现学习法"。能不能让自己平息下来，静静地滋润自己？你有没有整天忙着读"人家的书"，"自己的书"却没有时间读的现象？这是一个值得我们大家反思的问题啊！如何去掉浮躁中的"肤浅后遗症"，在忙碌中找到属于自己心灵的家园？在忙乱之中，怎样守住自己的心灵，怎样给自己确定一个目标？最好的办法就是——确定好自己的奋斗目标，默默地去努力，不张扬，静静地去成长。相信，经过一段时间之后，蓦然回首，你一定会感觉自己进步了许多。和大家一样，我也很忙碌，工作压力也很大，我也在努力让自己宁静。每天下班后，找一段时间静静地坐在办公室里，上一会儿网，读一会儿书，回味一下，体验一下，今天该记录下点什么，该反思点什么。有时闭着眼睛，把腿搭在桌子上，平静平静。之后再回家——我这样给自己一个梳理的时间，这已然成了我最好的血液循环，更是最好的精神润泽。

6. 越是有点儿小毛病的课，越水灵，越鲜活

教师的教学一定要有特色，形成自己的个性风格。完美的人是不真实的人，这就好比永不掉色的塑料花，虽然一直都开放，可毕竟是没有鲜花一样的生命。有了生命就意味着还要成长，就意味着你还有飞升的空间。因此，做教师，首先要考虑的不是怎样完美，而是要考虑怎样更有特色，只有这样，你才会因鲜活让学生记住。我觉得我上课有风格。我的风格不一定是你喜欢的，不一定你赞赏，但我个人觉得我有特点，我有独特之处。我经常想，没有鲜明的个性，是教师最大的敌人。怎么能够不跟着风跑，不为课堂的表演，而是让课堂为自身的专业特色服务？从整体来讲：第一，教师要有激情，第二，要善于思考和批判。这是我课堂教学追求的两大特点。要说外显状态的话，我的语言追求幽默、洒脱，有位知名特级教师说我的课有男人的大将风范，很潇洒，我很高兴。我知道人家是鼓励我，但我在课堂上的确放得开、拿得下。现在，有些年轻老师的课看起来完美得不得了，一点儿毛病都没有，那也没滋味。因为雕琢的痕迹太浓了，你被身后的一些要求"导"麻木了，反而失掉了你自己——其后的成长结果一定是没有多大长进，让你觉得内心恐慌。要知道，越是有点儿小毛病的课，越水灵，越能滋润学生。所以，大家不要学一个模子，一定要坚持自己的风格。宁要真实的遗憾，也不要虚假的完美——让我们的教师成为自己，这才是最重要的。

（二）重返朴素课堂

提起窦桂梅和她的语文教学改革，人们就会想到"三个超越"：超越教材、超越课堂、超越教师。当我们对这位年轻特级教师的创造力发出赞叹的时候，往往容易忽略一点：超越必须始于一个平台，必须拥有一个原点，这就是常常被人们忘记的"学好教材""立足课堂""尊重教师"。甚至有人说，语文教改的三个超越是不负责任的。对此，窦桂梅觉得不理解。那就让我们走进名师的"家常课"，从"学好教材"的原点开始，审视窦桂梅的教改主张，看看"三个超越"到底是要拔着学生的头发离开地球，还是立足坚实基础上的改革创新。

《黄河象》是小学语文教材中的一篇传统课文。文章介绍了一具高大、完整的黄河象化石形成的情况，课文对化石的形成缘起进行了推想，并交代了发现化石的经过。很明显，这不是一篇"文学味"很浓的课文，但，窦老师课堂教得很"语文"。且不说怎样用联系生活实际的方法，理解"完整和高大"这两个描写黄河象的重点词，也不说，指导学生怎样概括课文主要内容，单就抓住课文中"假想"和"推想"这牵动全篇的两个关键词——采用角色转换的形式和文本对话，就出人意料。是的，这一设计的确出人意料，而且出人意料得朴素。她紧紧围绕课文的内容展开，没有补充其他资料，只借助一台幻灯机打出几个问题、一幅静止的图片，照样取得了很好的效果。这不能不令人佩服。

首先研究"推想"。从课文入手，深入理解文中的"推想"——为了鼓励学生进行"自主学习"，窦老师为每个学生都准备了"科学家"的胸卡，让他们写好名字，戴在胸前："你现在就是科学家，这篇课文的内容，就是你想象和推想出来的。研究之后，讲讲为什么这样想。"这种角色转换使学生由"旁观者"变成了"当事人"，在不知不觉中，学生走进文本开始自主学习语文。甚至连当"科学家"的具体要求，都是学生在教师的引导下自己说出来的："我们这些小科学家，一会儿要进行想象和推想，你说，应该注意些什么？应该有怎样的科学态度？"往日调皮的孩子，这次课堂上却变得特别谨慎，"要特别认真观察""研究时，我会做到细心""仔细观察外形""还要有坚强的毅力，遇到难题绝不退缩"。听听，五年级的孩子说得多好啊！本该教师强调的学习态度变成了"小科学家们"的"自律"，这样的设计真是巧妙。于是对课文中黄河象化石的推想，变成了学生的推想——孩子们真正在课文中走了一趟。

接下来让学生"走回来"。于是下一步窦老师领着孩子们进行"假想"——在基本完成了对教材内容的学习之后，窦老师又设计了"第二次角色转换"："就这样，科学家的推想被作家写下来了，如果你是个小作家，听了科学家的推理之后，要是让你写的话，你会怎样写？你非得停留在刚才那位作家的那种写法上吗？"学生兴奋地跃跃欲试，提出了几种调整文章结构的方案。教师没有提什么顺叙、倒叙、插叙，没有提什么续写、扩写、改写。但是，学生却自然而然地运用了这些方法，因为"作家"的角色，让他们兴致勃勃地投入到了"创作"之中。这样，从内容到形式，从知识到能力，学生在"科学家"和"作家"两种身份的切换中，经历了一次快乐的学习之旅。

如果仅仅有这些，这堂课似乎还缺少点什么。在学生说出了调整文章结构的几种方法之后，窦老师提示："从原来内容上再次假想，有没有创新的想法？"——"假想"在这里又插上了翅膀。

开始学生一时之间似乎还没回过神来，她就进一步启发："假如我也是作家的话，我就想带着批判的眼光来看，有的想象可以超越原作者。例如，难道这个黄河象仅仅是为喝水才掉进河里去的吗？"学生开始渐入佳境："也可能是两群大象争夺领地，一方追逐另一方，不小心陷进去了。"教师趁机"扩大战果"："在北京的古生物博物馆里，黄河象的尾椎是假的。这就给我们一个假想、推理的空间，它的尾椎哪里去了呢？小组合作，大胆创编！"学生的思维火花就这样被点燃了："两头公象争夺地盘时被对方咬掉的。""母象救公象时用鼻子牢牢地卷住公象的尾巴，一使劲拉断了。""尾骨可能因为是脆骨，早就风化掉了。"就这样，在老师的循循诱导下，学生的理解很到位，思路通畅开阔，想象丰富合理，语言表达清晰流畅。同时，学生学习情绪高涨，气氛热烈，取得了理想的教学效果。

可圈可点的细节还有很多，限于篇幅，无法一一列举。比如，教师对学生个性化解读的尊重："你想怎样表现就怎样表现，我们就来读出属于'自己的滋味'好不好？"比如，教师教给学生质疑的方法："你们看我刚才提问题的时候，从课题到文章的字句以至课文的内容，只要有疑问，就可以提出许多问题。多问几个'为什么'，这是学习的科学态度。"再比如，教师提醒学生注意交际技巧："你得评价呀，说说人家答得怎么样？""握握手，说声谢谢。"

窦桂梅认为，教育是由一堆细节组成，教学细节最能体现一位教师的教学理念和教学行为，而对于教学细节的思考，则是衡量一个教师专业素养底蕴是否深厚的标准。是啊，这堂朴素的课之所以让人觉得耳目一新，不仅在于匠心独运的教学设计，而且在于精心打造之后自然流露出的细节之美。

一位教育专家说，窦桂梅是个教改的大题目，是个有着丰富的，潜在资源的语文教改宝库，是素质教育和创新教育一道亮丽的风景线，是一部多部曲的"当代教学论"的大书。她不敢承担这样的夸奖，但从她带领学生"学好教材"的本事来看，她做得还真不错。

（三）高明的营养师

人们说起理想的教材处理方式的时候，经常会提到一句话——"用教材教，而不是教教材"。"教教材"不是一无是处，"用教材教"也有道理。

就语文教学而言，教材通常是由一篇篇的课文组成。那么，对于什么样的课文，教师应该"用教材教而不是教教材"，对于什么样的课文，教师应该"教教材而不是用教材教"呢？

窦桂梅认为，对于经典的文质兼美的文章，教师应该带领学生怀着虔诚的心情走进文本，仔细揣摩文字的魅力，而对于那些有"发挥"空间的课文，教师则应具备一双慧眼，或略"讲"、不"讲"，或大胆"手术"。

她曾以入选不同课本的，两篇描写荷花的文章为例来阐发：一篇是人民教育出版社编入中年级教材的，叶圣陶的《荷花》，另一篇是北京出版社编写的，小学四年级语文教材中的《夏夜荷花》。既然是以"荷花"为题，文中有描写荷花的语句自不必提，限于篇幅，我们略去这些"核心"的描写语句，仅仅把两篇文章的结尾来进行一下对比：

我忽然觉得自己就是一朵荷花，穿着雪白的衣裳，站在阳光里。一阵微风吹来，我就翩翩起舞，雪白的衣裳随风飘动。不光是我一朵，一池的荷花都在跳舞。风过了，我停止舞蹈，静静站在那儿。蜻蜓飞过来，告诉我清早飞行的快乐；小鱼在脚下游过，告诉我昨夜做的好梦……过了好一会儿，我才记起我不是荷花，我是在看荷花呢。（《荷花》）

荷花从不孤傲，要开就是满池满堂，方圆一片，给人一种壮观的美。荷花从不娇贵，只要有泥土和水，她就能生长，就能开花结果。荷花根茎节生，老根纵横，新枝交叉，雷雨骤来，荷花依旧，真是风也不怕，雨也不怕，一任九天雷电鸣，她在水中放奇葩！荷花毫无私心，她把自己的根茎、叶、花、果实，毫无保留地全部献给了人类。荷花啊，荷花，你多么美啊！人们怎能不赞美你，称颂你呢！（《夏夜荷花》）

聪明的读者一定早已看出两篇文章的高下：第一段文字，作者写自己看荷花时的想象，营造了一种"人花难分""物我同化"的意境，而第二段文字，却生硬地给荷花贴上了三个道德标签——"不孤傲""不娇贵""毫无私心"，像是学生的习作一般，缺少震撼人心的力量。因此，窦桂梅认为，教师面对叶老的《荷花》就应该老老实实地教教材，让学生在读文章、想画面中，体会作者丰富的想象力。同时，让学生感悟描写的细腻以及语言表达的生动形象，并积累语言。而对于《夏夜荷花》，教师则可以补充朱自清的《荷塘月色》，帮助学生体会夏夜荷花那特别的美在哪里，而不宜将教学重点放在挖掘课文对荷花"品质"的描写上。

谈到补充教材、拓展内容应注意的问题时，窦桂梅强调，"一定要给文本以最大的尊重"，既不能任意抛弃教材文本，也不可肤浅认识文本的内涵。例如，在教学《渔歌子》时，教师应该好好让孩子朗读、品味诗歌的语言和意蕴。但有的教师在学生理解了课文大意后，便急忙把大量的时间用于课外的延伸：让学生对《渔歌子》的景物描写进行拓展，却忽视了原词中表现的独特意境。类似做法无异于"丢了西瓜捡芝麻"。

对此，窦老师作过一个精彩的比喻："如果没有品读、交流环节，没有引导学生在情感和文字里走个来回，仅仅有从文字到情感的'读懂了什么'就引发开去，就好比电力很猛的钻头在水泥地上擦滑，没有深入到文字的骨头里。"

而对于那些远离学生生活经验的"干瘪"课文，教师则应该大胆对其进行"美容"或"增肥"。比如，《海上飞行的燕子》一文，语言过于简单枯燥，小学生很难从这种"微言大义"中，体会出"燕子不分昼夜地飞呀飞"的辛劳。教师应该用"资料填充"的形式补充说明燕子的艰辛程度，帮助学生在个人经验与文本内容之间建立切实可感的联系，进而为学生必要的文字感悟创造条件。

窦老师还进一步说明：这里还有一个筛选问题。这一点很重要。现在有的教师已经把语文课拓展成"资料大全"课了。原因就是知道要拓展但不会筛选。因此，高明的教师具有对材料的筛选能力。其实，这也是一种很好的做学问、做工作的态度。

一会儿是"教教材"，一会儿是"用教材教"，一会儿是"删减课文"，一会儿是"美容增肥"，其间的门道可谓变化无穷，需要教师潜心去钻研——具备了这个能力，教师就像一个高明的营养师，具备了一双慧眼，也有了一双巧手。因此，窦老师还这样打比方：用"慧眼"去批判地选用教材，既不能放过那些营养丰富的"主菜"（指教材中选入的文质兼美的经典之作），又要明白哪些"主菜"不能直接上餐桌（有待处理的教材文本），还需经过配料的辅助才行（补充资料）；用"巧手"将"主菜""配料"适宜地组合在一起，做成色、香、味俱全的"营养餐"（指用孩子喜欢的方式带领其走进文本）。要想做到这些，教师首先应该做个"美食家"，从长期的积累中提升自己的阅读品位，先要自己知道什么好吃，才能把学生的菜谱设计好，并和学生一起做出来。

另外，教师必须依据心理学、教育学的相关理论，把握学生的年龄特征，挖掘出教材的主题，找准教学设计的切入点，就是要了解孩子的口味，知道他们喜欢吃什么，知道怎样把有营养的东西做得让学生"垂涎三尺"、欲罢不能。

（四）为了阅读的阅读教学

师：稀疏的篱笆下，一条幽静的小路伸向远方，看见了吗？

生：看见了！

师：什么样子？

生："篱落疏疏一径深。"

师：树上的花落了，叶子还没长大，还没形成树荫呢！

生："树头花落未成荫。"（学生抢着应声回答）

师：小朋友们急忙跑过来抓蝴蝶啦！

生："儿童急走追黄蝶。"

师：抓到没有？

生："飞入菜花无处寻。"

这时，一个叫刘宗文的学生大声喊："老师，请等一等，我马上就要抓着它了！"大家静静地等着他，看着他。过了一会儿，刘宗文睁开眼睛兴奋地说："终于抓住了，嗯，真难逮呢！菜花是黄色的，蝴蝶也是黄色的。"正说着，他还做着手捏蝴蝶翅膀的姿势呢，再看表情更是一脸的喜悦……

这个动人的教学片段，发生在窦桂梅的阅读教学课堂上。当时，师生一起诵读《宿新市徐公店》一诗，窦老师描绘诗意，学生一边想象，一边概括描绘的是哪一个句子。在闭着眼睛想象画面的过程中，学生的想象在诗歌的世界里自由翱翔，个人的审美体验与教材文本实现了"无缝对接"，享受着精神自由的快乐与幸福。

这种"过电影"的方法是窦桂梅经常使用的，它能有效地将学生的阅读体验转化为审美想象，帮助学生体会一种"朦胧而舒心的快乐"，正是这种快乐，有可能使学生养成"终身阅读"的习惯。窦桂梅认为，对于阅读而言，最重要的永远不是懂不懂，懂多少。很多时候，一种朦胧而舒心的快乐，才能引导孩子进入"阅读的森林"。

教高年级时，窦桂梅还在每次的寒暑假要求学生给自己喜爱的诗人写信。中国古代有名的诗人达 2000 多人，自村夫到皇帝，从稚童到老叟，可谓群星灿烂。她让学生寻找诗人的足迹，了解诗人的生平、代表作、成才的经过或精彩或悲凉的人生，写出对诗人的认识或者鉴赏评价。有的学生写道："李清照奶奶，您的心情还好吗？""谭嗣同，你够男子汉！""李白，你的铁杵磨针的故事是真的吗？""虞世南先生，您的那首《蝉》难道仅仅是写的不停叫着的'知了'吗？不，您同时也在表明自己的心迹，也在描写着自己。'居高声自远，非是藉秋风。'我感悟到其中蕴含着一个真理：自身品格高尚的人，并不需要某种外在的凭借，自能声名远播。"在这种与诗人"面对面"的交流中，孩子们关心古人的喜怒哀乐、质疑其生活细节的真实性、品味出诗句中的弦外之音，与历代诗人进行跨越时空的平等交流。这正是阅读的魅力——让人在不同时代、不同地域找到与自己心灵相通的知音，让人在解读作品的过程中思考人生、提升境界。而教师在这里却"消失"了，学生直接走进文本、走进作者，这就是窦桂梅追求的阅读教学的"一见钟情"：学生不需要教师这个"媒婆"，就能直接爱上文字、爱上阅读。

窦桂梅在阅读教学领域内的建树，是与她的深层思考分不开的。

她始终在想：阅读和阅读教学是不同的，通过怎样的阅读教学才能实现学生的真正阅读？教师不能把阅读教学的目标简单理解为让学生读懂课文，而应该是学会读书。在教学中，教师不能用支离破碎的分析，代替学生的阅读实践和阅读体验。阅读课应该成为学生自我表现的地方，成为学生讲故事的地方，成为学生观点碰撞的地方，成为学生精神成长的地方。

此外，窦桂梅还对小学语文教学中"阅"与"读"的割裂现象提出了自己的看法。目前，在"语文新课标"的引领下，在语文先辈的强烈呼吁下，小学语文教师懂得了小学语文课堂要重视"读"，并且要书声琅琅，这实在难得。能够高举"读"的大旗呐喊：要读，真正的读。读出感情，读出形象，读出感受更是难得。不过，静静想来，很多人对"课标"表述的"运用多种阅读的方法"理解得并不全面和深刻，也没有具体弄清阅读的真正内涵。结果导致教师在语文学习中把"阅"和"读"割裂开来，只注重读的声音、读的形式、读的技巧。一句话，强调的是学生的嘴巴，而没有重视学生的内心，把"阅"字几乎是扔掉了。"阅"就是用眼看，就是用心想，就是理解、揣摩的过程，只有在这样的前提下，才会有"读"。"读"并不是单单表现在抑扬顿挫的声音，也有静思默想的默读。因此，语文教师应该明白：课堂要给学生一个默默读书的"场"，一个默默品味的"场"，也就是营造一个"静静的学习的场"。

其实，每一个人读书更多的是默读品味，读到动情处流泪，读到愤怒处生气，读到感慨处叹气，很少看到一个人读书后放声而有语气地朗读。现在，学生掌握了朗读的技巧，知道哪是重音，晓得在哪里停顿，听起来很动人，但也许他的心灵却依旧空无。更多的时候，我们读书是读给自己的，读的是自己的感受，并不是为了让别人觉得好听、动听。

（五）"主题教学"撬动学校变革

——记国家级教学成果一等奖、清华附小"小学语文主题教学实践研究"

主题是围绕小学阶段儿童发展特点及生活经验、语言习得规律、优秀文化等确定的核心词句，以及表现出的立体的、动态的"意义"群。通俗地说，主题既是打鱼的网，是教学的工具、手段和组织方式，是思维方式，也是"鱼"本身，是学生的精神"钙质"。

清华大学附属小学四年级学生许馨元 8 岁时就有中医梦想，这个学期开始后她在学校每周一次的"水木秀场"上分享学习心得。"水木秀场"是学校"主题教学"的舞台。尤为重要的是，她"医行天下"的梦想里多了一份动力。她说："我得更努力地学好中医、学好功课，要不然那么多人都要笑话我的。"因为她告诉同学们，她要开办中医诊所，办免费的国医启蒙班。

在清华附小，学生们的梦想被父母、老师小心地呵护着。许馨元的妈妈说，孩子在学校的收获让自己明白，好的教育能点燃孩子向上、向善的激情。

1. 主题教学实践了什么

构建全新的主题教学体系。

有一次，清华附小学生参加国际创新思维大赛，带队老师惊讶地发现，当主办方宣布大赛名次时，国内的参赛队只会为自己欢呼，甚至不会为国内同去的其他参赛队欢呼。窦桂梅校长听了这个细节后颇受刺激。她说，这说明这些孩子是小团体意识，没有集体意识，更不用说家国的概念。她觉得教育必须有传道的精神，"我们不能对优秀文化失去信心，我们的孩子需要这些文化中承载的道"。经过长期实践，窦桂梅找到了一条实现路径，即"主题教学"。

主题教学中的主题是什么？学校研究团队认为，主题是围绕小学阶段儿童发展特点及生活经验、语言习得规律、优秀文化等确定的核心词句，以及表现出的立体的、动态的"意义"群。这是一个有点学术化的表述。通俗地说，主题既是打鱼的网，是教学的工具、手段和组织方式，是思维方式，也是"鱼"本身，是学生的精神"钙质"。

主题教学最初来自窦桂梅的"三个超越"，即"基于教材，超越教材""立足课堂，超越课堂""尊重教师，超越教师"的实践，目的是想解决教学效率与质量问题。

经过多年的实践，"三个超越"成长为一个相对完整的体系。学校教研团队探索课堂形态的重建，形成目标、内容、实施、评价"四位一体"的主题教学实践模式。具体来说，就是明确指向语文素养与核心价值观的教学目标，重构语文课程内容，实施"长、短、微"课时设置，建立多元评价体系。

学校对教学质量的研究走在前列。2003 年，学校就提炼出"三个一"，即"一手好汉字、一副好口才、一篇好文章"的校本目标。此后，在此基础上进一步细化完善，前后 10 余年，学校出版了 12 册《小学语文质量目标指南》。主题单元整合学习内容，用 3 年多时间出版《小学语文乐学手册》，并用该手册作为载体改革课堂教学方式。

清华附小 2013 届毕业生袁萌对《乐学手册》记忆很深："它是我学习的好帮手。回忆在附小学习的日子，课堂教学内容丰富，有趣好玩。尤其是'一条龙'课程，让我学到了真正适合我的知识。"

这些变革让教学的效率和质量得到极大提升，哪怕是新入职的教师，也能很快地实现教学效率和质量的提升。有了这些依托，学校管理和教研团队开始设计主题教学的课程：一年级，行为得体；二年级，协商互让；三年级，诚实守信；四年级，自律自强；五年级，勇于担当；六年级，尊重感恩。同时，把富强、民主、爱国、文明、诚信、友善等核心价值观和优秀传统文化嵌入学生的学习生活中，初步实现主题教学的立人追求。

当然，主题教学仍有很多迷人的地方需要展开和落实。学校正展开更大的设想，要让"主题"落实到具体课程中，分解到不同的课堂上，让孩子在人与自我、人与自然、人与社会等方面形成具体的能力，具备现代人必须具备的素养。

2. 主题教学改变了什么

根本上改变了学校的精神气质。

这些年清华附小因推动主题教学改革发生了怎样的改变？其实，只要听上一两节课，你就会发现，清华附小最核心的改变在孩子。

今年 5 月 29 日，在"首届北京国际儿童阅读论坛"上，窦桂梅讲了一节课《大脚丫跳芭蕾》，她在课堂上提出的问题，引发学生不间断地探究与质疑，几乎每个孩子都成了问题专家。

其实，在清华附小，孩子不但成了问题专家，而且他们的体魄、气质、精神都发生了改变。五年级（4）班的黄翰林，暑假期间在爸爸陪同下从北京骑行回山东莱州奶奶家，全程 607 公里，历时 6 天半。从采购设备到食宿规划，黄翰林一手操办。全程 190 多个红绿灯，他未出现一次违章，还多次提醒爸爸注意交通法规，且整个行程没有乱扔一点垃圾。路人问起，他骄傲地回答，他是清华附小的学生。

我们交给世界怎样的孩子，孩子将还我们一个怎样的世界。这是清华附小教师的共识。在他们看来，小学教育的核心任务并不仅仅在于传授知识和能力，价值观缺席的小学教育不是真正的教育，清华附小学生要健康、阳光、乐学，更要为社会和他人的幸福承担使命。

窦桂梅常挂在嘴边的一句话就是，"选择了清华，就选择了一生的责任"，正是这种使命感感染了教师。在清华附小实践主题教学的过程中，首先改变的是教师团队。从教学效率、教学质量这些技术层面的进步，到教育观念的更新和奉献精神的弘扬，清华附小的教师团队为改变学校做出了艰苦的努力。

这是艰难的"化蝶"过程。副校长王玲湘是小学语文界著名的特级教师，她的公开课一直是各类教师讲课比赛模仿的对象。她曾在南昌做教研员，可谓身处"掌声"之中。但来附小之后，她要融入新的团队，学习主题教学的思路。转型是痛苦的，她把这一磨砺看作是一次"破茧"历程。

这同样是充满爱与奉献的过程。有一次，记者与学校综合研究中心负责人刘建伟交谈时。一个孩子孤单地走过校园，刘建伟远远地和他打招呼，孩子走向教室。记者问："是你班上的孩子？"她说是自己的孩子。看得出，孩子已经习惯没有妈妈陪伴，独自去学习。这个细节正是对奉献的脚注。正是这些改变和付出，塑造了一所小学的精神气质。孩子站在课堂中央，孩子站在学校中央，体现了儿童的核心素养理念。

国际著名的课程专家、《理解课程》的作者威廉·F. 派纳曾用两个关键词形容清华附小的孩子在学校的状态：一是说学生在校园里有归属感，二是说学生在校园里获得力量。在专家看来，清华附小以"小学语文主题教学"为支点，撬动了学校的教育变革，塑造了全新的学校风貌，这种以立德树人为导向的变革很有价值。

3. 主题教学启示是什么

培养能在真实世界生活和创造的人。

"主题教学"的影响早已不再局限于语文这一学科，它所倡导的"立人观念、整合思维和儿童中心"已经成为许多教师自觉的追求，教师们度过转型的困难期后会逐步收获喜悦。

如何教孩子认识0到10各数？傅雪松老师发现过去的经验不灵了。她把数字的发展史引入课堂教学中，古希腊的数字起源、中国古代的算筹计数法、罗马数字摆在孩子面前，孩子们的认知兴奋度被充分调动起来。再配合语文课正在学习的古诗：一去二三里，烟村四五家……并教学生认知人民币上的专用数字。此外，她还设计了画数字和手工撕数字的课。

她说："有时觉得做老师就要做一名纯粹的老师，守着教室、守着孩子们。"像她这样沉迷教学的老师成了学校的一道风景线，如艺术与审美研究组的张家龙研究语文和音乐的整合，聂焱研究书法和美术的整合，王志兴研究科学和美术的整合……正是主题教学所倡导的整合思维，给他们带来超越后的成就感。

江苏省教育科学研究所原所长成尚荣这样评价主题教学实践的价值，他认为，主题教学培养完整人的"主题·整合"理念，催生学校"1＋X课程"育人体系，为全国课改提供思想资源及实施路径。

2011年，清华附小开始构建"1＋X课程"体系。"1"代表优化整合后的国家基础性课程，"X"则是实现个性发展的特色化课程。在学校的课表中，可以看出课程整合的力度。学校的主要课程被整合为五大板块：品格与社会、体育与健康、语言与人文、数学与科技、艺术与审美。从学校课表可以看出其中的特色，比如，体育健康、经典阅读、创新实践尤为突出。课时也从原来40分钟一节课，调整为90、60、35、10分钟不等的长、短、微课时。每周五下午设"创新与实践"课，开展跨学科主题实践，如戏剧表演等。一年级（5）班张馨然说："我特别期待周五，一下午的创新实践课，就像爱丽丝梦游仙境一样，总是有那么多的惊喜。"

体育是附小的核心课程。在附小，体育课程被分解为十余种项目，供孩子选择。轮滑、板球、棒球、足球等，在同一时间，学生打破班级限制，根据爱好组成新的班级。每个清华附小学生，至少熟练掌握两个运动项目。学校特意拿出1节课开展足球专项训练。2014年附小举办了自己的"世界杯"，每个班都有自己的足球队，代表一个"国家"参赛。

清华大学副校长谢维和这样评价，"1＋X课程"真正适应和符合了教育的规律，抓住了小学作为基础的特定含义。这就是清华附小人的"主题"和自我教育，也是学校老师们共同的信念。

二、来自专家评说

（一）小学教师窦桂梅

北京大学教育学院　刘云杉

1. 舞台与生活

初识窦桂梅，是她的公开课——《秋天的怀念》。

成年的儿子，坐在轮椅上，坏脾气，摔东西、砸玻璃。年老的母亲，癌症晚期，仍然每天操持家务，照顾儿女，没有意识到自己的病情。

秋天到了，北海的菊花开了，母亲也许预感到了什么，小心地，甚至羞涩地提出她的愿望：推着儿子去看看菊花。在母与子之间，这样的愿望真的有如奢望。

儿子勉强同意后，欣喜的母亲忙着收拾、准备。一不小心说漏了嘴，"走""跑"（自从儿子行动有障碍后，这些词在他们家，是禁忌），儿子勃然大怒，母亲躲在门外，偷偷地流泪，小心地张望儿子……

窦老师领着同学们仔细分析每一个动词，不同的动词后的深情，而这样的深情表现出来的就是母亲的"小心地"：小心地做每一件事，小心地侍奉儿子。很多时候，最深的母爱呈现出来的就是朴素，甚至有些怯弱的"小心地"。

母亲离开后，儿子在无数个秋天，在各种色彩的菊花中，怀念着母亲。

这个曾经脆弱任性的年轻人，在母亲的爱中，理解了"好好儿活"。

孩子们用不同的声音朗诵着文章的词句与段落，从"娘儿俩要好好儿活"，到"我俩要好好儿活"，再落实到讨论"我们应该怎样好好儿活"。下课时，老师与同学们承诺，回家后对着父母与亲人，认真地说一句"我们一起好好儿活"。

台下的很多人不止一次泪流满面……

这是一堂语文课，不仅有词、句、结构、篇章，更有生活的苦与甜，生命的坚韧与柔弱，如同一个柔软的琴弦，小心地滑过心灵深处，低声又固执地鸣唱，让你不能不面对。这样的课，与其说是道德情感的体验，毋宁说是心灵的洗礼。这一堂课之于这些孩子的一生，他们一定会记住一些东西，一定会更敏感一些，心灵也一定会更温暖一些。

窦桂梅说，一个小学语文老师，往简单里说，也就是教给孩子三件事：写一手好字，有一副好口才，写一篇漂亮文章。往复杂处说，一个孩子碰到一个好的语文教师，是一生的福气，甚至是几世修来的福气：大量地阅读，方能腹有诗书气自华，丰富的情感，细腻敏锐的感受与体验，柔软而坚强的内心，也包括养成一生读书的习惯。这就意味着他们将有思考和表达的习惯，有体察与感受世界的立场，并且努力构建超拔于日常生活之上的意义世界。

所有的这些，都意味着在活泼、稚嫩的身体之外，另一个精神生命的生长与成熟。

窦桂梅的语文课就是"小心地"呵护、培育着孩子们精神的成长。她的课堂，吸引我的不是课堂教学的种种娴熟技艺，甚至也不是她所倡导的主题教学，而是以一个普通人的姿态，同时又是一个易于感动的、善于发现的、富有激情的学习者的姿态，陪伴、引领年幼的学习者。她的课堂忠实于教材又超越教材，不再是"螺蛳壳里做道场"，而是立根于所身处的历史文化，社会人心。所谓"课堂小世界，世界大课堂"。

站在讲台上的窦桂梅，神采奕奕，她能营造一个磁场，如同头上有一轮光环，让人不容拒绝地被吸引。她的声音，抑扬顿挫、柔美情深、富有感染力。之前，我和她通过多次电话，电话里的声音，干涩、简单，甚至潦草。台上台下，恍若两人。这个已近中年的女人，把她的精、气、神全放在课堂。她告诉我，以前每天傍晚回家，累得什么都做不了，先睡一觉，10 点以后再开始工作。现在，她在学校花时间"独处"，而后再回家。

窦桂梅说：站在学生面前，我就是语文。她所着意带领孩子们走入的是一个美的世界。这个世界的美，美在丰富，丰富来自对不同人心、人生的阅读。美在超越，超越在于犄角旮旯的现实世界外，洞开了有厚度的精神世界。美在心灵可以放飞，梦想可以驰骋，而这样的自由无拘束，正来自师与生共同建构的心灵世界，也来自于阅读所带来的丰厚的人类文化。

她是一个没有生活只有舞台的人，或者说，她是一个时时处处都将生活化为语文大舞台的人。她的身上，有一份痴气，戏里戏外分辨不清。或许她从来没有意识到戏与舞台，她只是本色地展现自己，"我就是语文！"

在追究"师范"的词义时，常解释为"学高为师，身正为范"，这个"师"与"范"常像套子一样罩在教师身上。有舞台，就有角色，有角色，就有面具。而窦桂梅在浑然不觉中化解了面具，她将师范——外在的规范与价值内化，又用自己的风格与创造再呈现。她的一言一行，就是师范。她就是教师。

多年前，看《霸王别姬》。张国荣的虞姬也是这样戏里戏外不分，张丰毅演的霸王，在舞台之外还有生活，照常结婚过日子，人鬼之间出入自如。霸王的理性、节制，正映衬虞姬的痴傻、纵情、纯粹。虞姬让人心疼得不能面对。

窦桂梅六年间，与她的班级共同成长。听落雪，猜灯谜时，她是欢喜的；沐荷香，比赛接诗句时，她是洒脱的；煮酒论诗，看着所耕种的小嫩芽，噼噼噗噗往上直蹿时，她是豪迈的。豪迈的背后是纵情任性，纵情任性的背后是忘我。而忘我在这里，早已不是惯惯解释中的"春蚕吐丝，蜡炬成灰"，而是教师的自我实现。究竟是教师培育着孩子，还是年轻的心灵滋养着教师？"赋予"与"获取"在这里，是多么不贴切的计算！

窦桂梅，这个潦草于生活的人，在她的三尺舞台，在孩子们中间，精致且幸福地生活。

2. 蚂蚁与蝴蝶

有一种质疑，窦桂梅个案之于普通教师群体的专业成长究竟有多少意义？她有特殊的禀赋，有特殊的魅力，有特殊的机缘，也有特殊的成就。而所有的这些特殊都是不可复制和推广的。我也曾认同这个观点。

刘小枫透过莱辛的《恩斯特与法尔克》解读古典教育时，谈到蚂蚁与蝴蝶。大多数人都是地上的蚂蚁，只有少数人是天上的蝴蝶。大多数人是民众，少数人是精英。蚂蚁有蚂蚁的生活，蝴蝶有蝴蝶的世界。蝴蝶可谓高蹈于芸芸众生之上，轻盈、从容。

以窦桂梅所取得的成就与荣誉来看，她可谓小学教师中的少数人。她是怎么从蚂蚁中超拔出来的？她是怎么变成蝴蝶的呢？她在既不是蚂蚁又不是蝴蝶时，经历了什么？她有没有既没有修炼为蝴蝶又不被蚂蚁所认可接纳的尴尬呢？或者她生来就是一只蝴蝶？

窦桂梅的自我介绍来得爽快：生在吉林省蛟河市黄松甸乡前河村。从小俊美、能干、聪明，牙还好。我们在挑选牛、马、骡子这类吃草动物时，"牙好胃口好"是一个重要的指标。但一个人，尤其是一个还年轻貌美的女人把"牙好胃口好"作为自己的突出优点来强调时，着实有几分幽默。仔细想来，在农业社会中，"牙好"是重要的生命资本，牙好就能吃，能吃就是福啊！能吃甜，能吃苦，能吃亏，能享福。人生的各种滋味、生命的各种境遇，没有硬朗的身体，没有同样硬朗的精神，如何承受得了？这个"牙好"背后是硬朗得有些强悍的精神。

喜欢琢磨字的窦桂梅这么解释"命运"，"命"是在"人"字底下，每个人都有自己的命，都不得不接受"命"，敬畏"命"。生在一个什么样的人家，遇到什么样的父母这是命；分到什么样的学校，教什么样的课也是命；碰到什么样的学生还是命。命是不能不尊重的，所谓敬畏天命。但人还有"运"，运是天上的云，飘来荡去，不能成为雨雪和冰雹，要始终在头上，旁边还要加上"走"，人在知命的同时还要努力地走出一个好"运"。

山里农户家出落了这么个伶俐俊美的小姑娘，爹妈能想到的远景也就是嫁给大队书记的儿子。至于能有独立的职业，能在专业上有所成就，远不是小山村的意义世界中的东西。窦桂梅15岁考入吉林师范学校，毕业时清楚地意识到不能再回到山里去了。成绩优秀却没有任何社会资本的她，只能抓住每一个机会，表现自己，创造条件，先留在师范学校做教务干事，机遇来了，再有准备地转到吉林实验一小——当地一所名校。缺什么老师，教什么，在学校烦琐细碎的每一个环节乐呵呵地"跑龙套"。她并不是没心，两年后，一个老师病了，她抓住机会，当上梦寐以求的"语文老师"。

她怎么才能从同辈人中脱颖而出呢？她请领导听课、评课，领导忙啊，领导也是有弱点的普通人。主动找领导，精心地准备，认真地改进，这个勤奋、用心的年轻人，能不给人留下好印象吗？

一般老师都不愿意上公开课，不自信、怕麻烦，窦桂梅主动争取上公开课，让大家一起对你评头论足。批评你是你的福气啊，在各种批评中，人才可能有长进。一直到今天，窦桂梅在她的示范课后，在网络空间，还是专注地接受来自不同人、不同角度的批评，并且心存感激。

这可能是每一个年轻教师都有的经历，也都可能把握或创造的机会。但如果认为窦桂梅只是停留在表面的、形式上的展现时，就大错了。更多的时候，她是沉静的，甚至是寂寞的，读书明理，并不是一朝一夕的工夫，讲台上的灵动，正是灯下的沉静。今天，她可谓上下左右关系杂，一天到晚事务重，但仍然在读书，读书是一个教师的内功，读书是一个教师的本分。

如果说，窦桂梅身上还有什么独特之处？或许是精神的硬朗。这个硬朗的精神在很多时候表现为一股"疯劲儿"。

清华附小的新校舍，灰的基调镶嵌白色，典雅、朴素、简洁，但很现代，非常的内敛沉厚。设计师说：只有这样的内敛才能与孩子的活泼、热情、张扬相得益彰。对照之下，小学校园中流行的鲜艳色彩、夸张造型，在模仿孩子的幻想与童真世界时，显得做作与虚假。

也就是在这个沉静如同旧时书院的校舍中，窦桂梅的窗前，却有挺拔高大的白杨树，清华园里，不，北京西部最常见的白杨树。春夏，叶蓬蓬勃勃张开、飘舞；秋冬，落了叶的枝干显露出树的风骨，枝枝向上，根深，接纳地气，又顶天，昂扬。傍晚，孩子们回家了，安静的校园中只有她和窗前的树，树在陪伴她阅读、写作，树能听见她花开的声音。树与她，叶展，花开，同样的精神热烈者，有默会的交流，有心心的契合，他们在共同感受成长的疼痛与畅快。

3. 简单与复杂

我不认为窦桂梅有什么特殊的卡里斯玛的鬼魅之力。在我看来，她是一个本分的教师，也在尽一个教师的本分。她的另外一个特征就是简单。

她的起点不高，基础也不厚实，如同绝大多数的小学教师。在常态的小学教师文化生态中，她也并不都是愉快的经历。我想，嫉妒、非议与风凉话，一定也少不了吧。窦桂梅有一个形象的说法：我开始爬山时，身边有各种议论，我听善意的，即便有恶意的话，也正着听。爬累了，想停下来，好像听到有议论：瞧瞧，她也就这两下子！不行了吧！就不行了吧……因此不敢歇气，因此不停赶路。再以后，人们接受了她的爬山，甚至也开始跟随着她的高度。

她慢慢爬上了最初的山顶，又被更高的山峰所吸引。在这样不断的攀越与无限的风光中，她的眼界与心境早已不是当初的天地了。攀登，成了她的生活方式，攀登甚至并不是为外在的目标，而只是行为本身以及行为的惯性。

在人人事事中，她是简单的。她有清晰的目标，简单的方法与直接的行为，迅速地促使自己的成长。复杂的世界在简单的人眼中，也是简单明快的。她真诚地说：你真诚，世界也跟着你真诚；你直率，世界也跟着你直率；你微笑，世界也跟着你微笑。因此，她懂得感恩。感谢身边的每一个人，感谢忙碌而忽视她的领导能走进她的课堂；感谢多年的搭档，在共同的班级管理、教学实践中，他们是最好的朋友；感谢吉林老家的学校，那是她成长的摇篮；也感谢现在的老师和学生，是学生的好奇与求知欲，老师的理解与追随，推动她不停地往前走。

在窦桂梅身上，"简单"的缘起或许是生命本身的淳朴，但"简单"所修为出的却是一种精神洒脱的"大气"。所谓"沧浪之水清兮，可以濯我缨；沧浪之水浊兮，可以濯我足。"

一年夏天，作为全国科教界的优秀代表，应邀在北戴河与中央领导一同度假。结束后本来可以在北京再住一段时间，女儿也想游览长城。但窦桂梅紧张，好吃好喝这么久，赶紧回去干活呀！所受的荣誉要用加倍的努力来回报。回到吉林，记者、电视台闻讯赶来时，她正领着一帮泥猴子，趴在墙上打扫卫生。

窦桂梅的简单也成就着她的风格，她这样说：

一个有特点的教师，赋课堂以智慧，融教学以自己的独特思考，这样的教师才能拥有风格。一个有缺点的教师是真实的，一个人的优点往往就是一个人的缺点，关键是努力让缺点成为特点。

她终于成长为名师，在我们的制度空间中，大多数的名师可谓是"盆景"中修成的"青松"。我想，窦桂梅的幸运正在于她用简单将花盆砸碎，回归真实的土壤之中。

现在，她开始担任学校领导，在更年轻的老师面前，她开始复杂。如果说在过去，她是用简单的行为做复杂的事情，那么现在最简单的事情，她也用复杂的思虑来对待。这个复杂背后是精心地扶持，小心地呵护。

清华附小，这个象牙塔大学中安静的世外桃源，也许教师们习惯了少压力、轻竞争的从容节奏，因此更像一个家属子弟校。风风火火的窦桂梅来了，她开始打破这个宁静得有些闲散的校园。在校长的领导下，不同形式的教学活动开始搅动，"特级教师引领""和大师对话""三层次两反思""书友沙龙"等"大餐"热闹而扎实，日常的"家常菜"更是养人：带领教学干部，几乎天天泡在课堂里——仅2002年的一年里，她就听课500多节。听40分钟的课，评一个多小时的课，甚至两个多小时的研讨，而且每天很晚才离开学校。

她开始把舞台更多地留给年轻人，把机会与荣誉更多地让给年轻人。她慢慢地站到了幕后。因为深知自己成长的不易，她热情洋溢地鼓励年轻教师，有的时候甚至是狠狠地批"自己家里的年轻人"。但有一点，她对人从不吹毛求疵。

她开始给老师们写信，这就有了——《和教师们一起成长》；她到教师的课堂帮他们"捉虫"——这就有了《梳理课堂——窦桂梅课堂捉虫手记》。

所有的努力不是没有回报的，几位年轻教师获得国家的教学竞赛大奖，更多的年轻人开始成为学科带头人。北京，这个更大的舞台，已经拥抱了窦桂梅。

谁说特级教师不可迁移？谁说特级教师只是特殊环境的产物？

窦桂梅今天想到的更多的是如何回馈社会，她在生活中，通过网络、书信认真地解答教师不同的问题。社会给她更多的机会，她也有责任更多地帮助其他教师。甚至接到农村教师的来信，她总是用"送书"的办法回信。

知足惜福，她的简单与复杂后面，已经有了些许宗教的情怀，她在虔敬地报答社会。

窦桂梅，她是一个小学教师。在听她谈社会、谈人生时，并不觉得"小"，而是一种高的眼界、大的襟怀。每一个行当，走到高处，都有一种彻悟通达。

小学教师窦桂梅，活出了一种大气象。

（二）窦桂梅"主题教学"的课程论观照

江苏省苏州新区实验小学　孙春福

根据窦桂梅的阐述，"主题教学"就是从哲学的高度，用精神和生命的层次，动态生成的观念，重新认识并整体构建课堂教学，并实现真正主题意义建构的开放性的课堂教学。其意义是围绕一定的主题，充分重视个体经验，根据不同主题的特点，充分挖掘可以利用的教学资源，灵活运用多种方法和策略，让学生"入境"——"入境始与亲"。再通过对重点（最好是经典的）文本的推敲、感悟、反思，使学生感受文本的内涵和语言的魅力——"典范方为范"。在此基础上，引导学生进行主题阅读的拓展或相关的语文实践，丰富积累，扩大视野——"拓展求发展"。

在此理念的指导下，有人评价：窦桂梅的课堂像一条奔腾向前的大河，时而蓄势待发，时而汹涌澎湃，时而开阔平缓，孩子们与她一道驾驶着这激情之船，体验风光无限的激情之旅……窦桂梅的课堂又像一部精彩纷呈的多幕剧，有跌宕多姿的结构，有荡气回肠的激情，更有直抵灵魂的哲思……

也有一位专家说："窦桂梅，是个教改的大题目，是个有着丰富的潜在资源的语文教改宝库，是素质教育和创新教育一道亮丽的风景线，是一部多部曲的'当代教学论'的大书。"

面对这部"大书"，有人效仿她全心投入的激情，有人学习她对待学生的平等与关爱，有人欣赏她站在"文化"的高度建构的语文课堂所牵动的"文学"与"文字"的语文课——玩味她教学环节一石多鸟的精彩，借鉴她大容量的高效率……更有人感叹：窦老师的课，好，但学不来！于是也有站在自己的理解角度所持的反对意见："过于热闹煽情""人文性过度工具性削弱""忽视形式训练，语文成了其他学科的伴娘"，等等。

且不议上面的评论正确与否，我们评价的时候应思考，如何看待窦桂梅的"主题教学"？赞赏与反对产生的根源何在？如果要学习，如何学得其精神实质？笔者以为，只有超越日常语文学科教学论研究的惯范式，以课程论的视角审视，才能真正发现主题教学的意义及其价值。

填补"课程目标"中人文目标之粗疏，让语文课程真正为学生的精神生命成长奠基。

回到去年，在全国上下纪念抗战胜利 60 周年的日子，在抗日英雄"狼牙山五壮士"中最后的幸存者葛振林与世长辞的时候，人们惊奇地发现，曾经教育并感动了几代人的《狼牙山五壮士》——从课本中消失了！人教社和上海市二期课改的教材均删除了此文。此事一度成为新闻热点。

一篇课文的增删引起全社会如此大的关注，从不同角度解读会获得不同的启示。但从课程编制的角度探究，似乎更能找到根源。都说语文是一门人文性很强的课程，虽说人文性不同于政治思想性，但民族精神的培育是人文性的个中之义。现实情况如何呢？《语文课程标准》的"课程目标"中，体现"人文性"的条目只是寥寥几句，虽也有涉及"在语文学习过程中，培养爱国主义感情"的字句，但没有针对"爱国主义感情"内涵的细化阐述，内容比较空泛，在"阶段目标"中更没有涉及。

如果在"培养爱国主义感情"的条目下，从内涵方面分解出，类似"了解近代以来民族先辈抗击外来侵略的英勇事迹"的次级目标，那么教材编写时，即使不选《狼牙山五壮士》，也会选择其他有关抗击外来侵略的英雄人物及事例的文章。这样在面对社会各界责难时，教材编写部门就不需要以其他理由来搪塞了。

有了上述背景，窦桂梅的探索精神和务实的实践品性就弥足珍贵了！

在反思持续六年的"三个超越"实验之后，她发现，虽然在教学中增设了大量的活动项目和选读内容，但大多是利用课余时间来实现对教材与课堂的超越，自己的课堂教学还只限于改良层面，总有"茶壶里面翻波浪"的味道——仅仅是从课外打包围战，未完全进入主阵地。学生在学校积累的知识，看似"满汉全席"，实际是"片段化"的，时间一长不是被遗忘就是无法与其他经验作链接。她开始思考：如何立体建构一个教学体系，在主课堂上做到合理高效，追求教学最优化，使师生以整体的生命投入到课堂活动中？

这就是主题教学。利用"主题"的形式更好地实现超越。窦桂梅找到的道路就是：从文化或哲学的层次整合语文的"工具性"与"人文性"。她认为，人文关照工具，工具负载人文，就像一枚硬币的两面，是不可分割的整体；作为一个人，我们不是想好了什么再用语言表达，而是你"想"着同时也"言语"着，你用怎样的语言来"想"，你就达到了怎样的高度；你能用多少词语来表达，你的精神就有多么开阔。语言不只是学生交流情感和思想的工具，更是学生存在的精神家园。于是，她立足于"语文立人"教育价值的高度，着眼于构建语文课程的开阔视角，致力于文与人、语言与精神的同构，吸收西方统整课程理论和比较文学中的母题研究，最终提出了"主题教学"。由此审视，"主题教学"其主题实质是"人文精神"的主题。

她努力挖掘教材的哲学主题或文化主题，探寻隐含着历史典故、风土人情等的文化积淀以及连接孩子的现实生活、触及孩子精神世界的"关键词语"，提炼出能统领整个教学活动的"主题"，遵循"生活切入——探究文本——比较拓展——升华自我"的操作顺序，实现"文字——图像——符号"的精神活动递升。比如，在《朋友》系列文章的学习中，以"朋友"为主题探讨"真正的友情"，在《珍珠鸟》的学习中以"信赖"为主题，探讨"人与动物的真正信赖"，在《圆明园的毁灭》的学习中以"毁灭"为主题探讨"毁灭与不灭、该灭与不该灭"，由《秋天的怀念》思考"好好儿活"，由《晏子使楚》认识"尊重与自尊"，由《游园不值》引发对"遇与不遇"的思辨……这一系列的课例，由一篇主打诗文带几篇诗文，或拓展印证，或比较参照，或引申点化，互相参释，学生在情感的升华、理性思考的扩展深化交互活动中，产生一次次思想灵魂的激荡，使得课堂里传出学生的精神拔节的清脆声响。

"主题"从哪里来？窦桂梅提炼出了"主题开发"的"三维度结构"：人与自然的主题确定、人与社会的主题确定、人与自我的主题确定——出于完整构建学生精神成长的阶梯立体的维度，教师或者根据教材提供的主题单元，或者自己设计主题单元，"挖掘教材自身的主题内涵，结合相关的语文知识灵活地规划、实施教学"。"主题"有哪几类？通过典型文本的教学实验，她总结出"主题确立"的三种策略：一是文本负载的语言方式、知识信息以及能力附加等；二是母语文化系统包含的民族精神、风骨情操等人文底蕴；三是个体的精神、理想、人格的生长与形成。经由一次次鲜活生动的语文"主题教学"浸润、洗礼，使学生的精神从"广度、深度、高度"三方面得到拓展，真正实现为学生的精神成长奠基。

如此，语文课程中的"人文性"就变得不再空泛、随意。这正是"主题教学"能对课程目标中人文目标的粗疏状态做出修正、充实的贡献，相信随着"主题教学"这一体系的完整化，它对"课标"之"课程目标"的完善将提供更直接的借鉴。

突破了学科中心藩篱，实现课程内容的高效组织。

窦桂梅开展的"主题教学"实验实际上已具有课程开发的意义，而"主题教学"就是一种很好的"课程组织"模式。所谓课程组织，就是在一定的教育价值观的指导下，将所选出的各种课程要素妥善地组织成课程结构，使各种课程要素在动态运行的课程结构系统中产生合力，以有效地实现课程目标（张华《课程与教学论》230页）。课程要素是课程组织的基本线索或脉络，从微观的层面看，一般有四大共同的组织要素：第一，主题和概念；第二，原理；第三，技能；第四，价值观。

课程组织不是一个价值中立的过程，任何课程组织模式总是受特定的课程价值观的支配，必定折射或体现出特定的课程价值观。21世纪的今天，时代精神的发展趋势，是把知识的价值指向理解世界，以与世界更好地和谐共存，指向提升生活的意义而非仅限于功利追求；能使生活的意义得以提升，使个人获得自由和解放，社会不断臻于民主公正的知识，才是最有价值的知识。语言、文学、艺术、历史等人文学科其本质是关涉人的生存状态的体验、生存意义的思考。母语课程是人文学科的重要组成部分，它和人的生命活动、精神活动有着天然的联系。在语文课程中学习大量的范文，就是接触先哲和时贤思想感情；语文用他们健康高尚的心灵世界，影响和规范学生的心理结构。这些功能是知识教学所不能胜任的。"知识教学"所仰仗的人类理性活动在人文学科面前是束手无策的，如果定要举起理性的解剖刀，完整的作品就会被肢解，充满生活情趣的场景、血肉丰满的人物形象、不可言传的内心活动就会变得索然无味。相对应的，人文学科更适宜的是以感性活动为主的体验方式。

如何消弭知识传授、技能培养的工具训练与人文熏育之间的矛盾，既充分尊重语文课程人文学科特性，又培养学生作为现代公民必备的语文能力？窦桂梅根据语文课程的特点，找到了一个很好的课程内容的组织模式——"主题教学"策略。

"主题教学"发挥"主题""举纲张目"的作用，借助"主题"统整一系列题材内容及主旨相关联的文本资源，以一篇主打的文本带多篇文本，融合成有机整体，组织成完整的教学过程一起学习，而不是像对待往常的文选型教材那样逐篇逐篇地教学。"主题教学"的文本意义关联度大，原来各自独立的东西组织成有机整体，有利于大容量高效地学习。

"主题教学"将"主题单元"取代"知识体系单元"，让"知识系统"退隐幕后，通过"主题教学"中大量的听说读实践，去带动吸收知识、能力培养。这种能力训练不是单独进行的，相反是在情境性强烈、思想感情负载充实的活动中进行，隐去了功利意识，避免了机械枯燥，实现了"工具与人文双向互动，人文关照工具，工具负载人文"的功能，达到"人文性多么强烈，工具性多么深入"的高效益。

从《晏子使楚》《圆明园的毁灭》《珍珠鸟》等课例来看，其实际效果是明显的。

除了这些公开展示的主题教学课例外，窦桂梅以自己任职的清华大学附小为基地，组织全校语文老师一起投入"主题教学"实验，从讲读教学、作文教学、课外阅读三头并进，正进行系统地开发，从她提供的实验报告看，呈现出很好的开端。

创造精彩生动的"教学事件"，于动态生成中创造性地达成课程实施。

新世纪伊始，新的一轮课程改革就轰轰烈烈地开始了，消失了50多年的"课程"这一术语重新回到中小学日常教学。国外的一系列新的课程理念都纷纷输入。课程不同于原有的"学科"，课程不只是有组织的学科知识，课程也不仅指教学过程要达到的目标、教学的预期结果或原先计划，更恰当地说，课程应该是学生与教师在教育过程中活生生的经验和体验。它关注过程本身的价值，是教师、学生、教材、情境四因素间持续交互作用的过程，教师、学生也应该是课程的开发者，是课程的主体。

这些理念的确很新颖，从学理上看，教师、学生被充分尊重，被赋予了极大的权利，教师了解后不免欢欣鼓舞。但现实的情形如何？课程计划全国统一，虽然"实行国家、地方和学校三级课程管理"的字句明明白白地写在课程改革指导文件中，但"课程计划"中留出的地方课时有限，这有限的地方课时或用于弥补日显强势的英语课程的课时不足，或用于填补从"课程计划"中消失的班队活动，或用于增设"创建卫生城市"要求的"健康教育"，这"三级管理"中的学校课程管理权实际是落空的。"高考"这座大山谁也无力无法撼动，导致地方官员、百姓、学校层层加压，以教学质量为宗旨（实际已异化为"分数"）的教育管理方式根本没有变化，从力度上看反而变本加厉，被冠以各种名目的考试检测应接不暇。教师被严严地控制着，死死地限制着。为提高学生成绩，教师限于在忠实、全面传授教材内容，尽量减少传授这个中间环节的"滴、跑、冒、漏"，强化学生接受的效果上下功夫。教师在课程中的主体作用消失殆尽。

这种境况对基层的老师来说实出无奈。但老师是否就该如此甘愿被束缚着、无奈着？不管是在吉林还是清华附小，我想窦桂梅也同样面对"应试"的压力。但改革者最重要的特质在于冲破惯有势力的束缚，勇于革新。窦桂梅在课程实施上，就表现出了极大的创造勇气、创新精神。

在"设定课程目标、选择课程内容、实施课程教学、进行课程评价"这样一个完整的课程开发系统中，作为课程实施环节的教学活动，起着关键作用。课程实施内在的整合了教学，教学是课程实施的核心环节和基本途径。在课程发展史上许多重大的甚至影响深远的课程改革计划的失败，其原因就在于过多地沉醉于描绘改革的蓝图，对课程实施极少关注。

长期以来，在我们的观念中，课程由于是专家开发的，教育行政部门认可的，所以是合法的，是教学的方向、目的、内容，教学则是教师在具体教学情境中实现合法化课程的过程。专家、行政人员与教师之间表现为一种权威与服从、控制与被控制的关系。这其实是一种"忠实取向"的课程实施。

但是，如果真正信奉、执着于人的解放、主体性开发的教育价值观，教师在课程实施上就会表现出鲜明的"创生取向"。在这种具有创造禀性的教师心目中，教学不是对学生施加控制的手段，而是自己和学生追寻主体性、获得解放与自由的过程。教学不再只是一个传递内容而与内容无关的"管道"，而是一个产生课程效应的社会情境。在这些情境中师生共同创生一系列的"事件"，通过这些"教学事件"师生共同构建内容与意义。如果人的心灵是一支需要点燃的火把，教师则要用其心灵之炬点燃学生的心灵。

如此观照，窦桂梅的课就有这种特征与品格。她不做课程知识的简单搬运工，教学单纯的"管道"功能被她完全抛弃。教学文本（即使是"主题教学"主打篇目）原有的结构常被她打破，完全服从主题教学的需要，主打篇目教学也可能只成了整个教学过程的一部分。

（三）对主题教学的审视和思考

扬州教育学院　徐冬梅

如果说，"三个超越"——为生命奠基，是窦桂梅在自己十年教学实践的一种初步探索和经验总结，更多地体现了她的感性、敏锐和勇气的话，"主题教学"的构建则是她的一次自觉的精神追求。她先后执教的主题教学的探索性课堂，她课后所做的一系列反思，以及她进行的一些理论思考，还有她在清华开始构建的主题课程，充分地展示出窦桂梅对主题教学的全面思考。她的主题教学表现出一些鲜明的特点：主题教学积极挖掘母语教育的文化性，以一个个母题为线索，整合阅读资源、生活资源和文化资源，以促进儿童的语言和精神共同成长为目标，在着力提高学生的语文素养的同时，而且积极引导学生关注当代生活，关注学生自我精神世界的构建，努力传承民族文化和世界优秀文化，为学生一生的发展奠基。

窦桂梅的主题教学的课堂和相关论述引起了很多专家和教师的关注和赞赏，同时也存在不少的质疑和争议。

让我们首先来探寻一下主题教学的性质和定位。然后再展开相关问题的探讨。

1. 窦桂梅的主题教学的性质和定位

主题教学从大的概念讲，自然不是从窦桂梅开始的，西方教育课程中，80 年代以来的中国教育实践中，很多专家和教师都在建构各种层面的主题教学。

（1）"主题性大单元"活动。这是一个跨学科的课程建设，一大特点就是各科教学联动，充分利用各组成部分间相互作用的一致性，实现互补、互动、互相迁移。

新课程标准颁布以后，因为综合性实践课程的开设，主题性大单元开展得非常深入，取得了不少成果。

（2）学科性的"主题单元教学"。这里所指的是在小学语文教学或者其他各科教学中实施的一种主题单元式整体备课和实施方案，本质上和上面的主题性大单元活动没有本质的区别，不过在目标上以一个学科的目标为主。

（3）学科内的一个单元的主题教学。也就是以主题型语文教科书的主题单元为依托，在整合教科书选文内容、活动内容、练习内容与可链接的丰富的课外课程资源的基础上，进行全盘考虑的单元整体备课和实施方式。

窦桂梅的主题教学显然不是上面的几种类型，从窦桂梅前期的实践探索和理论建构看，她把自己的教学定位在课堂教学的范围内。在《福建教育》的访谈中，她做过以下的表述。

教学，尤其是课堂教学，是教育活动的基本组成部分，是教育改革的攻坚战。那么，真正能够改变课堂教学的道路在哪里呢？换句话说，我们能否找到让学生在较短的时间内有效地提高语文素养，积累智慧和情感的教学方式呢？……于是从教材自身建构而不是课程单元下的"主题教学"。

也就是说，窦桂梅的主题教学是根据当下学生的学情，立足于语文教材、语文课堂教学的一种尝试。从她执教《朋友》开始，在前期提出"三个超越"，为生命奠基的基础上，她一路走来，逐渐提出了自己鲜明的教育主张，并且逐渐清晰了自己的教学策略，形成了自己独特的教学风格。她先后执教的《落叶》《再见了，亲人》《圆明园的毁灭》《秋天的怀念》《晏子使楚》《游园不值》《珍珠鸟》《村居》体现了她勤奋探索的足迹。

明确了窦桂梅的主题教学在小学母语教育的课堂实践层面的探索，是第一步，我们还需要进一步考察她的课堂教学的性质和定位。

不可否认，窦桂梅的课堂教学，她所展示的这些主题教学的代表课例都是在公开场合，都是作为展示课来教学的。关于公开课，现在有很多不同的看法，笔者也曾经片面地认为，公开课是中国特色，公开课就是作秀，是不值得分析的。但经过一段时间的考察和思考，笔者认识到，在中国现阶段，公开课是一个必要的也是有效的教学探讨的形式。当然从终极的目标来说，我们的课程改革，我们的教学研究，我们的教师培训，最终都应该落实在教师们平时的教学活动和课堂教学实践中。

李海林老师认为，公开课有三种类型：比赛型、成果展示型、探索试验型。公开课具有探索性和展示性，它应该比平时上课更为典型，更具有前瞻性。窦桂梅的课当然不属于比赛型的，而更多在成果展示和探索试验。

2. 窦桂梅主题教学遇到的质疑

明确了以上两点，我们来探讨主题教学遇到的质疑才有深入下去的可能。

窦桂梅的主题教学主要遇到了以下质疑。

（1）关于"三个缺失"。林润生老师在《小学教学设计》2006 年第 6 期发表文章，针对她的《圆明园的毁灭》和《晏子使楚》，提出："透过娴熟的教学技巧，窦老师的两个课例的课堂特征表现为三个缺失，即教学目标的失度，教学内容的失限，以及语文学习的失底。"然后他以课程标准中的学段目标，实际是将"有定评"的特级教师的同一课的教学目标、内容等作为参照对窦桂梅的两个课例进行了分析比较，来验证自己的观点。

这样的分析比较的方法是没有科学基础的，更是不符合逻辑的。且不说将所谓"有定评"的特级教师的课作为参照系完全没有意义，这就好比用梅兰芳的唱法来否定程砚秋的唱法一样，是不可取的，用课程标准中规定的教学目标来衡量一节公开课、探索课的课程一样是没有道理的。因为课程标准规定的教学目标是最基本的，是一个保底的目标，一个特级教师，一节公开的研究、探索课，当然可以允许在此之上的，这又好比拿着一个中国人的标准身高去比量姚明的身高，然后认定他是不正常的一样不可思议。

（2）关于"工具性"不足。有些教师指出，窦桂梅的课堂教学过分注重人文性，忽视工具性。坚持这一观点的老师认为，在窦桂梅的课堂教学中看不到识字写字，看不到一般的语文训练，这同样是用一般常规课的要求在考察一节探索课。而且在实际教学中，我们看到窦老师还是非常注重对字词的教学的。

例如，在《圆明园的毁灭》中，她抓住"不可估量"反复咀嚼这个词，让学生体会圆明园曾经的辉煌，她通过"有……也有……""有……也有……还有……""不仅有……还有……"这几个句式让学生理解"圆明园不但建筑宏伟，还收藏着最珍贵的历史文物"，为让学生体会圆明园的毁灭造成的巨大损失做铺垫。从《圆明园》辉煌时候的不可估量，到圆明园毁灭的不可估量，窦老师都做了深入、巧妙的挖掘与对比。可谓精彩。再如《游园不值》一课的教学过程中，对诗眼的把握，对

"印""扣""关"等的推敲，帮助学生透过这些用得很精当的词语来体会诗歌的意境等，都是可以称道的。

在所有课例中，窦老师特别重视朗读，通过丰富多样的设计，让学生将内容的把握、感情的体会和朗读的训练结合起来，可以说是教学艺术的一个鲜明的特色。《再见了，亲人》中，分声部的合诵，"再见了，亲人"将课堂教学推向高潮；《游园不值》中通过吟诵、歌唱，让学生体会诗歌的节奏和语言的美感以及诗人的情感，都收到了非常好的教学效果。

我们不能简单地将"工具性"界定为一系列的语言练习和语言训练，这显然是一种片面的认识。同时，因为公开课教学的要求，有时教师为了追求教学效果，将一些常规的教学环节，例如写字，作业设计省去，也无可厚非，这并不说明其他课都没有这些内容。

更重要的，我们不能机械地将"人文性"和"工具性"分开，认为突出了人文性，往往就会忽视了工具性，其实人文性和工具性是"语文"的两面，如同手心和手背，是同体两面，而不是对立的两个方面，我们往往习惯了两分法的思维，认为非"此"即"彼"，突出了"这一个"，一定忽视了"那一个"。

（3）关于信息量过大。有些老师指出，窦桂梅的课堂教学信息量太大，密度太高，而窦桂梅却将自己主题教学的这一特点，概括为是课堂教学应该具有一定的"广度"的体现。如窦老师自己所说，信息量大不大，密度高不高，要看学生接受的情况，从她实际的课堂教学来看，一般情况下，学生学习得比较生动活泼，这些内容都是在课上学生的积极参与中完成，在教学过程中不知不觉地完成，总体来说，是在学生可以接受的范围之内的。当然这里肯定有一定"适度"的问题。窦老师显然是知道这一点的。

（4）关于不可模仿。有些专家和教师指出，窦桂梅的课堂不可以模仿，没有推广的价值，因为学生事先要做大量的预习，教师要做大量的课前准备，对教师的素质也有较高的要求。

这种看法的实质还是基于一种不正确地看公开课的思维。显然，我们观摩公开课，看特级教师的示范课、探索课，不应该为了直接拿到自己的课堂上就去用。而是为了看名师的教学理念，揣摩她的教学风格，学习她处理教材的方法和教学设计的思路。这样调整了思路来学习，就不会存在以上的质疑了。公开课教学，教师进行适当的准备，特别是反反复复地解读文本，确立教学思路，设计教学过程，收集教学素材都是很正常的现象。

3. 窦桂梅主题教学实践探索的意义

仔细考察窦桂梅到目前的主题教学的案例，特别是认真研究她的主题教学和她在以前提出的"三个超越——为生命奠基"的内在联系，我们可以看到她的主题教学的实践探索对于当代小学母语教学有着多方面的意义。

（1）对于小学母语课程建设的意义：课程＞教材＞课堂。在吉林第一实验小学的带班的教学实践中，她在课堂教学之外，增设了大量的活动项目和选读内容，但限于种种原因，大多只能利用课余时间努力实现对教材与课堂的超越。

因此在开始主题教学的实践探索后，她自觉地建构一个高效率的平台，通过寻找主题，确立主体，将主题作为一个"磁铁"，将课内外阅读实现整合，将各种语文资源进行整合，将语文学习和生活体验实现整合。她的这些探索向我们昭示：教材只是凭借，课堂只是引导，课程才是全部，语文就是生活。体现了一个有思想、有个性、富于探索精神的教师，对于母语课程建设的突破性和建设性的思考和实践。

她的主题教学的课堂是语文课程的粗疏的缩影。

（2）对小学阅读教学改革的启示：为生命奠基的理念。长期以来，小学语文教学忽视学生的情感体验、生命体验，语文学习成了一个无趣无味的事情。新课标提出，工具性与人文性的统一，是语文课程的基本特点，很多教师开始关注语文的人文性，试图在教学中体现人文关怀，可是具体到课堂教学，该怎样实施呢？窦桂梅的主题教学实践无疑给我们提供了一个思路，一个可以分析借鉴的模式。尽管它还有很多需要完善的地方。

在窦老师这里，把教材的"文眼"当作教学的主题，文眼变成"学眼"，从而成为"课眼"的过程就是主题教学。于是主题成了一个"牵一发、动全身"的抓手，入口，把散乱的知识点、能力点串联了起来。通过主题教学，她关注学生语言的感知、内容的把握的同时，特别注重将学生引向更深远的境界，引向对生活甚至一些人生问题的体验和思考。

例如被林润生老师认为教学目标有些失度的《圆明园的毁灭》中的教学设计：让学生进行角色换位体验，想象自己假如就是当时的皇帝、大臣、士兵，会怎么做？其实这是一个巧妙的"口语训练"。当然学生确实缺乏足够的历史背景，但是这样的一个教学环节和一些必要的资料补充，让学生体会到圆明园的毁灭的真正的原因，不仅仅是帝国主义，不仅仅是侵略者，中国积贫积弱的过程，清政府的腐败无能，国民精神的羸弱都是圆明园毁灭的原因，让这些六年级的孩子们不陷入那种浅层次的"愤怒"中，而开始一些深层次的思考，并不是没有操作性。

关注儿童的情感体验和个体成长，为生命奠基是母语教育的应有之义，窦桂梅的探索是可贵的。

（3）对小学语文教师专业成长的意义：找到自我，发展自我。从吉林第一实验小学到了清华附小以后，她一方面成了一个教学行政负责人，同时和其他中生代的名师一样，也更多地作为一个在全国有引领作用的特级教师，在全国上各种各样的研究课。怎样通过自己的课堂教学展示自己的思考，同时给老师们一些启示，我想应该是窦桂梅以及有追求的名师们的共同追求。在这几年过程中，窦桂梅在教学中逐渐清晰了思路，积极探索主题教学，在教学实践中，她希望自己既当"设计师"，又当"建筑师"，有效地充当了母语课程资源的开发者和实施者的双重角色。与此同时，她还试图进行深入的理论思考，甚至进行一定的哲学探究，多方吸收营养，撰写了大量的教学随笔和读书随笔。她的实践和研究引起了不仅仅是广大教师们的关注和赞叹，也引起了学术界的关注和重视。作为一个小学语文教师，她走过的寻找自我、确立自我、发展自我的道路才真正值得每一个老师学习和研究。

4. 主题教学要注意的问题和走向

作为一种教学策略的探索，主题教学不可避免地存在着一些问题，这些问题大都是探索中、发展中存在的问题，只要进行一些理性的反思，然后再在实践中一步步摸索和调整，一定可以得到较好的解决。

第一个要注意的问题是，主题教学一定要准确地择取主题。研究窦桂梅的主题教学，就会发现窦老师往往是对教材文本进行反复的研究后，确立一个主题，再根据这个主题来聚合相关的素材。每一个文本都有意蕴、内容和形式三个层面，主题教学的主题往往直接指向文本的意蕴层面，在具体把握、确立主题时，一定要注意，择取主题的最理想的情况是：主题教学抓取的主题恰好是这个文本本身最基本的意蕴，同时也是这个年段的学生所能体会到的意蕴，例如《游园不值》，窦老师将主题定为"不遇中有遇"，既符合这首诗的寓意，也是孩子们可以走到的地方，因此教学效果非常好。《秋天的怀念》也很成功。

我们要防止出现的一些情况是：一是主题教学确立的主题虽然是这个文本的一个方面，却不是最主要的方面。这就要看教师的功力与思想。二是确立的主题虽然也是这个文本的主要意蕴，但在深度的挖掘上，要注意不要过分拔高，超过了一般学生的接受水平。当然，窦老师置身在自己学校的高起点，也是正常的。由浅入深才是策略。三是一个优秀的文本可能有着丰富的意蕴，要防止择取主题时不要将一个丰富的文本主题单一化了，从而剥夺了孩子的个性解读的权利，不过，沿着一个基本的主题，而后拓展开来是更好的。

当然在小学出现的大多数文本还是主题、意蕴比较鲜明的，以上问题针对不同的文本和学生的实际情况，选择恰当的定位并不困难。可喜的是，窦老师的主题教学，由一个主题引发开发，更多的是留给学生的思考，而这恰恰是走向了多维主题。总之，不管如何，都是主题教学应有之意。

另外，主题教学还要防止对核心文本的阅读不够，将教学过程变成一个"主题观念"的图解，对儿童情感和思维状态把握不够等问题。尤其是最后一个问题。其实这个问题不仅仅是窦桂梅一个人要注意的问题，在目前的语文教学中，普遍存在着"用力过猛"的倾向，我们心中还是应该时刻装着"儿童"，真心诚意地把他们看作课堂的"主题"。当然我们更多地看到公开课的呈现，窦老师主题教学的生命力将更多地体现在常态的教学实践中。

我们高兴地看到，窦桂梅在自己课堂实践的基础上基于儿童与语文本身，探索形成的主题教学思想，在清华附小的课程改革中已经开始更深入的实践探索，他们初步构建起主题讲读、主题阅读、主题作文等课程方案，并已经开始大踏步地研究实践。这些，是她在长期教育教学实践中探索出的教学思想、模式与策略——这是主题教学思想开出的花。她会从这一基础出发，创建富有实践经验与智慧的特色系列课程体系。相信在窦老师和清华附小老师们不懈的努力下，一定会结出丰硕的果实。

必须提倡，只有提倡教师有自己的自由的思想，鼓励教师有自己独特的个性，只有允许探索，宽容创新，大胆争鸣，深入思考，我们的小学母语教育才能迎来真正的黄金时代。

（四）"超越"理念下的深度建构与智慧表达

国家督学教育部中小学教材审查委员　成尚荣

阅读是一个理解的过程，而理解则包含着澄清、修正，以及不断扩大的断定。为了理解，并不需要佩戴另一个人的眼镜，只需要进入对话、进入思考。

最近，我集中一段时间读了窦桂梅的专著，还有她不少的新作以及教学实录。读这些文字，很轻松、很愉悦，因为这些文字流动着浓郁的情感，跳跃着智慧的火花，为我们呈现出丰富的、生动的教学情景，引发我们诸多美好的想象；但是真正读好则不容易，因为窦桂梅的语文教学是一次次哲思之旅，这些文字深蕴着思想，而且这些思想是很有深度的，要透视文字背景的哲思，寻找、发现其间独到的见解、主张和内含着的意义、价值，需要认真的态度。在她的文字冲击下，我的阅读也是一次哲思之旅。

读罢，我对窦桂梅生出钦佩之意，并生出深深的慨叹：小学语文教学的改革和突破，太需要一批有思想深度、敢于探索研究、功力较深的教师了！我们应为有这样一批教师感到自豪，也应为他们的发展给予更多的真诚的关注，尽自己所能提供一些支持。唯此，在发现别人的时候，也就发现了自己。小学语文教学改革，在一批优秀教师的带领下，在积极的对话中，在深入的实验中，将会呈现更为繁荣的景象——我敢断定。

1. 超越：锻造语文教师的精神品格，筑高语文的生命

超越，是窦桂梅的主导思想，是她的永恒的追求。她就是在一次次的追求超越中，锻造了自己的精神品格，筑高了自己的生命，也筑高了语文的生命。

（1）窦桂梅"超越"的主要体现。其一，对自我的超越。这种超越是一种精神。精神是什么？精神就是对精神的不满和向精神的呼吁，精神就是"自我否定"。窦桂梅总是对自己"不满"，总是在自我否定，而结果则是在"不满"中前进，在"自我否定"中超越。这种"'不满'与超越，是由精神底蕴的无限性，即无限可能性和无限可深入性所决定的"，因此，"安定的精神已不是精神，自满自足的精神也将不是精神，它们都是精神的沉沦和'物化'"。（邓晓芒《新批判主义》）超越的精神，使窦桂梅的人生更有意义，虽然很苦很累。

其二，对语文现代性的见解。语文教学应具有现代性，应当现代化。但什么是现代性？现代性不是历史时段，它是"一些人所做的自愿选择，一种思考和感受的方式，一种行动、行为的方式"，"既标志着属性也表现为一种使命"。窦桂梅正是对语文教学的现代性做出了选择，用自己的方式去思考、行动。她所进行的"主题教学"的探索，从某个角度抵及了语文教学的属性，对大语文观做出了自己的诠释和概括。我们处在经验世界中，但还应在经验中发现真理，窦桂梅正是这么努力的，她有深深的思考，她有自己独到的见解，也许这正是被福柯称作的"气质的东西"。

其三，对语文教学的主张。1998年，窦桂梅初步形成了语文教学"三个超越"的主张，即"语文教学要冲破以教材为中心，以课堂为中心，以语文教师为中心的藩篱""学好教材，超越教材""立足课堂，超越课堂""尊重教师，超越教师"。显然，这不是对教材、课堂和教师的否定，而是对"满足"的超越。何为超越？超越总是和"基于"联结在一起，"学好""立足""尊重"正是"基于"的具体体现。"基于"不是脱离，更不是放弃，但是"基于"也不是"止于"，而是一块"起跳板"，以此为起点，有新的跳跃、新的拓展和追求。显然，"三个超越"是对传统语文教学观的扬弃，是课程改革理念的坚守与具体化，是对既有教学模式的超越。

（2）超越观的认识论基础：语文的可能性和儿童的可能性。语文是一种可能性。为什么？作品是一个"独立自足的世界"。（龚鹏程《文学散步》）但是，这个世界充满着不确定性。"文本是多元的。这不仅仅是说它有几种意义，而是说它完成了意义的多元性：……真正的多元性则是无限的、不确定的、动态的。""文本的多元性为文本自己所运作以及读者的游戏活动开启了可能。"（杨大春《后结构主义》）可见，文本的无限性、多元性实质是文本的可能性，这种可能性包含着"超越"的可能性。首先，语文教学就是要开发这种可能性，使学生在"可能性"的开发中产生超越。其次，语文学习的实质是一种文化生活，而"文化生活和理智生活都不过是彼此相互作用的文本，它们能产生更多的文本"。（安希孟《思想着是美丽的》）学生将在教师的引领下，在语文学习的文化生活中，与理智的互动进行新的文本创作，以"产生更多的文本"。这种文本的"可生长性"为教学的超越提供了可能，反之，没有对文本的超越，就不可能有新文本的创作，这就是对教材的超越。再次，课程改革为教师创造性地实施课程提供了极大的可能，语文课程标准也为教师的"超越"提供了极大的空间。语文教学改革要确立"语文可能性"的理念，倡导这种"超越"的精神，培育这种"超越"的能力。

　　儿童更是一种可能性。可能性是人的最伟大之处，更是儿童的最伟大之处。可能性实际上是人的潜能，是儿童的"深度自然"。（郭思乐《基础教育之本：保护和依托儿童学习的生命自然》）儿童的语文学习，是潜能的开发，创造力的展开。语文教学要从对儿童现实性的关注转向对儿童可能性更多的开发。这种可能性的开发，必然表现在对课堂和教师的超越上。反过来说，超越正是对儿童可能性的认可和尊重；轻慢甚或忽略超越，正是对儿童创造性的轻慢、忽略，甚至是一种扼杀。若此，就是不道德的语文教学，不道德的教育。窦桂梅的教学实践已给了我们鲜明的答案。

　　（3）"超越"是对教学准则的理性识别。教学需要建立准则，问题是需要建立什么样的准则，以及为什么要建立准则。准则是人为的——人是准则的创造者；准则是为人的——为解放人、为人的创造性的展开而存在的。那么，这是一种什么样的准则呢？培根讲过相当深刻的话："假如一个人想从确定性开始，那么，他就会以怀疑告终，但是，假如他乐于从怀疑开始，那么，他就会以确定性告终。"笛卡尔的观点与此十分相似，他把这种准则称之为"指导心灵的规则"，即问题研究，其方法为探究的方法和怀疑的方法，并以此推动认识论的转向。（罗伯特·保罗·沃尔夫《哲学概论》）也许这就是解构主义者提出的"怀疑的解释学"。从著作中，我了解到窦桂梅正在关注解构主义思想。我以为，她的"超越"的主张，正是对以往教学准则的反思，力求"冲破藩篱"，建立新的准则，突破长期以来形成的那些根深蒂固的东西。往本质处讲，准则的变革，是心灵和思维方式的变革。窦桂梅正是把思维方式搁置在变革的当口，她努力使自己处在思想的地平线上。

　　（4）"超越"的宗旨是为了筑高生命。窦桂梅十分明确地说："三个超越"是为了"引导学生进行语言的积累，生活的积累，情感的积累，为学生的生命奠基，为中华民族的创造力奠基"。"超越"和"创新"是一对双胞胎，创新需要超越，超越为了创新，在某种意义上说，超越正是一种创新。创新是生命进步的灵魂，创新的生命才是有活力的、有创造力的，否则是平庸的。窦桂梅用创新筑高了自己的生命，也筑高了语文的生命，同样，用超越和创新为学生构筑了精神高地和生命的高度。我们欣喜地看到，窦桂梅所教的学生充满着"超越"的激情，充满着自信，充满着对理想的追求。面对这样的"超越"我们怎能不鼓而呼之、击而掌之呢？

2. 结构与意义：主题教学的理论假说

　　在"超越"理念的引领下，通过潜心研究和试验，窦桂梅形成了自己的语文教学主张：主题教学。"什么是主题教学？根据西方统整课程理论，联想比较文学中的母题研究，从儿童自身特点和学习现状、课程单元，以及从教材自身出发，提炼教材的'主题词'，即与生命体验有关的属于'人生意义'的'词语'——以'积累、感悟、创造'为形式，由这一主题'牵一发'，'动'教材知识能力体系的'全身'，把这些散乱的'珍珠'串联起来，统整成一个'集成块'，由个及类，由类及理，个性与共性相融，形成立体的主题教学效果。从而站在哲学的高度，进一步从生命的层次，重新全面认识课堂教学，着力于文与人、语言与精神的同构，整体构建课堂教学的一种体系。其特点以'内容密度高，容量大，综合性强'落实'三个超越'；'要求教师从专业的高度出发，着力于提高学生的语文素养，积极引导学生关注当代生活、关注自我精神世界的构建，充分体现母语教育的文化性与哲学性的同时，为学生的生命和精神成长奠基……'"应当说，这样的解说还是清晰的、比较准确的，当然，还需深究和完善，尤其是要明晰主题教学的理论支撑，使其站立得更稳妥，开掘得更有深度。

（1）主题教学是一种语文教学的建筑。海德格尔说："语言是存在的家，""但是，我们通过什么达到安居之处呢？通过建筑。那让我们安居的诗的创造，就是一种建筑。"（海德格尔《人，诗意地安居》）这种建筑的成果是形成一种新的结构。语文离不开语言文字的运作和创造，语文教学亦应是一种建筑。

首先，理想的文本应是一种结构。后结构主义（几乎是解构主义的同义词）者，法国的罗兰·巴尔特指出："理想的文本乃是一组能指，而不是所指的结构。"（杨大春《后结构主义》）所谓"能指"意为改造、变动和创造，所谓"所指"意为现成的、无须改变的。巴尔特的言下之意是，非结构的文本不是理想的文本，仅是"所指"的结构也不是理想的文本；理想的文本必须经过调整、扩充、重组，以形成"能指"的结构。

其次，结构应是一种联系后形成的关系，皮亚杰进一步说："结构是一个由种种转换规律组成的'体系'。"这种"体系"包括三个基本的特征：整体性、转换性和自身调整性（或内部调整性）。"整体性指结构是按照一定组合规则构成的整体"，"转换性指结构中的各个成分可按照一定的规则互相替换而不改变结构本身"，"自我调整性指结构是自足的……带来了结构的守恒性和某种封闭性"。（杨大春《后结构主义》）

再次，结构是改变人们思维方式的思想运动。结构的过程是改造的过程，是思维产生飞跃的过程，所以，结构可以活跃人们的思维，锻造人们对事物整体把握的能力。据此，我们可以作如下的判断：主题教学力图形成语文教学的体系，这种体系是文本结构化的过程，如此的结构是按一定规则的、可以转换的，在经历开放变动以后是守恒、稳定的，具有自给自足的封闭性。当然，我们对主题教学的这种判断也是一种期待。

（2）主题教学是对现有教材和教学内容的解构。首先，要说明的是"'解构'并不是'破坏'或毁灭，而是类似于'分析'和'批判'……打破'结构'，造成'延异'……而是要防止秩序包括思想、文化、道德体系的僵化和极权化"。（冯俊《后现代主义哲学讲演录》导言）其中的"延异"意为差异或延续。毋庸置疑，主题教学在尊重文本，立足文本的同时，要去解构现有的文本，但这绝不是破坏，而只是防止教材的僵化，并逐步形成文本的多样化和丰富性。其次，和结构主义一样，解构主义主张由外部分析回归文本内部分析，但解构主义更主张文本的生产性。这种文本的生产性使文本的"单意义"消失了，导致文本意义的增值和不确定性。同样，解构主义认为文本的学习是一种生产性的而不是保护性的阅读。再次，"正确的阅读是一个剥夺的过程"。（安希孟《思想着是美丽的》）我理解，"剥夺"强调的是积极的活动，要"剥夺"先见的思维定式；强调的是一个建构的过程，要在阅读中形成知识、经验的结构化。这种"剥夺"性的阅读，需要我们提供框架性的更为丰富的资源。

用以上理念观照主题教学，我们不难发现，主题教学在建构与解构中寻找广阔的地带，寻找结合点，用文化把相关的内容进行链接和组合，引导学生做内部分析，由此及彼，产生联系，"生产"新的文本，"生产"新的思维。也许有人说，我们还未进入后现代、后结构，解构主义离我们还很远，其实，作为一种思潮和主义是不受时空限制的，它们已经在影响我们，已经渗透在教学中，而这种影响是积极的。我们不能说，主题教学不受这种积极的影响，我们也不能不说，这种积极的影响已有积极的效果。

（3）主题教学的意义在于扩大学生的视野。作为人类，我们无法越出语言的疆界，我们似乎无法逃离它的局限和要求，用后现代主义的另一个口号来说："我们被监禁在语言的牢房里。"但是，人类有能力颠覆监狱的大墙，以使我们突围。从本质上讲，语言不是固定不变的，意义是滑动的、可变的，因此要通过语言去建构意义，"我们希望用别的眼睛去看，用别的想象力去想象，用别的心去感受"，"我们不能满足于……单子。我们需要窗户。"这样，"在阅读时，我变成了千百万人，而仍是我自己"。（安希孟《伽达默尔对浪漫主义的批评之启示》）主题教学好比是给了学生"别的眼睛""别的想象力""别的心"，开了新的"窗户"，实质上扩大了学生的生存空间，通过相关内容的扩展，让他们了解了世界的结构。对世界的透视角度越多，学生所获就越多，这样，"语言使用者可以对现有的客观世界进行'改造'，创造一个'可能世界'，在这个'可能世界'里，使话语具有意义"。 （朱跃《语义论》）——这便是主题教学的深层意义。

（4）主题——"根状茎"结构。主题教学应是一种什么样的思维？有人曾提出"树喻"理论，即知识按照系统的等级体系的原则组织起来，如同树的枝条最后归总到树根一样，知识的分枝深深地植根于坚实的基础之中。这是一种纵向性的思维方式。这种纵向性思维方式的结果，主题教学便成为思想主题、知识主题、写作主题。而文化主题则是一种"根状茎"结构。从植物学上来讲，"根状茎"与树的主根的须根的结构不同，它是一种延长到地下的块茎，通常水平生长，上面生长枝条，下面产生根系。"根状茎则是非等级体系，非地域化的，它在一种随意的、无规则的关系中和其他根系发生联系。""'根状茎'意味着开放而不是封闭，是朝多个方向而不是朝一个方向流动的，……永远处在运动之中。"（冯俊《后现代主义哲学讲演录》导言）文化是流动的、运动的、非等级的。主题教学之文化主题大概就应是"根状茎"结构，它倡导着横向思维方式。文化主题就是用文化润泽学生的心灵，用文化培育人文情怀，使文化成为学生发展的力量，文化上的每一次进步，都让他们向自由迈进一步。

3. 基于儿童、基于思维：深度的"尺度"

窦桂梅的主题教学有三个维度：温度——基本性，广度——开放性，深度——发展性。我以为这样的解说是恰当的。现在引起争议较大的似乎是在"深度"上。这种质疑是正常的、合理的。其关键在于对"深度"要做出准确的解说。

（1）小学语文需不需要深度。邓晓芒在《童话里的思想》中对此有过较好的思考。他说："人们常有一种误解，以为儿童文学不要有什么深刻的思想，只要能'寓教于乐'，丰富一下儿童的课余生活就足够了。……至于连我们成年人都不大弄得清楚的'思想'，恐怕也就只能'免了'。儿童之所以可爱，'有童趣''童真'不就在于无思想、'单纯'吗？"接着，他举了《会数十个数的小山羊》的故事：小山羊用学到的十个数去数小牛、母牛、马、猪等，激怒了这些无知而又无辜的群众："不许它数我们！"大家一起来追赶小山羊，后来终于发现会数数对大家有用处。这几乎是一篇哲学寓言：数数对于动物，相当于新思想对于人类的关系；但在我们周围，从孩提时代开始，既不数自己，也不许人家数自己，这已成为一种"集体无意义"了。

我是赞同邓晓芒的观点的。其一，"童年总是一个深刻的话题"。（秦文君语）儿童并不单纯。文艺复兴时期的伊斯拉谟斯认为，拉丁语中"儿童"意味着"自由者"；蒙台梭利说，儿童是"上帝派来的密探"；苏霍姆林斯基说，儿童是"世界的发现者"；泰戈尔则认为，成人世界的问题，要让儿童的那纯洁而镇定的生命之光去解决……而我们则很不了解儿童的秘密。瑞吉欧幼教的创始人马拉古兹曾写过一首诗：《其实有一百》。诗中写道：在儿童的眼睛里，世界上有一百双手、一百种语言、一百个念头、一百种思考方式……但是，成人却说：不，只有一双手、一种语言、一个念头、一种思考方式，这是为什么呢？孩子们说，"这是因为，你们缺少关怀，缺少倾听，缺少理解"——我们不能小看、低看、浅看我们的孩子，孩子其实有他丰富而深刻的心灵世界。其二，语文教材中不乏深刻性的课文，甚至可以说，不具深度的文章，即使再美也不会被选入。究其原因，在于"书被我们称为'旅行者的航船或马匹'，人生旅途最好的伴侣""图书馆曾有一个美丽的名称'思想的壁橱'"。（英国以色列·亚伯拉罕《快乐书》）我们不妨把教材也看作是"思想的壁橱"，要用思想去启发思想，用深刻去启发深刻，把这些"碳凝聚转化成的金刚石"当作思想的资源来开掘，"统摄提升并赋予宇宙人生以意义"。（龚鹏程《文学散步》）其三，中华民族需要思想的深刻性。恩格斯早就说过，一个民族想要站在科学的最高峰，就一刻也不能没有理论的思维。民族思维的深刻性来自民族的未来人，小学语文教学担负着提升学生思维和思想深刻性的使命。

（2）什么是深度。这是一个很难界定的概念。《现代汉语词典》中有两个义项是我们阐释的依据：触及事物本质的程度；事物向更高阶段发展的程度。我以为，"深度"有以下含义。

第一，深度首先是一种发现。罗素说："……在句子结构和句子推断的事实的结构之间存在着一种可以发现的关系……只要充分注意，语言的性质可以帮助我们理解世界的结构。"(《罗素的智慧》)从语言中发现，从语言中探究人生和世界的结构与奥秘，探究事物与本质的本源，看到眼睛背后的东西。这本身就是"向内深入"，是一种深度。这种向内的深度又是一种"内心倾向"，会使学生获得一双透视的慧眼。所以，语文教学的深度可以理解为语言文字的一种发现。

第二，深度是一种思维。思维是地球上最绚丽的花朵。思维本身是一种过程，是心灵运动的过程，是同心灵的对话。这种思维的深度表现为教师引导下的思想，以及"自我咀嚼""自我反思"；表现为对语言文字、对文本、对教师、对权威的质疑；表现为对挑战性的应答，在应答中生长自己的智慧。所以，语文教学的深度还可以理解为语言文字中的思维训练。

第三，深度是一种建构。语文学习从本质上讲是学生的建构活动，极富创造性。学生的学习建构来自想象。英国诗人布莱克说过这样的话："只有一种能力可造就一位诗人；想象、神性的视力。"建构往往发生在想象之中。建构也来自文本的"生产性"。"保护性"阅读给学生的只能是静止的、僵化的、冷冰冰的文字，而"生产性"阅读发展了学生的个性和创造性，"生产"出新的文本。建构还来自"故事"的表达与倾听。人类文化具有很强的"故事性"……它是个说不完的故事，不断改写的故事。因此，"人在文化中生活"也就是"人在故事中"。(李河《文化是一个故事》)而故事是需要"命名"、讲述与倾听的。从文化学意义上说，语文学习是一种"故事"的创作。所以，语文教学的深度还可以理解为自主建构和创造。

（3）小学语文需要什么样的深度。很显然，小学语文教学中的深度是有边界的。一是深度不是知识的程度和难度，不是知识的汇集和堆砌，不是知识的考试。二是深度不是深奥思想的阐述，不是玄妙理论的搬运、"高深"的讲解。三是深度不是离开文本的任意扩展和拔高，不是对文本无限的开掘。

更为重要的是，"深度"应是"儿童的深度"。成人与儿童是两个完全不同的世界，成人的标准与儿童的标准有不同的内涵和价值指向，而在儿童身上发生的问题，原因往往应该在成人身上寻找。蒙台梭利早就认为，"儿童跟成人的冲突主要是由成人引起的。因为在儿童的生理和心理发展过程中，成人始终像'一个拥有惊人力量的巨人站在边上，等待着猛扑过去并把它压垮'"。所以，"成人必须从自己身上找到导致压抑儿童的那些无意的错误"。(单中惠《童年的秘密》中的《蒙台梭利与她的儿童教育观》)值得十分注意的是："深度"应站在儿童的立场上，应从儿童出发，应用儿童的眼光和儿童的标准。凡是适合儿童的并能促进儿童发展的就是合理的深度。我们既不能低看儿童，也不能高估儿童。儿童的需要就是衡量"深度"的唯一尺度。同时，"深度"面对的不是少数学生，而应是所有学生，只有所有学生所认同的、能理解的、能接纳的、能促进所有学生发展的深度，才是属于"儿童的深度"，才是我们倡导的深度。

（4）如何把学生引向深度。窦桂梅已有了很好的探索。她认为，"要拿真诚的阅读体验和学生交流""在课堂上把这种深度适当地隐藏起来""将阅读体验感受的权利和时间交还给孩子""要始终关注语言的深处"，等等。这些都是很好的见解和有效的办法。

拓开去看，把学生引向深度的关键是教师，而教师教学的关键则在于对学生的引领。读者反应理论认为，"读者是使文本产生意义的关键，应将诠释权交给读者"，"读者在阅读时不只是像一个水手那样，坐在那儿等着水溢进去，作者在创作时当然也不会是木乃伊"。（龚鹏程《文学散步》）而教师的引领，不要传授一套赏析文学作品的技巧、写作的方法，更不是带人去浏览文苑的繁花，而是要像植物学一样，对花形成一门知识。这门知识并不能保证你能创造出一朵美丽的花，便是它可以让你更了解什么是花，花应如何才能生长。以上这些引述和阐释，无非是说，"儿童深度"应该让儿童去发现、解释、获得；他们不应该像水手，而应像勘探者、探险者和攀登者。这样，学生才能真正和"深度"生活在一起。

4. 心智的丰富：主题教学的智慧表达

鲁迅说："生命力受到压抑而生的苦闷乃是文艺的根底。"是的，文艺的觉醒与振兴在于生命力的解放，那么，教育教学呢？当然也在教者生命的觉醒与舒展，因为，认识教育的真谛不能仅凭理智，还要凭心智；理智往往是受到限制，而心智却是无限的。

窦桂梅有丰富的心智，而心智之门背后则是智慧。

窦桂梅爱读书。阅读成了她的学习方法和生存方式，书籍慰藉着她的心灵，丰富着她的心智，滋养着她的思想。教《圆明园的毁灭》，她读了大量相关文章，如吕厚龙的《告别圆明园》、樊美平的《透过圆明园的硝烟》、李仲琴的《由庚子国难看"愤青"的虚火》、袁伟时的《现代化与中国的历史教科书问题》以及李大钊等人写的一些现代诗歌等。于是，"阅读中的震撼使我更坚定了原先的打算：对这篇课文的解读，绝不能仅仅止步于"痛恨"。可以做一个统计，窦桂梅每教一篇课文需要读多少书、看多少参考资料，要做多少卡片、多少笔记，那么一学期、一学年需要多少？没有大量的阅读和吸收，怎么可能有心智的丰富，又怎么可能有主题的确定、内容的广度？更为可贵的是，她不是为教书而读书，而是为人生的意义而读书，为"拥有面对文本的力量"而读书。

窦桂梅爱思考。她说："也许，人类生存多久，就要思考多久。"思考成了她的习惯，思考使她逐步占领教学的制高点。她常常思考：你有专业自信吗？自信使她"怀着一份自省的心态"。你的专业技能如何？专业能力使她那"一亩三分地"与自然、社会、世界相勾连，与人心相沟通。你有专业自我吗？她认为专业自我"最现实的改变自己"，专业自我又锻造了她的人格。在思考后，她确立了这么一个信念：做一名有专业尊严的语文教师。心智的丰富在于心智的敞亮，在于思想的润泽和支撑。

窦桂梅有一种文化自觉。这种文化自觉首先表现为教育的觉醒。"关起门来上课的教师不能称之为公共教育的老师。因为他们只是把教室、学生当作私有财产，把教师这种职业私有化而已。……如果不是所有的教师都打开教室的大门，并且从内部彻底粉碎这种权力关系，那么，学校的改革是不可能实现的。"她之所以对佐藤学《静悄悄的革命》中这段话如此钟情、反复引用，是因为她对课堂、对教学、对教师、对教育的本义、原义及真谛有了较为透彻的认识。心智觉醒了，随着心智觉醒的，还有人类许多高贵的禀赋。窦桂梅是一个具有教育使命感和文化自觉的教师。也许尼采的一段话更能表达我们的意思："让你们的荣耀不在于'你们所来自之处'，而在于'你们将要前往的地方'；在于你们的意志，以及不断要求超越自己步伐的期许，这才是你们的荣誉！"（尼采《尼采格言》）

丰富的心智让窦桂梅的主题教学有了智慧的表达。她的智慧表达是一个十分值得研究的课题，以下做些罗列：

让学生"走进去"，又"走出来"。走进去，走进文本，走进文字，走进意义。海德格尔早就说过："人们必须花极大的努力才能与语言真正居住在一起。"走进文字，为的是"居住"式的体验；而走出来，则是开阔视域，超越文本与文字，"走出来"实质是"生出来"，（窦桂梅《人间难得是真情》）生成新的内容和意义。而这种"走进""走出"不是单向的，而是双向互动的。施莱尔马赫说得好："读完一本名著以后，我的感受是一点：'我出来了！'或者，从另一个角度看，'我进来了！'"（转

引自安希孟《思想着是美丽的》

让学生感受、感悟"词语"，即那些富有生命体验的哲学意义上的主题。"翻阅窦老师写的文章，频频跳跃的是这样一些词汇：'感受''感悟''感受到''领悟到'；有意思的是，窦老师把'悟'解释为'思考'——'我的思考、思考的我'。""'主题高于学生的阅读感受'，'主题教学'的要义又是要让学生'感受到'。"（王荣生《引子、主题及文章体式》）窦桂梅不仅培养学生学习语文的方式，而且在培养学生的感悟思维。这种感悟思维介于感性与理性之间，是二者的混合体，又是二者的桥梁，同时介于情感的形象思维和理智的抽象思维之间，乃是中国智慧和智慧能力的传统优势所在。

把知识转化为智慧。智慧是掌握知识的方式和能力，智慧高于知识，智慧统率知识，要把知识转化为智慧。窦桂梅的课上，从来不忽视和放松知识，相反，该讲的讲，该练的练，该读的读，该"抠"的"抠"，一丝不苟，毫不马虎。但是最为可贵的是，她很自觉地、很艺术地让学生把掌握知识的过程，化作生长智慧的过程，并且让学生对知识做出评价和选择，把价值指向学生创造性思维和创新能力。课堂上，你常常会感受到一种轻松，就在轻松中智慧登上了学生快速行进的列车。所以有人说，这不仅仅是在学语文。那是在学什么呢？

在文章匆匆结尾的时候，我突然发现自己对窦桂梅的教学思想、教学艺术、教学风格未有智慧的表达。不过没关系，还有下一次。也许下一次我会在"走进去"的同时又"走了出来"，当然首先是"走进去"。

（五）对话：从主题教学走向核心素养培育

2015年5月8日—9日，由中国教育报刊社《人民教育》杂志主办、清华大学附属小学承办的"首届基础教育国家级教学成果奖推广会"在清华大学大讲堂举行。

2014年，新中国成立以来首次评选出基础教育领域417项国家级教学成果奖。清华附小校长窦桂梅带领的团队完成的"小学语文主题教学实践研究"获得首届基础教育国家级教学成果一等奖。如何看待主题教学和小学语文教学改革，如何看待课程整合的意义与价值？在成果推广会的高峰论坛上，几位嘉宾就此阐述了他们的观点。

成尚荣：国家督学、原江苏省教科所所长

谢维和：清华大学副校长、清华大学教育研究院院长

柳海民：东北师范大学原副校长

郑国民：北京师范大学教务处长、北师大版小学语文教材主编

温儒敏：北京大学教授、北京大学语文教育研究所所长

李方：北京教育学院原院长

1. 优秀教学成果源于长期丰富的实践

成尚荣：今天的这个"基础教育优秀教学成果奖推广会"是富有中国意义的。推广会首先让我们回到事情的本身，那就是回到小学语文的主题教学，但是回到本身还不够，还要超越，这个超越就是从小学语文的主题教学，走向课程，走向课程的整合，还要走向学生发展的核心素养。

柳海民：窦桂梅是我的博士弟子。她的语文主题教学相关成果获得了"东北师大优秀博士生论文"的荣誉。优秀的教学成果应该具备四个特征：

第一个就是坚实的基础。优秀的教育成果需要经过长期的思考、实践和完善的过程。在世界教育思想史上，有些著名的教育家，他们的教育思想到目前我们依然在使用，依然具有勃勃的生命力，比如法国卢梭的自由教育、美国杜威的生活教育、中国孔子的启发教育，都是一辈子奋斗的结果。窦桂梅的主题教学的成果，经过了20年的时间积累才形成。

第二个特征是丰富的实践。我们通常认为理论生成的源头有两个：一个是理论的演绎，一个是实践的归纳。清华附小的语文主题教学既有单篇经典的主题教学、群文主题的教学，还有整本书的主题教学；既有语文学科的主题教学、跨学科的主题教学，还有刚才大家看到的超学科消弭式整合。多种多样的素材，生成的主题一定是多种多样的、千变万化的。但窦桂梅没有忘记，语文教学的实质和核心只有一个，那就是语文立人，先是通过主题教学培养学生形成语文的核心素养，进而发展成语文立人，也就是形成学生发展的全面的核心素养。

第三个是持续的探究。成果处在教学和研究的一个互动的完整的链条之中，不懈的研究不仅不断地改善教学，也在不断提升教师的专业素质。

第四个特征是理论的升华。将教学经验进行抽象概括，升华成带有普遍性、概括性的"道"。这不仅需要长期的教学经历，更需要开阔的视野，要能够知晓一门学科的知识体系、知识产生的过程和思维方法，以及知识在整个学科体系中的地位和

价值，才能很好地凝练和生成这样的主题。

成尚荣：作为窦桂梅的导师，柳海民教授告诉我们，其实窦桂梅老师本身也有一个主题，这个主题就是教师发展的主题。教师发展的主题是什么？就是教师本身的核心素养。同时，只有经过长期的提炼才会形成实践模式。

2. 母语教育应聚焦于培养完整人格

李方：我想从语文教学和母语教学的角度谈谈感受。母语是每一个孩子的启蒙者，是每一个孩子的语言之母、认知之母和学习能力之母。在当今信息时代，母语也是交流之母、传播之母，同时母语还是思想思维之母、责任之母，它有价值趋向，语言是有价值的。它也是文化之母。在小学阶段母语教育是非常重要的，将为孩子一生的发展奠定基础。我们的母语课要承担起这样的责任。

主题教学有目标，有序列，也有方法，还有价值，最终聚焦到家国情怀和完整人格的培育上，是非常完整的语言教学新的体系，值得我们很好地研究、推广。

成尚荣：简单概括李教授的发言，小学语文主题教育的主题就是对母语的一种热爱。对母语，要理解和学习并重，而在母语的背后，站着一个完整人格的人。

3. 主题教学是整合的开放的情境化的

郑国民：我对主题教学谈三个观点。第一，主题教学是整合的。我们原来的语文教学存在碎片化、知识琐碎化的问题，使得学生淹没在了字词句篇知识点和能力训练点的练习当中。大家都知道，孩子的学习应该是在发现问题、分析问题、解决问题的过程当中学会整体运用知识，发展各方面能力。主题教学是整合的，就是想突破原来语文教学过细的碎片化的训练。主题教学使得语文课程本身是整体性的，同时也整合了语文课程与其他课程之间的关系。

第二，主题教学是开放的。一个教学单元一个主题，选择三到六篇课文，几篇课文围绕主题，从不同的角度、不同的层面来展开。我们希望孩子通过这样的主题学习，从不同的角度、不同的层面来思考同样的问题，然后感受到不同的表述方式的力量。

第三，主题教学是情境化的。任何教育如果不和孩子的生命、生活发生关系，都是干瘪的、缺乏活力的。主题教学在孩子的创新思维培养这方面具有非常大的优势，就是让孩子在真实的教育场地当中，承担着真实的学习任务，让孩子在主动地、积极地发现问题的过程当中学习语文，在真实的场地当中、在分析解决这些问题的过程当中学习语文，而不是老师简单地给他布置一个作业，简单的一个个知识点重复，简单地一个个能力点训练。我们原来语言教学更多的是让孩子模仿，实际上孩子的语言发展就是创造的过程，孩子书面的表达、口头的表达都是一个创造的过程。

成尚荣：主题教学提供了一种范式，这种范式是开放的，主题确定以后有不同的表达，它的核心是创新。从这个角度上来说，主题不是老师教给孩子们的，孩子们在学习语言的过程中自己创造主题，说到底儿童本身就是一个发展的主题，把语文的主题和儿童发展的主题两个主题重叠起来，语文才有希望，语文教学才有明天。

4. 课程整合要在给定空间下有所作为

温儒敏：主题教学非常好，特别是在小学，但到中学用起来恐怕就比较困难，特别是科技整合，科技类不同学科之间的整合，它有条件，对教师的水平要求非常高。整合不是目的，我们还要完成语文的基本任务。语文的基本任务是什么，有各种各样的说法，但是最基本的就是语言文字运用，就是教会未来的公民熟练、通顺、得体地运用祖国的语言文字。学科设立、分科教学有它的毛病，也有它的道理。分学科这种教育形态并不是中国特有的，国际上都是这样的。有些任务就是要依靠学科来完成的，所以学科的设立与打通，这个问题要辩证地、全面地看。

现在大家都讨厌语文讲得那么琐碎，那么死板，为什么？大家都知道这些东西不好，但是大家都在做，为什么？就是因为我们面临着一个巨大的、回避不了的现实——高考和中考。我们的改革只能在巨大的现实里面考虑。既让学生考得好，家长满意了，地方领导也满意了，同时又不把他们的脑子搞死，能不能做到呢？我想这个是可以做点工作的。所以我们还是要回到学科的基点，在这个基点上扩展到主题教学，再到科技整合，而不是要颠覆以前的东西。

课改已经搞了 13 年了，有巨大的成就，一些新的理念、先进的理念，普及了，但是我们调查发现，很多学校基本上还是老一套，甚至与搞课改之前相比，学生们的负担更重了。为什么？原因不在老师、不在学校，是整个大的社会环境使然。作为小学老师、小学校长，应该思考，在给定的空间中能做什么，能改一寸是一寸，能改两寸是两寸。对于课改，也应该总结一下，现在的课改也好，修订课标也好，要进两步退一步，要不然制定出来的课标也好，先进的理念也好，大家只能欣赏不能运用，这个问题一定要重视。

成尚荣：在当今大环境之下怎样变革？我们的语文教学进行课程改革，很多问题不是出在课改本身，而是我们整个体制和环境，但是我们要尽自己最大的力量。温儒敏教授还提醒我们，主题教学课程改革要有基点，出去了还要回来，在某种场合我们进行课程整合，但在整合时不要忘记学科本身独特的价值。

5. 小学阶段教育要突出"顶灯效应"

谢维和： 我个人觉得，清华附小能取得这样的成果，有两点是非常值得重视和肯定的：一是校长和任课教师的个人魅力，教育是要有个人魅力的，窦桂梅老师的个人魅力非常值得大家学习和研究。二是这样的一种主题教学，包括在这个主题教学基础上形成的"1＋X"课程体系，特别符合小学教育的专业性规律。

前面四位专家的发言中，我们多次听到一个词叫作整合，为什么整合对小学教育这么重要呢，我想用一个比喻来说明。大家想想看，当一个6岁多的孩子迈入小学，来学习这些课程的时候，他就好像进入到一个黑黑的房子里面。这个时候他能不能大胆地迈进这个他不熟悉的黑暗的房间里面？我们通常可以有两种方式帮助他，一种方式是，我们用高度聚光的探照灯把房间的每一个角落呈现给他们；另外一种方式是，我们把这个房间的顶灯打开，一下子把整个房间都照亮。尽管顶灯在局部上并没有探照灯那样照得亮，但大家想想，在哪种灯光的帮助下，孩子们能够更放心大胆地走进这个房子呢？显然是顶灯！而这种顶灯恰恰是小学教学和小学课程的最重要的特点，也是它区别于中学教学一个非常重要的特点。我们不要笼统地讲基础教育，我们要把基础教育分成高中、初中和小学不同的层次和阶段。而小学课程的特点也就在于这种"直接的完整性"，就是这种"顶灯效应"。而中学教学是分科教学，恰恰具有一种间接的完整性，或者说是探照灯式的教学，帮助每一个中学生走进一个个具体的房间、一个个具体的学科。

所以从这个意义上说，窦桂梅老师主题教学的课程和清华附小"1＋X"课程体系非常好地体现了小学教育的规律，符合小学生成长的规律。

成尚荣： 谢校长讲了窦桂梅老师的个人魅力，但是谢校长更强调的，还是个人魅力背后的东西，那就是教育规律。谢校长进一步说，不能笼统地讲教育，只有把这个规律把握好，个人魅力才是真正的魅力。主题教学正是窦桂梅校长把个人魅力、个人天赋与小学教育、小学语文教学的规律整合在一起，体现出真正的魅力。谢校长用了一个非常好的比喻，那就是探照灯和顶灯。我们的"顶灯"在哪里，我们的直接的完整性在哪里？这是我们今后的主题教学要进一步研究探索的。让我们的小学教育永远在孩子们的头顶上亮起照亮学生未来道路的那盏"顶灯"吧！

2015年6月5日，应社会各界要求，清华附小小学主题教学成果展示会举办了第二场。教育部基础教育二司课程发展处柳夕浪研究员进行了点评。柳老师在谈到，作为新中国第一次国家级基础教育国家级教学成果奖一等奖的获得者，大家应当向主题教学学习它的三个转变。

第一，我们应该学习怎样把一般性的言语活动转化为更赋予教育意义的语文活动。一般性的言语活动并不等同于语文活动。只有言语活动不仅成为学生语言学习的过程，而且成为提升学生思维发展、审美素养和传承文化的过程，那才能称之为语文活动。语文立人之下的语文活动才更有高度和厚度。

第二，我们应该学习如何将碎片式学习的转化为整合式的学习，或者将碎片式的教学转化为整合式的教学。过去的很多教学模式过于碎片化，而主题教学以主题为纲，进行学科内、学科间和超学科的整合。整合的过程中发生了一个重要的转变，即从以学备用走向以用促学。这个转变不仅有利于言语活动的建构，更有利于促进儿童在言语活动当中的意义建构。

第三，我们应该学习从成人的视角转向儿童立场。老师学会教学的过程，是从关注自身、关注教材，到真正关注儿童的发展需要。主题教学的主题首先是有预设的，但是后来发展到在与儿童预学、共学、延学的过程中互动生成儿童感兴趣的主题。主题的确定过程的变化，背后实际上发生了视角的实质性变化，这就是从成人视角更多地转向儿童立场，从而使得语文学习的过程成为孩子自主的、自由的发展过程。这样的转变使得语文立人有了根本性的保证。

（六）成志教育，贵在成志

清华大学副校长，清华大学教育研究院院长　谢维和

清华附小的领导和老师们在庆祝和纪念学校的百年华诞的过程中，总结百年办学历程的精神遗产与文化积淀，提出"成志教育"的育人理念和办学模式，引起了我很多的思考。用提炼办学思想的方式举办校庆，从过去的百年走向新的百年，标志着清华附小在精神上、思想上迈出了一大步，体现了清华附小办学的一种品质、一种境界！

一所优秀的小学，应该具有自身独特的办学理念，这也是提升教育教学质量的

一个重要基础。北京光明小学提出"我能行"的观念，逐渐成为学校的文化标志；哈尔滨花园小学在 90 年校庆之际提出"幸福种子的教育"，成为学校育人的理念，等等。清华附小在长达百年的办学历程中，积淀了宝贵的文化与精神财富；在近年来教育改革和发展的实践中，发展了一系列非常可贵的办学思想，例如，"为聪慧与高尚的人生奠基"的办学使命，"立人为本，成志于学"的校训，"儿童站在学校教育正中央"的教育理念，"身心健康、善于学习、审美雅趣、学会改变、天下情怀"学生发展五大核心素养，"1＋X 课程"整合等。现在，清华附小的领导和老师们将这些历史经验和新的办学经验融会，总结为"成志教育"的育人理念和办学模式，更是具有非常独特的价值，也是小学教育的一种创新。我甚至愿意说，这种提炼和概括在甚至某种程度上抓住了小学教育的规律和基本功能。

成志教育，从 1915 年的成志学校而来，从厚重的历史深处走来。建校之初，为何当初的创建者要选择"成志"作为学校的名称，前贤已逝，无法考究他们酝酿的过程和背后的故事。但可以确定的是，这个名称的选取的确有水平。

就"志"而言，无志不立。一般而言，"志"有两种：一个是做事的志向，一个是做人的志向。小学教育与高中、大学教育的成志在对象和内涵上是有差异的，小学指的是做人的"志"，而立志是立人的核心。

成志教育的育人理念和办学模式，符合小学阶段儿童成长的规律。清华附小努力践行成志教育，呵护兴趣、培养乐趣、激励志趣，进而引导清华少年学会立志、行志、言志，最终成志。这种志向，充分体现了儿童和青少年学生发展的核心素养和社会主义核心价值观的具体要求。更加重要的是，在小学阶段形成的志向，将直接影响儿童与青少年学生独立精神与完整人格的塑造，以及整个思想和道德品质的养成，并且延续在他们未来一生的发展过程中。

成志教育，符合中国教育文化的秉性。《说文》云"从心之声。志者，心之所之也。"；《国语·晋语》云"志，德义之府也"；《孟子》云"夫志，气之帅也"；《墨子·修身》云"志不强者智不达"；《后汉书·耿弇传》"有志者事竟成也"。从古至今，"志"一直是中国仁人志士所崇尚的立人之本。概括地说，这种"志"大约有三个基本内涵：树立远大的人生理想，明确人生的奋斗目标；自身道德品质、气质修养的提升；坚强不屈、坚韧不拔的意志品质。历史文献讲小学讲得最精彩最系统的是朱熹的《小学》，所谓"后生初学，且看《小学》书"。该书内篇前三个纲目是：立教，明伦，敬身。三个纲目中，最主要的是明伦。明伦最重要一条就是涵养。记得著名国学大师马一浮先生曾经说过，"主敬为涵养之要"，即率气持志。主敬后就是率气，能够把自己的气控制住，能够持志，主敬就是持志。在他看来，"志向"是一种具有统领性的品质，也是道德素养的基础。没有这种"志向"，一切的道德培养都是妄谈；志向出现了问题，则所有的成长都成了问题。从这个意义上说，清华附小提炼的成志教育，在一定的程度上体现了中华民族教育的传统特色，它既是中国文化秉性的传承，也是教育理论上的创新发展。

清华附小的成志教育，作为小学阶段非常重要的育人理念和办学模式，以及未来发展的导向，把小学作为人生"成志"起步的地方，实践着"自古英雄出少年""少年智则国智，少年强则国强"的文化传统。根据清华附小的领导与老师们的总结，这种"成志教育"的理念与模式具有非常丰富的内涵，概括地表现为三个方面："承志、立志、弘志"。

承志，这是成志的根基。就是要继承中华民族悠久的立志传统，学习和继承清华大学以及清华附小一大批非常优秀的校友和毕业生们的优秀品质；就是要继承前辈们为中华民族崛起而奋斗的精神，努力学习，不断进步。中华民族优秀的传统文化包含了十分丰富的教育资源，尤其是在人的志向方面，提出过许多非常精彩的论述，也有过许多感人的实践。清华附小的百年历史中，也涌现了一大批学术大师，兴业英才，治国栋梁，包括科学家、作家、艺术家、医生、奥运冠军，以及工作在普通岗位的一大批非常优秀的毕业生。承志，就是要把儿童和青少年学生的宏伟志向牢牢地扎根在这些非常宝贵的历史和文化传统之中。这是成志的坚实基础，任何志向的培养，都无法脱离这样的历史和文化基础，否则，只能是一种"无根之志"，是不牢靠的。

立志，这是成志的理想。就是要在历史与文化基础上，面向未来，树立新的志向。这是承志的要求，也是承志的必然发展。这种"立志"，首先是要给自己树立一个不断自我激励的目标，就像望远镜一样，将焦距定位在一个恢宏的目标上，以此来给自己的努力加油；这种"立志"，就是要给自己一个追求高尚的理由，就如同清华大学的校训：自强不息，厚德载物，将修身与责任时时作为自己的伴侣；这种"立志"，就是要给自己一个获得快乐与幸福的机会，因为，由于志向的追求与实现所产生的自我奖赏，将是一种最长久和内在的快乐与幸福。当然，这种"立志"也就是给自己一个价值选择，就如同附小所提出的口号那样，"选择了清华，就选择了一生的责任"，记得在清华附小的升旗仪式上，每一个清华少年，面向国旗，庄严地承诺："我是清华少年，努力成为健康、阳光、乐学，拥有中国灵魂、国际视野的现代人"。如此豪迈的誓言，充分表明了清华少年脚踏实地、心怀高远，秉承中华民族文化传统，心怀国家民族命运，学会做人、学会创造，树立个人远大目标的大志。

弘志，这是成志的实践。它既反映了学校办学实践的方向，也表明了学生学习实践的导向。就学校而言，它指的是在学校的办学实践中，弘扬这种志向，包括价值观塑造引领、课程引领、公益服务引领，这也是一所学校远大理想的志向所在；就学生的学习而言，它意味着每一个儿童和青少年学生在自己的学习生活中，以更高的标准要求自己，使自己的言行举止符合志向的要求，努力实践自己的志向，不断地朝着自己志向而发展和进步。

成志教育，贵在成志。